HISTOIRE

DU RÈGNE DE

LOUIS-PHILIPPE Ier

1830-1840

I

Paris. — Imp. E. Capiomont et V. Renault, rue des Poitevins, 6.

HISTOIRE

DU RÈGNE DE

LOUIS-PHILIPPE Iᵉʳ

ROI DES FRANÇAIS

1830-1840

PAR

VICTOR DE NOUVION

TOME PREMIER

NOUVELLE ÉDITION

PARIS

LIBRAIRIE ACADÉMIQUE

DIDIER ET Cⁱᵉ, LIBRAIRES-ÉDITEURS

35, QUAI DES AUGUSTINS, 35

1879

Tous droits réservés

Le Gouvernement parlementaire est tombé. Les partis qui s'agitaient dans son sein n'ont plus de raison d'être. Les rivalités sont éteintes. Les divisions nées de la révolution de Juillet tendent à s'effacer. La Monarchie de 1830 est entrée dans la postérité. L'heure de la justice a sonné pour elle. Cette justice, c'est à l'histoire qu'il appartient de la lui rendre.

L'historien a une double tâche : il raconte et il juge. L'auteur de ce livre abandonne ses jugements à l'appréciation du lecteur. Quant aux faits qu'il rapporte, il ose en affirmer l'entière et loyale exactitude.

Dans sa carrière de publiciste, sous le règne de Louis-Philippe, l'auteur a eu pour devoir d'étudier jour par jour les événements, non-seulement sous leur aspect apparent et extérieur, mais surtout dans leur caractère réel, dans leurs circonstances ignorées du plus grand nombre, et souvent dans leurs causes secrètes. Ce qu'il a su par lui-même a été complété par les communications qu'y ont ajoutées, avec la plus généreuse bienveillance, ceux des hommes considérables de la Monarchie de 1830 dont il a interrogé les souvenirs. Aucun moyen d'information ou de contrôle ne lui a manqué; aucun labeur ne lui a coûté pour s'éclairer.

Il se peut que quelques-unes des figures qui ont un rôle dans ce livre, quelques-uns des événements qui y ont leur place n'y apparaissent pas, aux yeux du lecteur, tels qu'il s'est accoutumé à se les représenter. La faute n'en est pas à l'auteur, mais à la vérité.

La monarchie de 1830 a eu à son origine, et a conservé pendant toute sa durée deux sortes d'ennemis: ceux qu'elle avait remplacés, et ceux qu'elle avait empêchés d'arriver. Bien que leurs vues, que leurs espérances fussent contradictoires, ces ennemis, ligués contre elle, n'ont cessé de travailler de concert à la renverser. Suppléant au nombre par le bruit et l'activité; imposant à la crédulité par l'audace et la persistance de l'affirmation; s'attaquant sans relâche aux hommes, aux actes, aux institutions; usant de tous les moyens de s'emparer de la conscience publique, la tribune, les journaux, les pamphlets, la caricature, ils agirent à la longue sur l'opinion, comme le filet d'eau creuse la pierre sur laquelle il tombe incessamment.

L'esprit français est frondeur; il se complaît dans l'opposition, surtout quand il n'en voit pas les dangers. La France, heureuse au sein de la paix et de la liberté, prêtait néanmoins une oreille complaisante à ceux qui lui disaient que cette paix était le prix de sa honte, que cette liberté n'était que mensonge et corruption.

Le Gouvernement, de son côté, portant la principale part de son attention sur les Chambres, où étaient ses juges immédiats, fort de l'appui que lui prêtait une majorité fidèle, s'en remettait à l'intelligence et à la sagacité de la nation du soin de la préserver d'erreur.

Tandis que l'accusation, sous des formes variées et attrayantes, allait, chaque jour et à toute heure, chercher le citoyen au coin de son foyer, à son bureau, dans son atelier, la défense attendait, le plus souvent, qu'il vînt l'étudier dans les cartons des ministères ou dans les colonnes indigestes du *Moniteur*.

Il en est résulté que l'immense majorité des Français n'ont connu, de l'histoire qui s'accomplissait sous leurs yeux, que ce que leur en ont appris les organes d'une opposition presque toujours excessive, égarée ou peu sincère dans ses récits et dans ses critiques.

Il est temps, et il importe à l'honneur de la France que la lumière se fasse enfin sur ce Gouvernement qui a eu ses détracteurs et ses ingrats, mais qui n'a pas encore eu son historien. Que le lecteur ne s'y méprenne pas. L'auteur ne vient pas opposer une apologie systématique à une diatribe systématique. Bien qu'il ait servi avec dévouement la monarchie de 1830, il ne s'est proposé ni de reprendre en sa faveur, sous une nouvelle forme, une polémique depuis longtemps épuisée, ni de pallier ses fautes ou ses erreurs; mais de rendre justice aussi bien au Gouvernement qu'à ses adversaires. Profondément convaincu que la liberté, cette grande et noble conquête de 1789, est désormais une nécessité de nos mœurs et de notre civilisation, il n'a pas cependant jeté un voile sur les écarts de la liberté ; mais il a retracé, avec une scrupuleuse attention, les laborieux et parfois douloureux efforts, dont le résultat a été une France tranquille et florissante par l'alliance de l'ordre et de la liberté.

Peut-être le moindre intérêt de cette histoire ne sera-t-il pas pour ceux qui en ont été témoins, mais qui, placés trop loin des sphères où se nouent et se dénouent les complications de la politique, n'ont vu les choses qu'à travers les illusions et les confusions de la perspective.

C'est toujours une entreprise délicate que de raconter les faits accomplis hier, et d'écrire l'histoire d'un gouvernement tombé, en présence de ceux mêmes qui l'ont renversé ou qui lui ont succédé. L'auteur ne se l'est pas dissimulé. S'il n'a pas reculé, c'est qu'après être descendu en lui-même, il s'est senti assez dégagé de toute influence pour parler des hommes sans animosité comme sans lâche complaisance, et pour être certain qu'il ne se trouverait dans son esprit pas plus de ressentiment du passé que d'étroite préoccupation de l'avenir.

Mai 1857.

HISTOIRE

DU RÈGNE

DE LOUIS-PHILIPPE IER

CHAPITRE I

INTRODUCTION.— COUP D'OEIL SUR LES DERNIÈRES ANNEES DE LA RESTAURATION.

Caractère de la révolution de Juillet.—Dispositions de la France à l'avénement de Charles X.— La Cour ; le pavillon Marsan; la Congrégation.— Le ministère de Villèle. — Lois sur le droit d'aînesse, sur le sacrilége, sur l'indemnité des émigrés, sur la presse.— Projets de la Contre-révolution.— Dispositions de la bourgeoisie et du peuple.—Dissolution de la garde nationale de Paris.—Chute du ministère.—Avénement du ministère Martignac.— Ses efforts pour amener une conciliation.—Il est en butte aux hostilités de la Cour.—Voyage du Roi en Lorraine et en Alsace.—Ministère du 8 août.— M. de Polignac; M. de la Bourdonnaie ; M. de Bourmont.—Effet produit par l'avénement de ce ministère.— Ovations décernées à M. de Lafayette.— La France se prépare à la résistance.—Imprudentes menaces du parti de la Cour. —Ouverture de la session de 1830.—Discours de la Couronne.—Adresse des *Deux cent vingt-un.*—Prorogation de la Chambre.—Caractère du conflit entre le Roi et le pouvoir parlementaire.— Dissolution de la Chambre.—*Rapport confidentiel* de M. de Polignac au Roi.— M. de Peyronnet ministre de l'intérieur.—Élections de 1830.—Efforts des partis et du Gouvernement.—Proclamation du Roi.—Elle engage la personne du Roi dans la lutte.— Les *Deux cent vingt-un* sont réélus.

La monarchie de 1830 n'a-t-elle été qu'un accident révolutionnaire, fruit d'un caprice de la nation fatalement destiné à être emporté par un autre caprice? ou bien est-elle née logiquement de la succession des choses, du mouvement des idées, comme un événement venu à son heure, dans l'ordre du progrès politique et social?

Cette question posée, au début de la monarchie de 1830, entre ses adversaires et ses partisans, les divisait encore à son dernier jour. Dix-huit ans d'un règne heureux, à travers de difficiles épreuves, avaient donné raison à ceux-ci. Une catastrophe aussi terrible qu' imprévue est venue comme pour vérifier la prédiction des premiers.

La monarchie de 1830 n'a pas duré. C'est là, et ce sera toujours là son tort. Il ne suffit pas qu'un gouvernement soit honnête, juste et bon; la durée qui, dans ce cas, est son droit, est aussi et surtout son devoir. S'il tombe, il a failli. Les circonstances peuvent atténuer sa faute, non le justifier; car il lui appartenait de prévoir, de diriger, de maîtriser les circonstances.

La monarchie de 1830 est donc restée comptable à la France et de sa chute et des causes qui l'ont déterminée.

Mais si elle a péri prématurément, s'ensuit-il qu'elle n'était pas née viable? que le 24 février 1848 était en germe dans le 9 août 1830? Les faits s'accordent avec la raison pour établir le contraire.

La monarchie de 1830 a été l'œuvre rapide, mais sage et raisonnée, de la nation. La France l'a dressée sur les ruines de la Restauration, pour s'y abriter contre les abus de l'ancien régime où les uns avaient essayé de la ramener, et contre les malheurs de la république où d'autres voulaient la précipiter. Elle a été légitime, parce que la résistance de la nation aux ordonnances de Juillet était légitime. En 1830, ce qui a été vaincu, c'est l'arbitraire et l'illégalité tentés par en haut; ce qui a triomphé, c'est l'ordre, la loi, la justice défendus par en bas.

La nation voulait la Charte, toute la Charte. Ses vœux

n'allaient pas au delà. Elle frondait le pouvoir. Elle condamnait ses tendances. Elle critiquait ses actes. Elle était disposée à lui résister au besoin. Mais elle n'eût pas envisagé sans effroi la pensée d'en changer violemment les conditions. « La France, a dit un éminent écrivain, avait
« besoin d'être rassurée sans cesse contre toute exagéra-
« tion. L'une des choses qu'il fallait le plus souvent lui
« répéter, c'est qu'on ne voulait ni bouleversement, ni
« révolution. Elle ne s'est même résolue à un change-
« ment de dynastie que quand elle a cessé d'y voir une
« catastrophe pour la société, et qu'elle n'y a plus vu que
« la catastrophe méritée d'une famille [1]. » Pour vivre tranquille et honorée sur le plus beau trône du monde, il eût suffi à la branche aînée des Bourbons de consentir à être de son temps, de ne pas fermer les yeux sur les progrès intellectuels du pays, et de ne pas s'effrayer du jeu régulier de ses institutions.

La France, cela est vrai, n'avait pas vu sans de vives appréhensions la couronne passer sur le front de Charles X. Personne n'ignorait qu'à l'époque de la seconde restauration, ce prince et ses amis s'étaient efforcés d'entraîner Louis XVIII à revenir sur les actes de 1814, à supprimer la Charte, à détruire le régime constitutionnel. L'attitude du comte d'Artois pendant toute la durée du règne de son frère; les intrigues du pavillon Marsan; la coterie rétrograde dont ce prince était le centre et l'espoir avoué; les trames de ce pouvoir occulte qui s'agitait autour de lui, sous le nom de Congrégation; les influences épiscopales et aristocratiques auxquelles on le disait livré; la part enfin qui revenait au nouveau roi dans les actes regrettables accomplis pendant la dernière maladie de

---

[1] A. Thiers, *La Monarchie de 1830.*

son prédécesseur : tout cela était de nature à justifier bien des inquiétudes. Et cependant, à peine Charles X eut-il exprimé sa résolution de consolider la Charte, que la nation se rassura et se prit à espérer.

Malheureusement, entre le cœur du Roi et la France, il y avait la Faction des ultra-royalistes, devenue dominante à la Cour. Entre les conseils de la raison et les actes du souverain, il y avait des préventions enracinées, les âcres souvenirs d'une longue adversité, des préjugés d'éducation que l'expérience même n'avait pu redresser. Charles X, devenu roi, n'eut pas la force ou ne sentit pas la nécessité de se soustraire à l'empire des anciens familiers du prince héréditaire. Ceux qui, pendant dix ans, avaient été, autour de lui, en état de rébellion contre les institutions constitutionnelles; ceux qui n'avaient jamais voulu voir en Louis XVIII autre chose qu'un « *jacobin ;* » ceux qui avaient injurieusement appliqué à l'auguste auteur de la Charte le surnom de « *roi des charretiers,* » conservèrent sur l'esprit de Charles X leur crédit et leur influence. Le pavillon Marsan était passé avec Charles X dans les grands appartements des Tuileries.

Une situation si contraire aux intérêts de la Couronne et aux vœux de la France produisit ses conséquences naturelles. Charles X aimait la France ; il n'obtint d'elle, en retour, que l'impopularité. Charles X était franc, loyal, honnête ; on le crut hypocrite, et prêt à se faire un jeu du parjure. Charles X était sincèrement pieux ; il apparut au public comme l'esclave soumis de quelques prêtres intolérants. Charles X voulait le bonheur de son peuple ; il s'aliéna la nation, pour complaire aux rancunes, aux regrets, aux passions de quelques coteries d'antichambre.

Dès ses premiers rapports avec les assemblées législatives, le gouvernement de Charles X trahit les préoccupations par lesquelles il était dominé. Un projet de loi fut présenté qui attribuait à la Couronne le droit d'autoriser seule la création des couvents de femmes. La question était plus politique que religieuse. Il s'agissait de préparer le rétablissement du droit d'aînesse, qui fut en effet proposé. Pour doter les aînés, il fallait déshériter les cadets et les filles ; et pour deshériter les filles, il fallait leur ouvrir des cloîtres.

Cette tentative échoua par la fermeté de la Chambre des pairs. Il en fut autrement d'une loi renouvelée des jours du plus odieux fanatisme, et qui inscrivit dans nos codes, contre le sacrilége, la peine de mort aggravée par la mutilation.

A la même époque fut aussi votée la loi qui consacrait un milliard à indemniser les victimes de la Révolution [1]. Cette loi était juste dans son principe ; elle était inspirée par une sage politique. En même temps qu'elle réparait une des iniquités d'une époque néfaste, elle raffermissait les bases de la propriété ; elle donnait sécurité aux acquéreurs de biens nationaux, et secondait ainsi le développement du crédit et de la richesse publique. Mais l'opinion, prévenue contre les tendances du gouvernement, envisagea la loi surtout au point de vue de la reconstitution d'une aristocratie féodale. Elle ne lui fut pas favorable.

Une dernière loi complète l'ensemble des grandes mesures par lesquelles se révélait l'esprit du nouveau règne. Celle-ci, restée tristement célèbre sous le nom de *loi de justice et d'amour* que lui donnèrent ses auteurs, enve-

[1] C'est à tort qu'on a appelé ce milliard le *Milliard des émigrés*. Les émigrés en eurent la plus forte part, parce qu'ils étaient les plus nombreux et qu'ils avaient perdu plus que d'autres. Mais l'indemnité fut attribuée à tous ceux qui avaient été spoliés par la Révolution.

loppait les livres et les journaux dans une vaste proscription de la pensée. Elle fut justement caractérisée à la tribune, lorsque M. Royer-Collard s'écria : « Plus d'écrivains, plus d'imprimeurs, plus de journaux, tel sera le régime de la presse. » M. Casimir Périer, avec plus de concision encore, proposa de la résumer en un seul article : « L'imprimerie est supprimée en France. »

Une noblesse privilégiée, un clergé dominateur, la philosophie et l'examen frappés de réprobation : c'était la Contre-révolution érigée en système de gouvernement. Et la Contre-révolution n'aspirait pas seulement à réparer tout ce qui était réparable des terribles excès de la Révolution. Rien de ce qui avait son origine dans la Révolution, ni les réformes utiles, ni les institutions, ni les hommes, ne trouvait grâce aux yeux de ceux qui étaient restés ses ennemis après avoir été ses victimes. Tout cela leur rappelait la guerre civile, l'exil et l'échafaud, et leur en faisait redouter le retour. Le libéralisme les effrayait, comme une menace incessamment suspendue sur leur tête. Ils ne voyaient la tribune qu'à travers les souvenirs de la Convention. La presse leur apparaissait comme l'instrument de la révolte des intelligences contre Dieu et contre le Roi. Hommes d'une génération dépassée par les événements et par les idées, ils vivaient à l'état d'anachronisme, dans une société qu'ils ne comprenaient pas, et qui ne les comprenait plus. « Ils n'avaient rien appris, rien oublié. »

Parce qu'avec les éléments de la société nouvelle, les conditions du gouvernement se trouvaient changées, ils avaient imaginé de réédifier l'ancienne société, pour rétablir les anciennes formes de gouvernement. Une royauté assise sur le droit divin, appuyée sur une noblesse propriétaire du sol et sur un clergé maître des esprits : tel était pour eux le dernier terme de la perfection sociale, au delà duquel il n'y avait que chaos et malheurs.

Il est à peine besoin de faire remarquer que tous ces projets étaient, en définitive, dirigés contre la bourgeoisie.

La bourgeoisie ne se dissimulait rien de la situation qui lui était faite. Tout en s'efforçant de détourner d'elle les orages, elle voyait sans faiblesse se former les nuages d'où ils pourraient sortir un jour. Fille de ses œuvres, arrivée par l'intelligence, par le travail, par de persévérants et douloureux efforts, à la richesse d'abord, puis à la prépondérance politique, elle était peu disposée à se laisser ravir le fruit de ses laborieuses conquêtes. Entre le tiers-état qui, se sentant capable d'être tout, voulait du moins être quelque chose, et ses anciens dominateurs qui prétendaient le ramener à n'être rien, l'antagonisme renaissait donc. Mais cet antagonisme, par suite des événements accomplis, avait changé de caractère. L'agression, l'impatience, l'emportement avaient passé du côté des vaincus de 89 ; car ils croyaient avoir une revanche à prendre et des défaites à réparer. La bourgeoisie, au contraire, pleine du sentiment de sa force, ajoutait à son bon droit le mérite de sa modération et de sa longanimité.

Quant aux classes inférieures, au peuple proprement dit, pépinière de la bourgeoisie, rapproché d'elle par ses relations de chaque jour, dans les ateliers, dans les champs, voyant dans les bourgeois ses émules de la veille, ses égaux du lendemain, il faisait de leur cause sa propre cause, et acceptait leur influence. Les soldats de nos grandes guerres, revenus au foyer paternel, y avaient apporté les récits du bivouac ; et ces imaginations naïves s'exaltaient aux tableaux de cette brillante épopée. Les oppressions et les souffrances de l'Empire étaient oubliées. Il ne restait que le souvenir de ses gloires, et le culte de son héros. Sans haine pour les Bourbons, le peuple ne songeait pas à leur contester les conditions du pouvoir; mais aussi sans affection pour eux, il était prêt à se laisser entraîner même à l'injustice, contre une famille dont le retour était, dans sa mémoire, inséparable de l'humiliation et de l'invasion armée de la France.

Telles étaient alors les dispositions de la bourgeoisie et du peuple, c'est-à-dire de la nation, dont la Cour et ses adhérents ne formaient qu'une imperceptible fraction.

La France n'était pas indifférente; elle n'était pas résignée; elle se contenait. Elle subissait sans révolte, quoique avec douleur, un ministère hostile à ses vœux, à ses intérêts, à ses droits, aux progrès de la civilisation. Elle ne menaçait pas le Roi; elle s'éloignait de lui.

Charles X sentait cet éloignement; il en gémissait; mais il se méprenait et sur son caractère et sur ses causes. Il ne soupçonnait pas qu'il pût s'étendre beaucoup au delà du cercle de l'agitation parlementaire et électorale. Il l'attribuait à l'action de la presse, à ses prédications, à sa licence. Quant aux actes, à l'esprit de son gouvernement, il y voyait le remède et non la source du mal. Sous l'empire de cette erreur obstinée, il sacrifiait l'amour de ses sujets à ce qu'il jugeait nécessaire à l'intégrité du principe monarchique, à la durée de sa race ou au salut de son âme.

Une circonstance, qui paraissait de nature à amener un rapprochement entre le Roi et son peuple, vint, au contraire, ajouter un malentendu à tant d'autres motifs d'irritation.

Le 29 avril 1827, le roi, pour fêter l'anniversaire de sa rentrée à Paris, passa une revue de la garde nationale. La loi sur la presse, mutilée et stigmatisée à la Chambre des députés, condamnée d'avance par la Chambre des pairs, venait d'être retirée par ordre du roi. Le pays avait fait généreusement honneur à Charles X d'une concession plus habile que volontaire. La France avait applaudi; Paris avait illuminé. La garde nationale accueillit le roi par de chaleureuses acclamations, et confondit dans un même vœu la Couronne et la Charte.

Si les vivat en l'honneur de la Charte contenaient un avertissement, cette manifestation était irréprochable dans son esprit comme dans sa forme. Le Roi ne le crut pas ainsi. Cédant à un mouvement d'impatience, il répondit : « Je suis venu ici pour recueillir des hommages, et non pour recevoir des leçons. » Paroles malheureuses! Charles X se trompait de date. Il confondait des citoyens qui raisonnent avec des vassaux qui obéissent. A d'autres époques, on a pu dire que le silence des peuples était la leçon des rois. Depuis que le peuple vote, il s'est aussi accoutumé à parler. Il parle, dès que l'occasion lui en est laissée. Et quand, sans s'écarter du respect dû à la Couronne, la garde nationale réunissait dans ses acclamations le Roi et la Charte, il était malhabile d'y voir une leçon, il était impolitique d'y trouver une offense.

Ce n'est pas qu'il n'y ait des inconvénients, qu'il ne puisse y avoir danger, dans ces manifestations toujours plus ou moins désordonnées, sortant des rangs d'une troupe armée. Mais ces inconvénients, ces dangers sont inhérents à l'institution de la garde nationale. Il faut ou les accepter, ou supprimer l'institution. La garde nationale n'est pas un corps militaire façonné à l'obéissance, brisé à la discipline, où toute individualité s'absorbe dans un ensemble homogène. C'est la bourgeoisie revêtue de l'uniforme et armée du fusil, portant dans ses rangs les préoccupations de son comptoir, les soucis de ses affaires, l'indépendance de ses opinions, la turbulence de son esprit. On peut nier l'utilité de la garde nationale. On peut contester qu'elle soit plutôt une garantie qu'un écueil pour le maintien du bon ordre, pour la sécurité intérieure de l'État, pour la liberté même. Mais partout où l'on aura appelé la garde nationale à se réunir et à crier *Vive le Roi !* on voudrait en vain lui interdire de crier *Vive la Charte !* si elle croit la Charte menacée.

En présence du Roi, les cris de la garde nationale n'avaient pas cessé d'être constitutionnels. Il en fut autrement après son départ. Quelques bataillons poursuivirent les ministres de vociférations factieuses et demandèrent impérieusement leur renvoi. Cette fois, la dignité du pouvoir était outragée. Il appartenait au Roi de la venger. Punir les bataillons coupables eût été un acte de bonne et saine justice. Punir la garde nationale de Paris tout entière était une faute. Cette faute fut commise. La garde nationale de Paris fut licenciée. Charles X rompit ouvertement avec la bourgeoisie de sa capitale.

Cependant, à travers ses échecs successifs et ses tentatives avortées, le ministère de Villèle s'était vu abandonné par bon nombre de ceux qui d'abord lui avaient prêté leur appui. Il n'en pouvait être autrement, non-seulement parce que les esprits droits avaient graduellement reconnu les dangers de son système, mais aussi parce que s'il est quelque chose qui déconsidère plus vite et plus sûrement le pouvoir que des intentions condamnables, c'est l'impuissance à les réaliser.

En repoussant le droit d'aînesse et la loi sur la presse, la Chambre des pairs avait fait preuve d'une indépendance menaçante. D'autre part, la majorité de la Chambre des députés était devenue faible et chancelante. Le ministère résolut, par une manœuvre hardie, de se créer une majorité dans la pairie, et de reconstituer, en la rajeunissant, celle de la Chambre élective. A cet effet, une ordonnance éleva d'un seul coup à la pairie soixante-seize membres nouveaux. Une autre ordonnance prononça la dissolution de la Chambre des députés. Mais afin de ne pas donner à ses adversaires le temps de se reconnaître, le ministère convoquait les colléges électoraux à douze jours de date. Il cherchait le succès dans une surprise.

Le dépouillement des scrutins fut un coup de foudre pour M. de Villèle. Loin d'avoir renforcé et régénéré sa majorité, il l'avait perdue.

Ainsi, dans son obstination à poursuivre un système de gouvernement impossible, ce ministère avait frappé la garde nationale de Paris qui le repoussait; il avait frappé la Chambre des pairs qui lui résistait; il avait frappé la Chambre des députés dont le zèle s'attiédissait; et il recevait enfin, du corps électoral, son éclatante condamnation.

Sans point d'appui ni dans le parlement, ni dans la capitale, ni dans les provinces, le ministère ne s'arrêta pas à la pensée d'affronter l'hostilité de la nouvelle Chambre. Chez M. de Villèle, l'homme de parti n'avait pas complétement absorbé l'homme de sens. Il accepta sa défaite et se retira.

Le ministère Martignac fut formé. Composé d'hommes nouveaux et modestes, étrangers à toutes les exagérations de partis, il fut reçu par le pays comme le gage d'une pensée de transaction. C'était une erreur. On ne transige pas avec le devoir; et Charles X s'était tracé un double devoir : défendre les prérogatives de sa couronne contre les conséquences des institutions parlementaires; sauvegarder contre les entreprises de l'esprit libéral les traditions religieuses et monarchiques. Or, c'est ce qu'avait voulu, c'est ce qu'avait cherché, dans un parfait accord avec lui, le ministère Villèle. Aussi n'avait-il fallu rien moins que les instances des amis éclairés de la monarchie et celles de M. de Villèle lui-même, pour déterminer Charles X à s'en séparer.

Mais le sacrifice auquel se résignait Charles X ne devait pas, dans sa pensée, aller au delà d'un changement de personnes. La politique qu'il avait pratiquée avec M. de Villèle, il entendait continuer de la pratiquer avec M. de Martignac. Cette prétention était nettement exprimée dans la déclaration qu'il fit à ses nouveaux ministres, lorsque, pour la première fois, ils se réunirent devant lui : « Je ne me suis séparé de M. de Villèle qu'avec regret, leur dit-il. Son système était le mien ; j'espère que vous vous y conformerez. »

De son côté, la Chambre des députés inaugurait sa première session par une adresse au Roi, où elle écrivait : « Les vœux de la France ne demandent aux dépositaires « de votre pouvoir que la vérité de vos bienfaits; ses « plaintes n'accusent que le système déplorable qui les « rendit trop souvent illusoires. »

« *Le système de M. de Villèle est le mien;* je ne l'abandonnerai pas, » avait dit le Roi. — « *Ce système est déplorable*; il est contraire aux vœux de la France, » répondait la Chambre des députés. Voilà, en deux phrases, toute la situation.

Le Roi ne fut pas insensible au blâme si durement jeté à des ministres objets de sa prédilection. Il se contint néanmoins; et sa réponse à l'Adresse, si elle ne fut pas exempte d'amertume, ne trahissait aucun ressentiment. Mais pour repousser, d'une manière indirecte, la condamnation portée par la Chambre contre son système politique, Charles X eut soin d'affirmer la doctrine qui en

faisait la base : « Vous n'oublierez pas, j'en suis sûr, dit-
« il, que vous êtes les gardiens naturels de la majesté du
« trône, la première et la plus noble de vos garanties. »
Cette pensée qui place dans la *majesté du trône* la *première et la plus noble* garantie des droits de la nation
doit être signalée. On la verra bientôt reparaître au pouvoir avec le ministère Polignac, et dicter à Charles X les
fatales ordonnances de Juillet.

La tâche que le ministère Martignac avait acceptée était
des plus ingrates. Placé entre les partis, comme ces corps
élastiques destinés à amortir les chocs, il ne devait attendre d'aucun d'eux la force dont il avait besoin pour
maîtriser les autres. Il était faiblement soutenu par la
majorité, qui ne trouvait en lui qu'une insuffisante satisfaction. Il était en butte à tout le mauvais vouloir de la
Faction de la Cour, dont les journaux le harcelaient et le
dénigraient sans relâche. Il ne trouvait dans le Roi ni
confiance, ni accord de vues.

Cependant ses premiers actes législatifs dénotèrent une
certaine vigueur de volonté. Par deux lois que les Chambres s'empressèrent de voter, il protégea la sincérité des
élections contre la fraude et les intrigues, et rendit quelque liberté à la presse. C'était beaucoup alors, car la
presse et le mauvais esprit du corps électoral étaient considérés par les ultra-royalistes comme les plaies de la monarchie. Le ministère fit plus encore : triomphant des
pieux scrupules de la Couronne, il publia deux ordonnances par lesquelles il mit des bornes à la multiplication
abusive des petits séminaires, et pourvut à l'exécution de
la loi qui interdisait l'enseignement aux jésuites.

Devant la succession de ces mesures qui préparaient la
ruine de leur puissance, la Faction, la Congrégation, les
jésuites et leurs partisans perdirent toute retenue. Pro-

testations, doléances, injures, leur colère se fit jour sous toutes les formes, s'emporta jusqu'aux derniers excès de la violence. Le Roi lui-même n'échappa pas à leurs outrages. Un journal osa publier, sous le titre de *Julien l'Apostat*, un article dont les allusions retombaient sur le trône, chargées de fiel et de menaces. Le scandale fut poussé si loin que le Gouvernement eut recours au saint-siége pour y mettre un terme. Mais la voix de Rome, loin de ramener les révoltés à la soumission, put à peine modérer la véhémence de leurs plaintes.

Ces plaintes trouvaient un écho sympathique dans le cœur du Roi. Elles n'y étaient que bien faiblement combattues par des considérations de nécessités constitutionnelles. Pour vaincre les hésitations de Charles X, on lui disait que ses ministres et la majorité parlementaire ne représentaient pas les sentiments réels du pays; que la véritable France, la France des provinces, serait toujours du côté de son Roi, prête à le suivre partout où il l'appellerait au secours du trône et de l'autel. On détermina enfin Charles X à s'en assurer, en se mettant directement en communication avec son peuple.

Après la clôture de la session, le Roi partit, accompagné de M. de Martignac, pour visiter les départements de l'Est. A part quelques épisodes sans importance, Charles X eut lieu d'être satisfait de son voyage. Il en fut enivré. Il avait vu les populations se presser à sa rencontre. Il n'avait entendu que des souhaits de bienvenue et des paroles d'affection. Il interpréta dans le sens d'un dévouement absolu à sa personne et à sa volonté ce qui était surtout l'effet du prestige qu'exercera toujours, sur les habitants des provinces, le spectacle inaccoutumé des magnificences royales. D'ailleurs, la plupart des chefs de fabrique, des grands industriels de l'Alsace appartenaient à l'opinion libérale, et ils avaient cru d'une bonne politique de témoigner au Roi, par une brillante réception, leur reconnaissance pour les derniers actes de son gouvernement. Ces manifestations ne firent que confirmer l'erreur du Roi. On rapporte qu'à Strasbourg, vivement ému de l'enthousiasme que faisait éclater la foule réunie sous son balcon, Charles X se tourna vers M. de Martignac et lui dit, avec un air de triomphe : « Eh bien ! Monsieur le ministre, vous l'entendez : ces gens-là ne crient pas *Vive la Charte!* ils crient *Vive le Roi!* »

Le ministère Martignac avait fait le succès du voyage; et ce succès même hâta la chûte du ministère. Le Roi était décidé. L'occasion seule manquait. Elle se fit peu attendre.

Un dissentiment qui s'éleva, dans la session de 1829, entre le ministère et la majorité de la Chambre élective, au sujet de deux projets de loi sur l'organisation des départements et des communes, fournit le prétexte désiré. Le ministère avait retiré les projets de loi. Cet incident n'était pas sans gravité. Personne toutefois n'y avait vu un motif suffisant pour entraîner la retraite du cabinet. Mais la Cour affecta de le considérer comme une réponse décisive de la majorité aux tentatives de conciliation. Il ne restait donc, disait-on, qu'à rentrer au plus tôt dans les voies de la monarchie pure, à se défendre désormais de toute faiblesse, et à placer à la tête des affaires des hommes déterminés à braver ou à briser les résistances.

Les dernières semaines de la session furent employées, dans ce but, à des négociations dont aucun des ministres ne perça le secret. Enfin, le 6 août, M. de Martignac et ses collègues apprirent, de la bouche du Roi, que leurs fonctions avaient cessé, et le *Moniteur* du 8 août annonça à la France que le Roi avait fait choix de nouveaux conseillers.

Il n'y avait pas à s'y tromper; les noms groupés au journal officiel ne permettaient pas, à cet égard, la plus légère incertitude : au ministère de transaction ou, comme on disait à la Cour, de concession, succédait un ministère de réaction et de provocation. En face de cette même Chambre, qui avait renversé le ministère Villèle et repoussé son *système déplorable*, ce même système se redressait hardiment, personnifié dans d'autres hommes, mais dans des hommes plus imbus encore de la haine de l'esprit libéral.

C'était d'abord le prince Jules de Polignac, dont l'arrivée au gouvernement équivalait, dans l'opinion générale, à un arrêt de mort pour les libertés. Fils de l'amie calomniée de Marie-Antoinette, M. de Polignac tenait de sa naissance l'un des noms les plus impopulaires du royaume. Il y avait ajouté la double impopularité qui s'attachait aux préjugés de l'émigration et aux intrigues de la Congrégation. Esprit élégant, léger et superficiel; d'une piété quasi monacale, dont la sincérité ne devait pas trouver grâce aux yeux d'une génération plus encline au scepticisme qu'aux pratiques de dévotion; élevé dans les traditions de l'ancienne Cour, et dans un superbe dédain des prétentions politiques de la bourgeoisie, M. de Polignac ignorait son siècle, et ne connaissait pas la France. Il joignait à toute la témérité nécessaire pour se jeter dans les plus hasardeuses aventures, assez de suffisance pour négliger de compter avec les chances contraires. Associé à la conjuration de Pichegru et jeté dans les prisons, il avait opposé aux rigueurs de l'Empire une infatigable constance, à ses séductions une inébranlable fidélité. Il avait, la prudence exceptée, toutes les qualités qui font le conspirateur. Mais on aurait vainement cherché en lui la maturité, la sagesse et la science que réclame le gouvernement d'une grande nation. Charles X l'entourait d'une tendresse toute paternelle, qui n'avait point échappé aux traits de la malignité publique [1]. Il y répondait par un attachement vraiment filial. Incapable de résister à une volonté du Roi, il eût été prêt à affronter la mort pour lui obéir. A défaut des convictions calmes et raisonnées qui font les hommes vraiment politiques, sa conduite s'inspirait d'un triple fanatisme : fanatisme royaliste, fanatisme aristocratique, et, par-dessus tout, fanatisme religieux.

C'était ensuite M. de la Bourdonnaie. Celui-ci s'était signalé, en 1815, parmi les plus ardents promoteurs du système des proscriptions par catégories. Les échos de la tribune étaient tout frémissants encore de ses appels à la vengeance et aux rigueurs impitoyables. Il y avait, à la vérité, plus d'extravagance dans son esprit que de méchanceté dans son cœur. Mais la présence, dans le ministère, d'un homme qui s'était acquis une si déplorable célébrité, n'en avait pas moins, aux yeux du pays, sa triste signification.

C'était encore M. de Bourmont, celui de tous, peut-être, qui devait le moins trouver grâce devant les répulsions du pays. Sa vie avait été marquée par un de ces actes qui blessent profondément les instincts d'une nation guerrière. Ses brillantes et incontestables qualités d'homme du monde et d'homme de guerre ne pouvaient suffire à effacer le double souvenir qui s'attachait à son nom : Vendéen, il avait combattu l'armée française; général, il

---

[1] On disait M. de Polignac fils de Charles X.

avait, sur le champ de bataille, passé dans les rangs des ennemis de la France. Les esprits généreux, faisant la part des erreurs humaines et des discordes civiles, pouvaient lui pardonner beaucoup. Les masses, dont les impressions sont toujours extrêmes, associaient, dans une même réprobation, son nom et le souvenir de Waterloo.

A moins d'être complétement étranger à l'histoire de France depuis le commencement de ce siècle, il faut reconnaître que, si Charles X s'était proposé de placer à la tête de son ministère les trois noms le plus universellement antipathiques au sentiment national, il n'eût pu faire d'autres choix.

Le ministère était complété par des hommes moins compromis, sans doute, mais dans lesquels il était permis de voir plutôt des recrues que des adversaires pour la Contre-révolution à outrance : aux finances, M. de Chabrol de Crussol, ancien ministre de la marine, fonctionnaire sans éclat, caractère flottant ; à l'instruction publique, M. de Montbel, l'ami de M. de Villèle, ardent protecteur des jésuites; à la justice, M. Courvoisier, transfuge du centre gauche, qu'une grande mobilité de convictions avait entraîné successivement jusqu'aux doctrines théocratiques de la Congrégation. M. le vice-amiral de Rigny, nommé à la marine, n'ayant pas accepté le portefeuille, fut remplacé par M. d'Haussez, appelé de la préfecture de la Gironde.

Quelques nominations de hauts fonctionnaires suivirent celles du ministère. Il faut citer surtout celle de M. Mangin à la préfecture de police. M. Mangin, ancien procureur général, s'était fait remarquer dans le procès du général Berton par la fougue de son royalisme et l'emportement de son zèle. On pouvait le croire déterminé à ne reculer devant aucun excès. Ce choix, de l'aveu d'un écrivain connu par son dévouement à la Restauration, « semblait porter ce caractère de défi que l'opposition « reprochait au nouveau système[1]. »

Un trait achèvera cette rapide esquisse des hommes auxquels la confiance du Roi remettait le pouvoir. Au retour des Bourbons, quatre membres de la Chambre des pairs avaient refusé, pendant toute une année, de prêter serment à la Charte. De ces quatre pairs, deux occupaient les postes politiques les plus importants dans le nouveau cabinet : le ministère des affaires étrangères et le ministère de l'intérieur.

Tel était ce ministère, qu'un journal caractérisa en quelques lignes où se traduisaient l'indignation et les tristes pressentiments du pays : « L'émigration dans M. de Polignac, les fureurs de la proscription dans M. de la Bourdonnaie, la désertion à l'ennemi dans M. de Bourmont! voilà les trois principes dans les trois personnages du ministère. Pressez-le, tordez-le, il ne dégoutte qu'humiliation, malheur et danger. »

En apprenant en quelles mains venait de passer le gouvernement, la France éprouva un douloureux saisissement, comme à l'annonce d'une grande crise. Pour tous les hommes au courant des caractères et des situations, il y avait nécessairement une catastrophe au bout de ce coup de tête de la royauté. « Le Roi se perdra, dit M. de Talleyrand, et ce ne sera pas long. » Et M. de Talleyrand ne faisait qu'exprimer ce que chacun pensait. Il y eut alors, chose inouïe dans nos annales administratives, comme un sauve-qui-peut parmi les hauts fonctionnaires effrayés de la solidarité dans laquelle ils pouvaient se trouver enveloppés. Des conseillers d'État, des préfets

---

[1] Lubis, *Histoire de la Restauration*.

donnèrent leur démission. M. de Chateaubriand renonça avec éclat à l'ambassade de Rome. Jamais enfin gouvernement n'avait été l'objet de répulsions plus vives et plus hautement témoignées.

De Paris, où elle s'était produite d'abord, l'émotion se répandit avec une rapidité, une unanimité prodigieuses. Une circonstance fortuite servit à faire ressortir les sentiments du pays. M. de Lafayette, qui était alors en Auvergne, partit pour Paris. Son voyage ne fut qu'une longue ovation. Les populations se portaient en masse à sa rencontre. Des banquets, des arcs de triomphe, des illuminations l'attendaient partout. L'esprit de ces démonstrations se faisait jour sous toutes les formes. Il n'était pas un discours, pas un toast, pas une devise, qui ne fût une protestation contre la Cour et son système politique. Et tandis que dans les villes, dans les bourgs, le député libéral, le représentant des principes de 89, était reçu avec des honneurs presque royaux, à l'autre bout de la France, le fils du Roi, l'héritier présomptif de la couronne, qui était allé visiter les travaux du port de Cherbourg, ne trouvait sur ses pas, en dehors des banalités officielles, que le silence et la solitude.

Quelques mots du discours prononcé au banquet de Lyon par M. de Lafayette donneront une idée de la direction qu'avaient prise alors les esprits : « Je suis fier et heureux, dit le vieux général, que mon passage dans cette grande et patriotique cité ait été pour elle une occasion de plus pour manifester sa constante haine de l'oppression, son amour de la véritable liberté, sa détermination de résister à toutes les tentatives de l'incorrigibilité contre-révolutionnaire. *Plus de concessions!* ont dit récemment les journaux officiels de ce parti ; étrange contre-sens sur la nature des pouvoirs sociaux ! *Plus de concessions !* dit à son tour, et à plus juste titre le peuple français. » Il ajoutait plus loin : « Oserait-on, par de simples ordonnances, vicier les élections, exercer un pouvoir illégal ? Mais, sans doute, les partisans de telles mesures se rappelleront à temps que la force de tout gouvernement n'existe que dans les bras et dans la bourse de chacun des citoyens qui composent la nation. La nation française connaît ses droits, elle saura les défendre. »

La création du ministère fut acceptée partout comme une menace ; et partout, sans se rendre compte encore des extrémités auxquelles on pourrait être conduit, on se préoccupa de se tenir prêt à tout événement.

Les chefs de la grande association électorale formée sous le nom de *Société aide-toi, le ciel t'aidera*[1] mirent en mouvement toutes les ressources de leur puissante organisation. En même temps, on vit se constituer d'autres sociétés dont la propagation était plus redoutable encore pour le gouvernement. Depuis longtemps déjà, à travers les diverses phases d'une situation si tendue, le public avait commencé à se familiariser avec l'idée du refus de l'impôt. Les journaux discutaient chaque jour la légalité, dans des circonstances données, de ce moyen de résistance pacifique. On prévoyait, on déterminait les cas où il pourrait devenir une ressource suprême. « La nation, s'était écrié le *Journal des Débats* dans un article resté célèbre, la nation paye un milliard à la loi ; elle ne payerait pas deux millions aux ordonnances d'un ministre. Avec les taxes illégales, naîtrait un Hampden pour les briser. Hampden[2] ! faut-il encore que nous rap-

---

[1] Voyez la note A à la fin du volume.
[2] Voyez la note B à la fin du volume.

pelions ce nom de trouble et de guerre? Malheureuse France! Malheureux Roi! »

Des associations régulières pour le refus éventuel de l'impôt se formèrent à Nantes, à Dijon, à Rouen et sur d'autres points. On eut ainsi le spectacle étrange d'une nation s'organisant ouvertement pour la résistance, en prévision d'une violation de la loi par son gouvernement[1].

Devant cette explosion de la défiance publique, le ministère gardait, en apparence du moins, une grande réserve. Mais il n'en était pas de même de ses amis et de ses partisans, de ceux dont il acceptait ou dont il provoquait le concours. Ses journaux s'abandonnaient aux inspirations les plus insensées de la colère. « Plus de concessions! » répétaient-ils; et sur ce thème ils attribuaient aux faiblesses du passé tous les tiraillements, tous les dangers du présent. Ils appelaient, dans le langage le plus provocateur, les résolutions extrêmes. Ils fermaient la voie, dans l'avenir, à toute amélioration, à tout progrès. Les journaux étaient dépassés encore par des brochures qui, dédaignant toute feinte, prêchaient le rétablissement du pouvoir absolu, et prédisaient un succès d'autant plus certain, que l'effort serait plus audacieux.

Le clergé s'associait à cette croisade contre l'esprit du siècle. Les évêques dans leurs mandements, les curés dans leurs chaires mettaient la parole de l'Église au service de la cause ministérielle. Vainement le ministère se prétendait étranger à ce débordement, et se déclarait sans autorité pour imposer silence à ses conseillers trop zélés. Le public, pour ajouter foi à ces allégations, aurait eu besoin de ne pas voir l'impunité assurée à ceux qui réclamaient hautement le renversement de la constitution.

---

[1] Voyez la note C à la fin du volume.

La situation respective du gouvernement et du pays s'aggravait ainsi de jour en jour. Si ce n'était pas encore la guerre, c'était la déclaration d'hostilités; c'était la veille de la bataille.

A l'approche de la session, une rivalité qui éclata entre M. de Polignac et M. de la Bourdonnaie, au sujet de la présidence du conseil, motiva la retraite de ce dernier. Il fut remplacé au ministère de l'intérieur par M. de Montbel; M. de Guernon-Ranville, jeune magistrat sans antécédents politiques, reçut le portefeuille de l'instruction publique.

Le 2 mars 1830, les deux Chambres se réunirent dans la salle des Gardes du Louvre, pour l'ouverture de la session. Le ministère n'avait pas encore été mis en demeure de dessiner son attitude devant le parlement. Il n'avait fait que se constituer et prendre son assiette. Pour la première fois, il allait faire connaître sa pensée et ses vues. Un immense intérêt s'attachait donc à cette séance.

L'attente publique ne fut pas trompée. Le discours de la Couronne fut aussi clair qu'il pouvait l'être. Après les paragraphes consacrés à la situation générale des affaires de l'Etat, le Roi s'exprimait ainsi : « La Charte a placé les « libertés publiques sous la sauvegarde des droits de ma « couronne; ces droits sont sacrés; mon devoir envers « mon peuple est de les transmettre intacts à mes successeurs. Pairs de France, députés des départements, je « ne doute pas de votre concours pour opérer le bien que « je veux faire. Vous repousserez *avec mépris* [1] les perfides insinuations que la malveillance cherche à propager. Si de coupables manœuvres suscitaient à mon

---

[1] Ces deux mots, prononcés par le Roi, ont été supprimés dans le texte officiel imprimé à l'Imprimerie royale.

« gouvernement des obstacles que je ne peux ni ne veux
« prévoir, je trouverais la force de les surmonter dans
« ma résolution de maintenir la paix publique, dans la
« juste confiance des Français et dans l'amour qu'ils ont
« toujours montré pour leurs rois. »

Ces dernières phrases justifiaient, à elles seules, l'opinion qui avait accueilli comme un défi la création du ministère. Elles donnaient un démenti aux intentions pacifiques dont le pouvoir se disait animé. Elles plaçaient la majorité en face d'une provocation directe, dans l'impossibilité de se taire sans se désavouer.

Par ce discours, c'est-à-dire par l'initiative du Gouvernement, la question était posée entre le ministère et la majorité. Le nom de la Charte était invoqué, mais pour établir que les garanties qui y étaient écrites en faveur de la nation étaient subordonnées aux droits de la Couronne. Le Roi l'avait dit déjà, en 1828, ainsi qu'on l'a vu plus haut, à la grande députation de la Chambre des députés : « La majesté du trône est la première et la plus « noble de vos garanties. » La conséquence découle d'elle-même : la « majesté du trône, » les « droits de la Couronne, » non tels qu'ils étaient définis par la Charte, mais tels que le Roi les entendait, devaient être sauvegardés avant tout, à tout prix, même au prix des libertés publiques.

Le Roi était donc dans la logique de son système lorsque, concentrant toute sa sollicitude sur les droits *sacrés* de sa couronne, et sur son *devoir* de les transmettre intacts à ses successeurs, il n'avait pas même une allusion pour les droits de la nation, pour son devoir de les respecter et de les maintenir intacts.

Ce n'est pas que le Roi redoutât des entreprises agressives contre les droits constitutionnels de sa couronne.

Rien de pareil n'était à craindre; la loi, d'ailleurs, y avait pourvu. Mais il prévoyait le cas où des *manœuvres* feraient *obstacle* à son gouvernement. Or, ces manœuvres, ces obstacles pouvaient s'entendre des votes d'une Chambre, du rejet d'un projet de loi, du refus d'un crédit, d'un dissentiment entre le pouvoir législatif et le pouvoir exécutif, de la résistance à l'arbitraire. Et pour déjouer ces manœuvres, pour surmonter ces obstacles, le Roi se reposait exclusivement sur sa *résolution*, sur la *confiance* et *l'amour* des Français. Des Chambres, de la loi, il n'était pas fait mention! — « Vous venez, Messieurs, avait
« dit Louis XVI aux états-généraux, d'entendre le résul-
« tat de mes dispositions et de mes vues; elles sont con-
« formes au vif désir que j'ai d'opérer le bien public; et
« si, par une fatalité loin de ma pensée, vous m'abandon-
« niez dans une si belle entreprise, seul je ferais le bien
« de mes peuples, seul je me considérerais comme leur
« véritable représentant [1]. » Sera-ce donc toujours en vain que l'histoire enregistrera les fautes et les malheurs des peuples et des rois!

Les pouvoirs parlementaires se devaient à eux-mêmes et devaient à la France de rappeler à Charles X que, dans une monarchie constitutionnelle, il y a, à côté du Roi, des représentants du pays dont le concours lui est nécessaire, et, au-dessus de lui, la loi à laquelle il est lui-même soumis comme le dernier de ses sujets.

La Chambre des pairs, trompant les calculs de la promotion de 1827, osa réunir sous le même niveau, dans une même protestation de respect, les droits de la nation et les droits de la Couronne, la Charte et le trône. Elle disait dans son Adresse : « La France ne veut pas plus de

---

[1] Séance royale du 23 juin 1789.

« l'anarchie que son Roi ne veut du despotisme..... Si
« des manœuvres coupables suscitaient à votre gouver-
« nement des obstacles, ils seraient bientôt surmontés,
« non pas seulement par les pairs, défenseurs héréditaires
« du trône et de la Charte, mais aussi par le concours
« simultané des deux Chambres, et par celui de l'immense
« majorité des Français ; car il est dans le vœu et dans
« l'intérêt de tous que les droits sacrés de la Couronne
« demeurent invariables et soient transmis, inséparable-
« ment des libertés nationales, aux successeurs de Votre
« Majesté. »

La Chambre des députés, plus franche dans ses allures, plus directement responsable vis-à-vis de la nation, jugea que le moment était venu de renoncer à toute réticence. Attaquée dans son indépendance, menacée dans l'exercice de ses pouvoirs légaux, soupçonnée dans la loyauté de ses intentions, elle sentait le besoin de repousser loin d'elle l'outrage que de téméraires conseillers lui jetaient du haut du trône. Son Adresse, modèle à la fois de convenance, de fermeté, de respect pour la Couronne et d'ombrageuse dignité, levait tous les voiles, mettait au grand jour tous les sous-entendus. La Chambre exposait au Roi les vœux de son peuple, dont elle était l'expression vivante dans le gouvernement; elle mettait sa propre indépendance sous la sauvegarde de son droit constitutionnel, et refusait son concours à qui avait osé la défier.

« Accourus à votre voix de tous les points de votre
« royaume, disait-elle, nous vous apportons de toutes
« parts, Sire, l'hommage d'un peuple fidèle.... Sire, au
« milieu des sentiments unanimes de respect et d'affection
« dont votre peuple vous entoure, il se manifeste dans les
« esprits une vive inquiétude.... Notre conscience, notre
« honneur, la fidélité que nous vous avons jurée, et que

« nous vous garderons toujours, nous imposent le devoir
« de vous en dévoiler la cause. La Charte consacre comme
« un droit l'intervention du pays dans la délibération
« des intérêts publics. Cette intervention devait être, elle
« est en effet indirecte, sagement mesurée, circonscrite
« dans des limites exactement tracées.....; mais elle est
« positive dans son résultat, car elle fait du concours
« permanent des vues politiques de votre gouvernement
« avec les vœux de votre peuple, la condition indispen-
« sable de la marche régulière des affaires publiques.
« Sire, notre loyauté, notre dévouement nous condamnent
« à vous dire que ce concours n'existe pas. Une défiance
« injuste des sentiments et de la raison de la France est
« aujourd'hui la pensée fondamentale de l'administration.
« Votre peuple s'en afflige parce qu'elle est injurieuse
« pour lui ; il s'en inquiète parce qu'elle est mena-
« çante pour ses libertés. Cette défiance ne saurait appro-
« cher de votre noble cœur. Non, Sire, la France ne
« veut pas plus de l'anarchie que vous ne voulez du des-
« potisme ; elle est digne que vous ayez foi dans sa
« loyauté, comme elle a foi dans vos promesses. Entre
« ceux qui méconnaissent une nation si calme, si fidèle,
« et nous qui, avec une conviction profonde, venons
« déposer dans votre sein les douleurs de tout un peuple
« jaloux de l'estime et de la confiance de son Roi, que la
« haute sagesse de Votre Majesté prononce ! »

Lorsque cette Adresse fut lue au Roi, Charles X s'était préparé à l'entendre. Sa réponse préméditée, discutée en conseil, arrêtée dans ses termes après mûre réflexion, allait fermer tout retour à un accommodement. Le Roi la prononça d'une voix ferme et sévère. Elle était ainsi conçue : « J'ai entendu l'Adresse que vous me présentez
« au nom de la Chambre des députés. J'avais droit de

« compter sur le concours des deux Chambres pour
« accomplir tout le bien que je méditais; mon cœur s'af-
« flige de voir les députés des départements déclarer que,
« de leur part, ce concours n'existe pas. Messieurs, j'ai
« annoncé mes résolutions dans mon discours d'ouverture
« de la session; ces résolutions sont immuables; l'intérêt
« de mon peuple me défend de m'en écarter. Mes minis-
« tres vous feront connaître mes intentions. »

La révélation que le Roi s'était réservé de faire par ses ministres ne se fit pas attendre. Le lendemain[1], une ordonnance prorogea la session au 1er septembre. Entre la Chambre et le ministère, suivant le vœu de l'Adresse, Charles X avait prononcé.

« C'est chez lui, dans son palais, qu'une poignée d'insolents et d'insensés a osé parler ainsi au fils de Henri IV et de Louis XIV ! » Ces deux lignes suffisent pour indiquer avec quelle fureur l'Adresse fut accueillie par la presse ministérielle. Un autre journal appelait les députés « des faiseurs de réprimandes, qui vont porter au Roi, dans son palais, des paroles insultantes. » La *Quotidienne*, signalait l'Adresse comme « le premier manifeste de la révolution de 1830. » Il y avait, en effet, une révolution au bout de ce débat; mais la *Quotidienne* intervertissait l'ordre chronologique. Le premier manifeste n'était pas l'Adresse, qui n'était qu'une réponse digne, calme et mesurée; c'était le discours de la Couronne jetant la menace aux représentants de la France et proclamant l'incompatibilité entre le pouvoir royal et l'indépendance du pouvoir parlementaire. Le même journal, parlant de la majorité, composée de « janissaires de Bonaparte et de

---

[1] 19 mars.

renégats de la monarchie, » disait : « Ils auront à répondre à un Roi qui, entouré d'une armée dévouée, appuyé sur une pairie fidèle, défendu par l'amour de son peuple, demandera compte de sa volonté méconnue, de sa prérogative attaquée, de la Charte violée. »—« Royalistes, s'écriait la *Gazette de France,* royalistes, soyez fermes, le Roi est avec vous ! »

Le conflit était engagé. Pour en bien établir le caractère, il faut se reporter à la discussion qui précéda le vote de l'Adresse. Dans cette discussion, les questions de principes qui séparaient la majorité du ministère, le but où de part et d'autre on voulait atteindre, tout cela fut clairement établi. Ce que se proposait le Gouvernement, c'était d'amoindrir le pouvoir parlementaire au profit de la prérogative royale. Ce que revendiquait la Chambre, c'était l'intégrité de la prérogative parlementaire, contre les envahissements du pouvoir royal. Le Roi, les ministres et la minorité voulaient la souveraineté royale abritée derrière un semblant de régime représentatif. La majorité voulait le gouvernement de la souveraineté nationale, tel qu'il ressort de la pratique loyale du régime représentatif.—Vous prétendez, disaient les premiers, forcer la main au Roi, et lui imposer son ministère ; c'est mettre la Couronne en tutelle ; c'est anéantir le pouvoir royal ; c'est au moins le subordonner.—Nous laissons, répondaient les seconds, au pouvoir royal toute liberté de composer son ministère. Mais comme ce ministère ne peut gouverner qu'avec notre concours, et que notre concours ne s'obtient que de notre confiance, il nous appartient d'exposer au Roi que ses ministres n'ont pas notre confiance. Il n'est pas vrai que par là nous mettions la Couronne en tutelle ; car le Roi reste le maître ou de changer son ministère, ou de dissoudre la Chambre et d'interroger le pays. Nous ne violentons pas le Roi, nous l'éclairons.

En se plaçant au point de vue des institutions représentatives, la majorité avait raison. La nécessité éventuelle d'un appel au pays n'entraînait en aucune façon la subordination de la Couronne. La Couronne n'avait d'occasion constitutionnelle de se mesurer ni avec le pays, ni avec le pouvoir parlementaire. Elle était en dehors et au-dessus de tous les conflits. Quelle que fût la décision des électeurs, le Roi n'en recevait nulle atteinte, car il n'était pas plus solidaire des actes de ses ministres que de ceux de la majorité. Il était inviolable et irresponsable. Mais l'irresponsabilité même impliquait la négation d'un pouvoir royal autocratique. C'est dans ce sens seulement qu'on disait avec vérité : « Le Roi ne peut mal faire. »

La réponse du Roi à l'Adresse était une nouvelle preuve de la persistance de ses préoccupations. Malgré les protestations de respect et d'affection que lui prodiguaient les députés, quelque soin qu'ils eussent mis à prévenir toute confusion entre la Couronne et ses conseillers responsables, le Roi affectait de considérer comme refusés à sa personne le concours et la confiance qui n'étaient refusés qu'au ministère. Au lieu d'être couvert par ses ministres, il les effaçait derrière sa royale volonté. « Mes résolutions sont immuables, » ajoutait-il, sans comprendre que, par ces seuls mots, il se mettait en révolte contre le le gouvernement représentatif. Dans une monarchie représentative, le Roi n'a pas de résolutions personnelles à imposer. Quant aux résolutions du pouvoir exécutif, comme elles ne valent que par l'appui des majorités législatives, elles doivent nécessairement s'inspirer des sentiments de ces majorités, et sont exposées à subir les effets de leur mobilité.

L'Adresse avait été votée par deux cent vingt-une voix contre cent quatre-vingt-une. Une majorité aussi considérable ne laissait au ministère aucun espoir de reprendre l'avantage dans la Chambre. La dissolution fut prononcée[1]. Les colléges électoraux étaient convoqués pour les 23 juin et 3 juillet; les Chambres devaient s'assembler le 3 août. Toutefois, en provoquant de nouvelles élections, le Roi et ses ministres n'avaient pas la pensée de s'en remettre au jugement du pays. Ils espéraient seulement amener le pays à désavouer la majorité et à élire d'autres représentants qui ne fissent plus obstacle à leur politique. Ils se réservaient d'aviser, dans le cas où le résultat tromperait leur attente.

Rien ne saurait donner une plus juste idée des vues du Gouvernement et des illusions qui dirigeaient sa conduite, qu'un *Rapport confidentiel sur la situation politique de la France,* adressé au Roi, le 14 avril 1830, par M. de Polignac. Ce Rapport, trouvé au palais des Tuileries après son envahissement par le peuple, n'était pas destiné à la publicité. C'est plutôt un épanchement intime qu'un document officiel. A ce titre, il offre un intérêt tout particulier; car l'histoire ne doit rien négliger de ce qui peut l'éclairer sur les intentions des hommes publics dont elle juge et condamne les actes.

D'après l'exposé du ministre, l'agitation à laquelle la France paraissait alors en proie était toute factice et superficielle. Elle était le fait d'un petit nombre d'hommes mal intentionnés et remuants, qui, par le moyen de la presse, s'efforçaient de jeter et d'entretenir l'inquiétude dans les esprits. Mais cette inquiétude n'avait aucun motif; elle n'avait pénétré ni dans les masses laborieuses

---

[1] 16 mai 1830.

des villes et des campagnes, ni même dans la plus grande partie de la bourgeoisie. Les populations, en général, satisfaites des institutions octroyées par la Couronne, rassurées par l'application du Gouvernement à se renfermer dans l'exécution des lois, n'accordaient aucun crédit aux suppositions malveillantes et purement gratuites de l'opposition. Le peuple avait confiance dans la volonté du Roi de maintenir ses institutions. Il avait foi dans ces institutions elles-mêmes. C'était en elles seules qu'il trouvait le bien ; c'était d'elles qu'il attendait le mieux. « Aucun pouvoir, disait le Rapport, n'arracherait
« ce sentiment du cœur des Français. Il y est déjà si puis-
« sant et si solidement établi que si, par un concours de
« circonstances encore imprévues et d'événements aux-
« quels la prudence humaine ne saurait parer, *une dévia-*
« *tion quelconque de nos institutions devenait nécessaire,*
« cette déviation, fût-elle légère et ne pouvant être que
« momentanée, ne serait favorablement accueillie
« qu'autant qu'il deviendrait évident pour la conscience
« publique qu'elle assurerait, d'une manière immuable
« pour l'avenir, les bases sur lesquelles repose le système
« actuel de notre gouvernement. » Le ministre étudiait ensuite la situation générale de la France, et n'y trouvait que des motifs de satisfaction et de sécurité. « Nos insti-
« tutions, solidement établies, n'ont à craindre aucun
« changement ; notre crédit public, notre agriculture,
« notre commerce, notre industrie présentent le tableau
« d'une haute prospérité. Le Roi peut compter sur le
« dévouement de ses armées. Nos relations au dehors
« sont aussi satisfaisantes que peut le désirer un pays
« content de sa grandeur, exempt de projets d'envahisse-
« ment, mais jaloux de son indépendance et de sa gloire. »
Après ce tableau déjà si séduisant, le Rapport exposait les

diverses améliorations que le gouvernement aurait voulu réaliser. Mais il ne pouvait le faire qu'avec les Chambres; et, par suite des défectuosités du système électoral et de l'influence pernicieuse de la presse, il trouvait dans la majorité de la Chambre élective un obstacle à ses meilleures intentions. Le Rapport développait alors, avec une insistance toute particulière, ses accusations contre le système électoral et contre la presse, et concluait en constatant que le Gouvernement était dénué de tous moyens légaux de vaincre ce double obstacle.

En résumé, un pays satisfait et jaloux de ses institutions, plein de confiance dans son gouvernement; une situation générale qui ouvrait les plus brillantes perspectives; un Gouvernement n'ayant d'autre pensée que de consolider les institutions, et de développer les conditions de la grandeur de l'État et du bien-être des populations; mais un régime électoral et une législation de la presse qui paralysaient tous ces éléments de prospérité, et qui ne pouvaient être corrigés qu'à l'aide d'une « *déviation momentanée* » de la Charte : voilà ce qui ressort du Rapport. Réforme, par un acte de dictature royale, et de la loi électorale et de la loi sur la presse : le coup d'État du 25 juillet était la conclusion rigoureuse de ces prémisses.

Les élections étaient une dernière épreuve à faire avant d'en venir à cette extrémité. Mais, pour tenter cette épreuve avec un coup d'État en perspective, il fallait au pouvoir des hommes bien décidés d'avance à ne reculer devant aucune des exigences de la situation.

Un remaniement ministériel fut donc élaboré entre le Roi, le Dauphin et M. de Polignac. Le plus grand secret présida à ces négociations. Le Roi, qui ne voulait pas subir le contrôle des Chambres dans le choix de ses ministres, ne se croyait pas tenu davantage de prendre l'avis de ses ministres sur le choix de leurs collègues.

MM. Courvoisier et de Chabrol avaient été jugés insuffisants dans ces circonstances critiques. Ils étaient d'ailleurs peu disposés à se prêter à une « déviation momentanée de la Charte, » et avaient offert leur démission. Ils cessèrent de faire partie du cabinet. M. de Montbel passa au ministère des finances, et abandonna le ministère de l'intérieur à M. de Peyronnet. M. de Chantelauze fut appelé au ministère de la justice, et M. le baron Capelle à un nouveau département créé pour lui, sous la désignation de ministère des Travaux publics [1].

M. de Polignac n'avait laissé ignorer à aucun des ministres entrants que le cas pouvait se présenter d'un recours à l'article 14 de la Charte et d'une dictature temporaire. Tous avaient accepté cette éventualité. Ils apportaient au service de la Couronne un dévouement sans bornes et une incontestable capacité.

M. de Peyronnet, ancien collègue de M. de Villèle, portait un nom qui le cédait à peine, en impopularité, à celui de M. de Polignac. Il était, plus que M. de Villèle lui-même, la personnification du ministère renversé par les élections de 1827. Son retour aux affaires réveillait nécessairement le souvenir du droit d'aînesse, de la loi sur le sacrilége, de la loi de *justice et d'amour*, de la dissolution de la garde nationale de Paris, et de tout ce *système déplorable* flétri par la Chambre et condamné par les électeurs. M. de Villèle, devenu antipathique au Roi par la persistance importune de ses amis à le représenter comme nécessaire, demeurait écarté du pouvoir. Mais son système était toujours celui de Charles X, et c'était ce

[1] 19 mai.

système qu'il s'agissait encore de faire triompher. Le mot d'ordre de la Cour était : « plus de concessions, plus de ménagements. » Charles X allait plus loin ; il revenait sur les concessions déjà faites.

M. de Chantelauze, député depuis 1827, avait surtout attiré l'attention de la Cour par la vivacité avec laquelle il avait combattu l'Adresse des *Deux cent vingt-un*, et proclamé la nécessité d'un « cinq septembre monarchique [1]. » Magistrat estimé, orateur distingué, il se recommandait, en outre, par la fermeté un peu extrême de son caractère.

M. Capelle, alors préfet de Seine-et-Oise, n'avait d'autre titre à un portefeuille qu'une certaine réputation d'habileté en matière d'élections. Charles X faisait grand cas de son mérite en ce genre, et avait tenu à lui donner place dans le conseil.

Ce fut un imposant et triste spectacle que celui des agitations que soulevèrent, dans la France entière, les élections de 1830. Jamais nation ne s'était montrée plus pénétrée de l'importance de ses devoirs, plus ardente à les accomplir. Jamais la noble passion de la chose publique n'avait plus profondément remué un peuple. Jamais aussi, hors des temps de révolution, les haines des partis ne s'étaient donné carrière avec plus d'emportement.

Le Gouvernement déployait une infatigable activité. Il ne négligeait aucun des moyens d'influence que mettait dans ses mains la centralisation administrative. Il remplaçait les préfets dont il suspectait le dévouement. Il se prémunissait par des menaces de destitution, non-seulement contre l'hostilité, mais contre la tiédeur même des fonctionnaires. Il faisait agir toutes les séductions et toutes les rigueurs du pouvoir.

---

[1] Voyez la note D à la fin du volume.

Le clergé apportait à le seconder un zèle des moins évangéliques. Ici, c'était un évêque accusant la Chambre des députés de vouloir, « dans son indépendance et dans son audace, dicter des lois au souverain, anéantir ses prérogatives les plus essentielles, et renverser les hommes de son choix. » Ailleurs, un autre prélat s'écriait : « Ces « hommes, dans une Adresse hypocrite et perfide, flattent « l'auguste chef de l'État d'une main, et de l'autre ten-« tent de lui arracher son sceptre et sa couronne ; voilà ce « qui met le comble à notre indignation ! » Un autre encore, dans une lettre pastorale, disait à ses curés en leur parlant du Roi : « Vous savez quelle faction lui dis-« pute son autorité, et avec quelle insolence cette faction « qui conspire et trahit manifestement ose traiter ses « ministres. » L'archevêque d'Avignon adjurait les fidèles de « se méfier des partisans d'une secte impie, » dans laquelle il ne voyait que « des athées, des déistes et des philosophes. » Il ajoutait que si les électeurs « accordaient leurs suffrages à ces esprits inquiets, turbulents, amateurs d'idées nouvelles, ennemis des Bourbons, soupirant pour une liberté qui nous réduirait à un esclavage dur et impitoyable, notre belle patrie ressemblerait au pays des Algériens. » L'évêque de Meaux osait pousser plus loin encore la calomnie, et attribuer au parti constitutionnel les incendies qui désolaient alors plusieurs départements.

Les ministres donnaient une attention extrême au choix des présidents des colléges électoraux, dont le Roi avait la nomination. Les hommes investis de cette magistrature temporaire pouvaient avoir une action assez importante sur les opérations électorales, et le Gouvernement n'y appela que des amis sur lesquels il savait pouvoir compter. Lorsque, suivant l'usage, les présidents nommés vinrent prendre congé du Roi, Charles X leur adressa ses exhortations et ses encouragements personnels. « Dites bien, leur répéta-t-il invariablement, dites bien aux électeurs que je ne céderai pas. »

Cette même phrase : « Le Roi ne cédera pas, » était devenue la base de la polémique de tous les journaux royalistes. Elle était reproduite jusque dans les circulaires ministérielles, sous forme d'avis comminatoire aux électeurs. « Que les électeurs y songent bien, disaient les ministres, le Roi ne cédera pas. » On ne pouvait plus clairement placer les électeurs entre la soumission aux volontés du Roi ou le châtiment. Et pour qu'on n'en doutât pas, la *Gazette de France* le déclarait sans ambages : « Ce n'est pas le jugement du Roi, mais le jugement de la loi des élections que les électeurs vont prononcer. »

A tous ces moyens, le ministère ajouta, au dernier moment, une manœuvre assez adroitement calculée pour déconcerter l'opposition. Sous prétexte de contestations pendantes relativement aux inscriptions sur les listes électorales, il ajourna aux 12 et 19 juillet, les élections des vingt départements où il avait le moins d'espoir de succès. Il prévenait ainsi l'influence qu'auraient eue, sur les collèges voisins et principalement sur les grands colléges, les triomphes de l'opposition dans ces départements, parmi lesquels se trouvait celui de la Seine.

Les efforts de l'opposition n'étaient pas moins soutenus, et ils étaient plus habiles que ceux du ministère. Et quand on parle de l'opposition, il faut se rappeler qu'elle comprenait alors presque toute la France, et surtout les classes éclairées, moins les fonctionnaires, le haut clergé et une partie de la noblesse. Tous les corps politiques, littéraires, commerciaux, la bourgeoisie censitaire et patentée, les académies, les chambres de commerce, les écoles, la banque, le barreau, tout cela était de l'opposition, et tout cela apporta son concours au succès de ses candidats. Une prodigieuse impulsion avait été donnée, par les comités directeurs, aux milliers de comités institués dans tous les centres un peu importants de population. Partout les associations électorales ou patriotiques étaient à l'œuvre, échauffant l'esprit public, secouant la torpeur des uns, donnant un emploi utile au zèle des autres, appelant toutes les forces, toutes les bonnes volontés à la défense des libertés nationales. De nombreux banquets fêtaient, dans les provinces, le retour des députés qui avaient voté l'Adresse. Ces réunions étaient l'occasion de discours qui allaient retentir à toutes les extrémités du royaume. La presse animait et dirigeait ce mouvement, avec un courage que les sévérités des parquets se reconnaissaient impuissantes à dompter.

Pays et gouvernement, royalistes purs et monarchistes constitutionnels, tous s'absorbaient dans une même pensée : les élections. C'est qu'en effet du résultat des élections dépendaient le sort de la France et l'avenir de ses institutions.

Déjà l'heure fatale approchait; quelques jours encore, et le scrutin allait s'ouvrir, lorsque Charles X voulut jeter dans le débat le poids de sa royale parole. Charles X avait foi dans l'affection du pays pour sa personne. Il se rappelait que les populations de l'Est, celles qu'on lui avait toujours représentées comme les plus infestées de libéralisme, l'avaient reçu avec enthousiasme. Il n'avait aucun doute qu'en s'adressant lui-même à son peuple, il ne le trouvât docile à ses exhortations et confiant dans ses promesses. Il fit publier la proclamation suivante :

« Français! la dernière Chambre des Députés a mé-
« connu mes intentions. J'avais droit de compter sur son

« concours pour faire le bien que je méditais; elle me
« l'a refusé! Comme père de mon peuple, mon cœur s'en
« est affligé; comme Roi, j'en ai été offensé. J'ai pro-
« noncé la dissolution de cette Chambre.

« Français ! votre prospérité fait ma gloire, votre bon-
« heur est le mien. Au moment où les colléges électoraux
« vont s'ouvrir sur tous les points de mon royaume, vous
« écouterez la voix de votre Roi. Maintenir la Charte con-
« stitutionnelle et les institutions qu'elle a fondées a été
« et sera toujours le but de mes efforts. Mais pour attein-
« dre ce but, je dois exercer librement et faire respecter
« les droits sacrés qui sont l'apanage de ma Couronne.
« C'est en eux qu'est la garantie du repos public et de
« vos libertés. La nature du gouvernement serait altérée
« si de coupables atteintes affaiblissaient mes préroga-
« tives, et je trahirais mes serments si je le souffrais.

« A l'abri de ce gouvernement, la France est devenue
« florissante et libre. Elle lui doit ses franchises, son cré-
« dit et son industrie. La France n'a rien à envier aux
« autres États et ne peut aspirer qu'à la conservation des
« avantages dont elle jouit.

« Rassurez-vous donc sur vos droits. Je les confonds
« avec les miens, et les protégerai avec une égale solli-
« citude.

« Ne vous laissez pas égarer par le langage insidieux
« des ennemis de votre repos. Repoussez d'indignes
« soupçons et de fausses craintes, qui ébranleraient la
« confiance publique et pourraient exciter de graves dé-
« sordres. Les desseins de ceux qui propagent ces craintes
« échoueront, quels qu'ils soient, devant mon immuable
« résolution. Votre sécurité, vos intérêts ne seront pas
« plus compromis que vos libertés; je veille sur les uns
« comme sur les autres. Électeurs, hâtez-vous de vous

« rendre dans vos colléges. Qu'une négligence répréhen-
« sible ne les prive pas de votre présence! Qu'un même
« sentiment vous anime, qu'un même drapeau vous ral-
« lie! C'est votre Roi qui vous le demande, c'est un père
« qui vous appelle. Remplissez vos devoirs; je saurai
« remplir les miens.

« Donné en notre château des Tuileries, le treizième
« jour du mois de juin, l'an de grâce 1830 et de notre
« règne le sixième.
« Charles.

« Par le Roi, le président du Conseil des ministres,
« Prince de Polignac. »

Un mot frappe tout d'abord dans cette proclamation :
Charles X s'y déclarait « offensé » par la Chambre. Offensé !
parce que les représentants du pays lui avaient respectueusement exposé qu'il n'y avait pas concours de vues
entre ses ministres et la majorité de la représentation
nationale! Offensé! parce que les mandataires de la France
avaient osé faire arriver jusqu'aux pieds du trône un
écho adouci des vœux de la France! Quelle part était
donc faite, dans le gouvernement, aux élus de la nation,
si ces élus ne pouvaient, sans offenser le Roi, avoir sur
les ministres une opinion différente de celle du Roi? La
Chambre des députés de 1830 avait-elle perdu jusqu'à
cet antique droit de remontrance, que les Parlements
n'avaient jamais abdiqué, même devant la toute-puissance de Louis XIV?

Non, disent les défenseurs de la Restauration; mais en
refusant son concours aux ministres sans attendre leurs
actes, la Chambre avait outrepassé son droit. Vaines
arguties. La Chambre n'avait pas besoin des actes de
M. de Polignac pour juger sa politique. Elle connaissait le

passé; cela lui suffisait. Et ce qui prouve combien ses défiances étaient fondées, c'est que M. de Peyronnet vint bientôt après relever, aux côtés de M. de Polignac, le drapeau du *système déplorable.*

Du reste, la proclamation du Roi ne présentait plus les lacunes du discours prononcé à l'ouverture de la session. Si le Roi y reproduisait la même pensée exprimée en termes à peu près identiques; s'il y parlait encore de « son immuable résolution; » s'il s'y montrait toujours déterminé à maintenir intacts « les droits sacrés de sa Couronne, » du moins promettait-il de protéger avec une égale sollicitude la Charte et les droits de la nation.

Cette promesse, publiée sous la signature du Roi, avait sa valeur. Mais on doit le répéter, c'était déplacer et dénaturer complétement la garantie des libertés publiques, que de la faire découler des droits de la Couronne. Les libertés publiques relevaient de la Charte, et de la Charte seule, au même titre que les droits de la Couronne. Leur garantie était dans les institutions représentatives, par lesquelles la nation était investie du droit, et armée des moyens de veiller elle-même à la garde de ses libertés. Or, la nation pouvait difficilement croire que ces libertés ne courussent aucun danger, quand elle voyait la Couronne engagée dans une lutte désespérée contre les institutions représentatives. Il eût été temps encore de rassurer et de ramener la France, par des actes loyalement réparateurs. Il était trop tard pour qu'elle se laissât séduire par des paroles, contre lesquelles protestaient les faits de chaque jour, et la gravité même de la situation.

La proclamation du Roi ne devait donc produire qu'un médiocre effet sur des esprits depuis longtemps prévenus. Ce qu'elle avait de touchant, on pourrait dire de suppliant dans la forme, ne masquait pas ce qu'elle avait au fond d'exorbitant. Seulement, quand on a étudié avec quelque attention le caractère de Charles X, quand on sait à quel point il était jaloux des apparences mêmes de son autorité, on peut juger quel empire tyrannique exerçait sur lui l'idée qui le faisait ainsi descendre jusqu'à la prière.

Charles X obéissait à cette conviction : qu'il y allait du salut de la monarchie de ne pas laisser amoindrir l'apanage de sa couronne, et que son honneur n'était pas moins que ses droits engagé dans le débat. « Il ne laisserait jamais, disait-il, traîner sa couronne dans la boue. » D'autres fois, envisageant les chances extrêmes au-devant desquelles il se précipitait, il s'écriait : « Qu'après tout, il aimait mieux être un roi exilé qu'un roi avili ; » ou bien encore, « qu'il ne voulait pas faire comme son frère, et que, plutôt que de monter en charrette, il monterait à cheval. » Sous des formes diverses, c'est toujours la même pensée ; et Charles X ne s'apercevait pas qu'en rapprochant 1830 de 1789, il retranchait de notre histoire quarante années qui avaient renouvelé le monde. Des hommes politiques, de graves écrivains sont tombés dans la même erreur. Ils ont rappelé l'exemple de Louis XVI, qui, de concession en concession, avait reculé jusqu'à l'échafaud. Un tel rapprochement ne résiste pas à l'examen. Il serait hors de propos de rechercher ici si des concessions faites en temps opportun, avec sagesse, mesure et fermeté, n'auraient pu sauver Louis XVI et la monarchie. Il suffira de faire remarquer qu'il n'y a aucune assimilation possible entre la situation de Louis XVI et celle de Charles X.

Louis XVI était aux prises avec une révolution qui voulait changer les conditions de la monarchie, et asseoir sur des garanties nouvelles les droits de la nation largement étendus. Chaque conquête du pays sur les pouvoirs que Louis XVI tenait de ses aïeux tendait à transformer, en une société démocratique, une société jusqu'alors essentiellement aristocratique. Sur cette pente, et quand une fois la Couronne se fut laissé arracher quelque chose de ses droits traditionnels, il a pu arriver que les exigences ne connussent plus de bornes. C'est ainsi que, s'enivrant de ses triomphes, la Révolution prit sa course furieuse, et ne s'arrêta que noyée dans le sang, après avoir fait tomber la tête du Roi sous la main du bourreau.

Le démêlé entre Charles X et le pouvoir parlementaire ne présentait, avec ce terrible passé, aucune analogie. Si Charles X était, comme Louis XVI, roi par le mérite de sa naissance, il ne régnait qu'en vertu de la Charte. Ses droits n'avaient plus leurs limites comme leur origine dans les traditions de ses ancêtres; ils étaient rigoureusement circonscrits et définis par les articles de la Charte. La majorité n'avait point essayé de le contraindre à en abandonner ni la totalité, ni aucune partie. Elle lui demandait seulement de s'y renfermer, de ne pas chercher à récupérer sur la nation les conquêtes que la nation avait faites au prix de cruels déchirements, et que la Charte avait consacrées. Céder, dans ces termes, ce n'était pas faire des concessions; c'était accomplir son devoir, et rester fidèle à la foi jurée.

Charles X, qui ne voulait pas imiter son frère, est cependant, comme lui, tombé du trône. Il y eut toutefois, entre ces deux augustes infortunes, cette différence : que Louis XVI est monté en charrette pour n'avoir pas su ou n'avoir pas pu se défendre, et que Charles X a pris la route de l'exil pour avoir obstinément et injustement attaqué.

Il semblerait, du reste, qu'une espèce de vertige se fût emparé de Charles X, et l'eût poussé à ne négliger aucune des imprudences qui devaient le conduire à sa perte. Sa proclamation aux électeurs était, sous ce rapport, un acte décisif. Elle jetait la couronne royale en enjeu sur le coup de dé d'un scrutin électoral. Par cette proclamation, le gouvernement, le ministère, l'inviolabilité, l'irresponsabilité, tout cela était effacé, pour mettre en présence le Roi et la majorité parlementaire. Ce qui aurait dû rester un litige constitutionnel, se débattant et se décidant au-dessous du trône, se transformait en un duel entre le Roi et les représentants de la France. Vainqueur, Charles X était vengé de l'Adresse, dont il avait fait une offense personnelle ; mais il avait rayé l'article 13 de la Charte, et miné les fondements du trône. Vaincu, il restait avec une couronne humiliée, un pouvoir déconsidéré, une royauté sans force et sans prestige, réduit à demander aux conseils du désespoir les moyens d'en sauver l'honneur et d'en relever l'éclat.

Or, Charles X fut vaincu.

Non-seulement les *Deux cent vingt-un* furent réélus presque sans exception ; mais l'opposition fut renforcée d'un grand nombre de membres nouveaux, et la minorité ministérielle notablement amoindrie.

CHAPITRE II

SUITE DE L'INTRODUCTION.—EXPÉDITION D'ALGER.

Tentatives infructueuses de l'Europe pour mettre fin à la piraterie des Algériens.—Origine du différend de la France avec la Régence.—Outrage fait par le dey au consul de France.—Nombreux griefs du Gouvernement français.—M. de Polignac propose au vice-roi d'Égypte de l'aider à faire la conquête des Régences barbaresques.—L'Angleterre fait échouer ce projet.—Le Gouvernement français prépare une expédition.—Dispositions favorables des puissances continentales.—Opposition et mécontentement de l'Angleterre.—Fermeté du Gouvernement français.—La flotte française part de Toulon.—Elle est dispersée par la tempête, et se rallie dans le golfe de Palma.—L'armée française s'établit sur la presqu'île de Sidi-Ferruch.—Combat de Staouëli.—Siége du Château de l'Empereur.—Capitulation d'Alger.—L'armée française prend possession de la ville.—Hussein-Pacha, dey d'Alger.—Il se retire à Naples.—Expulsion des janissaires.—Trésor de la Kasbah.—Aspect de la ville et de ses environs.—Perfidie du bey de Titterie.—Le maréchal de Bourmont se retire en Espagne.

Cependant, au milieu de tant d'amertumes et de déceptions, Charles X put croire un instant qu'un heureux événement allait rendre à son gouvernement la faveur de l'opinion. Une page brillante avait été ajoutée à nos fastes militaires. Le télégraphe avait apporté la nouvelle que, le 5 juillet 1830, l'armée française était entrée à Alger, et que le drapeau blanc flottait sur la Kasbah.

Les détails de cet événement doivent avoir ici leur place; car ils ouvrent l'histoire de l'établissement de la civilisation sur cette terre désormais française, où chacun de ses pas a été frayé dans le sang et affermi par les exploits de nos intrépides bataillons. La prise d'Alger est à la Restauration ; mais la conquête, la pacification, la colonisation de l'Algérie appartiennent au règne de Louis-Philippe.

Depuis plus de trois siècles, les pirates algériens bravaient la puissance et les armes de l'Europe. Défendus par leurs rochers, protégés par les ouragans et par les capricieuses fureurs de la mer, ces hardis forbans avaient fait de la Méditerranée leur domaine. Audacieux, adroits, marins intrépides, avides de combats autant que de rapines, ils portaient leurs déprédations non-seulement sur les côtes de l'Europe, mais aux Açores, aux Canaries, au banc de Terre-Neuve et jusque dans les eaux de l'Amérique septentrionale. Ils attaquaient tous les pavillons, pillaient les navires, réduisaient en esclavage les matelots et les passagers, ne reconnaissaient pour toute loi que la force, ne pratiquaient pour toute industrie que le vol à main armée. Les premières puissances de l'Europe avaient tour à tour essayé, mais en vain, de mettre un terme à ces brigandages. L'armée que Charles-Quint avait conduite, en 1541, sous les murs d'Alger, avait été presque entièrement détruite par un orage. Les bombardements exécutés sur l'ordre de Louis XIV, en 1682 et 1683 par Duquesne, en 1688 par d'Estrée et Tourville, n'avaient abouti qu'à imposer à ces pirates un acte dérisoire de soumission. En 1773, trente mille Espagnols, sous les ordres d'O'Reilly, étaient descendus sur les côtes barbaresques ; mais écrasés par le nombre, ils avaient été contraints de regagner leurs vaisseaux, ne laissant de leur passage d'autre trace que les cadavres dont ils avaient jonché le sol. L'expédition conduite en 1816 par lord Exmouth, qui détruisit les fortifications d'Alger, n'avait eu d'autre résultat sérieux que de rendre à la liberté deux mille chrétiens qui gémissaient dans les fers. A peine le pavillon britannique avait-il disparu à l'horizon, que les murailles se relevaient plus solides et mieux armées, et que les forbans infestaient de nouveau la mer. Enfin en 1819, les amiraux de France et d'Angleterre étaient venus simultanément faire sommation au dey Hussein-Pacha de mettre un terme aux actes de piraterie de ses sujets, et n'avaient obtenu en réponse qu'un refus insolent.

Les Algériens étaient donc restés maîtres de la mer; et les gouvernements européens ne parvenaient à préserver leurs navires de commerce du pillage et leurs nationaux de l'esclavage, qu'en payant à ces barbares une redevance annuelle. La France elle-même s'était soumise à la honte de ce tribut. Le *cadeau consulaire* qu'elle versait, chaque année, dans le trésor de la Kasbah, s'était élevé progressivement de dix-sept mille francs à deux cent mille francs.

L'insuccès de ses tentatives avait peu à peu accoutumé l'Europe à considérer les repaires de ces pirates comme inexpugnables, et n'avait fait qu'augmenter leur audace. Aussi apportaient-ils, dans leurs rapports avec les puissances chrétiennes, une insolence qui ne s'effrayait d'aucune menace et ne redoutait aucun châtiment.

L'origine de la querelle de la France avec le dey d'Alger était ancienne. Il s'agissait de la liquidation d'une créance provenant de livraisons considérables de céréales faites à la France, de 1793 à 1800, par deux négociants juifs d'Alger, les sieurs Bacri et Busnach. Le dey, dont ces négociants n'étaient que les agents, réclamait quatorze millions. Une transaction passée entre les commissaires du Gouvernement français et les fondés de pouvoir des intéressés réduisit ce chiffre de moitié. Il fut convenu, en outre¹, avec l'approbation du dey, que pour assurer le payement des créanciers français de Bacri et Busnach, une somme égale au montant de leurs réclamations resterait déposée à la caisse des consignations, jusqu'à ce que les tribunaux eussent prononcé. Cette somme s'éleva à deux millions cinq cent mille francs. Plusieurs années s'écoulèrent ensuite, pendant lesquelles les tribunaux furent appelés à juger la valeur de ces réclamations. Bacri, seul survivant, avait quitté la Régence et s'était retiré en Italie. Il jetait mille difficultés dans la liquidation, en suscitant de faux créanciers et en leur reconnaissant des titres fictifs, afin de s'emparer d'une partie de la somme. Le dey se plaignait vivement des lenteurs de la justice européenne. Il accusait, non sans quelque raison peut-être, le consul de France, M. Deval, de n'être pas désintéressé dans les manœuvres de Bacri. Enfin il émit la prétention de faire verser entre ses mains, par la France, la somme contestée, sauf aux créanciers français à aller faire valoir leurs droits devant lui. Il adressa même directement, à ce sujet, à M. le baron de Damas, ministre des affaires étrangères, une lettre pleine d'arrogance, par laquelle il mettait pour condition au maintien de ses bonnes relations avec la France l'acceptation de cet ultimatum.

A quelque temps de là, le 30 avril 1827, le consul de France alla, suivant l'usage, faire sa visite officielle au dey, la veille des fêtes du béiram. Hussein lui demanda s'il lui apportait la réponse à sa lettre. M. Deval répondit négativement. Quelques paroles peu mesurées furent échangées, et Hussein, emporté par la colère, frappa plusieurs fois de son chasse-mouche, au visage, le représentant du roi de France. Il lui ordonna de sortir de sa pré-

---

¹ 28 octobre 1819.

sence, lui déclarant qu'il ne voulait plus permettre qu'il y eût un seul canon français sur son territoire, et qu'il ne reconnaîtrait plus à la France, dans ses États, d'autre situation que celle de tous les négociants européens qui venaient y trafiquer.

C'était ajouter à l'insulte la spoliation; car, depuis le milieu du xve siècle, la France possédait, sur la côte d'Afrique, à Bone, à la Calle et dans les environs, des établissements de commerce placés sous la protection de quelques forts armés, et désignés en général sous le nom de *Concession d'Afrique* ou de *Bastion de France*. A cette possession était joint le privilége exclusif de la pêche du corail, sur une étendue de soixante lieues de côtes.

Cet outrage n'était, du reste, que le couronnement d'une série de vexations et d'iniquités qui, depuis 1814, s'étaient succédé presque régulièrement d'année en année, et avaient fini par épuiser la longanimité du Gouvernement français. Hussein osa y ajouter encore. M. Deval, sur l'ordre de M. de Damas, avait quitté Alger le 11 juin 1827. A peine était-il parti que le dey fit raser nos forts, détruire nos établissements, et ordonna de réduire en esclavage tous les Français qui seraient restés dans la Régence.

Pour punir de tels attentats, le Gouvernement français ne vit alors d'autre mesure à prendre que de soumettre les ports barbaresques à un blocus rigoureux. Une division navale fut envoyée en croisière devant les côtes. Mais le résultat fut loin d'être satisfaisant. Dans ces parages dangereux, sur ces mers inhospitalières, nos vaisseaux se perdaient ou se détérioraient, les équipages souffraient et se décimaient; et les pirates, tranquilles derrière leurs rochers, se riaient d'une surveillance presque impuissante, et s'en remettaient à la tempête du soin de les en délivrer.

Pendant plus de deux années, la France attendit vainement que le dey lui demandât la paix ou lui offrît une réparation. Au prix des vingt millions que lui avait coûtés le blocus, elle n'avait pas même réussi à fatiguer la patience de son ennemi. De pareils sacrifices ne pouvaient se continuer. La France voulut essayer, une fois encore, d'obtenir par la persuasion au moins un semblant de satisfaction. Au mois de juillet 1829, le capitaine de vaisseau de la Bretonnière fut envoyé à Alger. Il était chargé de dire au dey que le Gouvernement français se tiendrait pour satisfait par la mise en liberté des prisonniers, et par l'envoi à Paris d'un officier, qui expliquerait comme un malentendu l'outrage fait au consul. Cette démarche accusait plus de faiblesse que de magnanimité. Hussein le comprit ainsi. Il rejeta avec hauteur les ouvertures qui lui étaient faites ; et pour mettre le comble à ses injures, au moment où la *Provence* sortait du port, ayant à son bord l'envoyé du Roi de France, toutes les batteries voisines la poursuivirent de leur feu, jusqu'à ce qu'elle fût hors de portée. La *Provence* reçut sans riposter onze boulets dans sa coque et dans son gréement.

Cette insulte était la dernière que la France dût subir du despote algérien. Un document officiel a résumé, ainsi qu'il suit, la longue série des griefs qui appelaient notre armée sur la terre africaine : « Violation des principes du
« droit des gens ; infraction aux traités et aux conventions ;
« exactions arbitraires ; prétentions insolentes opposées
« aux lois du royaume et préjudiciables aux droits des
« sujets français ; pillage de nos bâtiments ; violation du
« domicile de nos agents diplomatiques ; insulte publique

« faite à notre consul; attaque dirigée contre le pavillon
« parlementaire [1]. »

Après avoir lu cette énumération, on trouvera au moins étrange qu'un ministre français ait pu concevoir la pensée de confier à un souverain étranger la vengeance de la France. Tel fut pourtant, ainsi qu'il le raconte lui-même [2], le premier projet auquel s'arrêta M. de Polignac. Sur l'autorisation du roi, et malgré l'opposition de tous ses collègues, ce ministre avait engagé avec Méhémet-Ali, vice-roi d'Egypte, des négociations qui avaient abouti à une convention sur les bases suivantes : Le pacha devait conduire une armée contre les trois Régences barbaresques, Alger, Tunis et Tripoli, et les réduire sous son autorité, en payant un tribut à la Porte. Pour l'aider à accomplir cette conquête et à doubler ainsi son empire, la France lui fournissait un subside de dix millions et quatre vaisseaux. En compensation, elle aurait reçu, pour ses établissements commerciaux, quelques points nouveaux sur le littoral africain.

Comme tous les esprits faux, M. de Polignac s'était attaché à cette combinaison avec d'autant plus d'obstination qu'elle était moins sensée. Il regrettait encore, en 1845, de n'avoir pu la réaliser. Elle le séduisait surtout en ce qu'elle aurait fait, dit-il, du pacha d'Egypte un « lieutenant du Roi de France. » Il considérait l'établissement d'un allié de la France, sur la côte septentrionale d'Afrique, comme plus avantageux que la possession même de l'Algérie. Il oubliait qu'il n'est pas entre gouvernements de mariages indissolubles, et que l'allié d'aujourd'hui est souvent l'ennemi de demain.

[1] *Moniteur* du 20 avril 1830.
[2] *Etudes historiques, politiques*, etc.

Ce projet fut diversement envisagé par l'Europe. Les puissances éloignées n'y firent pas d'objection ; mais celles qui sont assises sur la Méditerranée ne voyaient pas sans inquiétude l'accroissement démesuré qu'il s'agissait de donner aux États du pacha d'Egypte. L'Angleterre vint en aide à ces dernières. Elle fit savoir à M. de Polignac « qu'elle considérait comme irrégulière et menaçante pour la Porte l'alliance conclue par un de ses sujets avec une puissance étrangère, et qu'elle engageait la France à se charger elle-même de vider son différend [1]. »

M. de Polignac ne se rendit pas à cette exhortation quelque peu ironique. S'inspirant d'une susceptibilité digne d'un meilleur objet, il répondit : « S. M. n'a pas « demandé à ses alliés leurs conseils, mais leur appui, « dans la poursuite d'un projet dont l'exécution est trop « avancée, et qui est d'ailleurs trop favorable aux intérêts « de la société chrétienne, pour qu'il puisse être aban- « donné. Le Roi a accueilli avec reconnaissance l'assis- « tance de ceux qui ont bien voulu la lui accorder ; il « remettra à une occasion plus favorable de recevoir des « preuves de la bonne volonté des autres [2]. »

Devant une détermination qui se traduisait en un langage si altier, le Gouvernement britannique n'essaya pas de continuer la lutte sur le terrain diplomatique. Il avait une voie plus facile et plus sûre d'arriver à son but. Il fit faire à Méhémet-Ali des représentations comminatoires, et encouragea la Porte à faire défense formelle à son vassal de tourner ses armes contre les Régences. Le pacha,

---

[1] Dépêche de M. le duc de Laval, ambassadeur de France à Londres, du 24 janvier 1830.

[2] Dépêche du ministre des affaires étrangères à l'ambassadeur de France à Londres, 30 janvier 1830.

n'osant braver à la fois la colère de l'Angleterre et celle de la Turquie, renonça à l'entreprise.

Le Gouvernement français songea dès lors sérieusement à confier la défense de ses intérêts à la bravoure de ses propres soldats. La guerre fut résolue.

Certes, jamais guerre plus juste, jamais cause plus noble et plus sainte n'avait mis les armes aux mains d'une nation. Le devoir de venger l'honneur de la France aurait suffi seul à dicter cette détermination. D'autres considérations s'y joignirent. Une fois admise la nécessité de cette expédition, Charles X avait été séduit par ce qu'elle présentait de chevaleresque et de généreux. La religion, la civilisation, le commerce de toute la chrétienté n'étaient pas moins intéressés que la dignité de la France au succès de ses armes. Charles X se persuadait que ce succès occuperait heureusement les esprits, et ferait une utile diversion à des débats irritants. Une victoire à Alger avait, pour son âme pieuse et pour sa fierté patriotique, le double attrait de comprendre dans un même châtiment l'ennemi de la croix et l'ennemi de la France. Il n'envoyait pas son armée conquérir en Afrique une ville sur la possession de laquelle on ne pouvait alors former aucun projet. Il espérait qu'elle irait y conquérir, pour lui-même des titres à la reconnaissance de la France et de l'Europe, pour le drapeau blanc de la gloire, pour son règne de la splendeur, pour son ministère et pour ses prétentions royales un laissez-passer.

Les préparatifs de l'expédition furent poussés avec une merveilleuse activité. En moins de trois mois, armée et marine, tout était prêt dans la rade de Toulon. L'armée de terre comptait trente-sept mille trois cents hommes et quatre mille chevaux. L'armée navale, forte de vingt sept mille hommes, était répartie sur onze vaisseaux de ligne, vingt-quatre frégates, sept corvettes de guerre, vingt-six bricks, vingt-huit corvettes de charge, gabarres et bombardes, sept bateaux à vapeur; en tout, cent trois bâtiments. On y avait joint, tant des ports de France que des différents ports de la Méditerranée, où ils avaient été nolisés, trois cent soixante-dix-sept bâtiments de transport, cent quarante bateaux catalans, cinquante-cinq chalans, trente bateaux plats ou radeaux ; soit six cent-deux voiles pour le transport ou le débarquement. Ces navires portaient des vivres pour trois mois, un immense matériel d'artillerie, d'objets de campement et d'hôpitaux, des munitions de tout genre, tous les approvisionnements enfin en armes, vêtements, outils, machines nécessaires à cette armée de soixante-quatre mille hommes, soit pour les opérations maritimes, soit pour la guerre en rase campagne, soit pour les travaux de siége, d'attaque ou de défense. La promptitude avec laquelle une flotte si imposante se trouva prête à quitter le rivage excita l'admiration de l'Europe. Il y avait toutefois plus d'apparence que de réalité dans la puissance de cet armement. La plupart des vaisseaux eussent été peu en état de soutenir un combat naval. On les avait équipés plutôt comme bâtiments de transport que comme escadre de guerre.

Les forces navales furent placées sous les ordres du vice-amiral Duperré. M. le général de Bourmont, ministre de la guerre, fut nommé au commandement en chef de l'expédition.

Quelles raisons déterminèrent Charles X en faveur de M. de Bourmont? Voulut-il offrir à son ministre l'occasion d'effacer sous la gloire le souvenir de 1815 ? Était-ce pour témoigner de la persistance de ses défiances envers les soldats de l'Empire que, non content d'avoir placé à la tête de l'administration de la guerre celui qui les avait combattus en Vendée et à Waterloo, il l'appelait encore à les commander sur le champ de bataille? Etait-ce seulement parce que M. de Polignac aurait saisi cette occasion d'éloigner M. de Bourmont, afin de lui donner un successeur au ministère? Etait-ce enfin parce qu'en mettant dans la main d'un royaliste si dévoué une puissante armée, on prévoyait le cas où, après l'avoir conduite au feu contre l'ennemi, il aurait à la ramener à l'intérieur pour la défense du trône? Toutes ces suppositions ont été faites sans qu'aucune d'elles ait paru suffisamment justifiée. Mais on peut dire avec certitude que ce choix était des plus mal inspirés. Il indisposa et blessa l'armée; il inquiéta le pays; il dépopularisa la guerre.

Au reste, cette entreprise était vue en France, par le plus grand nombre, avec peu de faveur. Les dispositions générales du pays à l'égard du Gouvernement transformaient en une question de parti ce qui aurait dû rester une question éminemment nationale. Les préoccupations de l'antagonisme politique perçaient de toutes parts dans le langage de l'opposition, dans les pronostics fâcheux qu'elle faisait entendre, dans le soin qu'elle prenait de grossir les difficultés et d'énumérer les chances contraires, dans la comparaison qu'elle établissait entre la médiocrité de la fin et l'immensité des moyens, dans les dangers qu'elle affectait de prévoir pour la conservation de la paix de l'Europe.

Les craintes de l'opposition relativement au succès pouvaient être sincères. L'opinion des marins eux-mêmes était loin d'être rassurante; et personne n'ignorait que les amiraux consultés par les ministres avaient été unanimes pour représenter la possibilité d'un débarquement comme fort problématique. Mais rien ne justifiait les inquiétudes qu'on s'obstinait à exprimer au sujet des relations pacifiques de la France avec l'Europe.

Le Gouvernement français n'avait pas négligé ce côté important de la question. Connaissant les mauvaises dispositions de l'Angleterre, certain que cette puissance rivale userait de toute son influence pour l'entraver, il avait eu l'habileté de se concilier l'adhésion des autres gouvernements, en donnant à son entreprise une portée européenne. Dès le 4 février 1830, il avait adressé à tous les cabinets une circulaire, par laquelle il les informait de sa résolution, et déterminait ainsi qu'il suit le résultat qu'il voulait atteindre : « Le but de l'entreprise est la destruction de
« l'esclavage, de la piraterie et des tributs, sur toute la
« côte d'Afrique; la sécurité de la navigation de la Médi-
« terranée à rétablir; le besoin de rendre le rivage
« méridional de cette mer à la production, à la civilisa-
« tion, au commerce, à la libre fréquentation de toutes
« les nations. Heureuse et fière d'avoir à accomplir
« cette noble tâche, et de pouvoir contribuer ainsi au
« progrès de la civilisation et du bien-être de tous les
« peuples, la France recevra avec plaisir l'expression
« des sentiments que son entreprise fera éprouver aux
« autres nations. »

La réponse à cette communication fut, de la part de l'Europe chrétienne, l'Angleterre exceptée, une approbation unanime. Comment en eût-il été autrement, lorsque le succès de la France, sans nuire à aucune des puissances, devait, au contraire, être profitable à toutes? La Turquie se trouvait, il est vrai, comme puissance musulmane et comme suzeraine nominale des Régences barbaresques, dans une position particulière, et aurait pu élever des objections embarrassantes. Mais la Sublime Porte ne croyait pas au succès de l'expédition; sans y donner son consentement, elle n'y faisait pas sérieusement opposition. La Prusse, qui ne possédait pas de marine militaire, avait tout bénéfice à voir la Méditerranée purgée de ses redoutables forbans. L'Autriche applaudissait à une guerre dont le résultat serait de donner la sécurité aux nombreux navires qui fréquentaient ses ports de Venise et de Trieste. La Russie avait reçu du cabinet des Tuileries, dans ses démêlés avec la Porte, un appui trop précieux pour n'en être pas reconnaissante. Quant aux petits États maritimes, la Suède, le Danemark, la Hollande, les villes hanséatiques, la Sardaigne, la Toscane, les États romains, le Royaume des Deux-Siciles, ils se réjouissaient à l'espoir d'être enfin délivrés d'un ennemi dont ils étaient forcés d'acheter à prix d'or la faculté de naviguer dans leurs propres eaux? L'Espagne ne pesait plus alors dans la balance maritime. Elle essaya quelques observations, puis se renferma dans un silence approbatif.

Restait donc l'Angleterre. Mais l'Angleterre était seule. La démarche du Gouvernement français près des autres Cours ne laissait, aux objections du Gouvernement britannique, d'autre mobile que ses jalousies personnelles. La France avait donc tout avantage sur lui, dans le débat diplomatique qui ne tarda pas à s'ouvrir.

Le cabinet de Saint-James pressa le Gouvernement français de s'expliquer sur ses projets, sur la nature et l'étendue de la satisfaction qu'il entendait imposer au dey, et sur des armements dont l'importance semblait peu en rapport avec un simple bombardement d'Alger. Le cabinet des Tuileries répondit qu'à part la question d'honneur

national dont la France était seule juge, « les vues du roi
« étaient entièrement désintéressées; que s'il arrivait, par
« les vicissitudes de la guerre, qu'il y eût lieu d'établir
« dans la Régence un nouvel ordre de choses, la France
« se concerterait volontiers avec ses alliés pour le faire
« au plus grand avantage de la chrétienté. » C'était provoquer l'Angleterre à porter le démêlé devant un congrès européen, et la France pouvait le faire sans danger. Pour se fortifier dans cette position si favorable, le ministère français adressa, le 12 mars, aux cabinets de l'Europe, une nouvelle circulaire dans laquelle il annonçait officiellement son intention « de se concerter avec eux sur le
« nouvel ordre de choses à établir dans les Régences. »
Le cabinet britannique ne se méprit pas sur la portée de cette ouverture. « La promesse de se concerter avec toutes les puissances, répondit le duc de Wellington à notre ambassadeur, ne nous semble nullement rassurante; il serait possible que quelques-uns des alliés, notamment la Russie et la Prusse, fussent favorables à l'établissement d'une colonie française, et qu'alors la France fût tentée de s'en prévaloir [1]. » Quelques jours après, le duc de Wellington fut plus explicite encore sur les motifs de son refus : « Il se pourrait, dit-il, que la France pensât à faire tourner la conquête d'Alger au profit de la Sardaigne ou de tout autre État; nous ne voulons pas avoir à débattre ces questions dans un congrès. Nous sommes les plus intéressés et les seuls intéressés à conserver, dans la Méditerranée, l'équilibre de force et d'influence tel qu'il existe et sans altération [2]. »

A l'époque où s'échangeaient ces communications, les

---

[1] Dépêche de M. le duc de Laval, en date du 16 mars.
[2] Dépêche du 12 avril.

forces destinées à l'expédition achevaient de se réunir à Toulon. Le Gouvernement français, loin de montrer la moindre hésitation, ne perdait aucune occasion de confirmer à la face de l'Europe ses résolutions. C'est ainsi que, dans une dépêche à ses agents, en date du 14 avril, il déclarait encore « que, bien que Méhémet-Ali eût renoncé
« à conquérir Tunis et Tripoli, le Gouvernement du Roi
« ne changeait rien à ses projets relatifs aux deux Ré-
« gences orientales, et que la promesse qu'il avait faite de
« détruire la piraterie sur toute la côte d'Afrique n'en
« serait pas moins remplie. »

Tandis que le Gouvernement français lui opposait ainsi une invariable fermeté, le cabinet britannique multipliait ses notes et ses remontrances de plus en plus pressantes. Il est curieux de suivre, dans les dépêches échangées quotidiennement entre les deux Cours, la progression de ces négociations dont le ton, d'abord amical et confidentiel, se monta par degrés jusqu'à l'aigreur et à la menace. Dans les premiers jours de mai, le duc de Wellington déclara à notre ambassadeur qu'il se trouverait dans la nécessité de porter la question devant le parlement et d'appeler officiellement l'attention de l'Europe sur les dangers que les projets de la France faisaient naître pour la conservation de l'équilibre général. Le ministère français répondit, le jour même où l'armée expéditionnaire recevait l'ordre de s'embarquer : « Il est évident qu'après la publicité et
« l'effet qu'aurait une manifestation de cette nature, la
« France, loin de céder à des exigences qu'elle n'aurait
« pas crues fondées dans le principe, serait forcée, au
« contraire, de revendiquer le libre exercice de tous les
« droits qui découlent de l'état de guerre, et de se renfer-
« mer, quant aux chances de l'avenir, dans une réserve
« qu'elle n'a quittée que par un sentiment de bienveillance

« pour ses alliés [1]. » Le ministère anglais insista. Lord d'Aberdeen prescrivit à lord Stuart de Rothsay, son ambassadeur à Paris, de lire à M. de Polignac une dépêche où il disait « que la persistance de la France à refuser les explications qu'on lui demandait ferait retomber sur elle toutes les conséquences de ce refus. » — « Toutes les Cours « de l'Europe, répondit M. de Polignac, ont été satisfaites « de nos communications; si notre refus d'en donner « d'autres devait entraîner des conséquences, la respon- « sabilité en appartiendrait tout entière à ceux qui les « auraient provoquées par leurs exigences [2]. » Cette réponse fut suivie d'une troisième circulaire [3]. Le cabinet des Tuileries y renouvelait l'assurance de ses vues désintéressées, répétait que son expédition avait à la fois un but de satisfaction pour son honneur et d'intérêt européen, et déclarait que le Roi de France était fermement résolu « à ne pas poser les armes et à ne pas rappeler ses troupes d'Alger, que ce double but n'ait été atteint et suffisamment assuré. »

L'Angleterre fut plus éloignée que jamais de trouver dans ce langage les garanties qu'elle attachait tant de prix à recevoir. C'est ce qu'exprimait son ministre, lorsqu'il disait à l'ambassadeur du Roi de France : « Toutes les protestations de désintéressement disparaissent devant un système qui, sous prétexte d'indemnité, admet toutes les chances d'envahissement et de conquête, et arrive à une occupation indéfinie des pays envahis, en leur imposant le payement de charges supérieures à leurs ressources. C'est une imitation de la politique russe [4]. » Lord Stuart de Rothsay

---

[1] Dépêche du 5 mai.
[2] Dépêche du 8 mai.
[3] 12 mai.
[4] Dépêche de l'ambassadeur de France, du 17 mai.

reçut, en conséquence, l'ordre de déclarer à M. de Polignac que, si le Gouvernement français persistait à se renfermer dans son système de réserve, le cabinet de Saint-James était bien résolu à lui demander officiellement les explications qu'il n'avait pu obtenir sous la forme confidentielle. Après avoir donné lecture à M. de Polignac de cette note menaçante, lord Stuart de Rothsay lui demanda quelle réponse il devait y faire. « Répondez que je ne l'ai pas lue, » dit froidement M. de Polignac.

La note officielle annoncée arriva en effet. Elle portait la date du 4 juin. Elle discutait et établissait le droit de souveraineté de la Porte sur la Régence, et appelait « la plus sérieuse attention du Gouvernement français sur la nécessité où il était de respecter ce droit. » M. de Polignac se borna, en réponse, à faire remettre à lord Stuart le billet suivant : « Le soussigné a l'honneur d'accuser réception à S. Exc. de la note qu'elle a bien voulu lui faire passer, en réponse aux communications que la France avait faites à l'Angleterre, ainsi qu'aux autres puissances alliées, relativement aux affaires d'Alger. Ces communications ne demandent aucun nouveau développement ; le soussigné ne peut que s'y référer. »

Il eût été difficile de se refuser plus clairement à de plus longs débats. Peu de temps auparavant, M. d'Haussez, ministre de la marine, avait été plus arrogant encore. Blessé du ton hautain qu'avait pris lord Stuart, dans une conversation qu'il avait avec ce diplomate, il avait mis une complaisance affectée à lui donner les renseignements les plus détaillés sur l'expédition projetée, sur le chiffre et la composition de l'armée, sur l'importance du matériel, sur l'époque du départ, sur le lieu du débarquement : « Et maintenant, Milord, avait-il ajouté, essayez de nous barrer le passage. »

Il y avait, il faut bien l'avouer, quelque légèreté dans cette manière de traiter les affaires ; et les hommes d'État sont, plus que d'autres encore, tenus de ne dépasser jamais la limite qui sépare la dignité de l'impertinence. Mais à part le défaut de mesure dans la forme, on aime à trouver, dans le langage des ministres d'un grand peuple, le sentiment, fût-il exagéré, de sa force et de son indépendance.

Devant le refus si formel et si persistant du cabinet de Paris de céder à ses exigences, le Gouvernement britannique n'avait plus le choix qu'entre deux partis : garder le silence ou déclarer la guerre. Il se résigna au silence. Il n'avait pas attendu, du reste, que les choses fussent arrivées à ce point, pour donner une autre direction à ses efforts. Il avait engagé la Porte ottomane à prévenir l'expédition française et à lui ôter tout motif, en offrant elle-même, comme suzeraine du dey d'Alger, complète satisfaction à la France. La Porte goûtant ce conseil s'était empressée d'envoyer à Alger Tahir-Pacha, avec mission de déposer le dey et, au besoin, de lui faire trancher la tête. Mais le Gouvernement français avait percé le secret de ces machinations et avait pris ses mesures pour les déjouer. Lorsque la frégate qui portait l'envoyé turc se présenta devant Alger, la croisière française lui défendit l'entrée du port et l'obligea à se diriger vers la France, sous l'escorte de la frégate *La Duchesse de Berri*. Tahir-Pacha n'était plus qu'à quelques lieues de Toulon, lorsqu'il rencontra la flotte française cinglant à toutes voiles vers le rivage africain. Arrivé en France, il fut retenu en quarantaine et ne reçut l'autorisation de retourner à Constantinople que lorsque la nouvelle de la prise d'Alger fut parvenue à Paris.

Nonobstant la mauvaise humeur de l'Angleterre, à la

fin d'avril l'armée et la flotte étaient prêtes à prendre la mer. Pour augmenter l'éclat de cette entreprise, le Gouvernement décida que le duc d'Angoulême, dauphin et grand amiral de France, irait, avant l'embarquement, porter aux troupes de terre et de mer les encouragements et un témoignage de l'intérêt particulier du Roi. Devancé par M. le général de Bourmont et par M. l'amiral Duperré, le prince arriva à Toulon le 3 mai. Une foule immense était accourue, attirée par la magnificence et la rareté du spectacle. Le prince se rendit à bord du vaisseau amiral *La Provence*. La mer disparaissait sous cette imposante agglomération de navires, tous pavoisés de brillantes couleurs, et dont les matelots juchés sur les mâts ou suspendus aux cordages poussaient, avec la régularité de la discipline, les vivat qui saluaient l'héritier du trône. Le prince assista ensuite à un simulacre de débarquement; puis il passa la revue des troupes, et fut témoin de l'enthousiasme avec lequel ces beaux bataillons fêtaient leur départ pour une lointaine et aventureuse expédition.

Ni dans sa physionomie, ni dans sa stature, ni dans sa parole, le duc d'Angoulême n'avait rien de ce qui charme et séduit le soldat français. Sa présence fut, pour les troupes, une occasion de faire éclater leur joie; elle n'en fut pas le motif. Le prince s'y méprit, comme Charles X s'était mépris dans son voyage en Lorraine. A son retour à Paris, encore sous l'impression des acclamations qu'il avait entendues, il fit partager à ses confidents la confiance que lui-même y avait puisée. « Tout est possible, disait-il, avec une armée si dévouée. » Si le prince avait dit que tout était possible contre l'étranger, il aurait dit vrai. Aller au delà, c'était tomber dans une erreur qu'on ne devait pas tarder à reconnaître.

Le duc d'Angoulême avait quitté Toulon le 5 mai.

Le 11, l'ordre d'embarquement fut donné. Le 16, hommes, chevaux, matériel, approvisionnements, tout était à bord; les navires n'attendaient plus qu'une brise favorable pour lever leurs ancres et déployer leurs voiles.

Pendant que l'on se préparait en France à aller les châtier, les Algériens ajoutaient un nouvel attentat à tous leurs outrages passés. Deux bricks de la croisière, le *Silène* et l'*Aventure*, ayant été brisés à la côte par la tempête, leurs équipages furent, de la part des habitants, l'objet des traitements les plus barbares. Quatre-vingts des malheureux naufragés furent massacrés, et leurs têtes, exposées sur les murs de la Kasbah, restèrent livrées aux insultes de la populace; les autres furent jetés dans le bagne.

L'armée de débarquement avait été partagée en trois divisions, chacune d'environ dix mille hommes. La première, sous les ordres du lieutenant général baron Berthezène, comprenait trois brigades commandées par les maréchaux de camp Poret de Morvan, baron Achard et baron Clouet; la deuxième, sous les ordres du lieutenant général comte Loverdo, était également formée de trois brigades commandées par les maréchaux de camp comte Denis de Damrémont, Munk d'Uzer, Colomb-d'Arcine; la troisième, sous le commandement du lieutenant général duc des Cars, comprenait de même trois brigades aux ordres des maréchaux de camp vicomte Berthier de Sauvigny, baron Hurel et comte de Montlivaut. L'artillerie, pourvue de cent quatre-vingt-trois bouches à feu, était commandée par le maréchal de camp vicomte de la Hitte, et le génie par le maréchal de camp baron Valazé. L'état-major général avait à sa tête le lieutenant général Desprez, secondé par le maréchal de camp baron Tholozé. Une division de réserve, commandée par le lieutenant général de Montesquiou Fezenzac, ayant sous ses ordres les maréchaux de camp comte de Rochechouart, comte d'Arban de Jouques et baron Desmichels, avait reçu l'ordre d'occuper les cantonnements, afin d'être prête à tout événement.

Le 25 mai, après dix jours d'une mortelle attente, le vent passa à l'ouest. L'amiral fit le signal d'appareiller ; et bientôt, aux cris de joie de l'armée, aux sympathiques adieux de la foule assemblée sur le rivage, les vaisseaux gagnèrent successivement la haute mer pour aller prendre, dans la flotte, l'ordre de marche qui leur avait été assigné.

Le 27, la flotte voguait vers sa destination dans l'ordre suivant : L'armée du centre, composée de vaisseaux et de frégates, et ayant en tête le vaisseau amiral, était disposée sur deux lignes. A droite, et à quatre kilomètres de l'armée du centre, l'escadre de réserve, également sur deux lignes, était formée de bâtiments de guerre de moindres dimensions. A gauche, et encore sur deux lignes et à quatre kilomètres de l'armée du centre, était placé le convoi. Tous les bâtiments de la même ligne conservaient entre eux une distance de trois cents mètres. L'espace occupé par la flotte présentait ainsi la forme d'un carré à peu près régulier, ayant environ deux lieues de côté. Pour ceux qui étaient placés au centre, la flotte couvrait de ses voiles tout l'espace qu'embrassait le regard.

Pendant trois jours, l'armée navale s'avança en bon ordre, et avec toute la rapidité que permettait la marche du convoi. Le 29 au soir, elle était en vue des côtes d'Afrique, et le 30 au matin, à quelques lieues seulement du cap Caxine. Mais alors elle fut assaillie par un vent d'est d'une extrême violence. M. Massieu de Clerval, commandant la croisière, qui avait son pavillon sur la *Syrène*, vint communiquer avec l'amiral et lui déclara que le débarquement était impraticable. L'état de la mer ne permettait même pas de se maintenir sans danger à une si petite distance de la côte. Déjà d'ailleurs le convoi avait été dispersé par la force du vent, et l'on ne pouvait songer à gagner la terre sans l'avoir rallié. L'amiral donna donc l'ordre de reprendre le large, et assigna, pour lieu de ralliement, le golfe de Palma, sous le vent des îles Baléares.

Le gros de la flotte y était réuni le 2 juin. Le mauvais temps avait cessé; mais les bâtiments du convoi, disséminés par la tempête, n'arrivaient que lentement au rendez-vous. Ce fut seulement le 10 juin que l'on put remettre à la voile. Enfin, le 13 au matin, bien qu'elle eût encore été fortement contrariée par le temps, la flotte était revenue en vue d'Alger, et défilait devant les forts et les batteries de la côte, se dirigeant vers la presqu'île de Sidi-Ferruch, choisie pour lieu de débarquement. Le même jour, par un beau ciel et une mer calme, elle mouillait dans la baie à l'ouest de Sidi-Ferruch.

La presqu'île de Sidi-Ferruch, qui s'avance dans la mer sur une longueur de deux kilomètres environ, est située à cinq lieues à l'ouest d'Alger. C'est une langue de sable basse, ondulée et couverte de broussailles, excepté à son extrémité septentrionale, qui est garnie d'une ceinture de roches assez élevées et profondément échancrées. Au sommet de la roche, sur un plateau de quelque étendue, se dresse une tour connue sous le nom de Torre-Chica. Elle défend la côte et protége une mosquée ainsi que le tombeau du marabout dont la presqu'île a pris le nom. Ce marabout, ou saint personnage, est l'objet d'une grande vénération parmi les musulmans. Ses reliques étaient confiées à la garde d'un santon [1], qui prit la fuite au moment où le premier vaisseau jeta l'ancre dans la baie. Les dispositions de la presqu'île offraient à la défense de grandes facilités. Quelques batteries distribuées sur les rochers auraient pu, sinon empêcher le débarquement, du moins le rendre coûteux et sanglant. Les Français s'attendaient à trouver l'ennemi prêt à lui disputer ses rivages. Les vaisseaux la *Provence*, le *Breslaw*, l'*Iphigénie*, la *Didon* avaient pris, en arrivant, leur position de combat, afin de répondre au feu de la côte. Cette précaution fut inutile ; la côte resta muette, et l'on n'aperçut de l'ennemi que quelques burnous blancs qui se montraient isolément au loin, dans les éclaircies des broussailles. Cette négligence, cette abstention de toute tentative de résistance, furent plus tard expliquées. Hussein, convaincu qu'aucun des soldats français qui mettraient le pied sur le sol africain n'échapperait à sa colère, avait voulu leur laisser libre l'accès de ses côtes. Il eût craint que, repoussés sur leurs vaisseaux, ils ne le frustrassent de sa vengeance. Notre armée était pour lui une proie, notre matériel un butin dont il ne voulait rien perdre.

Les premiers ouvrages de défense qu'on put découvrir consistaient en plusieurs batteries armées, établies en arrière, à portée du canon du rivage. Quelques boulets envoyés dans cette direction provoquèrent leur feu ; mais, mal dirigé, il ne produisit aucun effet, et cessa complétement à la chute du jour.

Le 14 juin, à quatre heures du matin, deux brigades de la première division, accompagnées d'une batterie montée et d'une compagnie du génie, sautaient à terre, et s'y

---

[1] C'est le nom qu'on donne à une sorte de moines chez les mahométans.

rangeaient en ordre de bataille. Quelques instants après, le drapeau blanc se déployait sur la Torre-Chica. Le temps était frais et pur ; la mer immobile favorisait la manœuvre des embarcations et des bateaux plats ; le débarquement continua avec autant d'ordre que d'impatience et d'ardeur. A mesure que les compagnies mettaient le pied sur la terre ferme, elles se formaient en colonne, avec toute la précision qu'elles auraient pu y apporter un jour de revue. A huit heures, le général en chef entouré de son état-major vint se placer au poste du commandement, et un boulet, tombant à ses pieds, le couvrit de sable. Les batteries ennemies avaient recommencé leur feu. Les Bédouins s'étaient avancés en tirailleurs derrière les buissons, et dirigeaient contre nos soldats une fusillade assez nourrie. Le général Berthezène reçut l'ordre de les prendre à revers, pendant que deux bricks et une corvette mouillés dans la baie de l'est les battraient en écharpe. Cette manœuvre eut un plein succès. Les Bédouins, au nombre de quinze mille environ, vigoureusement attaqués de front, battus sur leur droite par l'artillerie des bricks, menacés de se voir tournés par les colonnes qui les serraient à gauche, prirent la fuite en abandonnant leurs canons. Avant la fin de la première journée, toute l'infanterie, l'artillerie de campagne et des quantités considérables d'approvisionnements étaient débarqués ; nos soldats s'étaient emparés de quinze bouches à feu ; il ne restait plus un seul Arabe dans la presqu'île de Sidi-Ferruch ; la ligne de bataille était formée à environ trois mille mètres du rivage ; le génie avait commencé à exécuter, au point le plus étroit de l'isthme, un front de retranchements qui, s'étendant de la baie de l'ouest à la baie de l'est, allait mettre la presqu'île à l'abri de toute attaque, et offrir un emplacement vaste et sûr au dépôt général de l'armée; on avait mis à terre des vivres pour quinze jours; on avait creusé des puits qui donnaient de l'eau en abondance, et nous n'avions pas quarante hommes hors de combat.

Le débarquement continua les jours suivants, sans autre incident qu'un orage effroyable qui éclata le 16, et qui sembla un instant menacer la flotte d'une destruction totale, et notre armée du sort de celle de Charles-Quint. Heureusement, il fut de courte durée, et le mal se borna à quelques avaries.

Chaque jour, les Arabes venaient inquiéter nos avant-postes. Leur manière de combattre les favorisait singulièrement dans ces escarmouches de tirailleurs. Montés sur des chevaux rapides, armés de fusils très-longs dont ils se servaient avec beaucoup d'adresse, ils s'avançaient jusqu'à la portée de leurs balles, et cachés derrière les buissons tiraient, en visant avec soin, sur nos soldats découverts, puis s'enfuyaient à bride abattue. Nos soldats pouvaient à peine les apercevoir. Cette guerre perfide et meurtrière irritait nos troupes, impatientes de marcher sur les masses ennemies. Mais une partie des bâtiments qui portaient les chevaux et le matériel n'étaient pas encore arrivés; il y avait nécessité de les attendre, en se tenant sur la défensive.

Le général en chef avait disposé sa ligne de bataille en demi-cercle, le centre formant la partie la plus avancée de la courbe. L'aîle gauche était protégée par le feu des bricks. L'aîle droite reposait son extrémité sur un ruisseau, à une petite distance de la baie de l'ouest. La ligne était défendue par quelques travaux en terre, et par des chevaux de frise et des faisceaux de lances, afin de la préserver d'une surprise de cavalerie. Elle se développait sur un espace d'environ huit mille mètres, occupé par les vingt mille hommes des divisions Berthezène et Loverdo. La division des Cars était restée au camp, comme corps de réserve.

L'ennemi avait établi son camp à deux lieues en avant du nôtre, sur le plateau de Staouëli. On voyait son armée se grossir d'heure en heure, par l'arrivée des tribus convoquées par le dey. Cette armée, qu'on ne pouvait pas évaluer à moins de quarante à quarante-cinq mille hommes dont moitié de cavaliers, était placée sous les ordres de l'aga d'Alger, Ibrahim, gendre du dey. Elle était composée d'environ quatre mille Turcs, de Maures réguliers, de Kabyles et des contingents amenés par les beys de Constantine et de Titterie. Le camp, entouré d'une ceinture de ravins et de petites collines faisant l'office d'ouvrages avancés, était en outre fortifié par deux redoutes armées de vingt-quatre pièces de canon. A voir cette agglomération de troupes formée sous la vue de notre camp, il était évident que l'ennemi se préparait à nous présenter le combat.

Le 19 au matin, le feu des tirailleurs s'engagea avec une intensité qui annonçait une affaire générale. Bientôt, en effet, l'armée ennemie, poussant des cris sauvages, se met en mouvement et se déploie rapidement de manière à embrasser le front entier de nos positions. La longue immobilité de nos troupes, qu'ils attribuaient à la crainte, avait augmenté la confiance des Musulmans; ils s'avançaient pleins d'audace et d'espoir. L'attaque fut vive et vigoureusement conduite. L'ennemi s'était proposé de profiter de sa supériorité numérique pour tourner l'armée française, et couper ses communications avec la mer. A cet effet, il dirigea ses efforts sur les extrémités, et plus particulièrement sur la gauche. Sa cavalerie lancée avec fureur, de toute la vitesse de ses chevaux, franchit d'un irrésistible élan les parapets élevés sur notre front. Sur plusieurs points, nos avant-postes sont forcés de se replier, non sans quelque désordre. Mais ils se rallient, se retournent au pas de course contre les assaillants, les chargent à la baïonnette, et les rejettent au-delà des retranchements. L'ennemi se bat avec frénésie; cavaliers et fantassins se précipitent pêle-mêle sur nos régiments. Les fantassins, sous une grêle de balles, détournent les chevaux de frise, arrachent les faisceaux de lances, et frayent à la cavalerie un chemin sur leurs cadavres. Les Turcs pénètrent par ces ouvertures, et, poussant des cris affreux, viennent planter leurs drapeaux jusque dans nos rangs, tandis que d'autres, le yatagan à la main, chassent en avant les Arabes et les Maures, et les forcent à se faire tuer autour du drapeau. On combat corps à corps. Les Musulmans, refoulés à l'arme blanche, ne cèdent le terrain que pied à pied. Dans cette guerre si différente des guerres d'Europe, les soldats français qui, pour la plupart, en sont à leur premier feu, sont admirables de sang-froid et d'intrépidité. A ces hordes tumultueuses, braves jusqu'au dédain de la vie, excitées par le fanatisme et par l'espoir du butin, ils opposent le courage et la discipline. Pendant quatre heures, assaillis avec acharnement par des forces supérieures, ils y font tête sans se laisser entamer. Enfin l'ennemi, dont tous les efforts s'étaient brisés contre une si héroïque résistance, renonça à les continuer, et commença son mouvement de retraite.

Notre armée, pleine de l'ardeur du combat, demandait à compléter sa victoire. Bien que l'on manquât encore de chevaux et de moyens de transport, et qu'on ne disposât que d'un matériel incomplet, le général en chef commande de se porter en avant. A cet ordre, la ligne entière s'ébranle. Nos bataillons, heureux de prendre enfin l'offensive, défient la fatigue. Les munitions, l'artillerie de campagne qui n'est point attelée, sont traînées à bras ou portées à dos d'homme. En vain les Algériens essaient à leur tour de résister et d'arrêter l'impétuosité de nos soldats. Ils sont culbutés. Les batteries qu'ils avaient établies en avant de leurs retranchements sont enlevées avec une telle rapidité, que leurs défenseurs n'ont pas le temps de mettre le feu aux pièces, qui tombent toutes chargées entre nos mains. L'ennemi partout chassé s'enfuit vers son camp pour y chercher un refuge. Les voltigeurs y entrent sur ses pas, suivis de près par le gros de l'armée. Alors la déroute est complète. Turcs et Arabes fuient dans toutes les directions, abandonnant leurs tentes et leurs provisions ; et bientôt on n'apercevait plus, de cette masse de plus de quarante mille hommes, que quelques groupes de fuyards, qui se montraient et disparaissaient dans le lointain, à travers les sinuosités du terrain.

Le combat avait commencé à quatre heures du matin. A onze heures, l'armée française s'établissait dans le camp ennemi. Quatre cents tentes, parmi lesquelles celles de l'aga d'Alger et des beys de Constantine et de Titterie, cent chameaux, un grand nombre de bœufs, de moutons, d'ânes, de mulets, des vivres en abondance, des magasins de munitions, et tous les objets d'usage et de luxe que les Turcs et les chefs arabes accumulent dans leurs tentes, tel fut le butin de cette brillante journée. Elle nous coûtait cinquante-sept morts et quatre cent soixante-treize blessés. Quant à la perte de l'ennemi, on l'a estimée à quatre ou cinq mille hommes. Ce chiffre, qui paraît d'abord exagéré, s'expliquerait cependant par l'effet qu'a dû produire, au milieu de masses serrées et profondes, notre artillerie de campagne. Quoi qu'il en soit du chiffre, il est certain que la perte fut considérable; car bien que les Musulmans n'hésitassent pas à braver les plus grands périls pour enlever leurs morts, ils laissèrent plus de cinq cents cadavres sur le champ de bataille.

Au camp de Staouëli, l'armée se trouvait presque à mi-chemin de Sidi-Ferruch à Alger. En trois heures de marche, elle serait arrivée sous les murs de la ville, peut-être sans coup férir ; mais le retard des convois la condamnait au repos. Elle se borna donc à assurer ses positions, et l'on mit le temps à profit pour établir et protéger par quelques travaux une route carrossable du camp de Sidi-Ferruch à celui de Staouëli. Jusqu'au 28, à part une attaque assez sérieuse tentée le 24 par les Algériens au nombre d'environ vingt mille, et vigoureusement repoussée, les opérations militaires se bornèrent à quelques engagements d'avant-postes de peu d'importance.

Enfin le 25, les transports si impatiemment attendus étaient entrés dans la baie de Sidi-Ferruch; et le 28, l'armée était en possession de ses chevaux et de son matériel. Le 29, après une marche fatigante et souvent dangereuse à travers un pays profondément raviné, dont les accidents offraient à l'ennemi de grandes facilités pour nous harceler, l'armée française était devant Alger ; les divisions Loverdo et des Cars avaient investi le Château de l'Empereur, et le génie commençait, sous le feu du fort, les travaux de siége.

Le Château de l'Empereur, bâti sur un plateau, à portée de canon au sud-ouest de la Kasbah, au lieu même où la tradition rapporte que Charles-Quint avait dressé sa tente, était la clé d'Alger. On ne pouvait attaquer les murailles de la ville qu'après s'être emparé du fort; mais une fois maîtresse du fort, l'armée serait maîtresse de la ville. Ce château présentait la forme d'un carré fermé par une ceinture de murailles hautes de douze mètres, épaisses de plus de trois, et flanquées de tours bastionnées, sans fossés ni chemins couverts. Au centre, était une tour ronde, entourée de casemates, et dont la plateforme supérieure était garnie de canons. Toutes ces murailles étaient armées de cent vingt canons de fort calibre et de mortiers ; elles étaient défendues par environ deux mille hommes, dont la moitié était l'élite de la milice algérienne, et l'autre moitié composée de ces valeureux soldats turcs désignés sous le nom de janissaires.

Les travaux de tranchée, entrepris à demi-portée de boulet, furent d'abord sérieusement contrariés par l'artillerie du fort, qui crachait les obus et la mitraille. Mais dès que les épaulements eurent mis nos soldats à couvert, ils travaillèrent en sécurité, les sorties tentées par la garnison étant toutes restées sans succès. Pendant ce temps, une division de l'armée navale s'était portée devant Alger, et, défilant sous ses batteries, engageait une canonade très-vive, mais inoffensive, contre les trois cents bouches à feu de la côte.

Le 4 juillet avant le jour, les travaux de siége étaient terminés. Six batteries comprenant dix canons de vingt-quatre, six canons de seize, dix mortiers et obusiers, étaient prêtes à tonner. A quatre heures du matin, le signal est donné par une fusée partie du quartier-général. A l'instant, toutes les batteries tirent à la fois. Les Turcs, réveillés par cette formidable détonation, courent à leurs pièces. Le fort répond par toutes ses embrasures. Les canons de la Kasbah secondent ceux du fort. L'espace compris entre nos lignes et les remparts ennemis est sillonné de boulets, de bombes et d'obus qui labourent le sol, brisent les murailles, ou lancent au loin leurs éclats. Les Musulmans soutiennent résolument le feu terrible dirigé contre eux. Ceux que viennent frapper nos boulets à travers leurs embrasures déchirées sont remplacés par d'autres qui bravent et reçoivent intrépidement la mort. Où les parapets sont emportés, ils y suppléent par d'énormes balles de laine destinées à amortir les coups. Les pièces renversées ou couvertes de décombres sont sur le champ remises en batterie. Pendant trois heures, ils font ainsi, sans faiblir, face à notre artillerie qui les foudroie. Mais le courage ne pouvait leur suffire pour lutter contre nos artilleurs, non moins courageux et beaucoup plus habiles. A neuf heures, tous leurs canons étaient démontés, leur feu était éteint.

L'ordre fut donné alors à nos batteries de tirer en brèche. Le fort était devenu silencieux ; on n'y apercevait plus ni un turban ni un burnous. On avait vu ses défenseurs l'abandonner et rentrer dans la ville. Déjà ses lourdes murailles commençaient à s'écrouler sous les coups répétés de nos boulets. Tout à coup, un bruit épouvantable se fait entendre. Une immense colonne de fumée entre-mêlée de jets de flamme s'élève du château, et le dérobe aux regards. Des pierres, des poutres, des matériaux de toutes sortes, des débris d'artillerie et des membres humains mêlés à une épaisse poussière, couvrent au loin la campagne, et retombent au milieu de nos lignes d'attaque. Le Château de l'Empereur venait de sauter.

Dès qu'il avait appris que l'artillerie du fort était anéantie et que la garnison n'était plus protégée que par les murailles, le dey avait reconnu l'inutilité d'une plus longue défense. Sa défaite était désormais certaine ; il l'accepta avec la résignation du fatalisme musulman. Il envoya à ses soldats l'ordre de sortir du fort et d'y laisser seulement trois esclaves nègres chargés de mettre le feu à la poudrière établie au pied de la grande tour. Ses intentions avaient été fidèlement remplies ; mais l'effet n'avait pas répondu à son attente. L'un des magasins à poudre n'avait pas pris feu; la plus grande partie des murailles étaient restées debout, et, par un hasard presque miraculeux, aucun Français n'avait été atteint par l'explosion.

Le vent avait à peine dissipé la fumée que déjà l'armée française s'était serrée autour de la ville, et que le génie était occupé à ouvrir la tranchée devant les murs de la Kasbah. A deux heures, un parlementaire se présenta devant le général en chef, qui le reçut sur les ruines encore fumantes de la forteresse. Le dey s'avouait vaincu et demandait merci. Il offrait à la France toutes les réparations qu'il lui avait refusées jusqu'alors, renonçait à toute réclamation pécuniaire, rendait au commerce français ses établissements et ses priviléges, auxquels il était prêt à en ajouter de nouveaux, mettait en liberté sans rançon tous les sujets du Roi de France esclaves ou prisonniers dans ses États, et payait les frais de la guerre. En échange, il demandait que l'armée française quittât la Régence sans entrer à Alger.

A ces propositions, M. de Bourmont répondit qu'il n'arrêterait les hostilités que lorsque le dey aurait ouvert à son armée les portes d'Alger et se serait rendu à discrétion. Cependant les négociations ayant continué, M. de Bourmont ne tarda pas à se montrer plus facile, et le lendemain matin, 5 juillet, la convention suivante fut signée entre le général français et Hussein-Pacha :

« Le fort de la Kasbah, tous les autres forts qui dépendent d'Alger et le port de cette ville seront remis aux troupes françaises, ce matin à dix heures.—Le général en chef de l'armée française s'engage envers S. A. le dey d'Alger à lui laisser la liberté et la possession de ce qui lui appartient personnellement.—Le dey sera libre de se retirer avec sa famille et ce qui lui appartient dans le lieu qu'il fixera ; et tant qu'il restera à Alger, il y sera, lui et toute sa famille, sous la protection du général en chef de l'armée française. Une garde garantira la sûreté de sa personne et celle de sa famille.—Le général en chef assure à tous les soldats de la milice les mêmes avantages et la même protection.—L'exercice de la religion mahométane restera libre ; la liberté des habitants de toutes classes, leur religion, leurs propriétés, leur commerce et leur industrie ne recevront aucune atteinte ; leurs femmes seront respectées, le général en chef en prend l'engagement sur l'honneur.—L'échange de cette convention sera fait avant dix heures ce matin, et les troupes françaises entreront aussitôt après dans la Kasbah, et successivement dans tous les autres forts de la ville et de la marine. »

A onze heures, aux termes de la capitulation, les portes furent ouvertes. A midi, l'armée française, enseignes déployées, entrait glorieuse et triomphante dans les murs d'Alger *la guerrière*. Nos régiments, parés de leurs plus brillants uniformes et musique en tête, prenaient possession des portes, du port, des arsenaux, des magasins et de tous les postes importants. Le général en chef et son état-major s'établissaient dans la Kasbah, que le dey leur avait abandonnée ; et le hasnedgy, assis à la porte du trésor dont il avait la garde, livrait au vainqueur les richesses accumulées par tant d'années de rapines et de brigandages. Le drapeau de la France, flottant sur les murs de la vieille cité barbare, annonça au monde que la civilisation chrétienne venait de prendre pied sur le continent africain.

Comme premier et plus noble trophée de leur victoire, nos soldats avaient été reçus, aux portes de la ville, avec une effusion et un enthousiasme faciles à comprendre, par les survivants des équipages du *Silène* et de l'*Aventure*[1]. Le dey avait également fait rendre à la liberté environ deux cents esclaves chrétiens, Français, Grecs, Espagnols, Italiens. L'un d'eux, nommé Béraud, de Toulon, qui avait été jeté à douze ans dans le bagne d'Alger, y était depuis vingt-neuf ans.

On a généralement considéré comme généreuse à l'excès la capitulation dictée par le général en chef. Il est certain qu'après la prise du Château de l'Empereur, M. de Bourmont pouvait, sans sortir des bornes de la modération, se montrer beaucoup plus exigeant. Une forte contribution de guerre frappée sur la ville aurait été, par exemple, un moyen très-légitime de punir ces pirates enrichis par le vol des dépouilles de la chrétienté. Il eût semblé d'ailleurs plus conforme à l'honneur de la France de ne recevoir qu'à discrétion, ainsi que l'avait d'abord déclaré M. de Bourmont, la soumission forcée de ces écumeurs de mer. Mais il serait injuste de faire peser sur le général en chef la responsabilité d'une détermination qui lui était commandée par ses instructions. Des exigences plus sévères pouvaient pousser les Turcs à se défendre en désespérés, et à s'ensevelir sous les ruines de la ville. Ce parti même avait été vivement appuyé par un grand nombre des membres du Divan, assemblé pour entendre la lecture de la capitulation. Leur résistance, sans empêcher notre conquête, l'aurait retardée de quelques jours. Or, le Gouvernement français avait fait entrer la

---

[1] Dans le nombre se trouvait le lieutenant Bruat, mort en 1855 amiral de France.

prise d'Alger dans les combinaisons de ses projets politiques à l'intérieur. Pour produire l'effet qu'on s'en était promis, il fallait que la nouvelle de l'occupation arrivât à Paris dans un délai déterminé; et, par suite de la lenteur et des contrariétés de la navigation, beaucoup de temps avait été perdu. M. de Bourmont était à la dernière heure, quand il signa la capitulation.

Le dey s'était retiré dans une de ses maisons à Alger; il s'y était fait suivre par sa famille, son harem et ses esclaves, parmi lesquels on comptait cinquante jeunes négresses. On n'estima pas à moins de dix et même de dix-huit millions la valeur de l'or, des pierreries, des matières précieuses et de toutes les richesses mobilières qu'il avait emportées comme composant sa fortune particulière.

Hussein-Pacha avait alors soixante-six ans. Né dans une humble condition, il s'était élevé par son intelligence, par son habileté et par son courage, des derniers rangs de la milice turque aux plus hautes dignités de la Régence, lorsqu'en 1818, à la mort du dey Aly-Khodgea, il fut élu pour lui succéder. Il était de taille moyenne. Son port avait de la majesté. Sa figure agréable était encadrée d'une longue barbe blanche et commandait le respect. Ses grandes qualités comme chef de gouvernement lui avaient attiré quelque affection de la part de ces populations, accoutumées à n'obéir que par crainte. Mais irascible et obstiné, nourri de l'orgueil musulman, plein de mépris pour les nations chrétiennes et de confiance dans sa force, il s'était abandonné aux inspirations de sa colère, qui l'avaient conduit à sa perte. Son malheur ne lui ôta rien de sa dignité ni de sa sérénité. Bien qu'il eût dû céder son palais à M. de Bourmont, il se croyait toujours en droit d'attendre chez lui la visite du général en chef de l'armée française; on eut quelque peine à lui persuader qu'il devait au contraire aller saluer son vainqueur. Mais une fois en présence de M. de Bourmont, qui le reçut entouré de tout son état-major, il y fit preuve d'une grande liberté d'esprit et s'y montra touché de la générosité avec laquelle il était traité par les Français. Sa conversation facile, sérieuse, ne fut pas même dépourvue d'un certain enjouement. On en a rapporté quelques fragments. Celui qui suit est intéressant par les renseignements qu'on y trouve sur les diverses classes dont se composait alors la population de la Régence : « Débarrassez-vous au plus tôt, dit Hussein, des janissaires turcs. Accoutumés à commander en maîtres, ils ne pourront jamais consentir à vivre dans l'ordre et la soumission. Les Maures sont timides, vous les gouvernerez sans peine; mais n'accordez jamais une entière confiance à leurs discours. Les Juifs qui sont établis dans cette Régence sont encore plus lâches et plus corrompus que ceux qui habitent Constantinople. Employez-les, parce qu'ils sont intelligents dans les matières fiscales et de commerce, mais ne les perdez jamais de vue; tenez toujours le glaive suspendu sur leurs têtes. Les Arabes nomades ne sont pas à craindre. Les bons traitements les rendent dociles et dévoués. Des persécutions vous les feraient perdre promptement; ils s'éloigneraient avec leurs troupeaux et porteraient leur industrie jusque dans les plus hautes montagnes, et même dans le Bilédulgérid, ou bien ils passeraient dans les États de Tunis. Quant aux féroces Kabyles, ils n'ont jamais aimé les étrangers; ils se détestent entre eux. Évitez une guerre générale contre cette population guerrière et nombreuse, vous n'en tireriez aucun avantage; adoptez à leur égard le système le plus constamment suivi par les deys d'Alger, divisez-les et profitez de leurs querelles. »

En possession des biens qu'il lui avait été permis de conserver, il ne restait plus à Hussein qu'à quitter la Régence. Le consul britannique, qui déjà avait essayé d'intervenir en sa faveur dans la capitulation, l'avait engagé à se rendre à Malte et à s'y placer sous la protection de l'Angleterre. Ce projet n'ayant point été approuvé par l'autorité française, Hussein demanda à être conduit à Naples. Le 10 juillet, il s'embarqua avec ses ministres, ses principaux officiers et toute sa suite, composée d'une centaine de personnes, sur une frégate française mise à sa disposition. On éloigna en même temps de la Régence, et l'on fit transporter à Vourla, sur les côtes de l'Asie-Mineure, quinze cents des janissaires les plus remuants, principalement les célibataires, en accordant aux autres un délai pour liquider leur fortune. Déjà, après la prise du Château de l'Empereur, un certain nombre de familles turques, femmes, enfants, vieillards, avaient pris la fuite dans des canots, emportant leurs richesses. Pour échapper aux Français, ces malheureux se réfugièrent sur la côte, où ils furent pillés et presque tous impitoyablement massacrés par les Arabes. Quant aux Turcs qui étaient restés à Alger, il ne leur fut imposé d'autre condition qu'un désarmement auquel tous se soumirent sans difficulté. Mais quelques jours après, une conspiration ayant été découverte, qui avait pour but l'assassinat général des Français, l'élection d'un nouveau dey et le soulèvement des Kabyles et des Arabes, tous les janissaires furent immédiatement embarqués et dirigés sur Smyrne.

Ainsi cessa pour jamais dans la Régence cette domination farouche et sanguinaire qui, pendant trois siècles, avait tenu sous le joug les populations aborigènes, et dont, en détestant sa barbarie et ses cruautés, on ne peut parfois s'empêcher d'admirer l'audace et la sauvage grandeur.

Depuis que, dans les premières années du XVIe siècle, quelques milliers d'aventuriers turcs, sous la conduite de Aroudj-Barberousse, s'étaient emparés du royaume d'Alger, ils n'avaient cessé d'y exercer un empire absolu, et de s'y maintenir à l'état de caste dominatrice et privilégiée. A la fois maîtres et soldats, braves à la guerre et cruels dans leurs palais, en possession de la puissance et de la richesse, ils occupaient seuls toutes les hautes fonctions civiles et militaires. Par une précaution habile et jalouse, ils n'avaient pas voulu que leur pouvoir pût s'affaiblir par la dissémination, se détendre par l'énervation du sang. Parmi eux, les enfants n'héritaient pas du père. La famille cessait d'être à la mort de son chef, et les fils issus des oppresseurs allaient grossir les castes opprimées. Le nombre des janissaires était maintenu à un chiffre d'environ dix mille, au moyen d'un recrutement qui se faisait annuellement en Turquie, et qui amenait dans la Régence les plus déterminés, et souvent les moins recommandables des sujets du sultan. Toutefois le nombre en avait beaucoup diminué depuis que le blocus avait interdit la navigation. Ces janissaires, véritable cohorte prétorienne, avaient seuls le droit d'élire le dey; ils y joignaient le pouvoir de le révoquer, et celui de l'égorger lorsqu'ils n'étaient pas satisfaits de son gouvernement. Le choix de ce despote fut plus d'une fois l'occasion de sanglantes tragédies; et l'on visite encore, dit-on, non loin des murs d'Alger, les tombeaux de cinq deys qui furent tour à tour élus et assassinés dans la même journée [1].

Une commission avait été, dès le premier jour, nommée pour faire l'inventaire du trésor de la Kasbah. On y trouva entassée, en monnaies d'or et d'argent de tous les peuples

---

[1] Th. de Quatrebarbes, *Souvenirs de la campagne d'Afrique.*

du monde, une somme de près de cinquante millions. Il faut y ajouter des magasins de marchandises de toute espèce, qui étaient la propriété de l'État, quinze cent quarante-deux bouches à feu, dont six cent soixante-dix-sept en bronze, d'immenses quantités de poudre, de projectiles, de munitions de guerre. C'était, en somme, une valeur d'environ soixante millions, plus que suffisante pour payer les dépenses de l'expédition.

La ville d'Alger, qui devait, à quelques années de là, acquérir une grande importance comme siége du Gouvernement et chef-lieu des possessions françaises dans le nord de l'Afrique, ne se recommandait alors que par sa position pittoresque, par sa réputation de force et par le terrible renom de ses habitants. Bâtie en amphithéâtre sur le flanc d'une colline, cette ville présente la forme d'un triangle, dont la base s'appuie sur la mer et dont le sommet est couronné par la Kasbah ou citadelle. Sa population, à l'époque de la conquête, ne dépassait pas trente mille âmes. Ses maisons blanches, carrées, terminées en terrasses, n'avaient généralement d'autre ouverture extérieure que la porte d'entrée. Ses rues étroites, sales, tortueuses et établies pour la plupart en gradins, étaient impraticables pour les voitures. Son port, très-petit et peu sûr, n'avait pas assez de profondeur pour recevoir les bâtiments de guerre. Ses moyens de défense, du côté de la mer, consistaient en une série de forts élevés de distance en distance, du cap Caxine au cap Matifou, et dont quelques-uns présentaient jusqu'à cinq rangs de canons superposés; ce qui, joint aux écueils et à la violence de la mer, ne laissait pas que de rendre une attaque assez difficile. Du côté de la terre, la ville était fermée par une ceinture crénelée, précédée d'un fossé sec et garnie de batteries armées.

Quant à la Kasbah, construction lourde, massive et désordonnée, entourée d'énormes murailles et hérissée de canons, elle avait au dehors l'aspect d'une prison; mais elle offrait à l'intérieur, à côté des machines de guerre et des marchandises accumulées pour le commerce, le luxe étincelant, raffiné et bizarre, les somptuosités et les recherches délicates dont aime à s'entourer la sensualité des Orientaux.

Les environs d'Alger rachetaient par la fraîcheur, la variété et la beauté des sites, ce que la ville elle-même présentait d'aride et de maussade. De nombreuses maisons de campagne dressaient leurs blanches façades au milieu de jardins où se développait la plus riche végétation. Les beaux arbres de ces climats, l'oranger, le citronnier, le figuier, l'olivier, le grenadier, plantés en vergers ou en bosquets, formaient partout des groupes de verdure, où l'œil se reposait agréablement. Des lignes sinueuses de lauriers roses dessinaient le lit des ruisseaux. Des haies vives, plantées d'églantiers, de jasmins, d'aloës, de nopals, entouraient les jardins et coupaient la campagne en tout sens. C'est dans ces villas, au milieu de ces ombrages embaumés du parfum des fleurs, sous ces berceaux où grimpaient la vigne, le jasmin et des lianes odorantes, que les riches algériens et les consuls étrangers avaient leurs résidences. Ils y réunissaient tous les agréments que le luxe et les arts peuvent ajouter à la fertilité du sol et aux dons d'une belle nature. L'aspect seul de cette campagne disait toutes les richesses que pourraient tirer, de cette terre généreuse, le travail et l'industrie appliqués par les bras intelligents des Européens.

A peine entré à Alger, le général en chef avait envoyé des détachements prendre possession des villes de Bone et d'Oran. Nos soldats y furent reçus sans résistance, et

EXPÉDITION D'ALGER. 85

plutôt en libérateurs qu'en conquérants. Mais une reconnaissance que, sur l'invitation du bey de Titterie, M. de Bourmont, à la tête de quinze cents hommes seulement, poussa jusqu'à Blidah, faillit lui être funeste. Des nuées de Kabyles appelés traîtreusement par le bey assaillirent cette petite armée, qui fut obligée de battre en retraite, et ne put rentrer à Alger qu'après une marche des plus périlleuses. C'était le premier de tant d'actes de trahison et de perfidie qui nous forceront, dans la suite, à porter successivement nos armes jusqu'aux confins du grand désert, au pied du versant méridional de l'Atlas. Maîtres d'Alger en quelques jours, il nous faudra quinze années de guerre continuelle et de douloureux sacrifices pour conquérir la Régence, pour acclimater à notre domination tutélaire et soumettre à la protection de nos lois ses populations jusqu'alors indomptées.

Mais la Restauration, qui avait commencé la conquête, n'était pas réservée à en voir les progrès. Elle n'en retira pas même le bénéfice de popularité qu'elle en avait espéré. Cette victoire ne servit qu'à ajouter une illusion d'un jour aux illusions qui la poussaient à sa perte, et à jeter un dernier rayon de gloire sur son tombeau.

Quant à M. de Bourmont, il ne lui fut pas donné de distribuer à ses compagnons de dangers les récompenses qu'ils avaient si bien méritées. Le message qui lui apportait le bâton de maréchal de France fut suivi de près par un autre message, qui lui annonçait la chute de la branche aînée des Bourbons et la nomination du général Clausel au commandement de l'armée d'Afrique. M. de Bourmont ne voulut pas rentrer en France. Celui qui avait arboré le drapeau national sur les murs de la Kasbah, après en avoir chassé le dey, partit à son tour de la Kasbah pour l'exil. Mais tandis que Hussein-

Pacha, vaincu, avait été conduit à Naples par une frégate française, M. le maréchal de Bourmont, vainqueur au nom de la France, ne trouva, pour le transporter en Espagne, qu'un petit brick autrichien qu'il dût noliser à ses frais [1]. En quittant la terre d'Afrique, M. de Bourmont y laissait une tombe. Des quatre fils qui l'avaient suivi comme officiers dans son expédition, le second, blessé sur le champ de bataille, était mort deux jours après la prise d'Alger.

[1] M. l'amiral Duperré mit à la disposition de M. de Bourmont un bâtiment de l'État pour le ramener en France; mais il refusa de le faire conduire en Espagne.

CHAPITRE III

ORDONNANCES DU 25 JUILLET 1830.

La prise d'Alger augmente la confiance du parti de la Cour.—Le Roi s'oppose à la retraite de ses ministres.—Le Conseil se décide à recourir à l'article 14 de la Charte.— Doctrine des partisans du coup d'État sur la prépondérance du pouvoir royal.—Le coup d'État condamné par M. de Guernon-Ranville.—Le ministère enveloppe ses résolutions du plus grand secret.— Absence de moyens de succès pour un coup d'État.— L'armée.— La famille royale ; le Dauphin ; la Dauphine ; la duchesse de Berri. — La presse : le *Journal des Débats* ; le *Constitutionnel* ; le *National* ; le *Temps* ; le *Globe* ; le *Courrier français* ; la *Quotidienne* ; la *Gazette de France*.— Signature des Ordonnances.—*Rapport au Roi.*—Suppression de la liberté de la presse.—Destruction du régime électoral.—Les Ordonnances abolissent le régime représentatif en France.—26 Juillet.—Stupeur de Paris en apprenant le coup d'État.—Attitude des journaux.—Attitude de la population.—Panique de la Bourse.—Le tribunal de commerce déclare les Ordonnances illégales.—Protestation des journalistes.— Première réunion des Députés.— L'agitation commence à gagner les faubourgs.

La nouvelle de la prise d'Alger arriva à Paris le 9 juillet. Elle fut reçue par le Gouvernement et par la Cour avec une joie des plus vives. Aux yeux de la faction royaliste, ce brillant fait d'armes n'était pas seulement un triomphe de l'armée française, il était surtout un moyen de succès pour les projets politiques auxquels on se rattachait plus que jamais. La défaite du ministère dans les élections ne faisait qu'augmenter le prix de sa victoire en Afrique. Plus la crise approchait et s'annonçait laborieuse, plus le Gouvernement s'estimait heureux de pouvoir se montrer dans la lice, tout rayonnant de la gloire de son drapeau. Rien ne fut négligé pour stimuler l'enthousiasme du pays, et pour pénétrer les imaginations de l'importance de la conquête. Des prières d'actions de grâces furent ordonnées. Il y eut des réjouissances publiques. Le Roi assista en grande pompe au *Te Deum* qui fut chanté à Notre-Dame. Mais, à travers ces manifestations de la joie officielle, se faisaient jour des pensées, se glissaient des allusions qui glaçaient l'opinion. Tout en applaudissant aux exploits de son armée, la France ne s'associait pas sans défiance à une gloire qu'on se montrait si impatient d'exploiter pour menacer ses libertés.

En recevant le Roi à la porte de la cathédrale, l'archevêque de Paris lui adressa un discours. Après quelques phrases emphatiques sur l'expédition, le prélat s'exprimait ainsi : « Sire, que votre grande âme s'affermisse de
« plus en plus; votre confiance dans le divin secours et
« dans la protection de Marie, mère de Dieu, ne sera pas
« vaine. Puisse Votre Majesté en recevoir bientôt encore
« une nouvelle récompense ! Puisse-t-elle bientôt venir
« encore remercier le Seigneur d'autres *victoires* non
« moins douces et non moins éclatantes ! » Triste langage dans la bouche d'un ministre du Dieu de paix et de miséricorde ! Il fut, du reste, blâmé même à la Cour, non parce que le vœu qu'il exprimait était impie, mais parce que, comme on le disait dans les antichambres, « c'était faire feu avant le commandement. » Aussi s'occupa-t-on d'en atténuer l'effet. Bien que le mot *victoires* eût été réellement prononcé à Notre-Dame, le *Moniteur* y substitua celui de *merveilles*. Malgré cette correction, la pensée restait entière et évidente. Déjà, dans un mandement publié la veille [1], pour annoncer à son diocèse la défaite

---

[1] 10 juillet.

des Musulmans, l'impétueux prélat s'était écrié : « Ainsi
« soient traités partout et toujours les ennemis de notre
« seigneur et Roi ; ainsi soient confondus tous ceux qui
« osent se soulever contre lui ! »

Cet exemple eut, dans le clergé, de trop nombreux imitateurs. Mais aucun ne dépassa, pour la fougue de la pensée et la crudité de l'expression, l'évêque de Nancy :
« Remplissons, disait-il, remplissons de traits enflammés
« le carquois du Dieu de nos pères ; qu'il daigne ensuite
« les épuiser, ces traits victorieux, non plus sur les en-
« nemis du dehors qui se courbent devant nos drapeaux,
« mais au sein même de la patrie, sur tous les cœurs
« égarés ou coupables, qui ne sauraient demeurer enne-
« mis de notre Roi sans être aussi les ennemis de Dieu,
« les ennemis de la gloire et du bonheur de la France. »

Les hommes initiés aux visées secrètes de la faction, les journaux ministériels, n'étaient pas plus réservés dans leur enivrement que les évêques. « La loi qui a ramené les *Deux cent vingt-un* sera changée, disait un journal. Elle le sera avant trois mois, par une loi ou, au besoin, par une ordonnance ; elle le sera par une Chambre ou par le Roi. »—« Le Roi est vainqueur d'Alger, écrivait, le 10 juillet, au garde des sceaux un haut magistrat ; dans ce repaire de pirates n'étaient pas ses plus implacables ennemis ; les élections les ont mis à découvert. Si ces hommes de trahison sont ménagés, c'en est fait de la légitimité et de la monarchie. Les moments sont chers ; il faut que le Gouvernement se décide. Demain on va abaisser, annuler le triomphe d'Alger ; dans huit jours il n'en restera rien, et le libéralisme, relevant sa bannière, marchera en masse contre la France et contre son Roi. »

Ces craintes se trouvèrent bientôt, du moins en apparence, corroborées par les faits. Les élections des 12 et

19 juillet, bien que faites sous l'impression de la prise d'Alger, ne donnèrent pas des résultats plus favorables au ministère que les précédentes. A Paris, entre autres, les huit candidats de l'opposition obtinrent la presque unanimité des suffrages. En somme, sur quatre cent vingt-huit députés élus, l'opposition en comptait deux cent soixante-dix, le ministère cent quarante-cinq; treize étaient douteux.

La situation où se trouvait vis-à-vis du Parlement le ministère Polignac, après les élections de 1830, était exactement la même que celle où s'était trouvé le ministère Villèle, après les élections de 1827. En 1827, le Roi avait cédé, et le ministère Martignac avait rendu le calme au pays. En 1830, le Roi résista et tenta de briser la majorité; le pays, pour soutenir ses représentants, fit une révolution.

Au moment de franchir le pas décisif entre la légalité et l'arbitraire, plusieurs ministres sentirent chanceler leur résolution. Ils offrirent au Roi de se retirer. Charles X ne voulut pas consentir à ce qu'il appelait une « *reculade.* »—« Je ne consentirai pas à votre retraite, leur dit-il; elle n'aurait pas le résultat que vous en pourriez attendre. Quelle que soit la nuance de la majorité où je prenne de nouveaux ministres, ma position serait celle-ci : ou bien vos successeurs voudront maintenir les droits de ma Couronne, et, dans ce cas, ils perdront toute influence sur la majorité; ou bien ils demeureront fidèles à leurs doctrines, et ils affaibliront alors, s'ils ne les sacrifient pas, les prérogatives du pouvoir royal[1]. » Décidé à ne plus fléchir sous la constitution, Charles X dut rechercher les expédients propres à ployer la constitution à ses

---

[1] Séance du Conseil des ministres du 4 juillet 1830.

vues. A cet effet, il ordonna à ses ministres d'examiner
« si l'article 14 de la Charte donnait à la Couronne le
pouvoir de prendre, à elle seule, les mesures qui lui paraîtraient nécessaires à la sûreté du pays [1]. »

C'est donc vers le milieu du mois de juillet que cette question fut, pour la première fois, portée au conseil. Que Charles X, M. de Polignac et la plupart de ses collègues eussent antérieurement accepté la prévision du coup d'État, cela est incontestable. Mais on verra bientôt que M. de Guernon-Ranville avait eu d'abord, sur les « *déviations de la Charte,* » une autre opinion que le président du conseil. Toutefois, au mois de juillet, cette dissidence avait cessé, et tous les ministres se trouvèrent d'accord sur deux points : 1º que l'article 14 de la Charte donnait au Roi le droit de recourir aux moyens dictatoriaux; 2º qu'en possession de la confiance du Roi, les ministres devaient garder le pouvoir. Ces deux points admis, la division commençait. Les uns, et plus particulièrement M. de Guernon-Ranville et M. de Peyronnet, étaient d'avis d'attendre la réunion de la Chambre, de lui présenter le budget et les lois indispensables, et de n'user des ressources extra-légales qu'après y avoir été provoqués par des actes positifs. Les autres, ayant à leur tête M. de Chantelauze, ne voulaient pas que le Gouvernement s'exposât au mauvais vouloir d'une majorité notoirement hostile.

Le Roi était vivement sollicité dans le sens de ces derniers, non moins par son propre penchant que par ses entours. Le droit étant mis hors de contestation, tout se réduisait à une question d'opportunité, et les circonstances

---

[1] *Études historiques, politiques et morales*, par le prince de Polignac.

ne pouvaient jamais être plus favorables. C'est du moins ce que ses confidents s'accordaient à lui dire. Ils l'assuraient que son peuple était impatient de le voir ressaisir son autorité, et ne reculaient même pas, pour le lui persuader, devant l'emploi des effets de comédie. Une députation des forts de la Halle ayant été admise à féliciter le Roi, à l'occasion de la Saint-Henri, un charbonnier avait été chargé de lui adresser ces paroles : « Sire, charbonnier est maître chez lui ; soyez maître dans votre royaume. » Et le Roi, qui avait vu un conseil offensant pour sa dignité dans le cri de *Vive la Charte!* poussé par la garde nationale, répondit par un sourire bienveillant au conseil de déchirer la Charte, qui lui était donné par un portefaix.

Tout marchait donc vers un prochain dénouement ; et ce dénouement allait sortir de l'article 14 de la Charte. Voici le texte de cet article :

« Le Roi est le chef suprême de l'État ; il commande les
« forces de terre et de mer, déclare la guerre, fait les
« traités de paix, d'alliance et de commerce, nomme à
« tous les emplois d'administration publique, *et fait les*
« *règlements et ordonnances nécessaires pour l'exécution*
« *des lois et la sûreté de l'État.* »

Pour s'expliquer comment des hommes éclairés, et la plupart de bonne foi, ont pu trouver dans cet article la justification d'un attentat contre la Charte, on a besoin de se rappeler la théorie sur laquelle était basé leur système. D'après cette théorie, les pouvoirs du Roi ne relevaient pas de la Charte ; ils étaient inhérents à la personne royale. Ils existaient antérieurement à la Charte et indépendamment d'elle. La Charte elle-même n'en était qu'une émanation, une délégation partielle, faite volontairement par le Roi à la nation. Dès qu'il était reconnu que la Charte n'avait pas rempli les vues du Roi, il appartenait souverainement au Roi de la corriger. En la perfectionnant, le Roi ne la détruisait pas, il ne la violait pas, il la consolidait.

Cette idée d'un pouvoir royal, constituant suivant les uns, prépondérant suivant les autres, avait fini par dominer tous les esprits dans le parti de la Cour. On la retrouve développée par tous les journaux ministériels, reproduite et commentée dans toutes les brochures et dans tous les mémoires destinés à préparer les voies au coup d'État. On la verra bientôt consacrée, sous forme d'axiome gouvernemental, dans le *Rapport au Roi* qui précède les ordonnances de juillet. « La constitution de l'État est ébranlée, « sera-t-il dit dans ce Rapport. Le droit, comme le devoir « d'en assurer le maintien, est l'attribut inséparable de la « souveraineté. Nul Gouvernement sur la terre ne resterait debout, s'il n'avait le droit de pourvoir à sa sûreté. « Ce pouvoir est préexistant aux lois, parce qu'il est dans « la nature des choses. Ce sont là, Sire, des maximes qui « ont pour elles la sanction du temps et l'aveu de tous les « publicistes de l'Europe. Mais ces maximes ont une « sanction plus positive encore, celle de la Charte elle-« même. L'article 14 a investi Votre Majesté d'un pouvoir « suffisant, non sans doute pour changer nos institutions, « mais pour les consolider et les rendre plus immuables. »

La *Gazette de France* avait dit la même chose en moins de mots : « Nous adoptons comme doctrine constitutionnelle qu'il est de rares circonstances où le pouvoir du Roi peut s'élever au-dessus des lois, non pour les violer, mais pour les affermir[1]. » Comme si se mettre au-dessus des lois, ce n'était pas commencer par les violer, sous pré-

---

[1] Numéro du 5 mars 1830.

texte de les affermir ensuite. « Le Roi, disait un autre journal, est l'instrument de la souveraineté éternelle, qui est Dieu. Ce qu'on appelle coup d'État est quelque chose de social et de régulier, lorsque le Roi agit dans l'intérêt général du peuple et même en apparence contre les lois. »

Telles étaient les maximes, d'après lesquelles Charles X, Roi constitutionnel, se croyait en droit de diriger sa conduite. On peut se demander en quoi elles auraient gêné les caprices d'un despote. « Qui dit Roi dit maître, » s'écriait la *Gazette de France*. Le *Drapeau blanc* n'était pas moins laconique; il écrivait : « La majorité, c'est le Roi. »

Ainsi, aux yeux de Charles X et de ses conseillers, le Roi réunissait en sa personne, au pouvoir royal tel qu'il était défini par la Charte, le pouvoir constituant inamissible, la loi et la majorité; en un mot, le Roi était *maître*. Louis XIV avait pu dire un jour : « L'État, c'est moi ; » mais entre Louis XIV et Charles X, il y avait eu 1789; et Louis XIV n'avait pas prêté serment à la Charte.

Il serait superflu de s'arrêter longuement à réfuter de pareilles doctrines. Est-il besoin d'établir que la Charte n'a point été une libéralité gratuite du Roi à la France? Non, la Charte a été un contrat entre la France et le descendant de ses anciens rois. C'est en vertu de ce contrat, parce qu'il l'a signé et juré, que Louis XVIII est monté sur le trône. Cela résulte d'une manière irréfragable de la déclaration de Saint-Ouen, qui a été comme la préface de la Charte, et par laquelle Louis XVIII accepta les bases du « plan de constitution *proposé par le Sénat*. » Ces bases, il les résumait ainsi : « Le gouvernement représentatif
« sera maintenu tel qu'il existe aujourd'hui, divisé en
« deux corps, le Sénat et la Chambre des députés des
« départements. L'impôt sera librement consenti; la

« liberté publique, la liberté individuelle, la liberté de
« la presse, la liberté des cultes seront garanties, etc. »

La Charte a donc été un engagement réciproque, qui liait également le Roi et la nation. Et cela était si bien reconnu à l'époque où la Charte fut promulguée, que ce fut l'un des motifs de la protestation dont elle fut alors l'objet de la part de quelques pairs de France. Dans le Mémoire remis au Roi à cette occasion, et dont M. de Polignac fut l'un des signataires [1], la Charte est présentée comme « une loi fondamentale et constitutionnelle, *un contrat passé entre le roi et son peuple.* »

Charles X lui-même n'en avait pas d'abord jugé autrement. Aussi avait-il hautement déploré et blâmé la concession de la Charte; il avait même eu la pensée d'en supprimer la mention dans son serment de Reims. Puis il avait fini par se réfugier derrière un sophisme, et par se persuader qu'en octroyant des libertés à son peuple, le Roi n'avait pu se déposséder du droit de les supprimer s'il le jugeait nécessaire. Et quand on lui citait l'exemple de l'Angleterre : « Il y a, répondait-il, entre les deux États, cette différence, qu'en Angleterre ce sont les Chambres qui ont fait la part du Roi, tandis qu'en France c'est le Roi qui a fait la part des Chambres. »

Mais en admettant même, contre toute vérité historique, que la Charte eût été un don spontané du Roi, s'en serait-il suivi que le Roi, parce qu'il l'avait donnée, restait maître de la reprendre ou de la changer? Ces mots, qui terminaient le préambule, et par lesquels Louis XVIII déclarait octroyer la Charte à ses sujets, « tant pour lui

---

[1] *Observations respectueuses et explicatives touchant les réserves apportées par quelques pairs au serment proposé à la séance royale du 7 octobre 1815.*

que *pour ses successeurs, et à toujours,* » n'avaient-ils aucune valeur? Que signifiait alors une Charte? N'était-elle donc qu'une promesse décevante, un piége tendu à la nation? Légitimer un coup d'État par de pareils moyens, n'était-ce pas calomnier la Restauration?

Quant à l'article 14, il réservait au Roi le pouvoir d'agir par des ordonnances en dehors du domaine de la loi, ou même, en cas d'urgence, de suppléer à l'absence de la loi. Mais transformer le pouvoir d'assurer *l'exécution des lois*, en un droit de les détruire; interpréter le devoir de veiller à *la sûreté de l'État* en un droit de bouleverser la constitution; d'une Charte qui exigeait expressément, pour la confection des lois, le vote des deux Chambres suivi de la sanction royale, faire sortir pour le Roi le droit de faire seul des ordonnances supérieures aux lois et à la Charte, c'était offenser à la fois la vérité, la logique et le bon sens.

On ne saurait, du reste, être plus explicite sur cette question, et porter contre le coup d'État une condamnation plus sévère que ne l'avait fait un des ministres, M. de Guernon-Ranville, dans un mémoire remis par lui à M. de Polignac : « A la veille d'une lutte aussi inégale,
« plusieurs partis peuvent être pris. Celui que l'oppo-
« sition croit être dans les vues du ministère, et que font
« pressentir les bruits répandus à dessein d'un projet de
« coup d'État, celui enfin auquel quelques royalistes im-
« prudents voudraient pousser le Gouvernement, consis-
« terait à dissoudre la Chambre et à en convoquer une nou-
« velle, après avoir modifié par ordonnance la loi électo-
« rale, et suspendu la liberté de la presse en rétablissant
« la censure. Je ne sais si cette marche sauverait la monar-
« chie, mais ce serait un coup d'État de la plus extrême vio-
« lence, ce serait la violation la plus manifeste de l'ar-

« ticle 35 de la Charte, ce serait la violation de la foi jurée.
« Un tel parti ne peut convenir ni au Roi, ni à des minis-
« tres consciencieux. Le Roi a juré d'observer fidèlement
« la Charte; nous avons tous fait le même serment;
« qu'elle soit à jamais pour nous l'Arche sainte. Cette
« règle, qui seule est conforme à la morale, est aussi la
« plus sûre. »

Comment le même ministre qui, le 15 décembre 1829, appréciait avec tant de sagesse l'iniquité et les dangers du coup d'État, a-t-il été, le 25 juillet 1830, l'un des signataires des Ordonnances? Un faux point d'honneur, un dévouement mal entendu, les séductions que l'on respire dans l'atmosphère des Cours, l'expliqueront peut-être.

Quoi qu'il en soit, au milieu du mois de juillet, le Roi et les ministres étaient résolus à faire acte de dictature. La proposition en avait été portée au conseil par M. de Chantelauze. Elle avait été discutée en présence du Roi et du duc d'Angoulême, et avait réuni toutes les adhésions. Le conseil consacra ensuite plusieurs séances à arrêter les termes des Ordonnances; M. de Chantelauze fut chargé de la rédaction du Rapport qui devait les précéder et les motiver.

Cependant l'époque fixée pour l'ouverture de la session était prochaine, et le pays se demandait à quel parti s'arrêterait le Roi, entre son ministère et la majorité. L'anxiété était générale; le silence même et l'apparente inaction du Gouvernement éveillaient les défiances. Les excitations des journaux du pouvoir, leur langage belliqueux et hautain, les encouragements ou l'approbation tacite qu'ils recevaient du ministère, et par-dessus tout la logique inflexible des situations, tout semblait présager de graves événements.

Les circonstances apparaissaient tellement menaçantes

qu'une réunion de pairs, de députés et de hauts personnages politiques avait eu lieu chez M. le duc de Broglie, pour examiner ce qu'il y aurait à faire, dans le cas où le Gouvernement cesserait de se renfermer dans la constitution. Il avait été arrêté qu'on refuserait l'impôt, et qu'on engagerait les Chambres à refuser le budget. A cette résolution, le ministère avait répondu par un de ses journaux : « Que feriez-vous, nous dit-on, si la Chambre refusait le budget?—Ce que nous ferions? Nous enverrions les soldats chercher leur solde chez les députés. »

De leur côté, les grandes puissances de l'Europe s'étaient émues. La Russie, l'Angleterre, l'Autriche avaient fait interroger le ministère sur ses projets. M. de Polignac s'était défendu, par une dénégation péremptoire, de toute pensée de coup d'État. Le Roi lui-même, paraît-il, n'aurait pas été plus sincère à ce sujet avec ses propres agents près des Cours étrangères.

Le ministère, pensant que le succès serait d'autant plus facile que le coup serait moins prévu, s'était surtout appliqué à détourner les soupçons du public. Il dissimula jusqu'à la dernière heure. Les lettres closes qui convoquaient les pairs et les députés en séance royale, pour le 3 août, leur furent envoyées la veille même du jour où furent signées les Ordonnances. Tout le monde y fut trompé. Le comte Pozzo di Borgo, ambassadeur de Russie à Paris, était chez M. de Talleyrand lorsque celui-ci reçut sa lettre close. Le comte s'empressa de courir chez M. de Polignac pour le complimenter. Le *National* commençait ainsi son numéro du 24 juillet : « Le ministère vient de prendre une détermination des plus importantes, c'est d'entrer en discussion avec les Chambres et de renvoyer le coup d'État après l'expérience qu'il aura faite de leur humeur. »

Comment le public ne se serait-il pas laissé abuser? La confiance, la sécurité, la sérénité que montrait le ministère étaient entières. Il ne donnait pas un ordre; il ne prescrivait aucune mesure en dehors du travail courant de l'administration. La garnison de Paris n'était pas à son complet des temps ordinaires. Des détachements de la garde royale en avaient été distraits pour aller en Normandie ou pour faire le service près du Roi, à Saint-Cloud. Aucun mouvement de troupes ne fut ordonné pour la renforcer. Le général Coutard, commandant la première division militaire, était absent. Aucun des quatre lieutenants généraux commandant la garnison de Paris n'était à son poste. Un grand nombre des officiers de la garde royale avaient reçu des congés pour se rendre aux élections. On ne rappela ni les généraux, ni les officiers. Le préfet de police et le préfet de la Seine ne furent pas prévenus. Ils n'eurent connaissance du coup d'État que par le *Moniteur*. L'ordonnance qui nommait le maréchal duc de Raguse au commandement supérieur de la première division militaire ne fut signée que le 27 juillet, quand déjà les troubles avaient commencé. On a cru trouver, dans un ordre confidentiel transmis, dès le 20 juillet, par cet officier supérieur, aux chefs de corps de la garde royale, la preuve qu'on s'était préparé à user de la force. C'est une erreur. Cet ordre, qu'on a considéré à tort comme exceptionnel, n'était autre qu'un de ces ordres en cas d'alerte que reçoivent toujours les troupes dans les places de guerre ou dans les villes à forte garnison; la coïncidence de sa date avec celle des Ordonnances était purement accidentelle.

M. le prince de Polignac, dans un livre publié en 1845, s'est appliqué à repousser le reproche d'imprévoyance que lui ont adressé, à cette occasion, ses amis et ses adversaires. Il se fonde sur ce que, eu égard au peu de temps qui s'est écoulé entre la résolution du conseil et la publication des Ordonnances, eu égard surtout au secret absolu qu'il devait garder, il a fait tout ce qu'il lui était possible de faire. En ce qui concerne l'insuffisance des troupes, il l'explique par cette double raison : 1º que les ressources trop limitées du budget de la guerre avaient forcé de réduire à cent quatre-vingt-dix mille hommes l'effectif réel de l'armée; 2º que l'imminence d'une intervention de l'armée prussienne en faveur du Roi des Pays-Bas contre les provinces belges ne permettait pas de dissoudre les camps de Lunéville et de Saint-Omer, dont les troupes pouvaient, d'un moment à l'autre, être dirigées sur Bruxelles.

De tels moyens de justification ne sauraient être admis. Si M. de Polignac ne se croyait pas en situation d'assurer le succès du coup d'État, il y a eu témérité à l'entreprendre. S'il a cru le contraire, il y a eu légèreté et présomption.

Mais les faits parleront d'eux-mêmes. On verra bientôt à quel excès de confiance s'abandonnait M. de Polignac. Est-ce à dire qu'il ne s'attendît pas à avoir à triompher d'autre chose que des murmures de quelques mécontents? Ce serait aller au delà de la vérité. M. de Polignac croyait que la Couronne appuyée sur l'armée aurait facilement raison de toutes les résistances, sous quelque forme qu'elles se produisissent; et en cela il se trompait. L'armée était au pays; elle n'était ni aux ministres, ni même au Roi. L'armée française est, de toutes les armées européennes, celle qui est le plus portée à secouer le joug de l'obéissance passive. En France, le *Journal des Débats* l'avait dit, « les baïonnettes sont intelligentes. » C'est un mal peut-être, mais c'est un fait. Pour faire accomplir par les soldats français des prodiges contre les ennemis du dehors, il suffit d'un drapeau. Pour les tourner à l'intérieur contre les mouvements provoqués par l'opinion publique, il ne faut pas seulement un ordre, il faut un homme qui les entraîne et qui leur impose; et cet homme, on ne le trouvait ni dans le Roi, ni dans aucun de ceux qui entouraient le trône.

On a vu déjà quel était Charles X. Doué à un degré remarquable des qualités qui font un prince, il n'avait aucune de celles qui font un chef d'armée.

Le Dauphin n'avait ni les unes ni les autres. Son esprit manquait de portée; son caractère manquait de décision; sa physionomie, ses penchants, son éducation n'avaient rien de militaire. En vain, en lui donnant le commandement nominal de l'expédition d'Espagne, avait-on cherché à le populariser dans l'armée. Les plaisants de la tente et de la chambrée, peut-être avec plus de malice que de justice, avaient surtout vanté son extrême prudence. Les exagérations courtisanesques qui avaient dédié l'arc de triomphe du Carrousel à la gloire du héros du Trocadero avaient fait sourire les soldats; elles n'avaient pas réussi à les convaincre que le passage de la Bidassoa ou le siége de Cadix dussent effacer le souvenir de Marengo ou des Pyramides. M. le duc d'Angoulême n'avait pas été plus heureux en se réservant la haute direction du personnel dans l'administration de la guerre; il avait attiré jusqu'à lui les mécontentements que soulevaient les faveurs trop généreusement accordées aux officiers d'antichambre. La piété un peu mystique du prince héréditaire, sa soumission passive à l'autorité paternelle, à un âge où, d'ordinaire, l'homme a pris depuis longtemps la direction de sa propre conduite; l'absence en lui d'initiative, de résolution, de spontanéité de mouvement, le rendaient plus propre au rôle de victime débonnaire qu'à celui de chef actif dans des circonstances périlleuses. Il avait l'orgueil de sa grandeur ; il n'en avait pas les vertus.

Madame la duchesse d'Angoulême, qu'on avait appelée, par une métaphore un peu forcée, « le seul homme de la famille, » avait, en effet, quelque chose de mâle et de viril dans le caractère aussi bien que dans la voix. Un touchant souvenir s'attachait aux malheurs dont avait été marquée la vie entière de l'auguste orpheline du Temple. Mais ces souffrances mêmes avaient laissé dans son esprit un levain d'irritation, dans ses formes une âpreté qui étonnaient, qui refoulaient la sympathie. Son cœur était plein de bontés; son geste était brusque et sa parole trop souvent dure et blessante. Lors des dernières réceptions officielles à l'occasion du nouvel an, la magistrature s'était approchée, suivant l'usage, pour déposer aux pieds de madame la Dauphine l'hommage de son respect. La princesse, mécontente d'un acquittement prononcé dans un procès intenté au *Journal des Débats*, avait éloigné, d'un signe de la main, les membres de la Cour royale, en leur adressant d'un ton sec ce seul mot : « Passez. » Cette disgrâce infligée publiquement à des magistrats, en punition d'un arrêt dicté par leur conscience, avait produit la plus fâcheuse impression. Le souvenir en était resté. Madame la Dauphine n'apportait donc aucune force à la Cour. On la disait, d'ailleurs, opposée au coup d'État; et l'on attribuait à ce motif son séjour à Vichy, où elle était alors.

Contrairement à madame la Dauphine, madame la duchesse de Berri était femme dans toute l'acception du mot. Elle avait les goûts, les passions, les caprices, les entraînements, les légèretés de son sexe. Jeune, vive, brillante et gracieuse, elle ne recherchait de la Cour que les plaisirs, du pouvoir suprême que les adulations, l'éclat et les fêtes. Le Roi la jugeait trop peu sérieuse pour prendre ses conseils; et elle était aimée précisément parce qu'on la supposait étrangère aux combinaisons et aux intrigues de la politique.

Près de la duchesse de Berri grandissaient, dans les jeux et dans les occupations de leur âge, deux jeunes enfants, le duc de Bordeaux et sa sœur Mademoiselle, dernier espoir de leur race.

Telle était la branche aînée de la famille royale.

Aucun prince pour monter à cheval; des ministres dont les seuls qui ne fussent pas inconnus étaient antipathiques à la nation; un défectionnaire de 1814 à la tête de l'armée de Paris; un transfuge de 1815 à la tête de l'armée d'Afrique : voilà dans quelles conditions de personnes le pouvoir risquait un coup d'État.

Faible par l'armée et par les moyens d'exécution, plus faible par les hommes en qui il se personnifiait, le parti de la Cour avait-il, du moins, sur l'opinion, des moyens d'action assez puissants pour entraîner ou pour dominer l'esprit public? C'est la presse qu'on allait frapper, qu'on voulait abattre. La presse était donc pour le Gouvernement une ennemie; et la presse résumait la pensée, les sentiments, les vœux des diverses fractions de la nation. Etrange inconséquence de ces politiques à courte vue, qui voulaient tuer la presse parce qu'elle gênait leurs desseins, et qui ne sentaient pas que, reine de l'opinion, la presse, si elle n'était pas écrasée sous le poids des gros bataillons, briserait le pouvoir et sauverait la liberté!

La presse périodique, en 1830, n'en était pas encore arrivée à porter la peine de ses excès. Un journal alors était une œuvre sérieuse, née d'une pensée politique, représentant une opinion plutôt que des intérêts. On croyait en son journal; on recueillait et on suivait ses enseignements. La presse départementale existait à peine; la presse de Paris ne comptait pas plus de seize journaux politiques, dont le tirage quotidien ne dépassait guère soixante mille exemplaires; mais la presse de Paris menait la France.

Le premier de ces journaux, par la somme des talents, par la sagesse, par la dignité, par les fortes traditions et les idées gouvernementales, était alors comme aujourd'hui le *Journal des Débats*. Rédigé, sous l'habile direction des frères Bertin, par une pléiade d'hommes distingués, dont la plupart s'étaient illustrés déjà comme écrivains ou comme hommes d'État, il jouissait d'une grande influence. Il était considéré, dans les hautes sphères du monde politique et financier et dans les chancelleries, comme l'expression la plus élevée du libéralisme appliqué aux saines théories de gouvernement.

Plus bourgeois dans ses allures, moins mesuré dans ses doctrines, le *Constitutionnel* correspondait surtout aux passions et aux préjugés du commerce et des petits propriétaires. Sa politique était ce mélange de libéralisme étroit, de vantardise militaire, d'esprit voltairien et de patriotisme frondeur, pour lequel on a inventé le mot de *chauvinisme*. Adversaire âcre et actif de l'aristocratie nobiliaire et de la domination du clergé, ennemi des jésuites, il parlait à la bourgeoisie le langage le plus propre à la captiver, et devait à la médiocrité même de sa rédaction, qui le mettait au niveau des intelligences moyennes, le développement exceptionnel de sa publicité.

Près du *Constitutionnel*, mais au-dessus de lui par le talent, par la netteté des vues, par la fermeté des principes, par la décision de la polémique, s'était formé, d'un démembrement de sa rédaction, le *National*. L'existence de ce journal datait de quelques mois à peine; mais il avait pris place, dès le premier jour, au poste du danger, comme éclaireur de l'opinion. Trois jeunes écrivains de mérite inégal s'étaient associés pour cette œuvre, et se complétaient par la diversité de leurs aptitudes. A M. Thiers l'initiative, la verve, l'audace, l'éclat et les inépuisables ressources de la polémique; à M. Mignet la dialectique calme et serrée, la délicatesse et l'élégante pureté de la forme; à M. Carrel la rudesse, on pourrait dire les brutalités de l'argumentation. M. Thiers avait résumé en deux mots la pensée du *National* : « Monarchique, mais anti-dynastique. » Le *National*, en effet, voulait la monarchie constitutionnelle; mais il ne croyait pas que la branche aînée pût jamais se soumettre aux conditions de ce gouvernement. Aussi M. Thiers disait-il : « Puisqu'il ne manque au régime constitutionnel qu'un roi qui s'y résigne, gardons le régime et changeons le roi. » Toutefois, le *National* n'était partisan ni des complots, ni des conspirations, à l'efficacité desquels il ne croyait pas. Il pensait que la guerre du libéralisme contre la dynastie devait se borner à la tenir enfermée dans la Charte. « Enlacés dans cette Charte, et s'y agitant, ils s'y enlaceront tous les jours davantage, jusqu'à ce qu'ils y étouffent ou qu'ils en sortent [1]. » Et il prédisait ainsi le résultat de la lutte : « Si vous vous révoltez contre la loi, et si vous la refaites en vertu de l'art. 14, on vous résistera, non pas violemment, mais avec la légalité. La continuation de votre révolte vous conduira à tirer le glaive, et alors l'Évangile vous a dit quel est le sort de celui qui se sert du glaive [2]. » Le *National* osa même rappeler que l'Angleterre n'avait été vraiment libre qu'après avoir complété, en 1688, sa révolution de 1640; et, disait-il,

---

[1] Numéro du 3 janvier 1830.
[2] Numéro du 5 mai 1830.

« l'Angleterre fut si peu révolutionnaire en 1688 que, respectant autant que possible le droit antique, elle choisit la famille la plus proche parente du prince déchu [1]. » C'est ainsi que ce journal poussait jusqu'à ses plus extrêmes limites la hardiesse de l'allusion, et qu'en accoutumant les esprits à considérer la chute de la dynastie comme un événement simple, logique et nécessaire, il a, plus qu'aucun autre, contribué à la déterminer.

Dans des vues fort différentes quant au but prémédité, mais avec une égale énergie de convictions, le *Temps* faisait aux actes et aux tendances du Gouvernement une guerre loyale et vigoureuse. Là M. Guizot déployait, pour la défense des principes libéraux, toute la puissance de son esprit généralisateur et la sévère ordonnance de son style. Sans haine pour la dynastie, qu'il s'efforçait de préserver contre ses propres folies, le *Temps* ne le cédait à aucun autre par la vivacité et la persévérance de sa lutte contre l'esprit rétrograde du Gouvernement.

Dans les bureaux du *Globe* se réunissaient de nombreux jeunes hommes, disciples de M. Royer-Collard et de M. de Serres, et qu'on désignait, dès cette époque, sous le nom de *Doctrinaires*. Nourris de fortes études, formés aux enseignements de l'histoire, tenant les principes au-dessus des faits, les doctrinaires constituaient plutôt une secte philosophique qu'un parti. Leur politique était un éclectisme au sein duquel la liberté devait se concilier avec l'ordre, le progrès de l'esprit humain avec la tradition. Ils s'arrêtaient, en toutes choses, à un *juste milieu*. Cette pensée, après avoir été portée avec éclat au pouvoir par M. Casimir Périer, se personnifia plus particulièrement, comme système politique, dans M. Guizot et M. le duc de

---

[1] Numéro du 12 février 1830.

Broglie. Elle avait, dans le *Globe,* parmi ses plus brillants interprètes, M. Charles de Rémusat, esprit fin, délié, sagace; M. Duchâtel, intelligence nette, écrivain correct; M. Duvergier de Hauranne, plume caustique, talent souple, amoureux d'agitation et d'intrigue; M. Vitet, imagination vive et élevée, style limpide et coloré; M. Sainte-Beuve, l'ingénieux analyste, qui s'est fait depuis l'archéologue de la littérature moderne, et d'autres encore. La guerre qu'ailleurs on faisait aux actes du pouvoir, le *Globe* la faisait principalement à ses doctrines; le Gouvernement que d'autres dépopularisaient par ses fautes, il le sapait par ses erreurs.

L'opinion républicaine n'avait alors qu'un seul organe, la *Tribune,* journal sans valeur, sans retentissement et auquel manquait même la considération qui s'attache au talent. Plus tard, il acquit, sous la plume de M. Armand Marrast, une triste célébrité.

Sur la limite où l'idée monarchique confine au désordre démocratique, le *Courrier français* attaquait hommes et choses de la Restauration avec l'acharnement d'une haine impitoyable. M. Châtelain, plume aussi féconde que médiocre, et l'abbé de Pradt, phrasier prolixe, plus amer que mordant, poursuivaient de leur colère à froid la Cour et le Gouvernement, les nobles et les prêtres; tandis qu'à côté d'eux, M. Benjamin Constant recouvrait de périodes harmonieuses ses mobiles antipathies.

Dans un ordre inférieur, venaient ensuite le *Journal du Commerce,* le *Figaro,* et quelques autres, tous avec des allures diverses, mais animés d'une égale ardeur d'opposition.

A cette phalange, dans laquelle toutes les classes, toutes les passions, toutes les zones de l'intelligence publique trouvaient un écho et qui entraînait la nation sur ses pas, qu'opposait le Gouvernement?

La *Quotidienne* était l'organe de la vieille aristocratie titrée, des rancunes de l'Émigration et des vœux de la Congrégation. Elle était dirigée par M. Laurentie, penseur distingué, écrivain lourd et dogmatique. La politique de la *Quotidienne* allait logiquement au coup d'État; mais elle ne le conseillait pas; elle en avait peur. Ce journal n'était lu que dans les châteaux et dans les sacristies.

La *Gazette de France* était plus de son temps. Elle répondait à ce qu'il y avait de jeune et d'entreprenant dans le parti. M. de Genoude et M. de Lourdoueix la rédigeaient, plus remarquables l'un et l'autre par leur esprit altier, par l'audace de leurs doctrines sur la prépondérance absolue du pouvoir royal, par la fougue et la bravoure de leur plume, que par la finesse ou la rectitude de leur jugement. La *Gazette de France* n'était point à M. de Polignac, qu'elle considérait comme insuffisant. Elle ne lui accordait qu'une protection hautaine et ne lui ménageait pas ses dédains. Elle voulait que la royauté fît de la force; mais elle ne croyait au succès de la force que par M. de Villèle, et elle prétendait ramener ce ministre au pouvoir, malgré le Roi et malgré l'arrêt des Chambres. En somme, la *Gazette*, très-influente dans le parti, était plutôt une cause de faiblesse qu'un appui pour le ministère.

A côté de ces deux journaux, le ministère comptait encore le *Drapeau blanc*, espèce de brûlot jetant partout la menace et érigeant la violence en système gouvernemental, et l'*Universel*, spadassin à gages, procédant par le dénigrement et l'invective, et faisant appel à l'épée du dictateur contre les ennemis de l'arbitraire.

De tels journaux, avoués par le silence approbateur du

Gouvernement, auraient seuls suffi à le perdre, et c'était sous leurs auspices qu'il allait engager le combat.

Ce fut, ont raconté les ministres, un moment solennel, que celui où, réunis autour de la table du Conseil, en présence du Roi et du Dauphin, chacun se recueillit une dernière fois devant sa conscience, avant de procéder à la signature des Ordonnances. Là, Charles X interrogea de nouveau ses conseillers sur la constitutionnalité des pouvoirs en vertu desquels il allait agir. Ils furent unanimes pour l'affirmative. Le Roi, les coudes appuyés sur la table, le front reposant sur ses deux mains, resta quelque temps livré à une profonde et silencieuse méditation. « Plus je réfléchis, dit-il, et plus je me pénètre de la conviction qu'il n'y a pas d'autre moyen de salut. » Puis il signa, et passa la plume à ses ministres, qui apposèrent successivement leur signature au-dessous de la sienne. « Messieurs, ajouta Charles X, nous venons d'accomplir un grave devoir. Comptez sur moi, comme je sais que je puis compter sur vous [1]. »

Le 26 juillet 1830, Paris apprit à son réveil, par le *Moniteur*, que le coup d'État depuis longtemps pressenti, dénié jusqu'à la dernière heure, était enfin consommé. Le journal officiel publiait quatre ordonnances : la première, contre-signée par tous les ministres, supprimait la liberté de la presse ; la deuxième, sous la signature de M. de Peyronnet, prononçait la dissolution de la Chambre des députés ; la troisième, placée comme la première sous la responsabilité collective du cabinet, bouleversait de fond en comble le système électoral ; la quatrième convoquait les nouveaux colléges électoraux pour les 6 et 13 septembre, et les Chambres pour le 23 du même mois. Les

---

[1] Voyez la note E à la fin du volume.

Ordonnances étaient précédées d'un long Rapport des ministres au Roi.

Ce Rapport habilement rédigé n'était, à tout prendre, qu'un long réquisitoire contre la presse périodique. Les difficultés du gouvernement, les inquiétudes des esprits, l'opposition du parlement, l'Adresse des *Deux cent vingt-un*, le peu d'effet de la proclamation du Roi aux électeurs, les élections hostiles de 1830, tout cela, suivant le Rapport, était l'œuvre de la presse. La presse seule faisait tout le mal; elle rendait le gouvernement impossible; elle dénaturait les faits; elle calomniait les intentions; elle dénigrait les hommes; la majesté royale elle-même n'était pas à l'abri de ses morsures envenimées. Les journaux étaient « le principal foyer de la corruption, la première source des calamités dont le royaume était menacé... Ils préludaient par l'anarchie des doctrines à l'anarchie dans l'État. » La presse « mettait aux prises les jalousies et les haines, semait l'effroi dans l'âme des hommes timides, harcelait l'autorité par d'interminables tracasseries..., excitait une fermentation toujours croissante, entretenait jusque dans le sein des familles de funestes dissensions et pourrait par degrés nous ramener à la barbarie. » Pour tout dire, en un mot, « la presse périodique n'a été, à toutes les époques, et il est dans sa nature de n'être qu'un instrument de désordre et de sédition. »—« Entendez, Sire, continuait le Rapport,
« ce cri prolongé d'indignation et d'effroi qui part de tous
« les points de votre royaume. Les hommes paisibles, les
« gens de bien, les amis de l'ordre élèvent vers Votre
« Majesté des mains suppliantes. Tous lui demandent de
« les préserver des calamités dont leurs pères ou eux-
« mêmes eurent tant à gémir... »—La conclusion découle d'elle-même : a liberté de la presse devait être suppri-

mée; et les ministres se trouvaient d'autant plus à l'aise pour prononcer cette suppression, que « la Charte n'avait pas concédé la liberté des journaux et des écrits périodiques. »

Cette dernière considération était au moins puérile. La Charte ne faisait pas mention des journaux; mais elle garantissait aux Français, par son article 8, « le droit de publier et de faire imprimer leurs opinions, en se conformant aux lois. » Il n'y avait donc d'autres limites à la liberté de la presse que celles qu'y apportait la loi, et la loi avait déterminé les conditions de la publication des journaux.

Du reste, l'ordonnance qui réglait le régime nouveau fait à la presse était brève autant que radicale dans ses dispositions : obligation pour les auteurs et pour l'imprimeur d'un journal ou écrit périodique, d'obtenir séparément l'autorisation de le faire paraître, cette autorisation toujours révocable devant être renouvelée tous les trois mois; même obligation pour la publication de tout écrit de moins de vingt feuilles d'impression; en cas de contravention, saisie et destruction du matériel d'imprimerie; c'était dire que nul ne pourrait désormais exprimer une opinion sur un sujet politique quelconque, qu'avec la permission du Gouvernement. La presse cessait ainsi d'être soumise au régime de la loi, pour passer sous le régime de l'omnipotence administrative. La *loi de justice et d'amour* était dépassée.

Il en est de la presse périodique comme de tant d'autres choses en ce monde, où le mal n'est souvent que l'exagération du bien. Si le contrôle des actes du pouvoir est utile à la bonne administration, la critique injuste et systématique peut égarer les populations et mettre le trouble dans l'État. La liberté de la presse doit donc être contenue et réglée. Mais supprimer la liberté par crainte de la licence, c'était, pour éviter le retour de la barbarie si étrangement prévu par le Rapport, ressusciter les procédés des âges de barbarie. Si les gouvernements ont besoin d'autorité, les nations modernes n'ont pas un moindre besoin de liberté. Il n'y a pour elles de progrès réel et durable que celui qui repose sur une juste pondération de ces deux nécessités sociales. Sacrifier la liberté à l'autorité n'est pas moins funeste à la grandeur et à la prospérité des peuples, que sacrifier l'autorité à la liberté. Dans ce dernier cas, c'est l'anarchie avec ses agitations et ses ruines; dans le premier, c'est le despotisme comprimant les intelligences, abaissant les caractères, imposant à tous les fronts le niveau d'une même servilité. Or, la liberté de la presse est la sauvegarde de toutes les autres. On ne courbe une nation sous le joug qu'à la condition de l'avoir réduite au silence.

La seconde ordonnance n'excédait pas, en apparence, les droits de la Couronne. En effet, l'article 50 de la Charte attribuait au Roi le droit de dissoudre la Chambre des députés. Mais comme s'il fallait que tout fût arbitraire dans ces fatales mesures, celle-ci même était une atteinte à la constitution. Il n'y avait pas alors de Chambre des députés. La dernière avait été dissoute; la nouvelle n'était pas constituée. Les considérants même n'invoquent d'autre motif que « les manœuvres qui ont été pratiquées sur plusieurs points du royaume pour tromper et égarer les électeurs. » L'ordonnance ne faisait donc autre chose qu'annuler les opérations des collèges électoraux, et le Roi n'avait pas plus le droit de les casser que de les valider. Ce droit n'appartenait qu'à la Chambre.

Les élections étant cassées, restait à obtenir une Chambre composée au gré de la Couronne. La troisième ordonnance y pourvoyait. Par celle-ci, le Roi avait voulu, disent les considérants, « prévenir le retour des manœuvres qui ont exercé une influence pernicieuse sur les dernières opérations des colléges électoraux, » et « réformer, selon les principes de la Charte constitutionnelle, les règles d'élection dont l'expérience avait fait sentir les inconvénients. » A cet effet, il supprimait les députés d'arrondissement, et réduisait de quatre cent trente à deux cent cinquante-huit le nombre total des élus. L'impôt des patentes cessait d'être compté pour former le cens électoral. Les listes d'électeurs étaient dressées par les préfets seuls, sans aucun recours au pouvoir judiciaire. Les électeurs d'arrondissement élisaient des candidats en nombre égal à celui des députés à nommer. Les colléges de département, composés du quart des électeurs les plus imposés, élisaient parmi ces candidats la moitié au moins des députés, avec faculté d'élire en dehors l'autre moitié. Par cette combinaison, les élections se trouvaient remises entièrement entre les mains des huit à dix mille propriétaires fonciers les plus riches du royaume.

Le Rapport au Roi ne motivait pas l'exclusion dont était l'objet l'impôt des patentes. Mais cette condamnation portée contre la classe si nombreuse et si honorable des négociants et des industriels, se trouve expliquée dans le *Rapport confidentiel* de M. de Polignac, dont il a déjà été parlé. Après avoir exposé le mode d'action des comités électoraux de l'opposition, ce Rapport ajoutait : « L'influence des comités est accrue par une circonstance particulière : c'est principalement sur les électeurs patentés qu'ils agissent. Or, ceux-ci se trouvent dans la dépendance naturelle des principaux négociants, des riches capitalistes qui sont souvent dans les intérêts des comités, qui les composent même quelquefois. » Ainsi les patentés cessaient d'être électeurs, parce qu'ils n'avaient pas voté à la satisfaction des ministres.

La conséquence directe et immédiate de ces ordonnances était la suppression du régime représentatif en France; car il n'y a pas de régime représentatif ni d'élections sincères, sans liberté de la presse. « Interdire la liberté de la presse dans un gouvernement représentatif, disait Napoléon à Sainte-Hélène, c'est un anachronisme choquant, une véritable folie [1]. » Et, en effet, la faculté de nommer des représentants implique la faculté de les choisir, et la faculté de choisir implique la faculté de discuter. Des élections qui ne sont point éclairées par une discussion large et libre des actes et de la politique du Gouvernement et des titres des candidats, ne sont qu'une formalité dérisoire. Quand un gouvernement est maître de la presse; quand il pèse sans contre-poids possible sur les scrutins électoraux, les députés ne représentent plus le pays, ils représentent le Gouvernement. Ils ne sont plus les gardiens des intérêts de la nation; ils sont des fonctionnaires à la nomination du pouvoir. Aussi Napoléon, dont on aime à invoquer l'autorité en pareille matière, disait-il avec vérité : « La nation n'a qu'un représentant, c'est l'Empereur. » Mais ce qui ressortait des constitutions impériales n'était pas ce qu'avait voulu la Charte.

Ainsi, quelques illusions qu'ait pu se faire le pouvoir, sur quelques subtilités d'argumentation qu'il ait voulu s'appuyer, la Charte était violée dans ses dispositions essentielles; le pacte était rompu; Charles X, suivant l'expression d'un des admirateurs des Ordonnances, « avait tiré l'épée, et en avait jeté au loin le fourreau. » Triste

---

[1] *Mémorial*, 13 juin 1846.

exemple des erreurs où peuvent s'égarer les cœurs les plus droits, les plus loyales consciences! Pour préserver la France de dangers imaginaires, Charles X la plaçait dans la terrible alternative de tout subir ou de tout risquer! Pour sauver la monarchie qui n'était pas menacée, il la posait en ennemie irréconciliable des libertés de la nation!

Durant les premières heures qui suivirent la distribution du *Moniteur*, la physionomie de Paris ne fut pas sensiblement altérée. Le journal officiel ayant peu de lecteurs, la nouvelle mit quelque temps à se répandre. Elle circulait de bouche en bouche, accueillie partout avec stupeur, sans qu'on pût remarquer, parmi les groupes qui se formaient dans les rues ou qui encombraient les cafés et les cabinets de lecture, les symptômes d'une colère près de faire explosion. Bientôt la tristesse et l'inquiétude couvrirent la ville. Nul ne doutait que le pouvoir, dont les projets étaient enfin dévoilés, n'eût réuni des moyens formidables pour en assurer l'exécution.

Les journalistes, frappés les premiers par les Ordonnances, furent aussi les premiers à relever la tête. Dès le matin, une circulaire du préfet de police avait porté aux imprimeurs défense de prêter leurs presses à tout journal qui n'aurait pas reçu l'autorisation de paraître. Cependant plusieurs journaux publièrent une seconde édition de leur numéro du jour, afin d'y faire entrer le texte des Ordonnances. Le *National* y ajoutait les observations suivantes:

« La France rentre dans une carrière dont elle se
« croyait heureusement sortie depuis quinze ans; elle
« retombe en révolution par le fait même du pouvoir.
« Jetée, malgré elle, hors des voies de la légalité, elle est
« menacée de n'y plus rentrer que par des tempêtes.....

« Le ministère avait demandé une Chambre au pays;
« cette Chambre a été nommée librement et régulière-
« ment. Elle exprimait les opinions de la France; elle
« devait être convoquée au 3 août prochain : elle seule
« pouvait accorder le budget de 1831. Ce qui reste à
« faire à la France, c'est de refuser l'impôt... La Cham-
« bre, aujourd'hui brisée, a fait son devoir; les élec-
« teurs ont rempli le leur. La presse, qui désormais ne
« pourra plus ouvertement servir la cause de la liberté,
« a fait aussi tout ce que l'on devait attendre d'elle. C'est
« aux contribuables maintenant à seconder la cause des
« lois. L'avenir est remis à l'énergie individuelle des
« citoyens. »

Cette exhortation presque timide à la résistance légale ajournait au payement de l'impôt la réponse du pays aux Ordonnances, et semblait abandonner, pour un temps, le terrain à l'heureuse audace du pouvoir. Rappeler que le *National* était l'un des plus hardis parmi les journaux de l'opposition, c'est dire combien on était loin, en ce moment, de la pensée d'une insurrection. Rien, en effet, ni les esprits, ni les armes, ni les soldats, ni les chefs, n'était préparé pour une insurrection. Personne n'y avait foi. Personne, excepté peut-être quelques rares individualités déclassées, ne la désirait. De conspirations, de plans, de projets d'organisation pour la lutte, il n'y en avait point. La dernière conspiration s'était éteinte, en 1823, dans le sang des volontaires conduits par le colonel Fabvier, sur les bords de la Bidassoa. Le carbonarisme était mort. Les sociétés secrètes n'étaient plus qu'un souvenir. Les chefs qui les avaient rendues autrefois redoutables avaient, en mûrissant, senti leur aventureuse ardeur céder la place aux préoccupations des devoirs sociaux. On les retrouvait dans le barreau, dans la magistrature, dans l'armée, dans les fonctions administratives, dans les assemblées législatives, servant loyalement leur pays. Manuel, plusieurs années avant sa mort, s'était réconcilié avec la présence des Bourbons sur le trône de France. M. de Lafayette lui-même avait trouvé, dans l'opposition parlementaire, un moyen de caresser la démocratie et de faire échec au Gouvernement; il ne conspirait plus.

Quant aux associations pour le refus de l'impôt, aux comités électoraux, à la société *Aide-toi, le ciel t'aidera*, les chefs de famille, les électeurs, les commerçants, les industriels qui les composaient avaient trop à craindre de la guerre civile pour en donner le signal.

Nul ne songeait donc à prendre les armes. Cependant, à mesure que la journée avançait, l'agitation se propageait. La population se répandait dans les rues. On s'interrogeait. On se communiquait ses réflexions. On échangeait des paroles de tristesse et de sombres pressentiments. Des jeunes gens, montés sur des bornes au coin des rues ou sur des chaises dans le jardin du Palais-Royal, lisaient à haute voix les Ordonnances. Les passants s'arrêtaient pour les entendre et se livraient, sur les conséquences du coup d'État, à de sinistres commentaires. Il y avait dans les esprits cette fiévreuse anxiété à laquelle succède le plus souvent une défaillance générale, mais qui, parfois aussi, est le prélude des grandes et fortes résolutions.

La Bourse fut saisie d'une véritable panique. Spéculateurs, négociants, rentiers, financiers, curieux s'y pressaient en tumulte. On dut constater, à la clôture, une baisse de près de quatre francs sur la rente et une dépréciation proportionnelle sur toutes les valeurs. Il y eut bien des désastres. Il y eut aussi une riche moisson pour les joueurs à la baisse; et, chose triste à dire, parmi les plus heureux, on pouvait retrouver plus d'un de ceux qui avaient conseillé les Ordonnances; on signala même un de ceux qui les avaient signées.

Pendant que la masse de la population s'agitait et raisonnait, les journalistes étaient forcés d'agir. Plusieurs, ceux surtout dont le journal constituait une propriété industrielle d'une valeur considérable, se soumirent et demandèrent l'autorisation. D'autres résolurent de maintenir leurs droits. Ils invitèrent quelques jurisconsultes éminents à leur donner un avis sur le caractère obligatoire des Ordonnances. La consultation eut lieu dans le cabinet de M. Dupin aîné, avec le concours de MM. Odilon-Barrot, Barthe et Mérilhou. La question de droit fut seule examinée. On ne toucha point à la question politique. M. Dupin ne le permit pas. La conversation ayant un moment pris cette direction, M. Dupin y coupa court par ces paroles : « Ici, je ne suis plus député, je suis avocat[1]. » Comme jurisconsultes, M. Dupin et ses collègues s'accordèrent à reconnaître « que les Ordonnances étaient illégales et qu'elles n'avaient pas pu déroger à la loi; qu'il n'y avait pas lieu de les exécuter. »

Les journaux devaient donc paraître. Mais une difficulté se présentait. Les imprimeurs, menacés de voir leurs presses détruites, refusaient de les prêter. Les journaux n'hésitèrent pas à en appeler de l'arbitraire à la loi et à invoquer l'appui des tribunaux. A cette occasion, furent

---

[1] On a diversement rapporté ces paroles de M. Dupin, et l'on en a conclu que M. Dupin considérait son mandat de député comme n'ayant plus de valeur. M. Dupin, dans ses *Mémoires*, les rétablit telles que nous les reproduisons ci-dessus. Il fait remarquer, en outre, qu'il se tenait si peu pour dépouillé de son mandat législatif, que le 27 juillet il assista à la réunion chez M. Casimir Périer, et qu'il fut l'un des rédacteurs de la protestation des députés.

rendus deux jugements qui honorent la magistrature française. M. de Belleyme, président du tribunal civil, jugeant en référé, condamna l'imprimeur du *Commerce* à continuer l'impression de ce journal, par le motif que l'ordonnance du 25 juillet, n'ayant point été insérée au *Bulletin des lois*, n'était pas obligatoire. Le tribunal de commerce, sous la présidence de M. Ganneron, alla beaucoup plus loin. Il condamna l'imprimeur Gaultier de Laguionie à imprimer le *Courrier français* dans les vingt-quatre heures pour tout délai, attendu « qu'en vain, « pour se soustraire à ses obligations, Gaultier de La- « guionie oppose un avis du préfet de police contenant « injonction d'exécuter une ordonnance du 25 de ce « mois;—Que cette ordonnance, contraire à la Charte, « ne saurait être obligatoire ni pour la personne sacrée « et inviolable du Roi, ni pour les citoyens aux droits « desquels elle porte atteinte; — Qu'aux termes mêmes « de la Charte, les ordonnances ne peuvent être faites que « pour l'exécution et la conservation des lois, et que « l'ordonnance précitée aurait au contraire pour effet « la violation des dispositions de la loi du 28 juillet 1828. »

L'histoire aime à recueillir de tels exemples; ils sont malheureusement trop rares, et les violences de l'arbitraire rencontrent trop souvent tant de coupables faiblesses et de lâches complaisances!

Une réunion nombreuse de journalistes et d'hommes politiques s'était formée dans les bureaux du *National*. Ces bureaux étaient le centre où chacun accourait pour concerter la conduite à tenir et s'éclairer sur les moyens d'action. Tout d'abord M. Thiers émit l'avis qu'il importait de donner un corps, une forme matérielle à la résistance. Il demanda qu'une protestation collective fût signée par les rédacteurs présents, et publiée simultanément dans tous les journaux.

Ce parti, qui était évidemment le plus propre à saisir l'opinion publique, n'était pas sans danger. Il mettait, en face des Ordonnances, non plus seulement de vaines paroles, mais un acte dont la responsabilité s'aggraverait en raison même du nombre de ceux qui y auraient pris part. Aussi la proposition eut-elle à vaincre bien des timidités et bien des défaillances. Elle fut adoptée cependant. La protestation, rédigée par M. Thiers, fut signée par quarante-trois rédacteurs ou gérants des journaux de l'opposition, imprimée malgré les prohibitions de la police, et répandue à un nombre considérable d'exemplaires.

Cette protestation était conçue en termes mesurés. Elle établissait l'illégalité des Ordonnances, et par suite le droit des citoyens de ne pas y obéir ; elle suppliait les députés de se considérer toujours comme bien et dûment élus et convoqués. « Le Gouvernement, disait-elle en terminant, « a perdu aujourd'hui le caractère de légalité qui com- « mande l'obéissance. Nous lui résistons pour ce qui nous « concerne ; c'est à la France à juger jusqu'où doit s'é- « tendre sa propre résistance [1]. »

Parmi les signataires, on remarquait, outre M. Thiers, MM. Ch. de Rémusat, du *Globe;* Mignet, Carrel et Chambolle, du *National;* Cauchois-Lemaire, du *Constitutionnel;* Châtelain, du *Courrier français;* Coste, du *Temps*, etc. Certes, aucun de ceux qui s'étaient associés à cet acte courageux n'eut alors la pensée qu'il venait de sonner le glas funèbre de la branche aînée des Bourbons.

De leur côté, les députés de l'opposition présents à Paris ne restaient pas inactifs. Quand un ordre dictatorial anéantissait le mandat qu'ils avaient reçu de la confiance du pays, le silence eût été une désertion. Quelques-uns

---

[1] Voyez le texte de ce document, note F, à la fin du volume.

d'entre eux s'étaient assemblés chez M. de Laborde; et là, sous l'empire d'une première impression, furent émises des propositions qui n'étaient pas exemptes d'une certaine violence révolutionnaire. M. Casimir Périer, l'un des chefs les plus écoutés de la majorité, s'opposa fermement à une démarche précipitée. Il fit ajourner au lendemain toute résolution, en offrant ses salons pour une nouvelle réunion.

Vers le soir, l'agitation avait progressivement gagné les faubourgs. Les ouvriers, après leur travail, s'étaient portés vers le centre de Paris; ils parcouraient les boulevards et les rues principales en bandes serrées, aux cris de *Vive la Charte! A bas les ministres!* Toutefois leur passage ne fut signalé par aucun désordre, si ce n'est aux abords des hôtels de la Trésorerie et des Affaires étrangères, dont quelques vitres furent brisées à coups de pierres.

Ainsi s'écoula cette première journée. Mais au moment où le silence et la solitude se firent de nouveau dans la rue, chacun avait compris que ce n'était pas fini de cette effervescence, dont les premiers bouillonnements venaient de se faire jour à la surface des masses populaires. Paris dormit d'un sommeil plein d'angoisses. Seuls les ministres et la Cour ne virent rien, ne devinèrent rien. L'imperturbable confiance de M. de Polignac ne lui permettait pas d'admettre que la présence de quelques uniformes de la garde royale ne fût pas suffisante pour faire rentrer dans l'ordre tous ceux qui seraient tentés de s'en écarter. Quant à Charles X, en paix avec sa conscience, persuadé qu'il avait sauvé sa couronne et la France, il se reposait à Saint-Cloud des fatigues d'une chasse à courre qu'il venait de faire, en compagnie du Dauphin, dans la forêt de Rambouillet.

CHAPITRE IV

INSURRECTION DE PARIS.

27 Juillet.—Le peuple des faubourgs et des ateliers se répand dans les rues de Paris.— Dispositions de la foule.— La police fait saisir les presses des journaux.— Les propriétaires du *Temps* et du *National* résistent au nom de la loi.—Des mandats d'amener sont lancés contre les journalistes signataires de la protestation.— Ordre anonyme à la garde nationale de se réunir.— Le maréchal Marmont prend le commandement de la division de Paris.— Dénombrement de l'armée de Paris.— Les Députés se réunissent chez M. Casimir Périer.—Ils décident qu'une protestation sera rédigée.— Dispositions militaires du maréchal Marmont.—Accord entre la bourgeoisie et le peuple ; premières barricades ; apparition du drapeau tricolore.— 28 Juillet.— L'insurrection est armée et menaçante. — Le combat s'engage contre des postes isolés. —Les élèves de l'École polytechnique se mettent à la tête des combattants. — Paris est mis en état de siége.— Plan d'opérations du maréchal Marmont. —Il fait occuper par des colonnes les grandes lignes stratégiques.— Le combat devient général.— Les troupes sont partout forcées de se replier sur les Tuileries.— Conduite du peuple de Paris dans cette journée.— Réunion des Députés chez M. Audry de Puyraveau.—Ils envoient une députation près du maréchal Marmont.— Perplexités du maréchal.—Il refuse de suspendre les hostilités.—Imperturbable confiance de M. de Polignac.—Quelques chefs du parti libéral ont une conférence chez M. Guizot ; ils persistent dans la résistance légale.— Réunion des Députés chez M. Bérard ; ils adoptent la protestation.— Fausse proclamation d'un gouvernement provisoire.— Nouvelle réunion des Députés chez M. Audry de Puyraveau ; ils ajournent toute résolution.— Inaction du préfet de la Seine et du préfet de police.— Incurie du ministère.—Sécurité du Roi à Saint-Cloud.— Madame la duchesse de Berri forme le projet de se rendre à Paris.— Le Roi s'oppose à l'exécution de ce projet.

Le mardi, 27 juillet, la plupart des journaux de l'opposition parurent à l'heure habituelle, portant en tête la protestation rédigée la veille. Ces feuilles avaient multiplié leur tirage. De nombreux numéros en étaient portés et distribués, par les rédacteurs eux-mêmes et par des messagers improvisés, dans les lieux publics et dans les quartiers populeux. Dès le matin, les rues présentaient une animation inaccoutumée. Soit que les chefs d'industrie eussent obéi aux conseils de la colère, soit qu'ils eussent été guidés par une inquiétude bien naturelle, soit que les ouvriers eux-mêmes n'eussent pas voulu se rendre au travail, la plupart des ateliers ne s'ouvrirent pas. Un chômage général versa sur le pavé cette immense population pour laquelle toute agitation de la place publique est un spectacle, toute émeute une distraction, et qui aime, en ses jours d'oisiveté, à taquiner l'autorité.

Ces ouvriers, les uns rangés et laborieux, d'autres, plus nombreux peut-être, amateurs de tapage et de fortes émotions, se promenaient aux cris de *Vive la Charte! A bas les Ordonnances!* Ce n'étaient là, dans leur bouche, que des mots sans valeur réelle, un prétexte à des manifestations tumultueuses. La Charte, ils ne la connaissaient pas; la plupart n'en avaient jamais lu et eussent été incapables d'en lire la première ligne. Les Ordonnances, ils n'en avaient nul souci; elles ne changeaient rien à leur propre situation. Ils étaient plus sincères quand ils criaient *A bas les ministres!* parce qu'ils avaient horreur des jésuites, qu'ils nourrissaient des sentiments haineux contre la noblesse de l'émigration, et que, pour eux, les ministres personnifiaient au pouvoir les jésuites et la noblesse émigrée. Mais il n'entrait alors dans la pensée d'aucun d'eux qu'il pût sortir de leur agglomération ou de leurs clameurs une menace contre le trône.

Le peuple proprement dit, c'est-à-dire le peuple des ateliers, est toujours un élément essentiel dans les révolutions. Son action y est puissante, décisive; elle y est rarement réfléchie. Le nombre, qui donne la force, ne donne pas l'intelligence. Les multitudes obéissent à des instincts, à des entraînements, et non à la raison. Une fois jetées dans les voies de la révolution, si les masses conservent la spontanéité, la direction de leurs mouvements, elles se précipitent en aveugles, d'excès en excès, de crimes en crimes, sur la pente de la désorganisation sociale. Si, au contraire, elles se laissent contenir et guider par les classes éclairées, elles ne tardent pas à se retrouver, suivant la loi de toute société, en présence de la nécessité du travail et de la résignation. Alors elles se tiennent pour frustrées de toutes les améliorations à leur sort qu'elles s'étaient promises et qu'elles n'ont pas obtenues. Voilà pourquoi toute révolution, quelque légitime qu'elle puisse être, est un malheur dans le présent, et un danger pour l'avenir des nations.

Aucune idée d'une prochaine bataille n'existait parmi le peuple de Paris, dans la matinée du 27 juillet. Mais ce que nul n'avait prémédité, tous, au premier signal, devaient se réunir pour l'accomplir. On sait, en effet, avec quelle rapidité les émotions se communiquent dans les foules, et comment la moindre cause suffit à y jeter l'exaltation, à y faire succéder au rire la colère, au calme la tempête. La police, dont on ne s'explique pas l'incurie en de telles circonstances, paraissait à peine s'occuper de la rue. Quelques patrouilles parcouraient les quartiers où l'affluence était le plus considérable. Les rassemblements s'ouvraient devant elles, et se reformaient après leur passage.

Un incident étrange vint ajouter à l'effervescence des têtes. Après la publication de la protestation par les journaux non autorisés, le Préfet de police avait prescrit de saisir leurs presses et de les mettre hors de service. Cet ordre, donné en vertu de pouvoirs dictatoriaux, aurait dû, ce semble, être exécuté dictatorialement, avec vigueur et célérité. Il n'en fut rien. Des agents de police escortés de gendarmes se présentèrent à la porte des ateliers, et en requirent l'ouverture dans la forme légale. Quelques imprimeurs obéirent; d'autres résistèrent. Les propriétaires du *Temps*, dont les ateliers étaient situés rue de Richelieu, non loin du boulevard, surent donner à leur résistance un caractère remarquable.

La mise en scène fut ingénieuse et saisissante. L'imprimerie était au rez-de-chaussée, au fond d'une cour. Elle fut fermée. Tout le personnel du journal fut disposé sur deux lignes, qui s'étendaient de la porte de l'imprimerie à la porte cochère ouverte sur la rue. Devant cet appareil théâtral, dont on se disait le motif, les passants s'arrêtaient, désireux d'assister au dénouement. La rue ne tarda pas à être envahie par le flot des curieux qui se pressaient au loin. Comme pour exciter plus vivement encore l'attention, des gendarmes à cheval avaient précédé le commissaire de police, et s'étaient rangés devant l'hôtel. MM. Coste et Baude, propriétaires du journal, reçurent l'agent de l'autorité à la porte extérieure. Ce fonctionnaire exhiba l'ordre dont il était porteur. « Vous me sommez, répondit M. Baude, de par les Ordonnances, d'avoir à vous ouvrir mes ateliers; moi, je vous somme, au nom de la loi, de respecter ma propriété.» N'ayant pu obtenir qu'on lui livrât volontairement l'entrée de l'imprimerie, le commissaire dut aviser à se la faire ouvrir. Un serrurier est appelé. Au moment où il allait obéir, M. Baude, un Code à la main, lui lit la loi qui punit des travaux forcés le vol avec effraction; puis, prenant un carnet, il commence à recueillir les noms des témoins. Étonné, effrayé de la responsabilité dont on le menace, déterminé par l'attitude de la foule qui l'encourage à refuser son ministère, l'honnête ouvrier se retire, à la grande joie des assistants. Sur l'ordre du commissaire, on fait venir un autre serrurier. Celui-ci, moins timide, allait se mettre en devoir de briser la porte ; mais il chercha vainement ses outils ; on les avait fait disparaître. Il fallut le remplacer encore. Cette fois, on s'adressa à l'ouvrier chargé des travaux intérieurs des prisons, et la porte fut enfin enfoncée.

Cette scène avait duré depuis onze heures du matin jusqu'à six heures du soir. On se fait facilement une idée de l'effet qu'elle dut produire sur la foule assemblée pour en suivre les péripéties. Un tel fait, à lui seul, montre tout ce qu'avait d'incohérent et de contradictoire la conduite des hommes qui s'étaient jetés étourdiment dans les hasards du coup d'État. En les voyant hésiter à ce point dans l'exécution, on ne peut s'empêcher de se dire qu'il y avait plus d'erreur de jugement que de mauvaise intention dans leur détermination. Moins honnêtes, ils auraient pu réussir, parce qu'ils auraient plus osé. Poursuivre un but criminel, et reculer devant l'arbitraire ; déchirer la constitution, et se laisser arrêter par des formalités de police ! On ne pouvait pousser plus loin l'inconséquence.

La scène de la rue de Richelieu ne fut pas la seule à laquelle donna lieu l'exécution de l'ordonnance contre la presse. Une autre du même genre, quoique moins dramatique, s'était passée place des Italiens, dans la maison occupée par le *National*. MM. Thiers, Carrel et Mignet s'étaient renfermés dans leurs bureaux. Les portes avaient été brisées, les presses démontées, les cartons de la rédaction bouleversés et fouillés. Mais toutes ces mesures étaient tardives. Les numéros contenant la protestation avaient été écoulés. Malgré la surveillance exercée au départ des messageries, de nombreux ballots en avaient été envoyés dans les départements, où ils allaient propager l'agitation de la capitale.

Pendant que ses agents faisaient contre les imprimeries ces impuissantes démonstrations, le Préfet de police ne se montrait pas mieux à la hauteur de sa tâche dans l'exécution des mesures à prendre contre les personnes. Des mandats d'amener, au nombre de quarante-cinq, avaient été lancés contre les journalistes signataires de la protestation. La police remit au lendemain à opérer les arrestations. Elle laissa ainsi aux écrivains qui furent prévenus, MM. Thiers et Carrel, entre autres, le temps de se retirer dans un asile sûr, jusqu'à l'heure où le désarroi de l'autorité leur permit de rentrer à Paris.

La résistance et l'excitation ne partaient pas seulement des journaux. Les mouvements de la foule, ses dispositions commençaient à trahir l'influence occulte de quelques-uns de ces hommes prompts à prendre l'initiative, meneurs mystérieux et puissants par le mystère même, qui se cachent pour commander, et qui sont le plus souvent obéis par la seule raison qu'ils osent ordonner. Il faut reporter à une source de ce genre l'origine de l'ordre suivant, répandu et affiché de bonne heure dans les principaux quartiers de Paris : « Au nom des députés.—La « garde nationale est sommée de se réunir pour prêter « force à la loi, aux droits du peuple, protéger les per- « sonnes et les propriétés. — Jusqu'à nouvel ordre les « mêmes cadres, les mêmes officiers qui ont été licenciés. « —Le grade inférieur remplace celui qui refuse.—Que « le tambour batte l'appel, et que chacun se rende à « l'ancien point de ralliement.— Aucun signe ! aucun « drapeau ! »

On n'attendait pas, de cet appel, qu'il fît reparaître sous les armes les légions de 1827. Mais il suffisait pour faire retrouver quelques uniformes, et pour réveiller les colères à peine assoupies qu'avait soulevées le licenciement si impolitique de la garde nationale.

Les rassemblements, qui se multipliaient et qui grossissaient sur divers points de Paris, avaient enfin paru assez sérieux au ministère pour motiver le déploiement de la force armée. Le maréchal duc de Raguse reçut l'ordre de venir prendre le commandement de la division de Paris. Arrivé de Saint-Cloud à midi, il établit son quartier général dans l'aile des Tuileries qui s'étend sur la rue de Rivoli. La garnison de Paris se composait alors de cinq régiments d'infanterie, deux régiments de cavalerie et deux batteries d'artillerie de la garde royale ; de trois régiments d'infanterie de ligne, d'un régiment d'infanterie légère, de onze compagnies de fusiliers sédentaires et de la gendarmerie d'élite. C'était un effectif réel d'environ onze mille hommes, c'est-à-dire plus faible que l'effectif moyen dans les temps les plus calmes. Il convient d'y ajouter treize cents gardes du corps, infanterie et cavalerie, dont une partie faisait le service près de la personne du Roi à Saint-Cloud. On savait d'ailleurs qu'il n'y avait pas lieu de faire grand fonds sur l'esprit des régiments de ligne.

L'aspect de la foule commençait à devenir menaçant. Déjà il avait fallu faire évacuer le jardin du Palais-Royal, où des désordres avaient eu lieu. Des charges de gendarmerie avaient été exécutées, pour dissiper les rassemblements aux environs du ministère des Affaires étrangères. Quelques boutiques d'armuriers avaient été pillées. Les étudiants des Écoles de Droit et de Médecine s'étaient répandus parmi le peuple, et l'animaient par leurs paroles et par leur exemple. Les magasins se fermaient et jetaient au milieu du mouvement leurs nombreux commis, population frondeuse et remuante, qui se dédommageait sur la place publique de la monotonie des occupations du comptoir. Enfin les chefs d'atelier, les marchands, les bourgeois qui se mêlaient aux groupes, apportaient à l'émeute, par leur seule présence, une sanction et le caractère d'un mouvement national.

Les députés convoqués chez M. Casimir Périer se réunirent à une heure dans son hôtel, rue Neuve-du-Luxembourg. Ils étaient plus nombreux que la veille. Là se trouvaient MM. Mauguin, le comte de Lobau, Persil, Dupin aîné, Charles Dupin, Camille Périer, Odier, Jacques Lefebvre, Audry de Puyraveau, le général Sébastiani, le général Gérard, Villemain, Guizot, de Laborde, Labbey de Pompières, Bertin de Vaux, Delessert, de Schonen, etc. La délibération fut vive, animée, brûlante. Pour aucun des députés, l'illégalité des Ordonnances n'était douteuse. Mais les uns proposaient une adresse au Roi pour le supplier de les retirer; d'autres, plus prudents encore, étaient d'avis d'attendre les élections, espérant qu'il en sortirait de nouveau une majorité libérale. Les plus hardis insistaient pour une protestation, dont les signataires s'engageraient au refus de l'impôt.

Durant cette discussion, une députation d'électeurs, conduite par MM. Boulay (de la Meurthe) et Mérilhou, fut introduite. Elle avait été envoyée par une réunion qui se tenait dans les bureaux du *National*. Elle venait engager les députés à des résolutions énergiques, faire appel à leur patriotisme et les inviter à donner au mouvement des chefs et une direction. Des jeunes gens étaient venus également offrir leurs bras et ceux de la jeunesse des Écoles au service de la résistance armée. Mais les députés n'étaient pas disposés à se faire chefs d'insurrection ; ils refusèrent de les recevoir.

En même temps que ceci se passait à l'intérieur de l'hôtel, des charges de cavalerie exécutées sous les fenêtres à travers la foule ameutée, le lourd galop des chevaux ébranlant le sol, les cris des malheureux renversés et foulés aux pieds, les vociférations des fuyards, les premiers coups de feu retentissant dans le lointain, disaient assez qu'il était trop tard désormais pour prévenir un conflit entre l'autorité et la population. Sous cette impression, il fut décidé qu'une protestation serait rédigée, et que, pour en prendre connaissance, on se réunirait le lendemain, rue du faubourg Poissonnière, dans les bâtiments occupés par la maison de roulage de M. Audry de Puyraveau. MM. Guizot, Dupin et Villemain étaient chargés de rédiger, chacun isolément, un projet de protestation.

A quatre heures, le maréchal Marmont assigna à ses troupes leurs positions militaires dans l'ordre suivant : Le 1er régiment d'infanterie de la garde sur le boulevard des Capucines, avec deux pièces de canon et cinquante lanciers; le 3e de la garde, avec quatre pièces de canon, cent cinquante lanciers et la gendarmerie d'élite, sur la place du Carrousel; le 7e de la garde (Suisses), avec six pièces de canon, sur la place Louis XV[1]; le 15e léger, au Pont-Neuf; le 5e de ligne, sur la place Vendôme; le 53e de ligne, sur les boulevards Poissonnière et Saint-Denis; le 50e de ligne, avec le 1er de cuirassiers de la garde, à la place de la Bastille. Pour relier entre eux ces divers corps, des patrouilles d'infanterie et de cavalerie parcouraient la rue de Richelieu, la rue Saint-Honoré, les environs des Tuileries, du Palais-Royal et de la place Vendôme. Les troupes avaient ordre de ne faire usage de leurs armes que pour se défendre. Mais dans ce passage

---

[1] Aujourd'hui de la Concorde.

continuel des détachements à travers des rues encombrées de peuple, et où la circulation était partout entravée, il y avait des heurts fréquents, des accidents, des blessures; il y eut même quelques morts, et les cadavres promenés en spectacle servirent à irriter les colères populaires. Déjà il était facile de voir, à l'attitude de la ligne, à ses ménagements, à son extrême mansuétude, que sa fidélité était chancelante. Le peuple, sur son passage, criait : *Vive la ligne! Ne tirez pas sur vos frères!* Et, en effet, les soldats se sentaient portés à tendre vers la foule une main fraternelle, beaucoup plus qu'à lui présenter le canon de leurs fusils. La garde royale elle-même n'avait ni élan ni ardeur; elle ne combattait qu'à regret, officiers et soldats ne pouvant se dissimuler que le bon droit n'était pas derrière leurs drapeaux.

A la fin de cette première journée, le peuple avait pris possession de la rue, et, comparant ses masses profondes avec le petit nombre des soldats qui lui étaient opposés, il s'était pénétré du sentiment de sa force. Le pillage des armuriers avait donné des armes aux plus entreprenants; quelques postes avaient été enlevés et désarmés; quelques barricades avaient été dressées; le premier sang avait coulé; les colères étaient allumées; les faubourgs et les Écoles, les ouvriers et les bourgeois s'étaient rencontrés sur les mêmes pavés, animés d'un même sentiment; l'habit, la blouse et le haillon fraternisaient dans une pensée commune, ceux-ci prêts à se laisser conduire, ceux-là prêts à leur donner l'exemple et l'impulsion. C'était comme une répétition préliminaire pour se préparer au grand drame du lendemain. Et ce qui était décisif, ce qui équivalait à la promesse d'une victoire, l'insurrection avait un signe visible, un emblème qui résumait pour tous les aspirations les plus diverses. Le drapeau de 1789, de 1792 et de 1810, le drapeau de la monarchie libérale, de la Révolution, de la République et de l'Empire, le drapeau tricolore avait été déployé.

Mais que faisait alors le Gouvernement? Le Roi continuait à être tranquille et confiant à Saint-Cloud. La sécurité de M. de Polignac ne s'était pas démentie. Tandis que les réverbères brisés livraient Paris à une profonde obscurité et qu'un silence lugubre se faisait dans les rues, tout à l'heure si bruyamment agitées, le premier ministre recevait, dans son hôtel resplendissant de lumières, les félicitations de ses familiers et envoyait aux journaux amis la note banale sur sa nombreuse et brillante réception.

La journée du mercredi, 28, s'annonça comme une journée de bataille. S'il y avait encore de l'hésitation dans les hommes politiques, il n'y en avait plus dans le peuple; il se disposait au combat.

Avant les premières heures du jour, la foule avait commencé à se répandre dans les rues, non plus seulement curieuse et inquiète, mais frémissante et irritée. Aux armes dont elle s'était emparée, elle avait joint tout ce qui pouvait être instrument de mort ou de destruction, de vieux fusils, des sabres rouillés, des pistolets, des piques, des outils, des bâtons même. Les munitions, on les trouva chez les armuriers et chez les débitants, qui s'empressèrent ou furent forcés de les donner. La rue elle-même en fournissait d'un autre genre ; on accumulait dans les maisons, à tous les étages, des pavés, des matériaux de construction, projectiles destinés à être lancés sur le passage de la troupe. Des barricades s'élevaient de toutes parts, enserrant les quartiers occupés par l'armée, comme la tranchée autour d'une ville assiégée. L'insurrection, en outre, s'était recrutée de cette population étrange, hideuse, aux figures sinistres, aux instincts brutaux, qui, dans les jours de troubles, sort comme de dessous terre et disparaît dès que le calme est rentré dans la cité. C'étaient ces mêmes hommes qui avaient inauguré la révolution de 1789 par le pillage et l'incendie de la maison Reveillon, et qui, sous le nom de *brigands,* parurent au premier plan dans toutes les horreurs de ce grand drame.

Par suite de l'insuffisance des forces militaires et de l'absence de précautions, de nombreux postes, trop faibles pour résister, des dépôts importants furent bientôt au pouvoir des insurgés. La prise de l'Arsenal, de la poudrière des Deux-Moulins, du dépôt d'armes de Saint-Thomas-d'Aquin, de l'Abbaye, de la Manutention militaire, de la mairie des Petits-Pères, des postes occupés par les pompiers, augmentait de moment en moment les forces de l'insurrection. La garde nationale, licenciée, n'avait point été désarmée; trente mille fusils étaient ainsi restés entre les mains des citoyens. Les uns s'en étaient munis pour leur propre usage; les autres les remettaient sans difficulté aux ouvriers qui se présentaient pour en faire la demande. On voyait reparaître dans les rues les uniformes des légions. Comme à la revue du 29 avril 1827, ceux qui les portaient criaient *Vive la Charte!* Ils ne criaient plus *Vive le Roi!* Sans s'attaquer encore à la Couronne, le peuple commençait à s'attaquer à ses images. Les enseignes des fournisseurs de la Cour, les armoiries de France peintes sur les devantures des boutiques, les panonceaux des officiers ministériels, les drapeaux blancs des mairies, étaient détachés, traînés dans la boue et brisés. Les fleurs de lis et les insignes de la royauté étaient partout détruits.

Ainsi montait la colère du peuple, croissant et s'exaltant en raison même de l'impunité acquise à ses premiers excès.

Si l'on en excepte les principaux quartiers du centre, Paris tout entier était abandonné aux caprices de la foule. L'Hôtel-de-Ville lui-même n'était pas protégé. Le poste de seize hommes qui y était placé d'habitude en avait été retiré. Le peuple s'y étant présenté, en trouva les portes fermées. Il les enfonça sans que rien fût tenté pour y mettre obstacle, pénétra dans les appartements, arbora le drapeau tricolore au sommet du pavillon central et sonna le tocsin. Le préfet était alors dans l'hôtel. Il put, sans être inquiété, transporter la caisse et les papiers importants dans quelques salles de l'intérieur et abandonna le reste aux envahisseurs. Vers le même moment, le drapeau tricolore était hissé sur les tours de Notre-Dame ; et le bourdon de la vieille métropole appelait au combat les populations des quartiers les plus reculés.

Le mouvement n'avait jusqu'alors ni direction, ni but déterminé. On se battait, parce que le peuple et l'armée se disputaient la rue ; mais l'insurrection était sans guides et sans chefs reconnus. Elle était désavouée et déplorée par tous ceux qui en comprenaient la gravité, sans pouvoir lui supposer aucune chance de succès. Les journalistes qui, les premiers, avaient donné le signal de la résistance, ne l'avaient prévue ni si soudaine, ni si tumultueuse ; ils n'avaient pas pris les armes. Les chefs de l'opposition parlementaire en étaient encore à arrêter les termes de leur protestation. Et le peuple, devançant journalistes et députés, se faisait tuer sur ses barricades pour la liberté des journaux qu'il ne lisait pas et pour la liberté électorale avec laquelle il n'avait rien à démêler.

Mais le peuple éprouvait surtout le besoin de se sentir commandé. C'est ce qui explique le rôle que furent appelés à jouer, dans cette révolution, les élèves de l'École Polytechnique.

Dès le 27, les élèves les plus remuants avaient envoyé quelques-uns d'entre eux pour se mettre à la disposition de la réunion des députés. Cette offre n'avait point été agréée, et le ministère, qui en avait été informé, avait décidé que l'École serait licenciée. Déjà les récits de ceux qui avaient été témoins de l'agitation de Paris avaient excité parmi leurs camarades une effervescence qui s'était traduite en actes sérieux d'insubordination. L'autorité des professeurs avait été méconnue. Lorsque les élèves eurent connaissance de la décision ministérielle, la mutinerie devint une révolte. La consigne fut violée. La salle d'armes fut mise au pillage, et l'école fut abandonnée. En parcourant les rues de Paris, un certain nombre de ces jeunes gens rencontrèrent des attroupements qui les invitèrent à se mettre à leur tête; et l'on vit des bandes de prolétaires en insurrection contre le Gouvernement se soumettre d'elles-mêmes à la discipline et à l'obéissance, sous les ordres de quelques adolescents revêtus de l'uniforme.

A part le fait de révolte, la conduite des élèves de l'École Polytechnique, durant l'insurrection, fut en général digne d'éloges. La plupart firent preuve de courage, et quelques-uns se firent remarquer par une sagesse au-dessus de leur âge. Ils ne furent pas seulement, pour le peuple, des professeurs de barricades; ils furent aussi, en plus d'un cas, ce qui vaut mieux et ce qui est plus honorable, des modérateurs et de sévères surveillants. Mais c'est abuser de l'hyperbole que de les avoir transformés en « vieux généraux de vingt ans. » Ces licences, que la poésie autorise, la raison les déplore. Les jeunes gens sont naturellement enclins à s'exagérer à eux-mêmes leur propre importance; et l'on sait quel fâcheux esprit ont entretenu, parmi les élèves de l'École Polytechnique, les ridicules flatteries qu'on leur a prodiguées depuis 1830.

Les illusions des ministres, quelque obstinées qu'elles fussent, ne pouvaient plus longtemps les aveugler sur la réalité. L'aspect de Paris ne permettait plus de s'abuser sur la nature de la résistance contre laquelle on avait à lutter. Aussi M. de Polignac se décida-t-il à faire usage d'une ordonnance qu'il avait fait signer la veille par le Roi et qui mettait Paris en état de siège. Il en avait complété les dispositions, en nommant les membres des conseils de guerre qui devaient siéger pendant la durée de cet état exceptionnel. Cette ordonnance, qui concentrait tous les pouvoirs entre les mains du maréchal duc de Raguse, et lui laissait la responsabilité de la lutte, lui fut remise le 28, à dix heures du matin.

Le maréchal condamnait le coup d'État. Il avait vivement exprimé son opinion à ce sujet dans les épanchements de l'amitié. Il n'avait accepté qu'avec douleur la tâche qui lui était imposée. Il combina néanmoins ses dispositions dans le but de tirer de ses forces insuffisantes le meilleur parti possible. Son plan consistait à faire occuper par ses troupes les positions les plus importantes : les Tuileries, le Louvre, les Champs-Elysées, la place Vendôme, le Palais-Royal, la Banque, l'École Militaire, le Panthéon, le Palais de Justice, l'Hôtel-de-Ville. Des colonnes mobiles devaient maintenir les communications entre ces divers points, par les principales artères de Paris.

Conformément à ce plan, le maréchal forma de son armée quatre divisions. La première eut ordre de se porter par les quais sur l'Hôtel-de-Ville, en entraînant le 15e régiment d'infanterie légère qui se trouvait au Palais de

Justice. La deuxième devait s'avancer, par la rue de Richelieu et les boulevards, jusqu'à la place de la Bastille, pour revenir, par la rue Saint-Antoine, faire sa jonction avec la première à l'Hôtel-de-Ville. La troisième était chargée de dégager la rue Saint-Honoré et la rue Saint-Denis, et d'assurer, par cette dernière, la communication entre les quais et les boulevards. La quatrième fut dirigée des Champs-Élysées, par la rue Royale, les boulevards, la place Vendôme et la rue Saint-Honoré, avec ordre de s'établir sur la place des Victoires.

Ces dispositions, si l'on considère le petit nombre des troupes par lesquelles elles devaient être exécutées, manquaient de prudence et d'habileté. Tous ces détachements éparpillés à d'assez grandes distances les uns des autres, se trouvèrent bientôt comme noyés dans cet océan de peuple, dont le flot les enserrait dans ses masses compactes. Le quartier général lui-même restait dégarni et exposé à être enlevé, si le courant de la foule venait à la porter de ce côté. Le maréchal Marmont, qui écrivait au Roi quelques heures auparavant : « Ce n'est plus une émeute, c'est une révolution, » faisait la guerre à la révolution comme il eût été à peine excusable de la faire à une émeute. Il arriva de son plan ce que le stratégiste le moins expérimenté aurait dû prévoir. Les corps envoyés ainsi isolément, trop faibles même pour se défendre, déployèrent vainement une admirable bravoure. Arrêtés à chaque pas par de formidables barricades, décimés par les balles que faisaient pleuvoir sur eux des tirailleurs invisibles embusqués à tous les coins de rue et pour lesquels les fenêtres et les soupiraux de cave faisaient l'office de meurtrières ; atteints ou aveuglés par les pavés, les décombres, les tuiles, les bûches, les bouteilles cassées, les meubles ou les nuages de cendre lancés du haut des maisons, la plupart ne purent accomplir leurs mouvements dans les conditions qui leur avaient été prescrites.

La division que le général Talon conduisait par les quais à l'Hôtel-de-Ville était composée d'un bataillon du 3e de la garde, d'un bataillon suisse, de cinquante lanciers et de deux pièces de canon. Elle n'arriva à la place de Grève qu'après avoir subi des pertes considérables et s'être ouvert par la mitraille un passage sur le pont Notre-Dame. Mais à peine les troupes eurent-elles pris possession de la place, qu'on reconnut l'impossibilité de les y laisser exposées au feu des insurgés entassés dans les maisons et dans les rues voisines, et abrités derrière les parapets des quais. Le 15e régiment d'infanterie légère, rangé en bataille sur la place du Marché aux Fleurs pour protéger le quai et les abords du pont, ne fit point usage de ses armes. Après avoir quelque temps cherché à contenir, au débouché des rues de la Cité, le flot de la population, il se trouva débordé et demeura dès lors, l'arme au pied, spectateur immobile des combats qui se livraient sous ses yeux. Le général Talon fut contraint de faire entrer ses troupes dans les cours et dans les appartements de l'Hôtel-de-Ville, abandonné par le peuple. Il s'y enferma comme dans une forteresse. Les soldats furent distribués aux fenêtres de la façade principale, pour tenir, par leur feu, la foule éloignée de la place. L'arrivée sur ce point de quelques nouveaux détachements, entre autres d'un bataillon de Suisses, donna lieu, dans la journée, à plusieurs combats acharnés. On vit quelques poignées de soldats, après avoir épuisé leurs munitions, faire face avec un courage héroïque à un ennemi qui se renouvelait et se multipliait sans cesse, jusqu'au moment où ils trouvèrent à leur tour un refuge dans les murs de l'Hôtel-de-Ville.

La division qui, sous les ordres du général Saint-Chamans, devait se replier sur l'Hôtel-de-Ville, après avoir parcouru les boulevards, fut moins heureuse encore. Elle était formée de deux bataillons du 1er de la garde, de cent cinquante lanciers et de deux pièces de canon, et devait rallier dans sa marche le 53e de ligne et les cuirassiers de la garde, établis sur la place de la Bastille. Parvenue, à travers mille difficultés, à la place de la Bastille, elle y prit position et dut, pour s'y maintenir, faire usage du canon. Un détachement envoyé en reconnaissance jusqu'à la barrière du Trône s'y porta en enlevant successivement plusieurs barricades, qu'il eut à emporter de nouveau pour revenir sur ses pas. Un escadron de cuirassiers, ayant essayé de pénétrer dans la rue Saint-Antoine, rencontra des obstacles si multipliés et fut assailli des maisons par un tel déluge de projectiles meurtriers, qu'il rebroussa chemin. Après avoir occupé la place pendant une partie de la journée, le général Saint-Chamans manquant de vivres et sans communications avec le quartier général, se décida à se replier sur les Tuileries. Mais alors les grands arbres des boulevards avaient été abattus en travers de la chaussée et l'avaient rendue impraticable pour la cavalerie et l'artillerie. Le général prit donc le parti de ramener sa colonne par le pont d'Austerlitz et par les boulevards de la rive gauche.

La colonne dirigée par le général Quinsonnas le long des rues Saint-Honoré et Saint-Denis était composée de deux bataillons du 3e de la garde, d'un détachement de gendarmerie et de deux pièces de canon. Sa marche ne fut pas d'abord sérieusement contrariée. Arrivée au marché des Innocents, elle le trouva occupé par une population qui fit une vigoureuse résistance, et ne put s'en emparer qu'après un long et sanglant combat.

De cette position, le général, suivant ses instructions, envoya un bataillon, sous les ordres du colonel Pleineselve, éclairer la rue Saint-Denis jusqu'au boulevard. Le bataillon parvint, en effet, à la porte Saint-Denis, après avoir emporté toute une longue série de barricades, et avoir essuyé un feu nourri, dirigé contre lui de toutes les rues et de toutes les maisons. Mais, durant ce trajet, un grand nombre de ses hommes avaient été mis hors de combat; son colonel, blessé mortellement, s'était fait porter sur un brancard formé de fusils entrelacés, et les barricades renversées avaient été partout relevées. Le colonel ne trouvant sur le boulevard aucune force pour le seconder et pour protéger son retour, subit la loi de la nécessité; il ramena aux Champs-Élysées, par la rue du Faubourg-Saint-Denis et par les boulevards extérieurs, les restes de son bataillon et ses blessés.

Privé du concours de ce bataillon, sans vivres, sans munitions, sans nouvelles de l'état-major ni des autres corps de l'armée, le général Quinsonnas voyait sa colonne démoralisée, affaiblie par la faim, menacée d'une destruction complète. Heureusement un de ses aides de camp, sous le costume d'un homme du peuple, put gagner les Tuileries. Il fit connaître sa position désespérée au maréchal, qui envoya, dans la soirée, à son secours, le seul bataillon dont il lui fût possible de disposer. La marche de ce bataillon à travers des rues étroites, populeuses et coupées d'innombrables obstacles, fut des plus pénibles. Il laissa sur son chemin quatre-vingt-dix-sept hommes tués ou blessés. La colonne, après avoir reçu ce renfort, s'achemina par le bas de la rue Saint-Denis et par les quais jusqu'au Louvre, où elle arriva harassée à la chute du jour.

La colonne que commandait le général de Wall, et qui

avait reçu l'ordre d'occuper la place des Victoires, comprenait un régiment de ligne et un détachement de gendarmerie. Bien qu'elle ait aussi rencontré quelque résistance, elle eut cependant moins à souffrir que les trois autres, et put, après avoir conservé sa position jusqu'au soir, revenir à son point de départ.

Ainsi, à la fin de la journée, les troupes étaient successivement revenues aux lieux d'où elles étaient parties. Le maréchal avait même fait évacuer de nouveau l'Hôtel-de-Ville, et rappelé la colonne qui y était enfermée. Les communications n'avaient été nulle part réservées, et le peuple, sans avoir sur aucun point vaincu l'armée, était partout, sauf dans les quartiers les plus rapprochés des Tuileries, maître du terrain. Les environs du Palais-Royal et les rues voisines de la Banque n'avaient pu être dégagés, bien que le maréchal Marmont s'y fût porté en personne à la tête d'un détachement. Le Louvre même, défendu par un seul bataillon suisse, aurait couru des dangers, sans l'intrépidité du vieux général d'Autichamp. Une fusillade des plus vives était dirigée de la place Saint-Germain-l'Auxerrois contre les Suisses, dispersés sous les portes et aux fenêtres du palais, lorsque ce brave général, à qui ses infirmités et ses quatre-vingt-treize ans ne permettaient plus de marcher, se fit transporter dans un fauteuil sur la terrasse de la colonnade, et là, immobile sous une grêle de balles, soutint par sa présence le courage de ses soldats.

Nul ne s'était préoccupé d'assurer la nourriture des troupes. La Manutention, située alors rue du Cherche-Midi, était tombée aux mains des insurgés; en sorte que les malheureux soldats, pendant cette longue journée de marches et de combats incessants, sous les rayons d'un soleil brûlant, n'avaient reçu que des rations tout à fait insuffisantes; quelques corps même en étaient restés totalement privés. Les chevaux n'avaient pas mangé. Les cartouches avaient manqué presque partout.

Cependant, à travers ces pénibles épreuves, la fidélité et le dévoûment de la garde royale ne s'étaient pas démentis. Il était loin d'en être ainsi des régiments de ligne. Ceux-ci, moins esclaves du devoir militaire, avaient conservé, sous la giberne ou sous l'épaulette, des préférences qui les attiraient vers la bourgeoisie et vers le peuple. Soldats non du Roi, mais de la France, ils se demandaient quel malheureux concours de circonstances les condamnait à se battre pour le Roi contre la France. Toutes leurs sympathies étaient pour la cause populaire. Rien, du reste, n'était négligé pour les gagner au peuple. Dans les rues, on les accueillait en amis; le feu cessait sur leur passage. Aux cris de haine que faisait éclater la vue des uniformes de la garde royale, et plus particulièrement des Suisses, succédaient d'affectueux vivat en l'honneur de la ligne. Pendant les haltes, les femmes, les vieillards, les entouraient de prévenances, leur offraient des rafraîchissements pour étancher leur soif. On répandait parmi eux des appels à la fraternité, des proclamations pleines de séductions. « Soldats français, disait une de ces proclama-
« tions, arrêtez-vous!... Vos chefs sont, pour la plupart,
« des hommes qui ont combattu dans les rangs de l'é-
« tranger contre vos pères, contre la France! Et ils
« vous commandent aujourd'hui feu contre vos familles,
« contre vos concitoyens!... Regardez devant vous : des
« femmes, des citoyens sans armes, des parents, des
« amis, des Français enfin! Et derrière vous sept mi-
« nistres criminels qui se cachent honteusement à l'abri
« de vos rangs!... Soldats! la patrie vous appelle; elle
« vous bénira! Elle seule est toujours là! Le reste passe!

« Ne vous préparez pas des remords ; venez recevoir nos
« embrassements ! Vive la France ! Honte aux ministres !
« Guerre à l'étranger !... »

La vue des uniformes de la garde nationale dans les
rangs des insurgés avait surtout produit une vive impression sur les régiments de ligne. Tirer sur des hommes
de désordre, ils l'eussent fait sans balancer. Tirer sur la
garde nationale, qui représentait pour eux l'ordre, l'industrie, le commerce, la propriété, était un de ces devoirs
qui révoltent la conscience, et qu'on cesse de remplir dès
qu'on commence à les discuter. Aussi avaient-ils généralement montré une grande mollesse, et leur attitude
avait-elle eu, en plus d'un cas, le caractère d'une complicité
passive, et d'une bienveillance non douteuse. Les désertions même avaient été nombreuses.

Matériellement, l'armée, assise à la fin de la journée
dans les positions qu'elle occupait le matin, n'avait pas
subi de défaite. Moralement, l'insurrection était triomphante, autant parce qu'elle croyait elle-même à sa propre victoire, que parce que l'armée avait cessé de croire
à la possibilité de la lui disputer. Les troupes avaient été
trop engagées, et avec des désavantages trop évidents,
pour n'avoir pas perdu la confiance, première condition
du succès. Les rues qu'elles avaient semées de leurs cadavres étaient restées au pouvoir du peuple. Au prix de
bien du sang et des souffrances, elles n'avaient obtenu
qu'un résultat négatif. Telles étaient les conséquences de
la faute qu'avait commise le maréchal Marmont, en compromettant ses régiments dans ce que le général Crossard
appela, avec une crudité toute militaire, « une guerre
de pots de chambre. »

La conduite du peuple de Paris, pendant cette sanglante
journée, a été le sujet de bien des dithyrambes. On a

épuisé en son honneur toutes les formules de la louange. Le peuple, comme les rois, a ses flatteurs et ses poëtes. Comme les rois et plus que les rois peut-être, il est avide d'encens et d'adulation. Mais l'histoire ne se déshonore pas moins en flattant les multitudes qu'en flattant les têtes couronnées; et il est plus dangereux d'enivrer les premières du sentiment exagéré de leurs vertus et de leur puissance, que d'enivrer les secondes des fumées de leurs mérites et de leur grandeur.

Le peuple de Paris n'a pas été, comme on l'a écrit et comme on l'a chanté, un peuple de héros. La raison en est simple : il ne faut pas deux cent mille héros, de dix à cinquante ans, pour avoir raison de dix mille soldats dont la moitié ne se battent pas. Il y a d'ailleurs un héroïsme des plus contestables à s'embusquer au coin des rues et derrière des monceaux de pavés, pour fusiller les régiments qui passent à portée; ou à faire pleuvoir sur leurs têtes, du haut des maisons, des moellons et des balles. Cette guerre peu périlleuse d'embuscades contre des troupes découvertes est la seule qu'aient faite l'immense majorité des combattants civils.

L'insurrection de Juillet avait de son côté le droit et la justice; c'est par là surtout, beaucoup plus que par le succès, qu'elle fut glorieuse. Qu'il y ait eu des actes nombreux de bravoure, d'audace, de dévouement, de magnanimité même; que quelques têtes ou quelques cœurs exaltés aient parsemé les événements de cette journée de plus d'un sublime épisode; il serait injuste de le contester. Mais il faut se garder de transformer en exploits dignes d'être immortalisés quelque lâche assassinat, ou des crimes inspirés par la perversité des instincts. Ceux-là sont de dangereux amis pour le peuple, et de non moins dangereux ennemis pour la société, qui, dès que l'armée se trouve en face du peuple, ne savent plus voir qu'un sicaire sous chaque uniforme, un héros sous chaque blouse. Que n'a-t-on pas dit, par exemple, pour glorifier ces troupes d'enfants s'ébattant au milieu des horreurs de la guerre civile; se ruant à la mêlée comme à une partie de plaisir; affublant leur demi-nudité des armes ramassées sur quelque cadavre ; se glissant au cœur des bataillons, et tuant à bout-portant, par derrière et comme par espièglerie, de vieux officiers blanchis sur le champ de bataille, ou de braves soldats survivant à vingt années de guerre! Sachons faire à chacun sa part, dans ces tristes et cruelles discordes. De chaque côté, ne l'oublions pas, c'est le sang français qui coule; et quelque part que tombe la mort, elle prive la patrie d'un défenseur. Rendons justice aux masses populaires, qui surent rester, en général, modérées dans leur force, et, maîtresses de la ville, se soumirent spontanément à une sorte de discipline, combattant le gouvernement, respectant la propriété et le foyer des citoyens. Ne refusons même pas un compatissant intérêt à ces enfants du peuple qu'épand sur le pavé la population de toute grande ville, vagabonds intrépides, assez malheureux pour se faire un jeu de la guerre des rues. Mais ayons aussi des entrailles pour ces autres enfants du peuple qui, pour avoir, sous l'uniforme, noblement rempli un cruel devoir, n'en ont pas moins de droits à notre sympathie et à notre admiration.

Pendant que la question constitutionnelle posée par les Ordonnances se débattait à coups de fusil entre la garde royale et le peuple, les députés et les hommes politiques redoublaient d'efforts pour la conduire à une solution pacifique. Ainsi que cela avait été convenu la veille, il y eut, dans la matinée du 28, une réunion chez M. Audry de Puyraveau, pour prendre connaissance du projet de protestation. La réunion fut peu nombreuse. Vingt députés seulement s'y trouvèrent; parmi eux on remarquait MM. Laffitte et de Lafayette, arrivés tous deux dans la nuit à Paris. Sous prétexte de protéger la réunion, mais dans le but réel de peser sur la délibération, M. Audry de Puyraveau avait rassemblé, dans le voisinage et dans la cour de sa maison, un nombre considérable de jeunes gens ardents et tumultueux. La salle de réunion était au rez-de-chaussée; les fenêtres en avaient été ouvertes, en sorte que la délibération avait pour témoin la foule extérieure, dont les murmures et les cris vinrent plus d'une fois interrompre les orateurs.

La discussion s'ouvrit sur le projet de protestation rédigé par M. Guizot. Mais cette protestation convenue la veille était déjà en retard sur les événements. La fusillade qu'on entendait incessamment retentir, le canon qui grondait, le bruit du tocsin, les lugubres rugissements d'un peuple soulevé, n'indiquaient-ils pas que le moment pouvait être arrivé où, pour rester fidèle à son devoir et à la nation, il faudrait cesser d'être fidèle au Roi? Il fut, en conséquence, décidé que l'on retrancherait de la protestation tout ce qui semblait établir la continuation des anciens rapports du Pouvoir Législatif avec le Roi.

Cependant, avant de consommer la rupture entre les députés et la Couronne, M. Casimir Périer proposa à ses collègues de faire une tentative pour arrêter l'effusion du sang. Il demandait qu'une députation fût envoyée au maréchal Marmont, et l'invitât à suspendre les hostilités jusqu'à ce qu'on eût essayé un dernier effort sur l'esprit du Roi. Cette proposition fut adoptée. MM. Laffitte, Casimir Périer, le général Gérard, le général Lobau et Mauguin furent désignés pour aller trouver le maréchal. La réunion s'ajourna à quatre heures, au domicile de M. Bérard.

L'aile des Tuileries où se rendaient les délégués n'était plus alors occupée seulement par l'état-major. Les ministres s'y étaient établis, de leur côté, dans les appartements voisins de ceux du duc de Raguse. Bien que l'état de siége eût créé une dictature aux mains de l'autorité militaire, ils se tenaient en permanence pour être prêts à tout événement. Le dernier acte émané de l'initiative des ministres paraît avoir été un ordre d'arrestation lancé par le duc de Raguse, comme commandant l'état de siége, contre MM. Laffitte, Gérard, Lafayette, Audry de Puyraveau, Eusèbe Salverte et Marchais. Dès qu'il eut connaissance de la démarche des députés, le duc de Raguse fit surseoir à l'exécution de cet ordre, ne voulant pas priver de la liberté des hommes qui venaient se livrer dans ses mains.

Il régnait à l'état-major une grande confusion. Les salons étaient remplis d'un personnel moitié civil, moitié militaire. On y voyait des employés supérieurs du ministère des Affaires étrangères et quelques-uns des rédacteurs des journaux ministériels. La physionomie des officiers trahissait les dispositions les plus diverses. Les uns paraissaient pleins d'ardeur; les autres ne dissimulaient pas leur affliction. La situation du maréchal Marmont était des plus pénibles. Il flottait, combattu entre son devoir comme militaire et ses convictions comme citoyen, coupable envers le Roi et l'honneur s'il n'agissait pas, coupable envers sa conscience et son pays s'il faisait couler le sang pour une cause injuste. Ses perplexités avaient été augmentées, avant l'arrivée des délégués, par la visite qu'il avait reçue de M. Arago, son ami et son collègue à l'Institut. M. Arago l'avait vivement sollicité de ne pas charger encore d'une odieuse responsabilité son nom déjà si malheureusement noté dans les souvenirs du pays. « Il n'est pour vous, lui avait-il dit, qu'un seul moyen de ne pas ajouter une tache nouvelle à la tache de 1814 : c'est d'aller trouver le Roi, d'en obtenir le retrait des Ordonnances et le renvoi du ministère ou de lui remettre votre commandement. » De telles paroles, ces pénibles souvenirs évoqués à un pareil moment, lorsqu'il n'y avait plus à délibérer, mais à agir avec vigueur et promptitude, achevèrent de jeter le désordre dans l'esprit du maréchal. Sans être convaincu, il était ému et troublé.

M. Arago insistait encore lorsqu'on annonça l'arrivée des délégués. La présence des chefs du parti libéral ouvrait une espérance au maréchal; il se hâta de les accueillir. M. Laffitte lui exposa « qu'ils venaient, comme fidèles sujets du Roi et comme députés, demander, pour le peuple, pour le Roi lui-même et dans l'intérêt de la Couronne, qu'on mît fin au combat qui ensanglantait Paris. » Il ajouta « que tous les députés présents à Paris étaient unanimes dans leur résolution de maintenir leur titre de députés, de ne pas se considérer comme dissous, et qu'ils déclaraient responsables sur leur tête ceux qui faisaient couler le sang des citoyens. » Le maréchal se montra plein de sympathie pour les envoyés et pénétré d'un ardent désir de voir la paix rétablie dans la cité. Mais il était militaire; et comme militaire il devait, sous peine de trahison et d'infamie, obéissance et fidélité au Roi, de qui il tenait son épée. Lié par les lois inflexibles de l'honneur et du devoir, il ne pouvait, dit-il, prendre sur lui d'arrêter les opérations de la guerre qu'autant que le peuple déposerait d'abord les armes. Il adjura les députés de hâter cette pacification, en usant de leur influence sur les insurgés pour obtenir leur soumission. Les députés répondirent qu'au point où en était arrivée l'exaspération des esprits, ils ne croiraient avoir quelque chance de faire accepter des paroles de paix, que s'ils étaient autorisés à annoncer le retrait des Ordonnances et le renvoi du ministère. Le maréchal, sans dissimuler qu'il n'avait aucun espoir d'obtenir de telles concessions, déclara alors qu'il allait transmettre immédiatement au Roi le vœu des députés, et qu'il joindrait ses instances aux leurs. Il promit d'ailleurs de leur faire connaître la réponse dès qu'elle lui serait parvenue. « Nous attendrons la réponse, dit M. Laffitte; mais si les Ordonnances ne sont pas retirées, je me jette corps et biens dans le mouvement. »

Pendant cet entretien, un aide de camp du duc de Raguse était entré, et lui avait parlé à l'oreille. Au moment où les députés prenaient congé de lui, le maréchal leur demanda s'ils consentiraient à voir le président du conseil. Ils n'eurent garde de s'y refuser, et le maréchal passa dans une pièce voisine. Mais il revint bientôt annoncer qu'après avoir entendu le résultat de sa conversation avec les députés, le prince de Polignac avait jugé que l'entrevue proposée serait sans objet, et qu'il ne l'acceptait pas.

Jusqu'à cette heure, et bien qu'on eût appris déjà que les mouvements ordonnés aux troupes étaient partout restés sans effet, la confiance de M. de Polignac était demeurée entière. Un fait prouve jusqu'où était poussé l'aveuglement du président du conseil : quand il refusait d'avoir une conférence avec les députés, on venait de lui apprendre qu'une compagnie de la ligne fraternisait avec le peuple. « Eh bien ! répondit-il sans se déconcerter, si la troupe de ligne prend parti pour les rebelles, qu'on tire sur la troupe de ligne. » On n'oserait croire à un tel égarement d'esprit, si l'instruction à laquelle donna lieu plus tard le procès des ministres n'avait établi que ces paroles ont été réellement prononcées.

Dès que les députés se furent retirés, le maréchal, suivant sa promesse, écrivit au Roi pour lui rendre compte de la démarche qui venait d'être faite près de lui. « Je pense, disait-il en terminant, qu'il est urgent que Votre Majesté profite sans retard des ouvertures qui lui sont faites. » Le lieutenant-colonel Komiérowski fut chargé de porter cette lettre à Saint-Cloud. Il lui fut recommandé de faire la plus grande diligence, de voir le Roi, de lui donner de vive voix tous les renseignements propres à l'éclairer sur le véritable état des choses, et de solliciter avec instance une prompte réponse. Le lieutenant-colonel Komiérowski partit. Mais quelques minutes auparavant, un courrier, porteur d'une lettre de M. de Polignac, avait quitté la cour des Tuileries, et le devançait près du Roi.

Peu d'instants après l'heure où ces événements se passaient aux Tuileries, quelques hommes politiques étaient réunis dans le salon de M. Guizot, rue de la Ville-Lévêque. M. le duc de Broglie, M. le général Sébastiani, M. Casimir Périer, étaient du nombre. Tous les assistants étaient des hommes sincèrement attachés à la cause monarchique. Loin d'appeler une révolution au succès de laquelle, d'ailleurs, la plupart ne croyaient pas, ils s'occupaient de rechercher un moyen de transaction qui désarmât l'insurrection et sauvât la monarchie ; mais ils furent unanimes pour accepter le devoir de ne pas courber la tête sous l'arbitraire, et de se maintenir dans la résistance légale. Quelques mots de M. Casimir Périer résumèrent la pensée commune : « Après ce que vient de commencer le peuple de Paris, dit-il, dussions-nous y jouer mille fois notre tête, nous sommes déshonorés si nous ne nous mettons pas avec lui. »

Quatorze députés seulement se trouvèrent au rendez-vous indiqué, pour quatre heures, chez M. Bérard. Les autres avaient été retenus par l'impossibilité de circuler dans les rues de Paris. La réunion n'eut pas à s'occuper de la démarche faite par ses délégués près du maréchal Marmont, car la réponse attendue n'était pas arrivée. On se borna donc à arrêter les termes de la protestation. Il fut, en outre, décidé que cette protestation serait imprimée et répandue. La question des signatures fut longuement débattue. Publiée sans signatures, la protestation n'aurait produit aucun effet. Signée seulement par le petit nombre de membres présents, elle aurait manqué d'autorité. Pour tout concilier, on convint, sur la proposition de M. Laffitte, qu'on inscrirait à la suite du texte les noms de tous les députés de l'opposition que l'on pouvait croire disposés à s'y associer, sauf aux absents à réclamer s'ils le jugeaient convenable. La protestation fut ainsi affichée sous le patronage apparent de soixante-trois députés [1].

Cette manière de procéder pourrait être jugée avec quelque sévérité, si l'on ne prenait en considération que le sang ruisselait dans Paris, que le peuple était maître d'une partie de la ville, que l'autorité du Gouvernement était partout méconnue. Pour ne pas laisser la capitale exposée à tomber de la guerre civile dans l'anarchie, n'était-il pas urgent de prouver par un acte que le seul pouvoir capable de contenir encore le torrent populaire, le pouvoir parlementaire, n'avait pas cessé d'être debout, de veiller et d'agir?

Le besoin de dresser en toute hâte une autorité nouvelle

---

[1] Voyez, à la fin du volume, note G, le texte de la protestation et les noms des députés.

à la place de l'autorité légale anéantie, était senti par tous les hommes assez intelligents pour ne redouter pas moins la dictature de la foule que la dictature d'un roi. Déjà, dans la matinée, une proclamation sortie des bureaux d'un journal avait été affichée, sous les signatures du général Lafayette, du général Gérard et du duc de Choiseul, comme chargés du gouvernement provisoire. Ce gouvernement n'existait pas. Aucun des signataires supposés n'avait autorisé l'emploi de son nom. Mais cette fiction, en accoutumant les esprits à la pensée de voir sortir, du sein même de la crise, un pouvoir modérateur, contribua sans aucun doute à prévenir bien des désordres. S'il est une heure où il soit excusable d'oser, dans un but d'intérêt public, ce que les principes de la saine morale n'autoriseraient pas, c'est l'heure où la révolution, déchaînant toutes les passions et délivrant de tout frein la force aveugle des masses, peut faire dépendre d'une heureuse supercherie le salut de tout un peuple.

Quelques-uns des plus impatients parmi les députés présents chez M. Bérard avaient ouvert l'avis qu'il n'y avait plus lieu de temporiser. Le moment était venu, disaient-ils, d'épouser l'insurrection et de se mettre à la tête du peuple. La majorité se refusa, dans de si terribles conjonctures, à aucune précipitation. On se sépara, en se promettant de se retrouver, à huit heures du soir, chez M. Audry de Puyraveau.

Cette nouvelle réunion fut moins nombreuse encore que la précédente ; on y comptait à peine douze personnes. Mais elle empruntait à la gravité toujours croissante des circonstances, à l'heure, aux faits extérieurs, aux dispositions personnelles des assistants, un caractère des plus dramatiques. La foule emplissait la cour et une partie de la maison, et se pressait au dehors jusqu'à une grande distance. On disait que la force armée avait ordre de s'opposer à la réunion et d'arrêter ceux qui la composeraient, ce qui ajoutait le sentiment d'un danger personnel aux préoccupations d'intérêt général. Les députés délibéraient sous l'œil du peuple, qui s'accumulait près des fenêtres ouvertes. Des jeunes gens des écoles, des combattants aux bras nus étaient là, attendant, exigeant des paroles brûlantes, des résolutions extrêmes, répondant par d'insultants murmures à quiconque osait faire entendre des conseils de modération. Quelques membres proposèrent à leurs collègues d'aller en armes, à la tête du peuple, se constituer à l'Hôtel-de-Ville. Les applaudissements frénétiques de la foule répondirent à cette proposition. Mais M. Sébastiani bravant, non sans courage, les clameurs et les huées du dehors, la combattit avec une grande énergie. Aussi longtemps que la dernière espérance de conciliation dans l'ordre légal ne serait pas perdue, il voulait que les députés se renfermassent dans le rôle de médiateurs, jaloux de sauver à la fois et la Couronne et les libertés de la nation. Par sa fermeté, et par la sagesse de ses considérations, il parvint à faire ajourner encore toute résolution définitive.

Il était minuit quand les députés se séparèrent, après être convenus de se retrouver le lendemain, à six heures du matin, chez M. Laffitte. Mais dès ce moment, il était facile de prévoir que la résistance allait changer de caractère. L'absence de toute communication de la part du maréchal Marmont ne permettait plus d'attendre de Saint-Cloud une réponse affirmative. Ce refus arrachait leur dernier argument à ceux qui s'étaient portés les défenseurs d'une conciliation sur le terrain de la légalité. Pour changer l'insurrection en une révolution triomphante, il ne lui fallait que des chefs politiques. La prudence de quelques députés ne lui avait pas permis jusqu'alors de les obtenir. L'obstination de la Couronne devait seule les lui donner.

Jamais, du reste, cause ne fut plus soudainement et plus généralement abandonnée que celle de Charles X, par ceux de qui elle avait attendu appui et dévouement. On a vu que le rôle de M. de Chabrol-Volvic, préfet de la Seine, s'était borné à faire, pour ainsi dire, les honneurs du palais municipal aux insurgés. Aucune mesure d'administration n'avait été prise; aucune instruction n'avait été envoyée aux maires des arrondissements; aucun appel n'avait été fait à leur concours. Depuis que le peuple s'était montré dans la rue, l'autorité municipale avait disparu. Le Préfet de police, M. Mangin, avait fait preuve d'une incapacité et d'une faiblesse déplorables. Ce fonctionnaire, si terrible quand il fulminait la menace du haut de son siége de procureur général; si confiant en lui-même encore, le 26 juillet, quand il répondait « sur sa tête » aux ministres de la tranquillité de Paris, perdit toute présence d'esprit et tout courage, dès qu'il se trouva en face de l'agitation populaire. Après ses ridicules démonstrations contre les journaux, il s'éclipsa de la scène où son devoir lui assignait le premier rang. Ses nombreux agents, laissés sans ordres, ne se montrèrent nulle part. Enfin ce magistrat, à la garde duquel étaient confiés de si hauts intérêts, fut le premier à déserter la lutte et à prendre honteusement la fuite. Après s'être tenu caché le 28 dans Paris, il partit furtivement dans la nuit, se dirigeant sur la Belgique avec un passeport sous un nom supposé. Il laissa sur son bureau une proclamation qu'il avait préparée, pour engager les habitants de Paris à rentrer chez eux, leur donnant avis que « les désordres commis la veille signalaient la présence d'un grand nombre de brigands et de bandits dans la capitale ! »

La Préfecture de police était donc abandonnée, à l'heure même où les bataillons qui avaient trouvé un refuge momentané dans l'Hôtel-de-Ville regagnaient silencieusement les Tuileries, emportant leurs blessés.

Il n'y avait ni plus de vigilance, ni plus d'activité dans le Gouvernement. Les ministres, réunis ou plutôt réfugiés aux Tuileries, se tenaient pour dispensés, par l'état de siége, de tout soin, de toute prévision. Leur sollicitude n'avait pas même été jusqu'à assurer du pain aux soldats harassés par quarante-huit heures de combat, sous un ciel torride. Ce fut seulement dans cette journée, lorsque déjà vingt-cinq mille hommes auraient pu être concentrés dans Paris, que M. de Polignac se décida à faire venir des renforts, à mander les régiments de la garde royale épars dans les garnisons voisines, et à dissoudre les camps de Lunéville et de Saint-Omer, avec ordre d'en diriger les troupes sur la capitale.

Les événements si terribles de la journée du 28 auraient dû ouvrir les yeux de Charles X. Il n'en fut rien. Charles X n'avait même pas pensé que le moment fût venu de « monter à cheval, » ainsi qu'il s'était dit tant de fois résolu à le faire. Il était resté à Saint-Cloud. Le Dauphin n'avait pas quitté les côtés de son père. Rien n'avait été changé, autour du Roi, dans la distribution des heures de la journée, ni dans les minutieuses prescriptions de l'étiquette. Le Roi n'avait pas encore commencé à croire que le coup d'État eût créé un danger pour sa personne ou pour son trône. Quelques avis lui étaient bien parvenus, les lettres du duc de Raguse entre autres, le conjurant de détourner une révolution imminente ; mais il avait reçu aussi d'autres rapports, et en particulier les lettres de M. de Polignac ; il avait causé avec deux de ses ministres, et ils ne lui avaient pas laissé la plus légère inquiétude. Si des hommes dont la parole n'était pas sans valeur, le général de Girardin et le général Vincent, étaient accourus pour le supplier de céder au vœu de la nation, et de ne pas persévérer dans une voie pleine de périls, le Roi se persuadait qu'ils s'exagéraient le mal, ou plutôt il pensait que plus le mal serait grand et rapide, plus vite la France se réfugierait en lui pour lui demander de la sauver. « Les Parisiens, disait-il, se sont jetés dans l'anarchie ; l'anarchie me les ramènera repentants et soumis.» Tout en déplorant les malheurs de la guerre civile, Charles X, fort de la pureté de ses intentions, ne se tenait pas pour responsable des égarements de son peuple. Il était affligé, mais tranquille.

Il en était autrement de ses serviteurs. Si, dans la crainte de déplaire au Roi, ils affectaient de ne paraître devant lui qu'avec un visage rassuré, hors de sa présence, ils ne dissimulaient ni leurs alarmes ni leurs murmures. A part ce qui touchait au service du Roi, le désordre et la désolation étaient au château ; et ceux qui, peut-être, avaient proclamé le plus haut la nécessité du coup d'État, n'étaient pas ceux qui accusaient maintenant avec le moins d'amertume le fatal aveuglement des ministres.

Lorsque le lieutenant-colonel Komiérowski, porteur de la lettre du duc de Raguse, était arrivé à Saint-Cloud, il avait été introduit près de Charles X. Cet officier, suivant les instructions du maréchal, ne déguisa rien de la vérité. Il exposa au Roi que ce n'était pas la populace, mais la population entière qui s'était soulevée ; que la bourgeoisie en masse avait pris part au mouvement ; que la troupe de ligne se renfermait dans une neutralité voisine de la complicité ; que, dans un tel état de choses, il devenait urgent de calmer l'exaspération des esprits. Le Roi, sans paraître ému, sans lui adresser une seule observation, lui ordonna d'aller attendre sa réponse. L'officier attendit, et l'attente fut longue. En vain, pour se conformer à la recommandation de diligence qui lui avait été faite, multiplia-t-il les instances ; il ne put faire fléchir la règle qui défendait la porte du cabinet du Roi. Il fut rappelé enfin, et trouva près du Roi M. le Dauphin et Mme la duchesse de Berri. Le Roi, pour toute réponse, le chargea verbalement de dire au maréchal « de concentrer ses forces, de réunir ses troupes sur la place Louis XV et sur la place du Carrousel, et de n'agir qu'avec des masses.» Quant à la proposition des députés, qui faisait l'objet principal du message, il n'en fut pas dit un mot.

Cette persistance du Roi avait quelque chose d'un entêtement sénile ; et il était encouragé à ne pas s'en départir par les membres de sa famille. M. le duc d'Angoulême était contraire à toute concession, ce qui lui rendait facile l'obéissance silencieuse dans laquelle il se renfermait. Madame la duchesse de Berri s'animait à la lutte et s'indignait à la pensée d'abaisser la Couronne devant le peuple armé. Cette jeune princesse s'effrayait moins de l'insurrection que des moyens par lesquels on engageait le Roi à en détourner les effets. Aussi, connaissant ses sentiments et son courage, quelques-uns de ses amis avaient-ils formé un projet qui ne manquait ni d'audace ni de grandeur.

Suivant ce projet, la princesse se serait rendue à Paris avec son fils ; elle serait venue se jeter résolûment au milieu des Parisiens, leur présenter et placer sous leur protection le royal enfant, parcourir les boulevards, s'ouvrir à travers la foule un passage jusqu'aux Tuileries, où elle déposerait, à l'ombre du trône et sous la sauvegarde de l'amour des Français, le dernier rejeton de tant de rois. Les auteurs de ce projet ne doutaient pas que la vue de cette femme, de cette princesse, de cette mère, confiant à la générosité du peuple sa personne, sa vie, la vie de son enfant, ne produisît une irrésistible impression et que la foule remuée, attendrie, n'accordât à l'héroïsme maternel ce qu'elle refusait à la force des armes. Toutefois, tout n'était pas poésie et témérité dans ce plan ; on y avait fait aussi la part de la prudence. Madame la duchesse de Berri devait être accompagnée d'un certain nombre de serviteurs fidèles, qui auraient eu pour mission, en passant par Neuilly, d'enlever le duc d'Orléans et de le déterminer, de gré ou de force, à marcher aux côtés de son auguste nièce. Par ce moyen, on plaçait l'entreprise sous le patronage apparent du duc d'Orléans, en même temps qu'on étendait sur ce prince, aux yeux de la France abusée, la complicité des Ordonnances.

Ce projet devait s'exécuter à l'insu du Roi. Charles X en eut néanmoins connaissance ; il s'y opposa en des termes qui ne permettaient pas la réplique. Ainsi furent probablement épargnés à la famille royale de plus cruelles épreuves, et à la France de plus douloureux regrets. Le peuple est mobile dans ses impressions ; il est accessible aux généreux sentiments ; l'audace lui impose, la grandeur le subjugue ; tout cela est vrai. Mais sa mobilité même fait que parfois le plus futile incident efface tout à coup en lui l'effet des plus fortes émotions, et qu'il passe, en quelques instants, du respect à l'outrage, de l'attendrissement à la fureur. Il est probable que cette entreprise n'aurait abouti qu'à livrer aux mains de l'insurrection des otages, peut-être des victimes.

On a cité, à cette occasion, l'exemple de Marie-Thérèse d'Autriche. Le rapprochement manque de justesse. Quand Marie-Thérèse présenta ses enfants non au peuple insurgé, mais aux États de Hongrie, elle leur dit : « Abandonnée par mes amis, dépouillée par mes proches parents, je n'ai de ressource que dans votre fidélité et dans ma constance. Je remets entre vos mains la fille et le fils de vos rois, qui attendent de vous leur salut; » et les Hongrois, se levant à cet appel, rendirent à Marie-Thérèse son trône et son empire. Mais qu'aurait eu à dire aux Parisiens madame la duchesse de Berri? Et pense-t-on que la vue d'une mère héroïque et d'un enfant innocent les eût déterminés à se laisser dépouiller de leurs droits par l'aïeul, afin de ne pas exposer le petit-fils à perdre son trône? Le peuple ne raisonne pas, dit-on; il aurait été entraîné. Mais la bourgeoisie combattait avec le peuple, et la bourgeoisie raisonne. Elle était assez éclairée sur ses intérêts et assez maîtresse d'elle-même pour ne pas laisser déplacer, par une diversion dramatique, la question posée entre la Couronne et la nation.

La révélation de cette intrigue avait un instant préoccupé le Roi. Mais il ne paraît pas qu'aucune nouvelle postérieure soit venue, ce jour-là, troubler sa sécurité, et la soirée se passa au château dans les distractions accoutumées. Seulement ordre fut donné aux gardes du corps de se tenir prêts à monter à cheval, et à l'école de Saint-Cyr de se transporter à Saint-Cloud avec son artillerie.

CHAPITRE V

RÉVOLUTION DE JUILLET.

29 JUILLET.— Aspect de Paris.— Situation de l'armée.— L'insurrection prend l'offensive.—Le *général* Dubourg.—La révolution s'installe à l'Hôtel-de-Ville. —MM. de Sémonville et d'Argout vont demander au maréchal Marmont d'arrêter l'effusion du sang.— Ils pressent le maréchal de mettre les ministres en arrestation.—Ils partent pour Saint-Cloud.—Défection des 53e et 5e régiments de ligne.— Le peuple trouve le Louvre sans défense et s'en empare. —Panique des Suisses; déroute de l'armée; prise des Tuileries.—Retraite de l'armée sur Saint-Cloud.— Prise de la caserne de la rue de Babylone.—Dictature du *général* Dubourg.— Le général Lafayette prend le commandement supérieur de la garde nationale.—Les députés nomment une Commission municipale.—Le général Gérard est nommé au commandement de la première division militaire.— La Commission municipale et le général Lafayette se rendent à l'Hôtel-de-Ville.— Premiers actes administratifs de la Commission municipale.

Quand se leva sur Paris le soleil du 29 juillet, la physionomie de la ville offrait un pénible contraste avec ce titre de métropole de la civilisation, des arts, du luxe et des plaisirs, dont elle était si fière. Ses boutiques, ses magasins partout fermés lui donnaient un aspect de sombre tristesse. Ses rues effondrées étaient coupées à chaque pas par des monceaux de pavés, auxquels se mêlaient des débris de voitures brisées, des meubles et des matériaux entassés. La nuit avait été employée tout entière encore à multiplier ces barricades et à les fortifier. Les réverbères avaient été brisés dès le 27 ; la ville n'avait été éclairée, durant les deux dernières nuits, que par les lampions que les citoyens plaçaient à leurs fenêtres et qui jetaient une tremblante lueur sur toute cette désolation. Les barrières, les corps-de-garde étaient incendiés ou démolis. Les morts et les blessés avaient été relevés; mais çà et là le sol conservait de larges traces de sang. Les rues étaient devenues des forteresses, les places des camps retranchés, les marchés couverts des ambulances. Quelques-uns des combattants de la veille avaient bivouaqué dans leurs positions; d'autres, plus nombreux, descendaient de toutes les extrémités, par tous les faubourgs, bizarrement affublés des armes et des portions de vêtements militaires que le sort de la bataille avait fait tomber entre leurs mains. Le musée d'artillerie, ce précieux dépôt de tant de trésors historiques, avait été dévalisé. Les armures dorées des rois et des preux, les reliques gothiques des temps de la chevalerie et de la féodalité barriolaient, comme pour une folle mascarade, les groupes de prolétaires criant *Vive la Charte!* ou *Vive la liberté!* A l'un le casque de Godefroi de Bouillon ou le fusil à mèche du cardinal de Richelieu; à l'autre la lance de François Ier ou l'arquebuse de Charles IX; à celui-ci les cuissards ou la pertuisane; à celui-là le heaume, le bouclier ou la hallebarde.

Des jeunes gens, des élèves des Écoles, d'anciens militaires, marchaient à la tête des groupes et y entretenaient une certaine discipline. En même temps apparaissaient, dans les quartiers habités par la bourgeoisie, les gardes nationaux veillant, sous l'uniforme, au respect de la propriété.

Quant à l'armée, concentrée du Louvre à la barrière de l'Étoile, entre le boulevard des Capucines, la place Vendôme, le Palais-Royal et la rive droite de la Seine, elle était littéralement assiégée dans cet étroit espace. Voici comment elle était disposée : deux bataillons suisses dans le Louvre; le 3e régiment de la garde et les six cents hommes qui restaient du 6ᵉ, ainsi que le 3ᵉ bataillon du régiment suisse de Salis et six pièces de canon, sur la place du Carrousel; le 1ᵉʳ et le 2ᵉ de la garde, avec deux pièces d'artillerie, sur la place Louis XV et le boulevard de la Madeleine; le 15ᵉ léger et le 50ᵉ de ligne, avec deux pièces de canon, dans le jardin des Tuileries; le 5ᵉ et le 53ᵉ de ligne, sur la place Vendôme. Une pièce de canon, braquée à l'entrée de la rue de Rohan, enfilait la rue de Richelieu ; une autre, placée rue Saint-Honoré, à la hauteur de la rue de l'Échelle, balayait la place du Palais-Royal. Quelques postes occupaient les maisons de la place du Carrousel et de la rue de Rohan. De faibles détachements avaient été laissés et comme abandonnés dans la caserne de la rue de Babylone, au palais Bourbon et sur quelques points isolés de la rive gauche. L'armée avait désormais la conscience de son impuissance contre une population tout entière soulevée. Elle murmurait hautement contre l'incurie qui la laissait en proie à toutes les souffrances de la faim. Pour ranimer non son courage, mais son ardeur, le maréchal duc de Raguse fit lire, au point du jour, devant le front de chaque régiment, un ordre du jour par lequel il témoignait aux troupes la satisfaction du Roi et leur accordait, de la part de S. M., à titre de gratification, un mois et demi de solde. On commença, en effet, aussitôt après la lecture, la distribution de cet argent, au moyen d'une somme de quatre cent vingt-un mille francs, que le ministre des finances se fit livrer dans ce but par le Trésor.

Les ministres, bloqués dans les Tuileries par l'insurrection, voulurent, du moins, réunir près d'eux quelques-uns des moyens de gouvernement et quelques agents du pouvoir. Ils envoyèrent aux principales autorités, et plus particulièrement à la Cour royale, l'ordre de venir siéger à leurs côtés. Mais les événements n'étaient plus à la merci de leur tardive prudence.

L'insurrection, libre de ses mouvements, ayant à sa disposition le temps et l'espace, avait cessé de se renfermer dans la résistance et avait pris l'offensive. Suivant le mot du duc de Raguse, elle était devenue une révolution. Il s'était établi une espèce d'ordre dans le courant qui poussait par les rues, comme un torrent irrésistible, ces flots immenses de population. De toutes parts, ils convergeaient vers les Tuileries. Çà et là, quelques combats partiels suspendaient momentanément la marche du peuple. Il s'emparait de quelque caserne; il désarmait le poste du Luxembourg; il envahissait l'archevêché, le mettait au pillage, brisait, brûlait ou jetait dans la Seine les meubles, les objets d'art, les livres, les ornements pontificaux. Plus loin, il enfonçait les portes de la Conciergerie, et lâchait à travers la ville plusieurs centaines de voleurs et d'assassins, auxquels, dans sa fureur de liberté, il rendait la liberté du crime; ou bien il se présentait devant le palais Bourbon, puis, par une confiance chevaleresque dans la parole d'un soldat, il se retirait sur la promesse de neutralité faite par le commandant du poste.

Tandis que le peuple des faubourgs et des barrières se massait ainsi autour des Tuileries, une scène des plus étranges se passait dans le quartier de la Bourse. Comme tous les drames qui ont pour acteurs le peuple, et pour ressorts les passions de la foule, celui-ci devait montrer le grotesque et le bouffon à côté du sang et des larmes. Un personnage vêtu d'un habit de général, tel qu'on les portait dans les premiers temps de la république, et coiffé d'un chapeau orné d'une large cocarde tricolore, s'était présenté à la mairie des Petits-Pères, occupée par la garde nationale. L'uniforme venait de la boutique d'un fripier; les épaulettes avaient été empruntées à la garde-robe d'un comédien ; le sabre avait été prêté par un ancien gendarme devenu portier; quant au personnage, il se nommait Dubourg, et prenait la qualité de général. Il se mêlait aux groupes, aux gardes nationaux; il donnait, avec l'autorité de son grade apparent, des ordres ou des conseils; il affectait la brusquerie militaire; ayant le verbe haut, la démarche assurée, il imposait à la naïve crédulité de ceux qui le voyaient ou l'entendaient la confiance qu'il avait en lui-même. Il avait dit : « Je suis le général Dubourg ; » on répétait : « C'est le général Dubourg; » et chacun, croyant avoir devant les yeux quelque glorieux officier de nos grandes guerres, eût hésité à avouer qu'il n'avait jamais entendu prononcer son nom. L'autorité de ce chef fut bientôt acceptée par plusieurs milliers d'hommes du peuple assemblés sur la place de la Bourse. Il les harangua, les excita à « compléter la victoire de la liberté sur la tyrannie, » et les invita à marcher à sa suite sur l'Hôtel-de-Ville. Une acclamation et des vivat répondirent à cette proposition, et la colonne s'ébranla sur les pas de son guide improvisé. Les rues étant vides de soldats, l'Hôtel-de-Ville abandonné, la conquête en fut facile. Le *général* Dubourg s'y installa en maître, et, pendant quelques heures, exerça sur une partie de la ville une véritable dictature révolutionnaire.

Les états de service du prétendu général Dubourg se résument en peu de mots. Incorporé, sous l'Empire, dans la marine d'abord, puis dans l'armée de terre, il ne s'était pas élevé au-dessus des grades inférieurs. Des circonstances assez équivoques le déterminèrent, dit-on, à renoncer à ses épaulettes, à sa carrière, et même, paraît-il, pour un temps, à son pays. En 1815, il reparaît à

Gand; il se fait remarquer par son zèle bruyant, parmi cette nuée d'aventuriers faméliques qui s'empressaient de prendre rang et date à la suite de Louis XVIII rentrant en France, et qui prétendirent avoir ramené le Roi sur le trône, parce qu'ils avaient marché derrière ses bagages. A cette époque, Dubourg ne se donnait encore que le grade de colonel, et se contentait même modestement de celui de capitaine. La Restauration lui fut bienveillante, et accepta de lui de ces services qu'on n'avoue pas et qui n'ont rien de militaire. Tel était cet homme. Après la révolution de Juillet, quelques journaux démocrates le représentèrent comme un austère soldat de la République, qui avait poussé le fanatisme de la liberté jusqu'à briser son épée et se résigner à la misère, plutôt que de servir la tyrannie impériale ou la réaction royaliste. Des historiens même ont été dupes de ses impostures. Or, il importe que les peuples sachent à quel point, dans le désordre d'une révolution, ils sont exposés à être trompés et exploités par l'audace de certains intrigants, habiles à prendre le rôle et le langage propres à complaire aux passions de de la multitude.

A l'heure où les hostilités avaient recommencé, c'est-à-dire vers sept heures du matin, deux membres de la Chambre des pairs, M. le marquis de Sémonville et M. le comte d'Argout, s'étaient présentés au quartier-général du maréchal duc de Raguse. Ils venaient, comme la veille la Commission des députés, demander une suspension d'armes et la révocation des Ordonnances. Ces nouveaux négociateurs n'avaient reçu mandat de personne; ils n'avaient pris conseil que de leur zèle et n'obéissaient qu'à leurs propres inspirations.

M. le marquis de Sémonville, grand-référendaire de la Chambre des pairs, était entré dans la carrière diplomatique sous le règne de Louis XVI, et avait servi successivement tous les pouvoirs créés par les circonstances. Doué de cette pénétration qui sait pressentir les événements, et de cette flexibilité qui permet de s'y accommoder, il avait traversé tous les gouvernements, ne se heurtant à aucun, et surnageant à tous les naufrages. Ministre de Louis XVI à Bruxelles, ambassadeur de la République à Constantinople, ministre en Hollande sous le Consulat, sénateur sous l'Empire, il avait été fait pair de France et grand-référendaire par la Restauration. De toutes ces pérégrinations à travers les dignités, il avait gardé de bons rapports avec des hommes de tous les partis ; mais il n'avait ni ces fortes convictions, ni cette rectitude de jugement qui commandent l'estime et qui donnent la véritable autorité. Il portait, au contraire, dans ses habitudes quelque chose de théâtral, dans ses formes quelque chose de bouillant, d'immodéré, qui nuisait au respect dû à ses cheveux blancs.

M. le comte d'Argout avait débuté, sous l'Empire, dans la haute administration, et avait été élevé à la pairie par Louis XVIII. Actif, avide d'un rôle qui répondît à son ambition, il était capable de beaucoup oser pour se le créer, et de beaucoup accepter pour le conserver ; mais il était encore trop dépourvu de titres acquis pour prétendre à une grande influence personnelle.

Les deux négociateurs furent reçus aux Tuileries par M. le baron de Glandevès, gouverneur du palais et leur collègue à la Chambre des pairs. Ils furent conduits dans le cabinet de M. le duc de Raguse. Ils trouvèrent le maréchal dans un trouble extrême, et portant sur sa figure les traces des anxiétés qui déchiraient son âme. Sur le désir qu'ils lui exprimèrent de voir les ministres, le maréchal s'empressa de faire connaître leur présence à M. de

Polignac, qui se rendit aussitôt à leur appel. A peine les premières paroles étaient-elles échangées, que M. de Sémonville, s'abandonnant sans retenue à toute la fougue de son tempérament, apostropha le premier ministre avec véhémence. Il éclata en reproches violents, en dures paroles, et, comme il le déclara lui-même plus tard [1], en « outrages, » sommant le ministre d'avoir à rapporter les Ordonnances royales et à dissoudre le ministère. M. de Polignac, maître de lui, peu surpris d'ailleurs des procédés de M. de Sémonville, sut rester homme d'État et gentilhomme, sous le feu des invectives qui lui étaient adressées. Il fit remarquer à son interlocuteur, avec une froide et dédaigneuse politesse, qu'au Roi seul appartenait le pouvoir de profiter de ses avis, et que c'était à Saint-Cloud qu'il devait les porter. Mais le calme du ministre ne fit qu'augmenter la colère du vieillard; le bruit de la « dispute, » à laquelle M. d'Argout prit part de son côté, devint tel que les officiers généraux et les ministres, qui se tenaient dans les pièces voisines, entrèrent précipitamment. Ce fut alors un désordre, un tumulte inexprimables, un mélange d'interpellations, de sommations et de brutales apostrophes. Après avoir quelques instants fait tête à l'orage avec une impassibilité hautaine, M. de Polignac mit fin à cette scène sans dignité en annonçant que le Conseil allait délibérer, et se retira.

Ces débats avaient mis le comble aux perplexités du maréchal. M. de Sémonville et M. d'Argout y ajoutèrent encore, en lui proposant d'en finir par un coup décisif avec des lenteurs pleines de périls, et de mettre les ministres en arrestation. M. de Glandevès s'offrait à exécuter les ordres qui lui seraient donnés à cet effet; M. d'Argout se

---

[1] Procès des ministres, déposition de M. de Sémonville.

chargeait de porter la nouvelle sur les divers points de Paris pour apaiser l'insurrection ; M. de Sémonville se réservait de se rendre à Saint-Cloud pour fléchir Charles X. C'était engager le maréchal à consommer de ses propres mains la révolution. Le maréchal résista d'abord, gémissant sur sa situation, mais invoquant les lois inflexibles de l'honneur militaire. Toutefois, s'il faut en croire M. de Sémonville, les instances pressantes dont il était poursuivi l'avaient ébranlé, et il était prêt à signer l'ordre d'arrestation. M. de Peyronnet, reparaissant tout à coup, vint donner un autre cours aux événements. « Comment, dit-il à M. de Sémonville, vous n'êtes pas encore parti ! » Il y avait dans ces paroles, et plus encore dans le ton sur lequel elles étaient prononcées, un regret et une prière. M. de Peyronnet ne s'était pas montré opposé à la révocation des Ordonnances. Il était facile de comprendre que son exclamation avait pour but d'engager les négociateurs à aller chercher à Saint-Cloud une solution qu'ils s'obstineraient vainement à attendre aux Tuileries. MM. de Sémonville et d'Argout suivirent ce conseil. Pour les seconder, le maréchal écrivit à la hâte une lettre que M. le général de Girardin porta à Charles X, en devançant les nobles pairs près du Roi, afin de le préparer autant que possible à les accueillir favorablement.

Au moment où les négociateurs montaient en voiture, les ministres, de leur côté, partaient pour Saint-Cloud, où le conseil était convoqué pour onze heures et demie. Le maréchal, tout en les pressant d'obtenir de Charles X des concessions qu'il jugeait inévitables, leur avait cependant recommandé de dire au Roi qu'ayant concentré ses forces et pris sa position défensive, il pouvait tenir quinze jours contre tous les efforts de l'insurrection[1]. L'événement devait bientôt donner à ces assurances un cruel démenti.

Au reste, la direction que semblaient prendre les choses ne laissait plus au maréchal même la liberté de la défense. Plus il espérait que le Roi lui enverrait des paroles de conciliation, plus il attachait d'importance à éviter les mesures rigoureuses qui auraient créé à la conciliation de nouveaux obstacles. Aussi lorsque, à plusieurs reprises, on vint lui demander l'ordre de tirer à mitraille pour tenir le peuple à distance, il le refusa invariablement. Il s'ensuivit que les masses, laissées à leur impulsion, resserrèrent de toutes parts les quartiers encore occupés par la troupe.

L'attaque cependant n'avait recommencé que sur un seul point, le Louvre. De la place qui s'étend sous la colonnade et des rues qui débouchent sur le pourtour du monument, les assaillants faisaient un feu non interrompu. Sur les flancs de l'armée, et principalement du côté de la place Vendôme et du boulevard des Capucines, le peuple s'était peu à peu rapproché, dans une attitude pacifique, des régiments de ligne qui s'y tenaient au repos. Là s'étaient aussi portés en grand nombre, mêlés avec le peuple, des jeunes gens, des bourgeois sans armes, des gardes nationaux. Des conversations s'engageaient à petite distance ; des paroles affectueuses venaient émouvoir ces braves soldats qui, dans cette guerre entre le Roi et son peuple, ne pouvaient oublier qu'ils étaient aussi du peuple. On leur montrait le drapeau tricolore, dont le pres-

---

[1] Le maréchal Marmont, dans ses *Mémoires*, ne parle pas de cette recommandation. Il dit seulement (tome VIII) que, si les troupes étaient restées fidèles, il aurait pu prolonger sa défense pendant vingt-quatre heures. Mais on sait combien, dans ce récit de sa vie, les souvenirs du maréchal sont, en général, peu d'accord, avec la vérité.

tige militaire était loin d'être effacé. Il arriva enfin ce qu'il était facile de prévoir. Les soldats, bientôt gagnés à la cause du peuple, manifestent l'intention de se retirer de la lutte. Les officiers inférieurs du 53ᵉ de ligne s'assemblent, délibèrent et, malgré les efforts du colonel, envoient un sous-officier à l'hôtel Laffitte, dire aux députés que le régiment se met à leur disposition. Sur l'invitation du général Gérard, M. le colonel Heymès se transporte sur la place Vendôme; il est accompagné de M. Eugène Laffitte, frère du député, revêtu de son uniforme de capitaine de la garde nationale, et suivi de quelques hommes de sa compagnie. Arrivés devant le 53ᵉ, MM. Heymès et Laffitte s'adressent au colonel, se nomment et le pressent de se rendre au vœu de ses soldats. Le colonel veut en vain résister. Par un mouvement unanime, les soldats ôtent les baïonnettes de leurs fusils, mettent la crosse en l'air, s'ébranlent en bon ordre, entraînent leurs officiers supérieurs, et, à travers les flots du peuple qui leur serre les mains et les accompagne de ses acclamations, se dirigent sur l'hôtel Laffitte. A quelques instants de là, le 5ᵉ de ligne suivait cet exemple et venait se ranger en bataille devant l'hôtel.

Cette défection découvrait la rue de Castiglione et livrait à l'insurrection l'accès des Tuileries et des Champs-Élysées. Dès que le maréchal en fut informé, il donna au colonel Maillardoz, commandant le bataillon suisse du Carrousel, l'ordre d'aller, en toute hâte, fermer le débouché de la rue de Castiglione sur la rue de Rivoli. Il retira, en même temps, l'un des bataillons du Louvre, pour occuper le Carrousel. Il ne restait plus alors dans le Louvre qu'un seul bataillon suisse. Le colonel, M. de Salis, voyant ses soldats épuisés par la fatigue et à demi démoralisés, fit part de ses inquiétudes au maréchal, et lui demanda un renfort. « Comment! s'écria le maréchal, M. de Salis ne se croit pas en sûreté dans le Louvre! Mais un bataillon suffirait pour y tenir contre une armée régulière. » Le renfort ne fut pas accordé.

Aussitôt après la défection des deux régiments de ligne, le maréchal avait expédié un courrier pour en porter la nouvelle à Saint-Cloud. Il ne doutait pas que cette circonstance ne fût décisive pour déterminer le Roi à céder à la nécessité. Il s'attendait donc de minute en minute à recevoir des instructions pacifiques. Dans cette conviction, il se fit un devoir d'ordonner spontanément la suspension d'armes qu'il avait refusée la veille aux sollicitations des députés. Une proclamation fut aussitôt rédigée. Elle était ainsi conçue : « Parisiens! La journée d'hier a fait répandre « bien des larmes; il n'y a eu que trop de sang versé. « Par humanité, je consens à suspendre les hostilités, « dans l'espérance que les bons citoyens se retireront chez « eux, et reprendront leurs affaires. Je les en conjure « avec instance. » Les sous-officiers des divers régiments furent mis en réquisition, et s'installèrent sur des tambours, pour faire de cette pièce de nombreuses copies, qui furent répandues parmi les insurgés. Deux des maires de Paris, qui, sur la convocation du maréchal, s'étaient rendus à son quartier général, se portèrent au milieu de la foule, annonçant à tous la cessation des hostilités.

En exécution de cette même pensée, le maréchal ordonna au colonel de Salis de cesser le feu et de concentrer sa troupe à l'intérieur du Louvre. Le colonel fit, en effet, retirer ses soldats des fenêtres, des galeries et de la colonnade, et les réunit dans la cour. Mais la fatalité s'obstinait à faire tourner contre la cause royale toutes les bonnes intentions du maréchal. Les insurgés, qui n'étaient plus arrêtés par la fusillade, commencèrent à se rapprocher du palais, avec quelque défiance d'abord, et bientôt d'un élan général. Ils se présentèrent aux grilles, qu'ils se mirent en devoir d'ébranler. M. de Salis essaya vainement de leur faire entendre qu'il y avait une trêve et qu'ils devaient respecter son inaction. Le peuple ne voyait qu'une chose : c'est que le Louvre n'était plus défendu. Se hisser sur la terrasse de la colonnade, briser les portes de service donnant entrée dans le musée de sculpture, faire sauter les serrures des portes intérieures et se répandre dans les appartements, tout cela fut l'affaire d'un instant.

Alors commença, des fenêtres donnant sur la cour, un feu formidable contre le bataillon qui y était resté. Les Suisses, obligés de céder, se replièrent en bon ordre et sans précipitation vers la place du Carrousel, par le pavillon qui fait face à l'arc de triomphe. Mais le peuple avait envahi la grande galerie de peinture, et couvrait de son feu plongeant toute l'étendue de la place, où il les accueillit par des décharges meurtrières. Déjà ébranlés par la défection des régiments de ligne, ne comprenant rien à cette suspension d'armes qui n'avait pour effet que de les faire fusiller sans défense, les Suisses perdent courage. Les rangs sont rompus. Officiers et soldats s'enfuient pêle-mêle vers les Tuileries. La terreur dont ils sont saisis se communique aux régiments qui occupent la place. Ceux-ci se précipitent à leur tour en désordre dans la même direction, et luttent de vitesse pour chercher un abri derrière le palais. En un clin d'œil, l'immense place est couverte de fuyards qui se pressent aux portes de la grille, et se disputent l'entrée du jardin par le pavillon de l'Horloge. Le maréchal était alors à l'angle de la rue de Rohan, où il avait mis pied à terre. Il s'élance à cheval, accourt au milieu de ses troupes, et fait d'inutiles efforts pour les arrêter dans leur déroute. Sa voix n'est pas écoutée, ses ordres sont méconnus. Il est abandonné de tous, et contraint, pour ne pas tomber aux mains des insurgés, de gagner lui-même le jardin des Tuileries, en envoyant aux détachements de la Banque et du Palais-Royal l'ordre de rejoindre le gros de l'armée.

En ce moment, un groupe d'insurgés, conduit par M. Joubert, débouchait du Pont-Royal, forçait le guichet des Tuileries et entrait le premier dans le palais, dont le peuple prenait possession avec des cris de joie et de triomphe.

La perte du Louvre et des Tuileries a donc été l'effet d'un malentendu et d'une de ces fatalités qui s'acharnent à ceux dont l'heure a sonné. Il n'est pas vrai, comme l'ont répandu les récits du temps, que le Louvre ait été emporté de vive force. Quelque puissance qu'ait la multitude, elle ne saurait avoir celle de s'emparer à coups de fusil d'une forteresse dont ses balles n'écorneraient pas les murailles. Le Louvre a été pris, comme l'Hôtel-de-Ville, parce qu'il a cessé d'être défendu.

La déroute des troupes avait été si rapide, qu'on n'avait pas eu le temps de rappeler quelques postes placés dans les maisons formant les angles de la rue de l'Échelle et de la rue de Rohan sur la rue Saint-Honoré. Avant que ces malheureux soldats aient pu songer à opérer leur retraite, le peuple, qui s'avançait partout sur les pas des fuyards, leur avait fermé toute issue. Ils n'avaient point, ils le savaient, de miséricorde à attendre de la foule enivrée. Ils se défendirent avec le courage du désespoir, au poste où il ne leur restait qu'à mourir. La plupart, en effet, y furent tués; un très-petit nombre seulement parvinrent à s'échapper sous divers déguisements.

Il était environ une heure quand le dernier peloton

sortait du pavillon de l'Horloge sur le jardin. Les insurgés y entraient par la cour. Les plus animés essayèrent de continuer la poursuite ; quelques coups de canon les refoulèrent, et permirent aux bataillons dispersés de reformer leurs rangs dans les Champs-Élysées, et de revenir d'un égarement passager. Mais il n'était pas au pouvoir du maréchal Marmont d'échapper aux conséquences de ce désastre. Réduit à quelques régiments décimés et démoralisés par cette affreuse guerre des rues qu'ils soutenaient depuis trois jours, la colère ou la folie auraient seules pu lui conseiller de lutter encore. Le château des Tuileries était aux mains du peuple ; que faire contre les masses de combattants disposées à s'y relayer incessamment? L'investir était impossible ; et pour en faire le siège, il fallait être décidé à n'en pas laisser pierre sur pierre ; encore cet acte de destruction eût-il été sans utilité pour la cause du Roi.

Il ne restait au maréchal Marmont qu'à ramener au Roi les débris de son armée, et à confesser sa défaite. Il ordonna la retraite. Les troupes furent dirigées, par les barrières de l'Étoile et de Passy, sur Saint-Cloud. Mais la plupart des détachements durent renoncer à suivre l'itinéraire qui leur était tracé. Les habitants des communes de la banlieue opposaient à leur passage des obstacles multipliés. Le pont de Neuilly avait été obstrué de barricades ; la cavalerie qui se présenta pour le franchir fut obligée de rétrograder et de prendre la route du bois de Boulogne. Cette marche fut des plus pénibles. Les troupes furent presque constamment harcelées par des tirailleurs qui, cachés derrière chaque accident du chemin, continuaient avec une froide cruauté à semer la mort dans leurs rangs. Enfin la petite armée, composée de ce qui survivait des régiments de la garde, infanterie et cavalerie, du

15e léger et d'un bataillon du 50e de ligne, se trouva réunie au rond-point du village de Boulogne. Elle y fut rejointe par M. le duc d'Angoulême, qui venait d'être nommé au commandement supérieur à la place du maréchal Marmont. Les troupes se rangèrent en bataille, et le prince se porta devant leur front. Mais il resta morne et distrait ; il n'eut ni une inspiration du cœur, ni une parole bienveillante pour payer les efforts de ces valeureux soldats, dont les rangs éclaircis et les vêtements déchirés ou souillés attestaient le courage, les fatigues et les malheurs. Comme le prince allait se retirer, le maire d'Auteuil et son adjoint s'approchèrent de lui et le supplièrent de faire révoquer les Ordonnances. Le Dauphin ne parut pas les entendre, et s'éloigna sans répondre.

Les régiments arrivèrent à Saint-Cloud, accablés de lassitude et de faim. Là, pas plus qu'à Paris, ils ne trouvèrent les vivres dont ils avaient si grand besoin. On ne parvint à leur donner qu'une nourriture insuffisante, en leur distribuant les provisions du château, et même une partie des mets préparés pour la table du Roi.

La prise des Tuileries, bien qu'elle décidât du sort de la guerre, ne fut pas cependant le dernier épisode militaire de cette journée. L'armée, en se retirant, avait laissé à Paris le dépôt des Suisses, composé d'environ deux cents jeunes recrues et de quelques officiers. Ce détachement, commandé par un vieux et glorieux soldat, le major Dufay, était enfermé dans la caserne de la rue de Babylone. Il y était assiégé par une masse de peuple que dirigeaient des étudiants et des élèves de l'École Polytechnique. Pendant plusieurs heures, tout s'était borné à un échange de coups de fusil, qui avaient fait de part et d'autre quelques victimes. Un des assaillants eut l'horrible idée de faire accumuler, contre la porte principale, de la paille et des fagots arrosés d'essence de térébenthine et d'y mettre le feu. La flamme menaça bientôt la caserne d'un embrasement général, en même temps que la fumée aveuglait les soldats et leur rendait toute défense impossible. Les Suisses se rassemblèrent dans la cour, résolus d'opérer leur retraite en culbutant leurs ennemis. Mais la porte, ouverte pour leur sortie, livra passage à la foule, qui se précipita à leur rencontre. La mêlée fut effroyable. Les Suisses, accablés par le nombre, se sauvèrent par toutes les issues. Quelques-uns parvinrent à échapper aux balles qui les poursuivaient; les autres furent tués, et parmi les cadavres se trouvait celui du major Dufay.

Ce combat, l'un des plus sanglants de la révolution, en fut comme le sinistre couronnement. Le canon et le fusil avaient dit leur dernier mot, et ce mot, écrit dans le sang de tant de Français, c'était le triomphe des libertés nationales sur les entreprises du despotisme. Il ne restait qu'à ensevelir les morts, à panser les blessés, et à compter les victimes de ces cruelles discordes. Le compte en était long et lugubre; il se résumait en un total de près de onze cents morts et de plus de cinq mille blessés. Chacune de ces morts était un deuil pour la patrie; chacune de ces blessures était une plaie à la France, dans quelques rangs qu'eussent combattu ceux qui avaient été frappés.

Envahi par la multitude, le palais des Tuileries resta livré au pillage et à la dévastation. Les salons d'apparat, les appartements d'habitation, les caves, rien ne fut épargné. Les meubles précieux, les glaces, les riches tentures, les objets d'art, les tableaux eurent un sort pareil : il n'en resta que les débris. Ce qui pouvait s'emporter, l'or, les bijoux, la vaisselle plate, disparut en grande partie. On ne respecta pas même le seuil de la vie intime, et les robes, les parures des princesses, souillées par ces rudes conquérants, leur servirent à égayer les loisirs que leur avait faits la victoire. Mais il serait injuste d'imputer au peuple de Paris en général les actes de vandalisme et de pillage qui ont profané la demeure des rois. Ce sont là les œuvres de cette immonde populace, lie des grandes cités, rebut de tout état social, de ces hommes aux instincts pervers, hôtes habituels des prisons et des bagnes, dont l'ouverture de la Conciergerie avait, quelques heures auparavant, augmenté le nombre. Quant au peuple des ateliers, au peuple qui nourrit sa famille du travail de ses bras, au véritable peuple enfin, il pouvait obéir à sa colère, s'abandonner à un besoin immodéré de vengeance; il pouvait, en dérision de la royauté vaincue, asseoir un cadavre sur le velours du trône, ou étendre ses robustes membres sur des coussins de soie frangés d'or; mais honnête dans ses ateliers, il est resté honnête dans les palais que la victoire lui avait ouverts. Il n'a pas porté la main sur des biens qui ne lui appartenaient pas, sur des richesses que l'Europe enviait à la France. Il a fait mieux, il s'en est constitué gardien. En l'absence de toute police, de toute surveillance, il s'est posé, le fusil à l'épaule, pour en éloigner les malfaiteurs, sur le seuil de ces mêmes portes qu'il avait brisées tout à l'heure dans l'ardeur du combat. L'ouvrier qui travaille ne vole pas; il n'est pas besoin de gendarmes pour l'en empêcher, sa probité suffit.

Mais quelles que fussent la sagesse et l'honnêteté du peuple de Paris, elles n'étaient pas une sauvegarde suffisante pour la propriété publique et privée, et pour la sûreté des personnes, dans une ville où la population est mélangée de tant d'éléments impurs. En raison même de la portée bien imprévue que venait de prendre la question politique, le premier de tous les besoins était la reconstitution d'une autorité municipale assez respectée pour rassurer les esprits, assez forte pour imposer aux hommes de désordre. Il était urgent surtout de mettre fin à cette singulière puissance qui, depuis quelques heures, trônait à l'Hôtel de Ville sous la défroque d'un comédien; car le prétendu général Dubourg avait pris au sérieux son rôle, son pouvoir et même son nouveau grade. Il ne s'était pas borné à faire des proclamations et à multiplier ses ordres à toutes les classes de fonctionnaires. Il s'était occupé aussi de former son état-major et le personnel de la haute administration. Peu de temps après lui, était arrivé à l'Hôtel-de-Ville M. Baude, journaliste, en quête aussi d'un emploi pour son activité. Le *général* Dubourg s'était empressé de l'accueillir. « Cette nuit, lui dit-il, je me suis emparé de l'Hôtel de Ville, et j'y ai établi le Gouvernement provisoire. Votre concours nous sera utile; je vous nomme secrétaire général. » Et en effet, à quelques instants de là, on placardait sur les murs de Paris un « *ordre du jour* » en sept articles, prononçant la déchéance du Gouvernement, convoquant les députés à l'Hôtel de Ville, enjoignant aux maires de se rendre à leurs mairies pour y attendre des instructions, appelant sous les armes les légions de la garde nationale, etc., etc. Cet ordre était signé : « *Pour le gouvernement provisoire,* J. Baude; » et contresigné : « *Par ordre du général Dubourg, le colonel* Zimmer. » En même temps, on envoyait un groupe d'insurgés s'emparer de la personne du premier président de la Cour royale, afin de l'amener de force au palais municipal; on nommait un commandant de l'Hôtel de Ville, un préfet de la Seine; on se hâtait, en un mot, d'exercer la dictature, non par droit de conquête, car les véritables conquérants étaient ailleurs, mais par droit de premier occupant.

Les députés, assemblés depuis six heures du matin chez M. Laffitte, avaient été frappés de la nécessité de faire cesser au plus tôt un pareil état de choses. La France n'avait point arraché le pouvoir à des ministres prévaricateurs pour le laisser tomber aux mains de quelques coureurs d'aventures. Le péril était pressant. En temps de révolution, il n'y a souvent d'impossible que ce qui est raisonnable. Les retours de la foule sont subits. Livrée à elle-même, qui peut répondre qu'elle ne portera pas tout à l'heure sur le pavois celui qu'elle eût méprisé hier et qu'elle traînera demain aux gémonies ?

Déjà les députés s'étaient occupés de régulariser leur propre action, et de l'entourer d'un appareil qui lui assurât plus de suite et de solennité. Un secrétaire rédacteur, M. Denis-Lagarde, avait été nommé pour assister à leurs réunions et en rédiger les procès-verbaux. Il s'agissait maintenant de donner à l'autorité active une forme et un nom qui la concentrassent en un petit nombre de mains et la rendissent sensible à tous. C'est sur cette question que M. Laffitte avait provoqué la délibération, lorsque M. de Lafayette entra dans la salle. Le vieux général venait annoncer à ses collègues qu'il avait été invité, par quelques lettres qu'il tenait à la main, à prendre le commandement supérieur de la garde nationale, et qu'il déférait à ce vœu.

Ce poste important semblait, en effet, assigné par la force des choses à M. de Lafayette. Il y était appelé par ses souvenirs, par son passé, par cette espèce d'affinité qui s'était établie, quarante années auparavant, entre le marquis de Lafayette et la bourgeoisie armée. Aussi, dès qu'il avait vu reparaître, au milieu des bouillonnements de la révolution, l'uniforme de la garde nationale, M. de Lafayette avait reconnu sa place. Il ne faut pas croire toutefois qu'il se soit hâté de la prendre. Malgré toute l'ardeur révolutionnaire dont on le disait enflammé, M. de Lafayette ne s'était mêlé au mouvement qu'avec une prudente réserve. Il avait d'abord refusé de s'engager dans une insurrection au succès de laquelle il ne croyait pas. « Le peuple succombera, disait-il à M. Laffitte chez M. Audry de Puyraveau. Les troupes sont en nombre. Marmont se défendra jusqu'à la mort; il y aura beaucoup de sang versé. Il serait bien à désirer que le peuple se calmât. » Il était encore sous la même impression, lorsque les élèves de l'école Polytechnique étant venus lui demander des ordres, il répondit : « Engagez vos camarades à se tenir tranquilles. » La tiédeur que montra, en un pareil moment, celui qu'on avait surnommé le patriarche de la liberté, avait même vivement mécontenté les impatients. Ils lui en gardèrent rancune, et M. Laffitte a, depuis, accusé avec aigreur M. de Lafayette d'avoir été « le seul qui ne s'offrit pas à conduire le peuple. » Ses hésitations s'étaient prolongées à tel point que, dans la matinée de ce même jour, 29, quelques députés avaient signé un ordre au général Pajol, de prendre le commandement des « milices parisiennes, » ordre qui fut ensuite anéanti par la timidité de l'un des signataires. Mais enfin, quand il avait jugé le moment propice, le général Lafayette s'était mis en avant. « Il m'est démontré, dit-il à ses collègues, que la volonté d'un grand nombre de citoyens est que j'accepte, non comme député, mais comme individu, le commandement de la garde nationale. Un vieux nom de 89 peut être de quelque utilité dans les graves circonstances où nous sommes. Attaqués de toutes parts, nous devons nous défendre. On m'invite à me charger d'organiser la défense. Des instructions, des ordres me sont demandés de tous côtés. On attend mes réponses.

Croyez-vous qu'en présence des dangers qui nous menacent, l'immobilité convienne à ma vie passée et à ma vie présente? Non; ma conduite sera, à soixante-treize ans, ce qu'elle a été à trente-deux. Il importe, je le sens, que la Chambre se réserve en qualité de Chambre; mais le devoir me prescrit, à moi citoyen, de répondre à la confiance publique et de me dévouer à la défense commune. »

La détermination annoncée par le général Lafayette fut unanimement approuvée. M. de Lafayette était un nom, et il est des jours où la puissance des noms s'impose et ne se discute pas. Mais à quel parti devait profiter la position prise par le gentilhomme démocrate? Il eût été difficile de le dire. Les députés ne s'en montrèrent que plus empressés de constituer à ses côtés un pouvoir aussi régulier que le permettaient les circonstances, et de le composer d'hommes qui tinssent de leur caractère et de leur popularité une consécration que nul ne pût leur disputer. Sur la proposition de M. Guizot, il fut surtout bien établi par la partie modérée de la réunion qu'il s'agissait de pourvoir à l'administration de la ville, à la sécurité des personnes et des propriétés, et non de former un gouvernement. Le nouveau pouvoir ne devait, en conséquence, porter d'autre nom que celui de *Commission municipale.*

Durant cette délibération, l'agitation tumultueuse et les vociférations de la foule accumulée dans les rues voisines, dans les cours et jusque dans les appartements de l'hôtel, tout ce mouvement désordonné d'hommes armés et de peuple en ébullition jetèrent plus d'une fois l'inquiétude dans la réunion. La séance fut même un moment interrompue par une méprise assez curieuse. Les officiers du 53e de ligne, dont on a raconté plus haut la défection, s'étant présentés conduits par leurs officiers supérieurs devant les députés, le colonel prit la parole. Il déclara, dit le procès-verbal, « que, profondément affligés des scènes dont Paris était le théâtre, ils venaient offrir le secours de leurs bras pour le rétablissement de l'ordre ; mais que l'honneur leur prescrivait de stipuler qu'ils ne combattraient pas contre leurs compagnons d'armes.» — « Vous n'aurez, répondit M. Laffitte, à subir aucune condition injurieuse pour votre honneur, et je me fais envers vous l'interprète de la reconnaissance nationale.» A peine les officiers s'étaient-ils retirés, qu'on entend dans la rue de Provence, que longe le jardin de l'hôtel, des tambours battant la marche, et, dans la cour, plusieurs feux de peloton. Les députés croient à une attaque, à une trahison, et avant même qu'on ait eu le temps de s'assurer de ce qui se passe, tous se lèvent et cherchent un refuge dans les diverses parties de l'hôtel, et dans les massifs du jardin. M. Laffitte, qu'une entorse retenait sur son fauteuil, reste seul dans la salle. On sut bientôt que les tambours étaient ceux d'une compagnie de gardes nationaux conduite par M. A. de Laborde, et que les coups de fusil étaient tirés par le 5ᵉ de ligne, qui avait suivi le 53ᵉ, et qui, en témoignage de ses intentions pacifiques, déchargeait ses armes en l'air. Les députés revinrent prendre leurs places, et la séance continua. Cet incident a fourni aux écrivains démocrates matière à beaucoup de plaisanteries sur le courage des députés. On ne plaisantait pas à Paris, dans la matinée du 29. Une démonstration agressive de l'armée contre l'hôtel de M. Laffitte, signalé comme *quartier-général de l'insurrection*, était, certes, alors dans l'ordre des choses possibles. Les députés se seraient trouvés, en ce cas, exposés à être traités suivant les formes expéditives de la justice militaire. Ils risquaient leur vie, cela n'est pas douteux, et cela vaut qu'on leur en tienne compte.

Revenus de cette alerte, les députés procédèrent à un scrutin pour la nomination des membres de la Commission municipale. Le dépouillement fit sortir les noms de MM. Laffitte, Casimir Périer, général Gérard, général comte de Lobau et Odier. M. Laffitte, retenu par son indisposition, et M. Odier, pour des raisons particulières, n'ayant pas accepté, la Commission appela dans son sein, pour les remplacer, MM. Audry de Puyraveau et de Schonen. M. Mauguin fut également substitué au général Gérard, qui prit le commandement actif de la première division militaire. Le général Gérard fut invité à réunir immédiatement en corps d'armée les régiments et les détachements qui étaient passés à la cause de la révolution, non-seulement pour régulariser le service de leurs rations et de leur solde, mais pour les tenir prêts à agir partout où leur intervention serait nécessaire. Sa nomination à ce poste important avait en outre pour but, dans l'esprit des hommes modérés qui formaient la grande majorité de la réunion, de créer comme un contre-poids au pouvoir du général Lafayette.

M. de Lafayette était loin d'inspirer une entière confiance à ses collègues. Les uns ne lui reconnaissaient pas la vigueur nécessaire pour maîtriser le mouvement révolutionnaire ; les autres le croyaient peu propre à conduire la révolution aux conséquences qu'ils espéraient lui faire produire. Les uns et les autres avaient raison. M. de Lafayette n'avait pu se soustraire à la loi commune. Bien qu'il se crût encore « à soixante-treize ans ce qu'il avait été à trente-deux, » l'âge, qui avait corrigé l'activité un peu fiévreuse de sa jeunesse, avait en même temps exagéré les deux défauts saillants de sa nature : la légèreté du caractère, l'indécision de l'esprit. Il avait conservé, dans sa vieillesse, avec une remarquable constance, les principes, le culte ardent de la liberté, les illusions même qui l'avaient guidé à ses débuts dans la vie politique; mais ses habitudes s'étaient imprégnées de la mollesse et de la recherche des mœurs aristocratiques. S'il aimait toujours la révolution, il l'aimait en artiste, et à la condition d'y être le premier et de la pratiquer en grand seigneur. Son cœur de noble gentilhomme s'épanouissait aux acclamations de la foule, et les fumées de l'encens populaire effaçaient, pour ses sens délicats, l'odeur fétide des haillons. Républicain de langage et de sentiment, depuis qu'il avait illustré sa jeunesse en combattant vaillamment pour l'indépendance américaine, et depuis qu'il avait attaché son nom à la *Déclaration des droits de l'homme et du citoyen*, il envisageait surtout, de la République, l'éclat qui en pouvait rejaillir sur sa personnalité. Ennemi des cours, dont le faste blessait ses prétentions à la simplicité démocratique, il avait besoin de courtisans de sa renommée et de son importance. Soumis tour à tour aux influences souvent contradictoires qui s'agitaient autour de lui, sa volonté était trop mobile pour être jamais forte. Assez brave pour exposer sa vie, assez téméraire pour ne rien redouter des colères de la foule, il ne savait ni commander avec fermeté, ni se défendre contre les obsessions de quiconque flattait sa vanité.

Tout en reconnaissant que la popularité de M. de Lafayette l'appelait à remplir utilement le premier rôle dans ces circonstances difficiles, ses collègues avaient donc pensé que son influence aurait besoin d'un correctif. Et quand M. de Lafayette les eut quittés, ils pressèrent le général Gérard de prendre sans délai possession de son commandement.

Le général Lafayette, qui avait revêtu son vieil uniforme de garde national, se rendit à l'Hôtel-de-Ville pour y établir le siége de son pouvoir. Il était entouré d'un état-major improvisé, où se remarquaient de nombreux élèves de l'école Polytechnique. Sa marche fut une marche triomphale. Le peuple lui faisait escorte, le saluant des cris de *Vive la patrie! Vive la liberté! Vive Lafayette!* et lui ouvrant un passage à travers les barricades. Il fut reçu à l'Hôtel de Ville par le *général* Dubourg qui, sans se laisser complétement déposséder de la puissance, consentit du moins de bonne grâce à la partager et à prendre le second rang. Bientôt après, vers quatre heures, la commission municipale, conduite par un grand nombre d'hommes considérables de l'opinion libérale, et accompagnée d'une foule immense, vint, de son côté, se constituer solennellement dans le palais de l'édilité parisienne[1]. Elle s'était attaché M. Odilon Barrot en qualité de secrétaire général. Elle prescrivit d'urgence les mesures que réclamait la désorganisation de tous les services publics. Elle assura le mouvement du trésor et des finances, dont la direction fut confiée à M. le baron Louis. M. de Laborde fut préposé à la préfecture de la Seine; M. Bavoux à la préfecture de police. M. Chardel reçut la direction des postes; et le soir, les courriers, arrêtés depuis deux jours, partirent dans toutes les directions, portant aux départements la nouvelle des événements de Paris. Ils étaient devancés par le télégraphe, dont le service avait également été rétabli. Les mairies furent reconstituées. On appela aux fonctions de maires et d'adjoints provisoires les scrutateurs des colléges électoraux dans les dernières élections. On pourvut à la conservation des

---

[1] Voyez la note II à la fin du volume.

musées, des bibliothèques, des établissements publics. On distribua des bons de vivres aux combattants dénués de ressources, et de généreux citoyens s'empressèrent de mettre à cet effet des sommes considérables à la disposition de l'administration. On obvia à toute interruption de l'approvisionnement de Paris. Non content de réorganiser la garde nationale, qui se trouva sur pied comme par enchantement, on publia un ordre à tous les militaires de la garde royale et de la ligne de se rendre au camp provisoire établi à Vaugirard, leur promettant qu'ils y seraient traités en frères et y recevraient la ration et le logement.

Ainsi l'ordre commençait à renaître par l'accord général des citoyens. Grâce au zèle de la Commission et de ses agents, grâce surtout à l'admirable modération du peuple, le soir même de ce jour qui avait vu s'accomplir de si terribles événements, la sécurité de tous était complète. Il n'y avait plus de gouvernement, mais déjà l'on sentait partout la présence et la main d'une autorité tutélaire.

CHAPITRE VI

CHUTE DU MINISTÈRE POLIGNAC.

29 Juillet.—Sécurité de Charles X.— M. le duc de Mortemart arrive à Saint-Cloud.— MM. de Sémonville et d'Argout y arrivent de leur côté.—Vives instances de M. de Sémonville pour obtenir le renvoi des ministres et le retrait des Ordonnances.— Le Roi paraît céder.— Le Dauphin est nommé commandant de l'armée en remplacement du duc de Raguse.— Délibération du Conseil des ministres.—M. de Guernon-Ranville s'oppose énergiquement à toute concession.— M. de Vitrolles à Saint-Cloud.— Ses négociations avec les députés libéraux.—Propositions qu'il est chargé de faire au Roi.—Le Roi appelle M. de Mortemart à composer un cabinet.—Refus de M. de Mortemart vaincus par les instances du roi.—MM. de Vitrolles, de Sémonville et d'Argout vont annoncer à l'Hôtel de Ville que le Roi a renvoyé son ministère.—Accueil qu'ils reçoivent de la Commission municipale.— M. d'Argout se rend seul à la réunion des Députés; il n'a pas plus de succès.—Première idée d'un changement de dynastie.— MM. d'Argout et de Vitrolles retournent à Saint-Cloud.— Obstacles opposés par le Roi et par le Dauphin au départ de M. de Mortemart pour Paris. — Charles X donne enfin les signatures nécessaires à la constitution de son nouveau ministère.—M. de Mortemart part pour Paris; détours qu'il est obligé de faire.—Il apprend de M. Bérard que les députés se sont séparés, et que la cause de Charles X est perdue.

Les événements du 28 juillet n'avaient ni ébranlé les résolutions, ni altéré la sécurité de Charles X. Entretenu, par les notes de M. de Polignac ou par les rapports complaisants de quelques hommes de Cour, dans la pensée qu'il ne s'agissait que d'une émeute, le Roi n'accordait aucun crédit à ceux qui essayaient de lui ouvrir les yeux. Il était peu ému des lettres alarmantes du général en chef de son armée, dont il croyait les inquiétudes inspirées par un bon sentiment, mais peu justifiées. Rien n'avait été changé dans les usages intérieurs du château. Et le soir, dans ce palais de Saint-Cloud, d'où l'on entendait les grondements du canon tonnant dans les rues de sa capitale, le Roi était assis à une table de whist, le Dauphin était absorbé dans les combinaisons d'une partie d'échecs. Peut-être cependant y aurait-il injustice à attribuer à une insouciance ou cruelle ou inintelligente la frivolité de ces distractions en un pareil moment. Peut-être Charles X et son fils avaient-ils surtout en vue, en montrant une si parfaite tranquillité d'esprit, de soutenir le courage de leurs amis. Peut-être se disaient-ils que la sérénité des chefs fait la constance de ceux qui obéissent, et qu'il n'est pas plus permis au prince de paraître troublé dans les grandes crises, qu'au capitaine de pâlir quand il voit son vaisseau poussé par la vague contre le roc où il va se briser.

Dans la soirée du 28, M. le duc de Mortemart était arrivé à Saint-Cloud. M. de Mortemart, ambassadeur du Roi près de l'empereur de Russie, était alors en congé, atteint d'une fièvre opiniâtre. Il se rendait aux eaux, lorsque la nouvelle de ce qui se passait à Paris le détermina à venir reprendre son service près du Roi, comme capitaine colonel des *cent Suisses*[1]. En traversant Versailles, il avait été poursuivi par la population soulevée; une pierre avait blessé un officier placé près de lui dans sa voiture.

Quelque pressé qu'il fût d'entretenir le Roi, M. de Mortemart ne put parvenir jusqu'à lui que le 29 dans la matinée. Il lui peignit la situation telle qu'il l'avait jugée. Il lui raconta ce qu'il avait vu et entendu, et le supplia de prendre des moyens prompts et décisifs pour raffermir

---

[1] On désignait sous ce nom la compagnie des gardes-du-corps à pied, bien qu'elle fût entièrement composée de Français.

sa Couronne, car il la croyait fortement ébranlée. Le Roi, lui frappant sur l'épaule avec une affectueuse familiarité : « Vous êtes un brave et loyal serviteur, lui dit-il, et je sais vous rendre justice. Mais vous êtes jeune ; vous êtes né trop tard pour apprendre par expérience ce que sont les révolutions, et comment elles procèdent. J'ai sur vous ce triste avantage, et je ne veux pas recommencer aujourd'hui ce qui s'est fait il y a quarante ans. Mon malheureux frère est monté en charrette. Je ne ferai pas comme lui; et s'il le faut, pour l'éviter, je monterai à cheval. »—« Je crains bien, Sire, que vous ne soyez bientôt obligé d'y monter. »—« Nous verrons, nous verrons, » répondit le Roi en le congédiant.

Peu d'instants après cette conversation, les voitures qui portaient MM. de Sémonville et d'Argout, M. de Polignac et ses collègues, franchissaient simultanément la grille du château. Le grand référendaire, surpris de rencontrer en cet endroit M. de Polignac, qu'il croyait encore à Paris, lui déclara qu'il ne lui disputerait pas l'honneur de faire rapporter les Ordonnances; mais il le pria de ne pas perdre de vue combien les moments étaient précieux, et combien il importait d'obtenir une prompte décision. M. de Sémonville était à peine entré dans les appartements de M. le duc de Luxembourg pour y attendre son audience, qu'un huissier vint lui annoncer que le Roi le faisait appeler. A la porte du cabinet du Roi, il trouva M. de Polignac, qui lui dit : « Vous savez, Monsieur, quel devoir vous croyez remplir en venant ici dans les circonstances où nous nous trouvons ? J'ai dit au Roi que vous étiez là. Vous m'accusez; c'est à vous de parler le premier. » M. de Polignac ouvrit alors la porte, introduisit M. de Sémonville dans le cabinet, et le laissa seul en présence du Roi.

L'accueil que reçut le grand référendaire, et tout ce qui

se passa dans cette entrevue, M. de Sémonville seul l'a raconté. Mais une critique judicieuse saura faire, dans ses paroles, la part du roman et celle de l'histoire. Charles X était d'un abord trop royal et trop plein de majesté, et M. de Sémonville était trop courtisan pour que l'entretien ait pu prendre entre eux le caractère de violence morale que lui attribue ce dernier. Voici néanmoins son récit [1].

« Je crois, j'ai toujours cru que les résolutions du Roi étaient personnelles, anciennes, profondes, méditées, le résultat d'un système tout à la fois politique et religieux. Si j'avais eu un doute à cet égard, il aurait été entièrement dissipé par ce douloureux entretien. Toutes les fois que j'ai approché du système du Roi, j'ai été repoussé par son inébranlable fermeté ; il détournait les yeux des désastres de Paris qu'il croyait exagérés dans ma bouche ; il les détournait de l'orage qui menaçait sa tête et sa dynastie. Je ne suis parvenu à ébranler sa résolution qu'après avoir passé par son cœur, lorsqu'après avoir tout épuisé, j'ai osé le rendre responsable envers lui-même du sort qu'il pouvait réserver à madame la Dauphine, peut-être éloignée à dessein dans ce moment ; lorsque je le forçai d'entendre qu'une heure, une minute d'hésitation pouvait compromettre la princesse, si la nouvelle des désastres de Paris parvenait sur son passage dans une commune ou dans une cité, et que les autorités ne pussent pas la protéger. Je le forçai d'entendre que lui-même la condamnait au seul malheur qu'elle n'eût pas encore connu, dans une vie écoulée au milieu des larmes, celui des outrages d'une population irritée. Des pleurs ont alors mouillé les yeux du Roi ; au même instant sa

---

[1] Procès des ministres, déposition de M. de Sémonville devant la Cour des pairs.

sévérité a disparu, ses résolutions ont changé, sa tête s'est baissée sur sa poitrine; il m'a dit d'une voix basse, mais très-émue : « Je vais dire à mon fils d'écrire et d'assembler « le Conseil. »

Le Conseil se réunit, en effet, non parce que le Roi se rendait aux supplications de M. de Sémonville, mais parce que dès la veille les ministres avaient été convoqués. On verra, du reste, par la longueur de la délibération, combien le Roi accordait peu de valeur aux raisons que M. de Sémonville lui avait données pour ne pas lui permettre « une heure, une minute d'hésitation. »

Au moment où le Conseil entrait en séance, M. le général de Coëtlosquet apporta la nouvelle de la prise du Louvre et des Tuileries, et de la déroute de l'armée. Le Roi, déjà mécontent de la conduite du duc de Raguse, lui retira immédiatement le commandement supérieur, et lui substitua le duc d'Angoulême. Cette décision fut transmise au maréchal par une lettre du Dauphin ainsi conçue :

« Mon cousin, le Roi m'ayant donné le commandement en chef de ses troupes, je vous donne l'ordre de vous retirer avec toutes les troupes sur Saint-Cloud; vous y servirez sous mes ordres. Je vous charge en même temps de prendre les mesures nécessaires pour faire transporter à *Saint-Cloud*[1] les valeurs du Trésor royal, suivant l'arrêté que vient de prendre le ministre des finances. Vous voudrez bien prévenir immédiatement les troupes qu'elles sont passées sous mon commandement.

« De mon quartier général, à Saint-Cloud,
le 29 juillet 1830.
« Louis Antoine. »

[1] Le billet original, publié dans les *Mémoires* du duc de Raguse,

La délibération du conseil s'ouvrit sous l'impression de cette désastreuse nouvelle. Elle avait pour objet les concessions qu'avaient demandées la veille les députés, et que MM. de Sémonville et d'Argout étaient venus à leur tour supplier le Roi d'accorder. Charles X, qui peut-être commençait alors à douter de la victoire, conservait, du moins en apparence, tout son calme et toute sa fermeté. Il n'en était pas de même de ses ministres, et l'on pouvait remarquer, à la contenance de quelques-uns d'entre eux, qu'ils n'envisageaient pas sans appréhension la responsabilité d'une plus longue résistance. Offrir leur démission quand le péril environnait la Couronne, leur aurait paru une désertion; mais ils sentaient aussi que leur présence maintenait auprès du Roi le principal obstacle à sa réconciliation avec son peuple, et il eût été possible de voir encore du dévouement dans leur désir de déposer le pouvoir. Toutefois, comme la question ministérielle ne relevait que de la Couronne, elle ne fut point posée, les ministres se bornant à attendre les ordres du Roi.

Le conseil porta toute son attention sur le rappel des Ordonnances. Cette mesure trouva des contradicteurs énergiques et convaincus dans M. de Polignac et dans M. de Guernon-Ranville. Adversaire des Ordonnances tant qu'elles ne furent qu'en projet, ce dernier, maintenant qu'elles étaient rendues, soutint avec chaleur la nécessité de les défendre. Et les bonnes raisons ne lui manquèrent pas à l'appui de cette opinion. Le Roi pouvait-il fléchir devant l'émeute? Pouvait-il, sans se découronner de ses propres mains, accorder à la révolte ce qu'il avait refusé

---

dit à *Paris*. Mais c'est évidemment une erreur échappée à la plume du Dauphin.

aux remontrances de la majorité parlementaire ? Quand il aurait cédé aux injonctions du peuple en armes, où s'arrêteraient les faiblesses du souverain? où s'arrêteraient les arrogantes prétentions de ses sujets? Et dans cette transaction, où tout serait humiliation et défaite pour la Couronne, que deviendraient ses prérogatives? Quel droit conserverait-elle au respect de la nation? Fallait-il acheter à un tel prix un vain simulacre de puissance, une existence qui ne serait plus que tolérée?

Ces considérations, que M. de Guernon-Ranville fit valoir avec une grande force de conviction, étaient d'une incontestable justesse. Au point où en étaient arrivées les choses, il n'y avait plus pour Charles X qu'une alternative : la dictature ou la chute. Ce que conseillait M. de Guernon-Ranville était hardi et séduisant : réunir autour de la personne du Roi tous les régiments de la garde si fidèles et si dévoués; transporter le siége du Gouvernement dans l'une des principales villes des départements; y appeler les corps des camps de Lunéville et de Saint-Omer; y convoquer les Chambres en rapportant l'ordonnance de dissolution, et mettre ainsi le pays en demeure de faire son choix entre la monarchie et la révolution, entre la dictature de la Couronne et la dictature de l'insurrection parisienne. Que ce plan dût réussir, il est difficile de le croire, quand on considère le tressaillement de joie avec lequel la France apprit la chute de la dynastie. Du moins Charles X fût tombé avec honneur, défendant son droit tel qu'il l'avait proclamé, et mettant ses actes à la hauteur de ses paroles. Mais à mesure que la nécessité d'agir devenait plus pressante, Charles X devenait hésitant et temporisateur. Lui, qui ne parlait que de monter à cheval quand il n'avait à vaincre que le refus de concours des députés, maintenant que la révolution avait souillé son trône et installé l'orgie dans son palais, il ne savait plus que délibérer et attendre.

Le conseil des ministres était assemblé depuis longtemps déjà, quand arriva à Saint-Cloud M. de Vitrolles. Ce gentilhomme, attaché pendant l'émigration à la petite Cour de M. le comte d'Artois, avait joué à ce titre un certain rôle à la rentrée des Bourbons; il avait été fait par Louis XVIII ministre d'État et secrétaire du conseil dans le ministère du 9 juillet 1815. Spirituel, de formes charmantes, insinuant, aimant à se mêler à toutes choses, cherchant partout un prétexte à ses services, il se faisait pardonner, à force de bonne grâce, même ses importunités. Sans autre importance à la Cour que celle qu'il se donnait lui-même par sa stérile activité, il était cependant accueilli près de Charles X avec une faveur méritée par un long attachement.

Quand il avait vu l'insurrection prendre des proportions menaçantes, M. de Vitrolles avait conçu la pensée de se faire l'entremetteur d'un rapprochement entre le pouvoir parlementaire et le pouvoir royal. Dans les négociations qu'il avait ouvertes, à cet effet, avec quelques-uns des chefs de l'opposition modérée, il avait acquis la certitude que ces honorables députés saisiraient avec empressement tout moyen de conciliation qui sauvegarderait à la fois et la dignité de la Couronne et les droits du pays. M. Casimir Périer se montrait, à cet égard, animé des plus louables intentions et prêt à faire tous ses efforts pour prévenir la ruine de la monarchie. Cet homme d'État qui devait, à quelque temps de là, devenir l'un des plus courageux et des plus glorieux soutiens du trône de la branche cadette, travailla, jusqu'à la dernière heure, à ouvrir une voie de salut à la branche aînée. Comme M. le duc de Broglie, comme M. le comte Molé, comme M. le général

Gérard, M. le général Sébastiani, M. Villemain et tant d'autres, qui ont pris ensuite place au premier rang dans le parti conservateur, M. Casimir Périer n'hésitait pas à affronter une révolution pour sauver la liberté ; mais il se fût estimé heureux de sauver la liberté sans jeter le pays dans les hasards d'une révolution. Aussi avait-il fait autoriser M. de Vitrolles à porter au Roi, en son nom et au nom de ses amis, des propositions d'accommodement basées sur un changement de ministère et sur le retrait des Ordonnances. M. de Vitrolles avait fait, le mercredi, des ouvertures dans ce sens à Charles X. Le Roi avait été d'autant plus inébranlable, qu'il se croyait encore certain d'écraser l'insurrection. Toute l'éloquence du négociateur n'avait pu obtenir de Charles X que cette réponse : « Je ne traite pas avec des sujets rebelles. Qu'ils se soumettent, qu'ils rentrent dans le devoir et se confient en ma bonté; ils savent qu'ils ne l'imploreront pas en vain. » De retour à Paris dans la soirée du 28, M. de Vitrolles avait reconnu, aux progrès effrayants de l'insurrection, à quel point le Roi était trompé par les rapports qui lui étaient faits ou par ses propres illusions; et il avait repris des négociations auxquelles la position presque désespérée du parti royaliste donnait, d'heure en heure, une plus grande importance. De nouvelles conférences eurent donc lieu. Comme les premières, elles furent environnées du plus grand secret, ceux qui y prenaient part n'agissant que par intermédiaires. Il fut convenu que M. de Vitrolles se rendrait une seconde fois à Saint-Cloud. Il semblait impossible que l'obstination du Roi résistât plus longtemps à l'évidence des faits. Il était admis d'ailleurs, dans l'intérêt de tous, que le pouvoir ne devait pas être humilié dans sa plus haute expression. M. de Vitrolles était donc autorisé à donner à Charles X l'assurance qu'on ne se refuserait pas à une démarche qui laissât à la Couronne le mérite de n'avoir obéi qu'à sa propre volonté, en accordant une amnistie sans restriction et en sacrifiant ses Ordonnances et son ministère. On pensait qu'une visite qui serait faite au Roi, dans la forme officielle, par une députation de la Chambre des pairs et par les autorités civiles et judiciaires, pour solliciter la clémence royale, produirait en ce sens un effet satisfaisant. Quant au futur ministère, on indiquait comme pouvant être appelés à le composer, de manière à rassurer l'opinion sans inquiéter la Couronne, M. le duc de Mortemart et M. le général Gérard.

Ceux qui croyaient, le 28 au soir, qu'une pareille combinaison fût de nature à apaiser les passions et à rouvrir à Charles X le chemin des Tuileries, ne s'abusaient-ils pas? Il est permis d'en douter. Mais ce qui n'est pas douteux, c'est que le lendemain, après la défection de la ligne, après la prise des Tuileries, après l'évacuation de Paris, après le triomphe de l'insurrection, tout ce qui aurait eu une apparence de soumission gratuite au nom du pays et de pardon de la part du Roi aurait été plus propre à exaspérer qu'à calmer la révolution. Du 28 au soir, quand M. de Vitrolles recevait ces propositions, au 29 à une heure après-midi, quand il les apportait à Saint-Cloud, le sort des armes avait élevé entre Charles X et le trône une barrière qu'aucune transaction n'aurait eu la vertu de renverser.

M. de Vitrolles, ayant appris que le conseil était assemblé sous la présidence du Roi, fit appeler M. de Polignac et lui fit part des propositions dont il était porteur. Le ministre promit de les soumettre immédiatement au Roi et à ses collègues, et M. de Vitrolles, pour attendre une décision, alla rejoindre MM. de Sémonville et d'Argout qui, de leur côté, attendaient, depuis plusieurs heures déjà, sans que rien leur eût annoncé qu'on s'occupât de répondre à leurs ouvertures. Le Roi et ses ministres délibéraient! Et pendant ce temps, la révolution, un moment étonnée elle-même de son triomphe, s'affermissait et s'organisait dans sa conquête. Elle transformait la Commission municipale en véritable Gouvernement de fait; elle s'emparait de l'administration; elle se faisait reconnaître et accepter à toutes les extrémités de la France; elle attirait à elle l'armée et toutes les forces vives du pays; elle disposait du trésor, des arsenaux et de toutes les ressources de l'État; elle donnait partout des ordres, et ces ordres étaient partout obéis. Le conseil des ministres délibérait encore à Saint-Cloud sur la mesure et sur la forme de la soumission que le Roi daignerait accepter, et déjà la révolution, comme une traînée de poudre, avait embrasé le royaume, et partout, en dehors des grilles du château, le Roi avait cessé de régner!

Sur ces entrefaites, le maréchal Marmont arriva à Saint-Cloud, suivant l'ordre qu'il en avait reçu du Dauphin. Il fut admis sans délai près du Roi. « Sire, lui dit-il, j'ai la douleur d'annoncer à Votre Majesté que je n'ai pu maintenir son autorité dans Paris. Une terreur panique s'est emparée des Suisses chargés de la défense du Louvre, et je n'ai pu les rallier qu'à la barrière de l'Étoile. Une balle a tué à mes côtés le cheval d'un de mes officiers. Je regrette qu'elle ne m'ait pas traversé la tête. La mort m'eût été moins affreuse que le triste spectacle que je viens d'avoir sous les yeux. »

Le Roi fit au maréchal un accueil affectueux. Il ne lui adressa ni une plainte, ni un reproche. Après avoir écouté sans l'interrompre les détails qu'il lui donna sur les derniers faits militaires, il le congédia avec bienveillance, en l'engageant à aller prendre les ordres du Dauphin. Les aides de camp, les officiers d'ordonnance et tous les officiers de l'escorte du maréchal étaient entrés dans une des salles du château. Exténués de fatigue, couverts de poussière et de sueur, ils souffraient, en outre, d'une longue privation de nourriture. Les gens de service ne trouvèrent à leur offrir que quelques pâtisseries sucrées, des limonades et des sirops. Triste ressource pour des gens affamés, et qui arracha à l'un d'eux cette brusque apostrophe : « Croyez-vous donc que nous revenions du bal? »

Pendant que tous ces incidents se succédaient, les négociateurs continuaient à attendre une réponse et des instructions ; et le conseil était toujours en délibération. Les ministres, que cette séance ne paraissait pas astreindre à une grande assiduité, allaient et venaient, opposant aux pressantes instances de M. de Sémonville ou de M. de Vitrolles des exhortations à la patience, et leur apportant prétextes sur prétextes pour justifier tant de délais. La vérité est que le Roi et ses ministres ne savaient à quel parti s'arrêter. Cruellement déçus dans toutes leurs prévisions, ils n'étaient pas préparés à de si grands revers. Ils ne pouvaient se résigner à les accepter, et semblaient implorer d'un accident fortuit ou d'une inspiration de la Providence quelque moyen de salut. Tandis que chaque heure qui s'écoulait creusait plus profondément l'abîme sous leurs pas, ils s'obstinaient à reculer l'aveu de leur défaite, dans l'espoir de trouver quelque chance de ressaisir la victoire.

Enfin M. de Polignac annonça à M. de Vitrolles qu'une décision serait prise prochainement ; mais auparavant M. le Dauphin avait voulu reconnaître par lui-même ce qu'il était encore possible d'entreprendre avec l'armée, et il venait de monter à cheval à cet effet. On a vu plus haut en quoi consista cette étude du prince, qui se borna à passer, distrait et silencieux, devant les bataillons réunis à l'entrée du village de Boulogne, puis retourna à Saint-Cloud.

Le Roi consentit alors à recevoir la démission de ses ministres, et à charger M. le duc de Mortemart de composer un nouveau ministère dont il aurait la présidence, avec M. le général Gérard pour ministre de la guerre, et M. Casimir Périer pour ministre des finances. Au moment de se séparer de ses conseillers, Charles X leur adressa des paroles de regrets et d'affection. Il leur témoigna, en termes partis du cœur, tout le prix qu'il attachait à une fidélité qui ne s'était pas démentie au milieu des douloureuses épreuves auxquelles la royauté se voyait soumise. Sur le refus de M. de Polignac de s'associer, même par une signature, à des concessions qu'il continuait de désapprouver, M. de Chantelauze contresigna l'ordonnance qui nommait M. de Mortemart président du Conseil.

M. de Mortemart fut appelé. Il fut frappé du changement qui, depuis le matin, s'était opéré chez le Roi. Non pas que Charles X n'eût conservé tout le calme et toute la sérénité de sa physionomie ; mais il y avait dans son geste et dans son accent un fond de tristesse et de douceur résignée, qui trahissait l'étendue du sacrifice auquel il se condamnait. « Vous aviez raison, dit le Roi ; la situation est plus difficile que je ne le pensais ce matin. On croit qu'un ministère dont vous serez le chef pourra tout arranger ; je vous ai nommé. »

M. de Mortemart, déjà prévenu, était résolu à ne point accepter la mission qui lui était offerte. Sincèrement dévoué au Roi, plein de bravoure, il était prêt à le couvrir de son épée contre tous les périls, et c'est dans cette intention qu'il avait spontanément renoncé à son congé pour accourir à Saint-Cloud. Mais, soldat par ses habitudes, par ses goûts, par sa vie entière, il ne se sentait ni l'expérience ni les qualités politiques nécessaires, dans un pareil moment, à un premier ministre. Il était d'ailleurs placé dans les conditions les plus désavantageuses pour remplir la tâche qu'on lui proposait. Absent de France depuis plusieurs années, il ne connaissait presque aucun des hommes dont l'influence à la Chambre des députés était prépondérante. Il n'avait eu, du moins, avec eux aucun rapport personnel. Quel espoir aurait-il de conduire à bonne fin des négociations si délicates, quand il serait obligé d'agir en aveugle, sur un terrain où il risquerait à chaque pas de faire fausse route? Après avoir exposé au Roi les motifs de son refus : « Que votre Majesté dispose de moi, ajouta-t-il; mon bras et ma vie sont à elle; mais je la supplie, dans l'intérêt même de sa Couronne, de renoncer à la pensée de faire de moi un ministre. » Charles X ne fut point touché de ces excuses. Il prenait, en effet, M. de Mortemart, non parce qu'il l'avait jugé le plus capable, mais parce qu'il lui était imposé; toute autre considération était sans valeur à ses yeux. Sans s'arrêter à combattre ses objections, il lui tendit un papier : « Voici votre nomination, lui dit-il; dès ce moment, vous êtes président du Conseil et ministre des affaires étrangères. » — « Sire, répondit M. de Mortemart d'un ton toujours respectueux mais plein de fermeté, il m'est douloureux de résister au désir de Votre Majesté; mais il m'est impossible d'accepter; je n'accepterai pas. » Il ne prit pas le papier et se recula. Le Roi, le lui tendant toujours, marcha vers lui; et comme il continuait à reculer, le Roi le poursuivit dans cette étrange retraite, jusqu'à ce qu'il se trouvât arrêté par la muraille. Le Roi, alors, sans ajouter un mot, lui plaça l'ordonnance dans sa ceinture d'officier-général. M. de Mortemart l'ayant retirée vivement pour la lui rendre : « Vous refusez donc,

Monsieur, lui dit sévèrement Charles X, de sauver ma couronne, la tête de mes ministres, et peut-être la mienne?» — « Si c'est là ce que le Roi me demande, je garde ma nomination. Mais je prie Sa Majesté de ne pas oublier ce que je vais lui dire : Si je réussis à rétablir dans Paris l'autorité royale, ce ne pourra être qu'au prix de pénibles concessions qu'on regrettera un jour et dont on me rendra responsable. Si j'échoue, tous les torts retomberont sur moi, et je devrai m'estimer heureux qu'on ne m'accuse pas de trahison.»

Charles X vint retrouver ses ministres encore assemblés, et leur annonça l'acceptation de M. de Mortemart. « Il a donné la main aux libéraux ligués contre moi, ajouta-t-il; c'est une dure punition pour lui que d'avoir à présider un ministère composé de mes ennemis. » Les ministres démissionnaires prirent alors congé du Roi, qui avait à s'occuper, avec le nouveau président de son Conseil, des premières mesures à prendre dans un but de pacification.

Une conférence s'ouvrit, en effet, à laquelle furent appelés M. de Vitrolles d'abord, et bientôt après MM. de Sémonville et d'Argout, dont M. de Vitrolles lui-même présenta le concours comme indispensable. Le retrait des Ordonnances, qui était la base des négociations, ne fut pas contesté, et le Roi consentit également sans objection à maintenir au 3 août la date de la réunion des Chambres. Mais il fut plus difficile d'obtenir son adhésion au rétablissement éventuel de la garde nationale, surtout quand on lui eut représenté que le nom du commandant général à placer à sa tête devait être laissé en blanc, pour le cas où son ministre jugerait nécessaire d'accorder la consécration royale à la position prise révolutionnairement par M. de Lafayette. Ce fut par un pénible effort qu'il parut se rendre à des considérations dont il ne lui était plus permis de contester la puissance. La nomination de M. le général Gérard au ministère de la guerre, et celle de M. Casimir Périer au ministère des finances faisaient partie du programme accepté d'avance, et ne donnèrent lieu à aucun débat. Le Roi, d'ailleurs, n'avait pas d'éloignement pour le général Gérard, dont il appréciait le noble et loyal caractère; il n'était pas sans quelque penchant pour M. Casimir Périer, par qui il avait été reçu de la manière la plus brillante dans son voyage en Alsace et dont il n'ignorait pas les louables efforts durant ces derniers jours.

Ces divers points arrêtés, le Roi chargea M. de Vitrolles d'aller informer les chefs de l'opposition libérale des mesures qui venaient d'être adoptées. Il lui recommanda, en même temps, de voir personnellement le général Gérard, et de réserver que le Dauphin continuerait, comme par le passé, à diriger le personnel de la guerre. Le Roi se rendait si peu compte du point où en étaient les choses, qu'il ne doutait pas qu'à la seule nouvelle du retrait des Ordonnances, la révolution ne fût conjurée et l'ordre rétabli. Il paraissait d'ailleurs peu pressé d'autoriser son nouveau ministre à se rendre à Paris, à s'y faire reconnaître officiellement, à agir, en dehors de son contrôle, suivant la logique des faits désormais accomplis. Le sacrifice fait, Charles X n'était pas encore persuadé qu'il dût être irrévocable.

M. de Vitrolles eut peine à convaincre le Roi que seul il serait sans crédit pour se faire écouter, et à obtenir que MM. de Sémonville et d'Argout lui fussent adjoints.

Il n'était pas moins de cinq heures quand les trois négociateurs purent enfin reprendre la route de Paris.

« Allez, leur avait dit avec quelque amertume Charles X;

arrêtez l'effusion du sang; mais soyez assurés que rien de bon pour la monarchie ni pour la France ne sortira de tout cela.»

On verra plus loin comment cette tentative d'accommodement demeura sans succès. Pouvait-il en être autrement? Était-il même à désirer, pour le Roi ou pour la France, qu'il en fût autrement? Les concessions faites par Charles X auraient, sans aucun doute, rassuré l'opinion, si elles avaient été faites dans des conditions qui offrissent une garantie de leur sincérité. Mais il n'en était rien. Charles X ne les avait pas librement accordées. Elles lui avaient été arrachées par la force des armes. Elles étaient, pour son peuple, non un gage de réconciliation, mais le trophée d'une sanglante victoire. Charles X lui-même se serait-il résigné, sans esprit de retour, à une situation qui ne devait lui apparaître que comme une déchéance. Lui, qui ne voulait pas que l'on « traînât sa couronne dans la boue, » l'aurait-il conservée sur son front amoindrie et humiliée? Lui, qui avait tiré l'épée pour défendre ce qu'il considérait comme ses prérogatives, aurait-il subi docilement la loi de ses sujets révoltés contre ces mêmes prérogatives?

Les ministres, il avait lui-même prononcé le mot : pour lui, ils étaient des « ennemis, » et c'est par une violence faite à sa volonté qu'ils étaient mis en possession de son gouvernement.

Les députés, ils avaient qualifié de « déplorable » son système de gouvernement. Ils avaient repoussé, par un refus de confiance, des ministres en parfaite communauté de vues avec lui. Le Roi s'était, à la face de la France, déclaré « offensé » par eux; et, pour venger son offense, il avait, par une injure sans exemple, déchiré préventivement dans leurs mains le mandat qu'ils avaient reçu des électeurs. Vaincu par eux une première fois dans la lutte parlementaire, il avait été vaincu une seconde fois dans la lutte électorale et vaincu une troisième fois dans la lutte à main armée.

La garde nationale, que le Roi allait retrouver sur pied dans sa capitale, gardant la place publique et les portes même de son palais, elle s'était relevée de sa propre autorité, malgré le Roi et contre lui. Que serait-elle autre chose désormais que l'insurrection vivante, placée près du trône moins pour le protéger que pour le surveiller?

La presse enfin, qu'on avait insultée, irritée; qu'on avait représentée comme corruptrice des idées et des mœurs, comme la plus dangereuse ennemie du repos public, et devant laquelle on était réduit à faire amende honorable en lui rendant la liberté; la presse, ne serait-elle pas d'autant plus audacieuse et plus redoutable qu'on lui avait révélé sa force en voulant l'enchaîner?

En suspicion devant le pays, contraint à la soumission devant son ministère, humilié devant la Chambre des députés, sans crédit sur l'esprit de la garde nationale, résigné sous les représailles de la presse : telles eussent été, pour Charles X capitulant avec l'insurrection, les conditions de la royauté.

Le voyage des négociateurs ne se fit pas sans difficultés. Non-seulement ils eurent quelque peine à traverser les populations de la banlieue répandues en groupes armés sur les routes; mais quand ils eurent franchi la barrière, la voiture qui les portait se trouva arrêtée à chaque pas dans les rues dépavées et coupées de barricades. Il fallait, pour avancer, avoir recours aux hommes du peuple, qui ne se prêtaient pas toujours sans défiance au service qu'on réclamait d'eux. M. de Sémonville, avec la pétulance inconsidérée de son caractère, cherchait à les disposer favorablement en leur annonçant que les Ordonnances étaient retirées et que les ministres étaient changés. Courtisan du pouvoir en haillons, comme il avait été le courtisan de tant d'autres pouvoirs, le grand référendaire poussait l'oubli du respect de lui-même jusqu'à entremêler son langage d'expressions grossières, d'épithètes flétrissantes pour les ministres tombés. Il ne remarquait pas que ses invectives rejaillissaient sur le Roi qu'il prétendait servir, et même sur son compagnon de voyage, M. de Vitrolles, qui se dérobait aux regards au fond de la voiture.

L'intention des négociateurs était de se rendre d'abord près du général Gérard. Ils firent quelques questions pour savoir où ils le rencontreraient. Ils ne furent pas peu surpris quand on les engagea à s'adresser à l'Hôtel de Ville, où siégeait, leur dit-on, le *Gouvernement provisoire*. Pour la première fois, ils entendaient parler d'un Gouvernement provisoire ; et ces deux mots suffisaient à leur apprendre combien les événements s'étaient développés depuis leur départ pour Saint-Cloud. C'était donc à l'Hôtel de Ville que les appelait leur mission. Il était plus de huit heures du soir quand ils s'y présentèrent.

Ils furent conduits dans la salle où la Commission municipale était en séance. Tous ses membres étaient présents. Près d'eux se trouvait M. Benjamin Constant. En apercevant M. de Vitrolles, M. Casimir Périer ne put dissimuler sa surprise et son inquiétude : « M. de Vitrolles ici! s'écria-t-il ; nous croit-il assez forts pour le défendre? » M. de Sémonville prit la parole : « Nous sommes des messagers de paix, dit-il. Le Roi nous a chargés de vous annoncer qu'il consent à changer son ministère et à rapporter les Ordonnances. Il n'y a plus de cause de collision ; la collision elle-même doit cesser. » Puis, voyant entrer M. de Lafayette, qu'on avait fait avertir, il courut à lui, lui rappela que, quarante années auparavant, dans ce même Hôtel de Ville, ils avaient uni leurs efforts pour conjurer la guerre civile et se félicita de retrouver son concours pour détourner de la France de nouveaux malheurs. M. de Lafayette resta froid et silencieux. Mais M. de Schonen, sortant de la réserve que lui commandaient ses fonctions, se laissait emporter en reproches amers contre la conduite du pouvoir, lorsque M. Mauguin demanda aux négociateurs s'ils étaient porteurs d'un titre qui donnât un caractère officiel à leurs paroles. « Nous n'avons rien de pareil, répondit M. de Vitrolles. Quand nous avons quitté Saint-Cloud, nous ignorions qu'il existât un gouvernement provisoire; nous pensions n'avoir à nous mettre en rapport qu'avec quelques personnes dont la position n'avait jusqu'alors rien d'officiel. » M. Casimir Périer se rendit l'interprète du désir de la Commission de voir cesser une situation si contraire à tous les intérêts. « Mais ce serait, ajouta-t-il, se méprendre sur l'étendue de notre autorité, que de croire qu'il dépend de nous de donner une solution au différend. Nous sommes une administration, nous ne sommes pas un gouvernement. »

Les négociateurs allaient se retirer après cette déclaration, lorsque M. de Lafayette, rompant pour la première fois le silence, demanda à M. de Sémonville, avec une teinte d'ironie, si, parmi les concessions que faisait le Roi, était comprise celle du drapeau tricolore. « C'est une question qui n'a point été agitée, » répondit le grand référendaire. M. Casimir Périer engagea les envoyés à aller porter leur message à la réunion des députés, chez M. Laffitte. Il leur délivra un laissez-passer, sur lequel un nom d'emprunt était substitué au nom de M. de Vitrolles, qu'il n'aurait pas cru suffisamment protégé par sa signature [1]. »

M. de Sémonville, vaincu par la fatigue, renonça à continuer la négociation et regagna le Luxembourg. M. de Vitrolles ne jugeant pas à propos de se présenter devant les députés, s'arrêta à son domicile. M. d'Argout arriva donc seul chez M. Laffitte, où il trouva les députés en permanence.

M. d'Argout fit connaître l'objet de sa mission et développa rapidement les considérations qui recommandaient, à son avis, l'acceptation des offres du Roi. L'opinion libérale, dit-il, avait lieu d'être satisfaite des avantages qui lui étaient concédés. Pousser à l'extrême les conséquences de sa victoire ne ferait que l'exposer à en perdre le fruit. Paris ne pouvait-il pas se voir, dans quelques jours, ramené à l'obéissance par une nombreuse armée? Ne serait-ce pas, d'ailleurs, attirer sur la France une nouvelle invasion, que de s'attaquer à la dynastie dont le rétablissement avait été jugé par les alliés nécessaire à la paix de l'Europe?

Les députés n'avaient point à délibérer en présence de l'envoyé du Roi. M. Laffitte se borna à faire remarquer à M. d'Argout que les événements marchaient d'eux-mêmes, et que ce qui aurait été reçu la veille comme satisfaisant, serait probablement trouvé insuffisant aujourd'hui. Il lui demanda ensuite, comme l'avait fait M. Mauguin, s'il avait un caractère officiel. « Ma mission est tout officieuse, répondit M. d'Argout; mais je ne précède à Paris que de peu d'instants M. de Mortemart, président du nouveau conseil des ministres, qui aura, en cette qualité, tous les pouvoirs nécessaires [2]. »

---

[1] Voyez la note I à la fin du volume.
[2] Un écrivain qui s'est appliqué, avec une admiration non dissi-

Les députés étaient loin, en général, d'être hostiles à toute pensée de transaction. La plupart étaient d'avis que les concessions faites par Charles X ne laissant rien à désirer, il y avait lieu de les consacrer au plus tôt par un acte, afin de les rendre irrévocables. Mais quelques-uns, et parmi ceux-ci M. Laffitte, pensaient que les choses avaient été poussées trop loin désormais, pour n'aboutir qu'à un changement ministériel; que le mal était moins dans les ministres, qui avaient été les instruments, que dans la dynastie, qui avait poursuivi avec une persévé-

mulée, à mettre en relief les moindres actes des hommes du peuple dans ces journées, rapporte, au sujet de cette conversation, un épisode très-significatif. M. Bertin de Vaux avait vu avec joie que des négociations fussent enfin entamées par le Roi, et en avait exprimé sa satisfaction en quelques mots. « Ces mots, ajoute l'écrivain dont nous parlons, répandus dans la foule qui encombrait l'hôtel, y produisent l'agitation la plus violente. Quelques hommes du peuple étaient étendus, couverts de poussière et brisés par la fatigue, sur les siéges de la salle à manger. Un d'eux ouvre brusquement la porte qui séparait cette salle de l'appartement où se trouvaient MM. d'Argout et Laffitte, fait résonner son fusil sur le parquet, et, d'une voix terrible : « Qui ose parler de négocier avec Charles X? « — Plus de Bourbons! criait-on en même temps dans le vestibule. « —Vous les entendez? dit M. Laffitte*. »

Ceci donne une idée de la liberté dont commençaient à jouir les députés libéraux, sous la protection des combattants de juillet! Quel est cet homme du peuple? On n'en sait rien, et l'on ne songe pas à le lui demander. Peut-être est-il des moins recommandables. Il viole l'enceinte des délibérations, profère la menace contre les députés, ébranle le parquet sous la crosse de son fusil. Et parce que ce prolétaire insolent et mal élevé a parlé en maître, M. Laffitte, qui est président et qui est chez lui, ne trouve pas une parole pour protester contre un pareil outrage, et pour toute réponse aux propositions d'un négociateur, se borne à lui dire : « Vous entendez! » De pareils faits suffiraient, seuls, pour inspirer à tout homme sensé l'effroi des révolutions, même les plus justes dans leur principe.

* *Histoire de dix ans*, tome Ier, chap. v.

rance longue, obstinée, invariable, ses projets de despotisme. Maintenant que l'œuvre de réparation était accomplie dans ce qu'elle présentait de plus difficile, que la dynastie était abattue par sa faute, il y aurait folie à la replacer sur un trône où elle ne remonterait qu'en marchant dans le sang dont elle avait inondé Paris, et où elle apporterait une pensée et un besoin de revanche. On était trop avancé pour reculer; et il n'y avait plus qu'un moyen d'arrêter les progrès de la révolution : l'achever sur-le-champ, en substituant à une dynastie caduque, incorrigible et devenue suspecte à la nation, une dynastie jeune, libérale et populaire.

M. Laffitte fut vivement encouragé et soutenu dans cette voie par un petit nombre de ses collègues et par quelques hommes qui, bien qu'étrangers au parlement, devaient cependant à leur position acquise d'être écoutés avec déférence par les députés. De ce nombre étaient MM. Thiers et Mignet, les deux écrivains qui avaient le plus contribué peut-être à préparer et à déterminer le mouvement révolutionnaire. Il faut y comprendre aussi le poëte Béranger, le chansonnier populaire. Une haute intelligence, un bon sens plein de finesse, une appréciation toujours sûre du sentiment national, ses chefs-d'œuvre qui introduisaient sous forme de refrains la politique dans les ateliers et dans les chaumières, ses luttes trop passionnées mais ennoblies par la constance contre la Restauration, avaient fait de M. Béranger, malgré son extrême modestie, l'un des chefs les plus considérés du parti libéral. Il était, pour M. Laffitte, un ami et un guide.

Il y avait loin toutefois encore de ces conversations à huis-clos à un projet arrêté de changer la dynastie. Et pendant que chaque incident éveillait ainsi les craintes des uns, les désirs des autres, l'incertitude de tous, on s'étonnait que M. de Mortemart annoncé ne se présentât pas. Après l'avoir vainement attendu une grande partie de la nuit, les députés se séparèrent en se donnant rendez-vous à la première heure du jour.

En sortant du salon de M. Laffitte, M. d'Argout était allé rejoindre M. de Vitrolles; et tous deux, pressés de rendre compte au Roi de ce qu'ils avaient fait et vu, partirent immédiatement pour Saint-Cloud, où ils n'arrivèrent qu'à deux heures et demie du matin. Ils apprirent alors avec stupéfaction que M. de Mortemart n'avait pas encore quitté le palais, et se firent en toute hâte conduire près de lui.

La soirée du 29 s'était passée au château comme s'y passaient toutes les soirées. Tout s'y était fait avec la régularité ponctuelle du service et de l'étiquette. A l'heure accoutumée, le Roi s'était assis à une table de whist, où prirent place en même temps madame la duchesse de Berri et deux officiers de la Cour. M. de Mortemart avait fait d'inutiles instances pour que le Roi mît à exécution les mesures qui avaient été arrêtées dans la journée, et lui permît de prendre possession de ses fonctions. « Pas encore, pas encore, répondait Charles X ; attendons le retour du général de Girardin, qui nous apprendra ce que M. de Vitrolles aura fait à Paris.» Charles X comptait recevoir, par le général de Girardin, avis de la prochaine visite des députations des grands corps de l'État venant, au nom de la ville de Paris, implorer sa clémence. Il ne voulait pas, en envoyant M. de Mortemart à Paris, faire des avances à l'insurrection. Il se disait qu'en maintenant sa position jusqu'après la démarche des députations, ses concessions ne seraient plus qu'une libéralité faite au repentir de ses sujets, et qu'il resterait maître d'en régler l'étendue. Ainsi s'explique l'obstination de Charles X à retenir M. de Mortemart près de lui. Il faut ajouter que Charles X était loin d'avoir, non dans le dévouement, mais dans les tendances politiques de M. de Mortemart, une entière confiance. Homme d'épée beaucoup plutôt qu'homme de Cour, M. de Mortemart avait dans sa parole une certaine rudesse de franchise, et dans sa conduite politique une manière d'indépendance qui étaient peu du goût du Roi. Il s'était, en outre, montré, dans plus d'une occasion, fortement opposé aux visées de la Congrégation, ce qui l'avait fait considérer comme le chef d'un petit groupe de libéraux à la Chambre des pairs. Le Roi faisait cas de ses aptitudes diplomatiques et employait volontiers ses services à la Cour toute militaire de Saint-Pétersbourg, où il avait eu beaucoup de succès. Mais M. de Mortemart, ministre à Paris, n'était à ses yeux qu'un adversaire. Aussi après avoir usé de son autorité royale pour lui faire accepter sa nomination, Charles X n'avait-il pu se défendre de quelques paroles bien dures adressées à un homme de qui il venait d'implorer son salut : « Heureux encore qu'ils ne m'imposent que vous ! » avait dit le Roi à demi voix et comme en *à parte*.

Traité par le Roi avec une grande froideur, M. de Mortemart trouvait, près du Dauphin, une véritable hostilité. M. le duc d'Angoulême n'approuvait pas les concessions consenties par la Couronne. Ses habitudes de soumission ne lui avaient permis aucune représentation; mais il avait voulu du moins s'opposer, autant qu'il était en lui, à l'accomplissement de ce qu'il considérait comme une faute. Dans cette pensée, il avait fait aux troupes distribuées aux abords de la demeure royale, défense rigoureuse de livrer passage à toute personne se dirigeant de Saint-Cloud sur Paris. Vainement M. de Mortemart l'avait prié de lever à son égard cette consigne, et de lui rendre, pour lui et pour ses agents, la liberté des communications avec la capitale. Le Dauphin l'avait écouté avec distraction, lui avait répondu quelques paroles évasives, et la consigne avait été maintenue. En sorte que non-seulement le président du Conseil n'obtenait pas du Roi les signatures sans lesquelles il lui était impossible d'agir, mais qu'il était, pour ainsi dire, retenu prisonnier par le Dauphin.

Après le jeu, le Roi s'était retiré dans ses appartements particuliers. Tout le monde alors, princes, courtisans, serviteurs, était allé se livrer au repos. M. de Mortemart lui-même, affligé et déjà à demi découragé, contraint d'attendre le retour de M. de Girardin, s'était jeté sur un canapé et s'y était endormi.

L'entrée de MM. de Vitrolles et d'Argout le tira de son assoupissement. Le récit des deux négociateurs l'eut bientôt convaincu qu'il n'y avait plus une minute à perdre. « Il faut partir, lui dit M. de Vitrolles, partir sur-le-champ. »—« Partir ! mais comment ? je ne saurais partir les mains vides, et je n'ai rien obtenu du Roi. »—« Eh bien ! il faut aller trouver le Roi, et vaincre sa résistance. »—« Je vais essayer de parvenir jusqu'à lui. »

La chose n'était pas facile, car nul, sans l'ordre du Roi, ne pénétrait dans ses appartements après l'heure où il avait renvoyé son service. M. de Mortemart avait à franchir plusieurs lignes de factionnaires des gardes-du-corps. Dès la première porte, il est arrêté. Il portait les insignes de son grade, et les fait remarquer. On lui oppose la consigne. « Il n'y a pas de consigne en de pareils moments, dit-il ; il faut que je parle au Roi. » Il parlemente, il prie, il insiste, mais sans succès ; la consigne est inflexible. Toujours repoussé, il se fait conduire près du valet de chambre de service, et l'adjure, au nom du salut de la Couronne et en le rendant responsable des malheurs qui résulteraient de son refus, de l'introduire près du Roi. Après une longue discussion, il le décide enfin à réveiller le Roi.

Charles X, troublé dans son repos, ne cacha pas son mécontentement de la précipitation dont il accusait son ministre. A mesure que l'impression qu'il avait reçue des instances de MM. de Sémonville et de Vitrolles devenait moins vive, il retournait à ses hésitations et regrettait ses promesses. Non-seulement il ne voulait pas tant de hâte, mais déjà il se reprochait comme une faiblesse, ou tout au moins comme un acte prématuré, la nomination de son nouveau ministre. Accueilli comme un importun, M. de Mortemart persista cependant. « Sire, dit-il, M. de Vitrolles et M. d'Argout sont de retour; ils diront à Votre Majesté combien le temps presse, et où en sont les choses à Paris. Le Roi veut-il permettre que je les lui amène? » — « M. d'Argout, non, répondit le Roi; M. de Vitrolles, oui, faites-le venir. » A peine M. de Vitrolles était-il entré, que faisant un signe de la main à M. de Mortemart, Charles X lui dit : « Laissez-nous un moment. » Le ministre dut céder la place au confident. M. de Mortemart ressentit tout ce que le procédé avait de blessant, et l'accepta en silence. Cependant, quelques instants après, M. de Vitrolles vint le chercher avec un empressement qui semblait dicté par une intention de réparation. « Soyez tranquille, lui dit M. de Mortemart; il est des jours où un homme d'honneur n'a pas le droit d'écouter ses susceptibilités. »

Les premières paroles de M. de Vitrolles ne laissèrent au Roi aucune illusion sur la visite attendue des députations officielles. Non-seulement la population de Paris n'accepterait plus un pardon qui serait demandé en son nom; mais ce serait « un miracle, » si M. de Mortemart, offrant des concessions au nom du Roi, parvenait à se faire écouter. A l'appui de cette assertion, M. de Vitrolles raconta au Roi ce qu'il avait vu, les dispositions chancelantes des députés, l'attitude menaçante de l'Hôtel-de-Ville, l'impatience hostile de la population. Le Roi écoutait avec une apparence de résignation, et répondait à peine. Les arguments les plus puissants semblaient ne faire aucune impression sur son esprit. Sa résistance ne s'appuyait plus sur le raisonnement, mais sur une sorte d'entêtement maladif contre lequel venait échouer toute l'éloquence de ses deux interlocuteurs. Il se montrait surtout inébranlable quant au rétablissement de la garde nationale. En vain M. de Vitrolles lui faisait remarquer que ce rétablissement n'était plus en question, que c'était un fait accompli; que, dans Paris dégarni de troupes, la garde nationale était, en ce moment, la seule sauvegarde de l'ordre; que composée de bourgeois intéressés au salut de la monarchie, elle seule prendrait la défense de la Couronne contre le bas peuple excité à consommer la révolution; que refuser de l'admettre à se reconstituer au nom du Roi, c'était consentir à la voir constituée contre le Roi sous la main de M. de Lafayette. Toutes ces considérations si graves et si justes effleuraient à peine son esprit.

Enfin, après des instances qui s'étaient prolongées pendant plus d'une heure, le Roi, obsédé plus que persuadé, et faisant un geste d'impatience, comme un homme qui veut se débarrasser d'une importunité : « Mais ces ordonnances, dit-il, je ne les ai pas; je ne puis vous les donner. » — « Si le Roi l'ordonne, nous les ferons préparer. » — « Faites, » dit le Roi. M. de Mortemart et M. de Vitrolles se retirèrent.

Mais ici, autres embarras, autres retards. Il fallait rédiger quelques ordonnances pour sauver la monarchie; et l'on n'avait ni papier ni encre pour les écrire, et personne à qui s'adresser, car tout le monde dormait

au château. Petites misères des grandes crises! Si
M. de Mortemart eût présenté les ordonnances aux
députés à l'heure de leur réunion chez M. Laffitte,
le 30 au matin, peut-être les choses se fussent-elles
passées autrement. Mais le premier ministre manquait
de quelques fournitures de bureau, et il perdait son
temps à se les procurer. On se mit en quête, et, après
bien des allées et venues, M. Mazas, employé attaché à la
maison de M. le duc de Bordeaux, et M. Langsdorff, qui
avait accompagné M. de Vitrolles, s'installèrent autour
d'une table à manger transformée en bureau. Le jour
commençait à paraître; on écrivit sans lumière.

On prépara cinq ordonnances: la première annulait les
ordonnances du 25, et fixait l'ouverture des Chambres au
3 août; la deuxième élevait le général Gérard au ministère de la guerre; la troisième confiait le ministère des
finances à M. Casimir Périer; la quatrième rétablissait la
garde nationale de Paris; la cinquième nommait le commandant de cette garde, mais le nom était laissé en blanc.

Ce travail achevé, tout n'était pas fini encore. Ce ne fut
qu'après de nouvelles contestations et de nouveaux efforts
qu'on obtint du Roi qu'il apposât sa signature au bas des
ordonnances relatives à la garde nationale. Il résistait
surtout à laisser en blanc le nom du futur commandant
et voulait nommer le maréchal Maison. Il ne céda qu'après
avoir, à plusieurs reprises, recommandé de ne pas nommer le général Lafayette, et sur la promesse qui lui fut
faite que le rétablissement de la garde nationale ne serait
ordonné qu'en cas d'absolue nécessité [1]. Au moment où
M. de Mortemart franchissait le seuil, le Roi lui dit:

---

[1] Les trois premières ordonnances ont été insérées au *Bulletin des Lois*, dans la partie additionnelle. Les deux autres, relatives à la garde nationale, n'ont pas été publiées.

« Assurez-les que je me suis séparé de mon ancien ministère; que les ministres sont partis; que vous êtes seul chargé de composer le cabinet. Mais c'est assez, c'est trop de ces concessions; surtout ne faites pas celle de Lafayette. »

En possession des pièces si longtemps attendues, M. de Mortemart avait hâte de courir à Paris. Il sortait de l'appartement du Roi, lorsqu'il rencontra M. de Polignac en brillant uniforme. « Je croyais, lui dit-il, que vous aviez quitté Saint-Cloud. »—« Pas encore, mais je vais m'éloigner. »—« Puis-je le tenir pour certain? »—« Je vous en donne l'assurance. »—« Cependant cet uniforme... »—« Je vais le quitter, et je pars en même temps que vous. » Puis, d'un geste dramatique, se frappant le front et levant les yeux au ciel : « Quel malheur, ajouta-t-il, que mon épée se soit brisée entre mes mains! J'aurais établi la Charte sur des bases indestructibles. »

M. de Mortemart gagna la cour et demanda des chevaux; on les lui refusa. Défense expresse avait été faite par M. le Dauphin d'en laisser sortir aucun des écuries du Roi. Par hasard, une voiture particulière se trouvait là tout attelée. M. de Mortemart l'emprunte et s'y installe, accompagné de MM. d'Argout, Mazas et Langsdorff. Il part enfin; mais un temps bien précieux, un temps irréparable s'était écoulé. Sept heures venaient de sonner quand la voiture qui emportait le ministre franchit la grille du château.

Le cocher avait ordre de faire diligence, et en quelques minutes on fut à l'entrée du bois de Boulogne. La porte en était fermée. On y avait établi un poste de la garde royale qui refuse de laisser passer. M. de Mortemart se fait connaître, décline son grade et ses qualités; tout est inutile. Il fait appeler l'officier commandant le poste, lui dit de quelle importance il est qu'il arrive à Paris sans retard. L'officier s'excuse de lui résister; mais le Dauphin avait envoyé les ordres la veille au soir; ces ordres étaient formels : il ne pouvait laisser passer personne venant de Saint-Cloud. Il engage le ministre à se diriger par le chemin qui longe extérieurement le mur du bois, et à rejoindre par ce détour la route de Versailles, au lieu nommé le *Point du jour*. Mais il lui fait remarquer que de nombreuses bandes armées circulent dans les environs, que déjà sa voiture a excité les soupçons des passants, que la conserver serait courir la chance à peu près certaine d'être bientôt arrêté. Les voyageurs se décident à continuer leur route à pied. Ils passent par Auteuil et s'y arrêtent chez M. de Forbin-Janson, beau-frère de M. de Mortemart, dans la pensée qu'il aurait à leur donner d'utiles renseignements. C'est, en effet, M. de Forbin-Janson qui était allé, la veille, chez M. Laffitte, annoncer la prochaine arrivée de M. de Mortemart. On lui avait remis un sauf-conduit pour le ministre. Il avait été convenu, en outre, que quelques officiers de la garde nationale iraient attendre M. de Mortemart à la barrière de Passy, pour lui faire escorte et veiller à sa sûreté dans les rues de Paris. Ces précautions mêmes avaient fait naître le danger qu'elles devaient prévenir. Quelques meneurs du peuple ayant appris qu'on attendait un ministre de Charles X avaient aposté des groupes armés sur son itinéraire, afin de trancher la négociation en supprimant le négociateur. Pour ne pas tomber dans leurs mains, on prit le parti de faire un nouveau détour. Les voyageurs traversèrent la Seine sur le pont de Grenelle, suivirent quelque temps le mur d'enceinte de la rive gauche, et entrèrent dans Paris par une brèche que des fraudeurs y avaient pratiquée.

La chaleur était étouffante. M. de Mortemart était

accablé par la fièvre. On n'avançait qu'avec lenteur. Les voyageurs passèrent devant l'hôtel des Invalides et se dirigèrent, par le pont Louis XV et la rue Royale, vers l'hôtel de M. Laffitte. La journée de la veille et une partie de la nuit avaient encore été employées à multiplier les barricades, dans la crainte d'une attaque de l'armée. Il restait à peine quelques arbres debout sur les boulevards, les autres étaient couchés en travers de la chaussée. Le drapeau tricolore était arboré sur tous les édifices publics. Rue Duphot, les voyageurs virent, collé sur la muraille, un placard signé Lafayette; c'était la proclamation par laquelle le vieux général annonçait aux Parisiens qu'il prenait le commandement de la garde nationale. Ainsi se trouvait remplie d'avance l'ordonnance en blanc que M. de Mortemart avait eu tant de peine à obtenir de Charles X. Bien que la matinée fût déjà avancée, presque toutes les maisons étaient encore fermées. On n'apercevait qu'un très-petit nombre de personnes dans les rues où ne circulaient ni chevaux, ni voitures. Paris, dans ces quartiers éloignés du centre de l'agitation, était silencieux et presque désert. « Quel calme ! » dit M. Mazas. « C'est le calme de la force, » répondit M. de Mortemart. Il se trompait ; c'était le repos après trois jours de fatigue sans sommeil ; quelques heures de prostration après une longue crise. Mais de calme, il n'y en avait ni dans les esprits, ni dans les cœurs, ni dans les salons, ni dans les mansardes. Paris dormait tout bouillonnant, comme dort le Vésuve le lendemain d'une éruption.

En suivant la rue des Mathurins, les voyageurs rencontrèrent un petit groupe dont faisaient partie M. le général Mathieu Dumas et M. Bérard, membres de la Chambre des députés. « Où allez-vous ? » demanda M. Bérard à M. de Mortemart. — « Chez M. Laffitte. » — « Gardez-vous-en bien. On sait que vous devez vous y rendre ; les abords de l'hôtel sont surveillés par un grand nombre d'hommes du peuple résolus à ne pas vous y laisser pénétrer, et même à vous faire un mauvais parti. D'ailleurs, vous alliez sans doute y parler d'accommodement, et vous arriveriez trop tard. J'ai présidé ce matin même la réunion qui vient de se séparer. Nous sommes convenus de nous assembler à midi au palais Bourbon ; c'est là seulement que vous pourrez vous mettre en rapport avec les députés. » En parlant ainsi, M. Bérard avait fait entrer le ministre et ses compagnons dans son appartement. On y causa pendant une heure. Dans cet entretien, M. Bérard apprit au premier ministre que la cause qu'il venait essayer de défendre était désormais perdue sans ressource. « Hier, lui dit-il, j'étais d'avis que l'on gardât Charles X, pour éviter les dangers qu'entraîne toujours un changement. Déjà la chose était difficile; aujourd'hui elle est impossible. Charles X a cessé de régner. Aucune puissance humaine ne peut faire rentrer ni lui, ni personne de sa branche dans Paris.» — « Mais je viens avec de complètes satisfactions pour le peuple, » répondit M. de Mortemart en montrant les ordonnances. — « Il est trop tard, répliqua M. Bérard ; le moment où un traité était possible est passé.»

« M. de Mortemart était confondu, poursuit M. Bérard
« à qui ce récit est emprunté. Il ne comprenait pas qu'a-
« vec des concessions aussi étendues que celles dont il
« était porteur, il n'y eût pas moyen de s'entendre. Je lui
« expliquai alors qu'il ne s'agissait plus, ainsi qu'il sem-
« blait le croire, de savoir qui serait roi de Charles X ou
« du duc d'Orléans, mais bien de savoir qui aurait l'as-
« sentiment du peuple, de ce dernier ou de la République.
« Je lui montrai celle-ci grandissant d'heure en heure et

« prête à nous envahir. Le seul moyen d'y échapper, lui
« dis-je, est d'adopter le duc d'Orléans pour roi ; encore
« est-il à craindre que, pour lui comme pour Charles X,
« il ne soit déjà trop tard [1]. »

Il ne faut pas, sans doute, attacher à ces *Souvenirs* plus d'importance historique qu'ils n'en doivent avoir. Quelque voisin qu'on soit des événements, la mémoire la plus sûre peut être en défaut, surtout lorsqu'elle n'est pas à l'abri des influences de la passion. Il est certain, par exemple, que M. Bérard se trompe quand il affirme que M. de Mortemart lui montra un blanc-seing du Roi, destiné à recevoir les conditions qu'on voudrait y inscrire et qu'il déclarait accepter d'avance. M. de Mortemart était loin d'avoir de tels pouvoirs. Il n'avait en blanc-seing que l'ordonnance nommant le commandant de la garde nationale, et il n'en a pas annoncé d'autre. Mais ce qui ressort de cet entretien, c'est que, entre le moment où M. de Mortemart avait été créé ministre, le 29 à midi, et celui où il entrait à Paris muni des pouvoirs nécessaires pour agir, le 30 à neuf heures du matin, toutes les chances de salut pour la couronne de Charles X s'étaient anéanties; c'est que M. de Mortemart était arrivé trop tard, non-seulement parce que le débat ne restait plus à vider qu'entre les partisans de la République et ceux d'un changement de dynastie, mais encore parce que les députés s'étant séparés, il ne pouvait plus même trouver avec qui engager utilement une négociation

---

[1] *Souvenirs historiques*, par S. Bérard.

CHAPITRE VII

GOUVERNEMENT DE L'HOTEL DE VILLE.

30 Juillet.— Le nom du duc d'Orléans est prononcé pour la première fois comme moyen de solution.— Situation de ce prince vis-à-vis de la Restauration.— Première proclamation au peuple de Paris en faveur d'une dynastie d'Orléans.— Conduite du duc d'Orléans pendant les journées de Juillet.— Son nom est accueilli avec une faveur immense par la population de Paris ; il excite la colère des meneurs républicains.— Quelques tentatives sont faites pour réveiller le bonapartisme ; elles n'obtiennent aucun succès.— Sous l'influence des jeunes gens encouragés par l'Hôtel de Ville, les dispositions des combattants se montrent favorables à la république.— Première proposition à la réunion des députés de faire appel au duc d'Orléans.— Attitude inquiétante de l'Hôtel de Ville ; M. de Lafayette et la Commission municipale sont dominés par les clubs et par les combattants des barricades.— M. le duc de Chartres est arrêté à Montrouge.— M. Thiers est envoyé à Neuilly pour offrir la couronne au duc d'Orléans ; accueil qui lui est fait par Madame la duchesse d'Orléans et par Madame Adélaïde ; Madame Adélaïde offre de se rendre à Paris.— M. de Mortemart établit son centre d'action au Luxembourg.— Les députés s'assemblent au Palais-Bourbon ; procès-verbal de cette séance.— M. Thiers fait connaître aux députés le succès de sa mission à Neuilly.— Les députés nomment une commission pour aller s'entendre avec la Chambre des pairs à l'effet d'appeler le duc d'Orléans à la lieutenance générale.— M. Collin de Sussy vient présenter à la réunion des députés, de la part de M. de Mortemart, les dernières ordonnances de Charles X ; les députés refusent de les recevoir.— M. Odilon Barrot est envoyé à la réunion par M. de Lafayette pour protester contre toute mesure qui disposerait de la couronne.— La réunion des députés adopte la proposition d'inviter le duc d'Orléans à se rendre à Paris, pour y exercer les fonctions de Lieutenant général du royaume.— Une commission est nommée pour porter au prince cette Déclaration.— M. de Sussy à l'Hôtel de Ville ; il parvient, après de longs et courageux efforts, à y laisser les ordonnances de Charles X.— Anarchie de l'Hôtel de Ville.— M. Mauguin refuse de donner la publicité officielle à la Déclaration des députés.

Le retard qu'avait mis Charles X à entrer en rapport avec les députés avait eu pour sa cause de funestes conséquences. Un grand nombre de libéraux, tout en condamnant la politique des Ordonnances, auraient voulu cependant sauver la dynastie pour échapper à une révolution ; ils étaient découragés. D'autres considéraient, au contraire, un changement de dynastie comme le couronnement nécessaire de la révolution; ils avaient mis le temps à profit. Ceux-ci étaient puissamment secondés par les dispositions de la multitude, où l'idée d'un gouvernement non encore défini, mais relevant de la place publique, gagnait visiblement du terrain. N'y aurait-il pas eu folie à s'obstiner en faveur de Charles X, quand les partisans d'une monarchie libérale avec une dynastie élue étaient déjà sur le point de se voir débordés, et quand, en se laissant gagner de vitesse par les prôneurs de la République, on s'exposait à ne plus pouvoir les maîtriser?

Quand, comment, par qui le nom du duc d'Orléans avait-il été jeté à travers les préoccupations publiques? Le jeudi matin, ce nom n'avait point encore été prononcé; tous ceux qui ont raconté la révolution de Juillet sont d'accord sur ce point. Il est toutefois deux faits qu'il faut noter, parce qu'ils sont des indices du sentiment populaire. On sait que, dans les journées des 27 et 28, toutes les enseignes des marchands brevetés de la Cour avaient été maculées ou brisées. L'enseigne de l'armurier Lepage, rue de Richelieu, portait ces mots : *Arquebusier de Son Altesse Royale Monseigneur le duc d'Orléans*. Le peuple avait barbouillé de noir le titre d'*Altesse Royale*, et avait soigneusement respecté le nom du duc d'Orléans. Après la prise du Louvre et des Tuileries, le Palais-Royal fut envahi par les combattants victorieux ; mais le peuple n'y fit aucune dégradation, et n'y laissa de son passage d'autre trace que celle de ses souliers ferrés sur la cire des parquets.

Mais si le peuple témoignait ainsi qu'il ne confondait

pas le duc d'Orléans dans ses ressentiments contre la famille royale, ce prince lui-même n'a rien fait, rien tenté, rien dit qui permette de lui attribuer une participation quelconque soit à la révolution, soit à la direction qui a été bientôt imprimée aux esprits. On doit même croire qu'il était loin de désirer le renversement de la branche aînée, quand on voit les hommes les plus avancés dans son intimité, ceux dont l'affection et le dévouement lui étaient acquis depuis longues années, M. Sébastiani, par exemple, demeurer parmi les derniers défenseurs de Charles X.

Des haines ardentes ont fouillé la vie entière du duc d'Orléans, et ont cherché jusque dans les circonstances les moins suspectes un motif à des accusations rétrospectives. Il n'a pas été relevé un seul fait qu'un écrivain sérieux puisse accepter comme indiquant une participation à une conspiration, ou même à une intrigue politique. On a rappelé qu'il avait été question, au congrès de Vienne, de donner le trône de France à la branche d'Orléans; on a signalé le long séjour du duc d'Orléans en Angleterre pendant que Louis XVIII était à Gand; on a cité la brochure de M. Cauchois-Lemaire, invitant le duc d'Orléans à « ramasser la couronne; » on a parlé de la conspiration de Didier. Mais si l'on a trouvé, dans tout cela, des occasions de calomnie, on ne saurait en faire sortir le prétexte d'un soupçon. Le duc d'Orléans avait été, sous le règne de Louis XVIII, la plus haute expression de l'opposition de gauche, comme le comte d'Artois était la plus haute expression de l'opposition de droite. L'un désirait voir le Gouvernement marcher franchement dans la voie des idées libérales; l'autre agissait de tout son pouvoir pour le pousser dans le sens de la réaction absolutiste et théocratique. Le premier recevait au Palais-Royal les chefs et les hommes distingués de l'opinion constitutionnelle; le second réunissait au pavillon Marsan les chefs et les adeptes du parti rétrograde. On ne conspirait pas plus, il serait même exact de dire que l'on conspirait beaucoup moins chez le duc d'Orléans que chez le comte d'Artois, autour du chef de la branche cadette qu'autour de l'héritier de la branche aînée.

Sous le règne de Charles X, le duc d'Orléans ne cessa de manifester, par la réserve de sa conduite, sa désapprobation des tendances du pouvoir. Bien qu'il ne fût point admis par le roi à donner son avis sur les affaires politiques, personne ni à la Cour, ni dans les régions officielles, n'ignorait son opinion à ce sujet. Une occasion, une seule, lui fut offerte de s'en ouvrir à Charles X, et il ne la laissa pas échapper. C'était au milieu du mois de juin 1830. Le séjour du roi et de la reine de Naples à Paris avait rendu plus fréquents les rapports entre la famille régnante et la famille d'Orléans. On était réuni au château de Rosny, où Madame la duchesse de Berri donnait une fête. Charles X demanda au duc d'Orléans s'il avait lu sa proclamation aux électeurs publiée dans le *Moniteur* de ce jour. Sur sa réponse négative, le Roi se fit apporter le *Moniteur* et le lui remit. Quand il eut achevé la lecture : « Eh bien ! lui dit le Roi, que pensez-vous de ma proclamation ? » — « Le Roi me permet-il, avant de répondre, de lui adresser une question ? » — « Faites. » — « Quel est l'auteur de la proclamation ? » — « Elle est de moi, de Polignac et de Peyronnet. » — « J'espère que la phrase où il est dit que la Charte sera respectée est du Roi. » — « Oui, précisément, elle est de moi. » — « Me voici déjà rassuré. Mais, si le Roi me permet encore une question, il y a, dans la Charte, un article 14... » — « Ah ! s'écria Charles X en l'interrompant, la Charte, oui, mais la Charte tout entière, et l'article 14 est dans la Charte. »

On voit que, de part et d'autre, il y avait une égale franchise.

Dans la lutte engagée entre la Couronne et le pays, bien des pensées, sans doute, se tournaient vers le duc d'Orléans. Il apparaissait comme un moyen de salut pour des éventualités que les hommes intelligents s'accordaient à pressentir, sans les croire si prochaines. Mais il n'y avait là rien qui sortît du cercle d'une préoccupation des esprits ou d'une polémique de journaux. Les écrivains du *National* se sont signalés au rang des plus hardis promoteurs d'un changement de dynastie. On en a conclu que ce journal avait été créé sous les inspirations et avec l'argent du duc d'Orléans. Cela est faux. M. Thiers, M. Mignet, M. Carrel n'avaient eu aucune relation, même indirecte, avec la famille d'Orléans avant le 30 juillet 1830.

Les fautes du gouvernement de Charles X, les événements qui en naquirent, puis, au dernier moment, la nécessité, voilà par quels conjurés le duc d'Orléans a été porté sur le trône. Il ne s'est pas même prêté à les seconder. Dans la matinée du 29 juillet, M. Laffitte, informé qu'il avait été tenu à la Cour des propos menaçants pour la sûreté du prince, lui avait écrit de « se défier des filets de Saint-Cloud. » Le prince s'était borné, en réponse, à faire porter verbalement à M. Laffitte ses remerciements. Mais il n'avait pas quitté Neuilly. Toutefois, il jugea prudent de se mettre, pour la nuit, à l'abri d'une surprise. Il se retira dans un pavillon de son parc. Un seul aide de camp l'accompagnait. Des chevaux sellés étaient préparés près de l'une des portes du parc; et, à l'autre extrémité, une barque garnie de ses avirons était amarrée au bord de la Seine. En cas d'alerte, quelques coups de fusil tirés du château auraient donné le signal de la fuite.

Le soir de ce même jour, M. Laffitte eut une conférence

avec M. Thiers et quelques amis. Il y fut question du duc d'Orléans, et M. Laffitte fit remarquer, non sans mauvaise humeur, qu'on ne pouvait en faire la base d'une combinaison, puisque rien ne permettait de compter avec quelque certitude sur l'assentiment de ce prince. C'est alors que M. Thiers, impatient de pousser les événements à une conclusion, émit l'opinion qu'il fallait prendre les devants sur les déterminations du duc d'Orléans, et l'engager sans le consulter. M. Laffitte s'y opposa d'abord; il craignait un désaveu. Mais bientôt, entraîné par les puissantes raisons qui commandaient de brusquer la solution, il approuva cette pensée. M. Thiers rédigea sans désemparer une proclamation où le nom du duc d'Orléans était plusieurs fois répété, de manière à frapper vivement les esprits. M. Paulin fut chargé de la faire imprimer à quelques milliers d'exemplaires dans les ateliers du *National,* et elle fut affichée pendant la nuit dans tous les quartiers de Paris. La voici :

« Charles X ne peut plus rentrer dans Paris; il a fait
« couler le sang du peuple. — La République nous expose-
« rait à d'affreuses divisions; elle nous brouillerait avec
« l'Europe. — Le duc d'Orléans est un prince dévoué à
« la cause de la révolution. — Le duc d'Orléans ne s'est
« jamais battu contre nous. — Le duc d'Orléans était à
« Jemmapes. — Le duc d'Orléans a porté au feu les cou-
« leurs tricolores. — Le duc d'Orléans peut seul les
« porter encore; nous n'en voulons pas d'autres. — Le
« duc d'Orléans s'est prononcé; il accepte la Charte
« comme nous l'avons toujours voulue et entendue. —
« C'est du peuple français qu'il tiendra sa couronne.»

Pendant qu'on disposait ainsi de lui à Paris, le duc d'Orléans restait dans l'isolement à Neuilly avec sa famille. Non-seulement il n'avait eu, à l'approche des événements, aucun rapport avec les hommes engagés à un titre quelconque dans le mouvement ; mais il avait si peu prévu ce qui allait arriver, que de tous les officiers de sa maison il n'avait alors près de lui qu'un seul aide de camp, M. de Berthois. Les quatre autres, MM. Atthalin, de Rumigny, d'Houdetot et de La Rochefoucault, étaient en congé dans leurs départements[1]. Son fils aîné, M. le duc de Chartres, était à Joigny, à la tête du 1er régiment de hussards, dont il était le colonel. Il y a plus : tous les préparatifs étaient faits pour le séjour d'été au château d'Eu, où la famille d'Orléans devait se rendre sous quelques jours, et où le marquis de Strada, commandant les écuries, avait déjà emmené les chevaux. Enfin, c'est le 30 au matin, c'est-à-dire lorsqu'il n'avait plus rien à craindre de Saint-Cloud, où l'abattement avait succédé à la fièvre, que le duc quitta secrètement Neuilly pour le Raincy, afin de n'être pas à la merci des Parisiens. Il ne voulait pas plus, il l'avait dit, subir les violences du peuple que celles de la Cour, et s'il ne croyait pas pouvoir longtemps se dispenser de paraître, il entendait du moins rester libre de ne le faire que quand il le jugerait opportun.

Il n'y a donc eu, chez le duc d'Orléans, ni prévision de la catastrophe qui allait mettre la monarchie en péril, ni dispositions combinées pour la conduire à un dénoûment prémédité, ni concert avec les hommes qui eurent une part d'influence sur les événements. Le duc d'Orléans

---

[1] Nous avons sous les yeux plusieurs lettres écrites, pendant le mois de juillet 1830, par le duc d'Orléans à M. de Rumigny, son aide-de-camp. Nous en publions quelques-unes (voyez la note J à la fin du volume). On verra, en les lisant, combien ce prince était éloigné de prévoir le coup d'État, et de quels soins était occupé, le jour même où se signaient les Ordonnances, celui à qui les Ordonnances devaient donner un trône.

laissa faire une révolution qu'il ne lui avait pas été donné de prévenir, et qu'il aurait d'ailleurs vainement essayé d'empêcher. Trop convaincu de son bon droit pour la combattre, trop rapproché du trône pour vouloir la seconder, il s'abstint.

Sa conduite, sa neutralité durant ce terrible débat, ont été bien diversement jugées. Les uns l'ont accusé d'avoir trahi la révolution, en ne se mettant pas à sa tête au moment du combat, et en ne venant plus tard s'y associer que pour la confisquer. Les autres lui ont fait un crime de n'être pas accouru mettre son épée au service du Roi.

Le duc d'Orléans devait, dit-on, accourir à Saint-Cloud. — Le duc d'Orléans n'avait pas été appelé près du Roi, et il lui était permis de n'être pas rassuré sur la manière dont il y serait reçu. Charles X, il est vrai, avait pour lui des sentiments affectueux; mais, en politique, le duc d'Orléans était, pour la Cour et pour Charles X lui-même, « un ennemi. » Il était, en effet, le premier et le plus élevé de ces libéraux accusés hautement de s'être mis en révolte contre les droits de la Couronne. Or, le duc d'Orléans avait, dans ses souvenirs, des raisons qui devaient le rendre circonspect. Il avait entendu un jour l'apologie du meurtre du duc de Guise, dans des circonstances qui donnaient à l'allusion le caractère d'une menace directe. Il savait, en outre, que, dans l'entourage du Roi, des haines furieuses étaient soulevées contre lui; que des projets d'enlèvement et de séquestration avaient été formés, et que le Roi avait dû user de son autorité pour en empêcher l'exécution. Au lieu d'être accueilli à Saint-Cloud comme un auxiliaire, n'avait-il pas à craindre d'y être appréhendé comme prisonnier, gardé comme otage, et de s'y voir, en définitive, rendu responsable des chances de la guerre?

D'ailleurs des considérations plus hautes devaient le

retenir. Si Charles X avait été attaqué dans l'exercice légitime de son autorité, la place d'un prince du sang aurait été à ses côtés. Mais en portant la main sur les libertés de la nation, le Gouvernement de Charles X n'avait laissé à personne ni le devoir, ni le droit de le défendre. Le duc d'Orléans n'avait jamais dissimulé sa pensée sur le système qui s'était résumé dans les Ordonnances. Il l'avait blâmé; il l'avait déploré. Il ne croyait pas qu'en aucun cas il appartînt au roi de France de se mettre au-dessus ou en dehors de la Charte. Or, comment la question était-elle posée par les événements de juillet ? Il y avait d'un côté le Roi, de l'autre la Charte, c'est-à-dire la nation. Qu'eût fait le duc d'Orléans en se rendant près du Roi? Il aurait pris parti pour le Roi contre la France; il aurait, donnant un démenti à tous ses principes et à sa vie entière, épousé le système des Ordonnances; il aurait oublié qu'il était citoyen pour se rappeler seulement qu'il était né prince.

Les devoirs du patriotisme ne varient pas avec le rang des individus. Le titre de prince rehausse et n'efface pas le titre de citoyen; et il n'est pas de loi morale qui oblige jamais un prince à tourner ses armes contre son pays, pour soutenir d'injustes prétentions de famille. Mais il n'en est pas non plus qui le condamne jamais à tirer l'épée contre sa propre famille. Le duc d'Orléans avait compris qu'une démarche, une parole de sa part, venant encourager les Parisiens, suffirait pour précipiter le cours de la révolution. Il n'a pas fait cette démarche; il n'a pas dit cette parole.

Aller à Saint-Cloud, c'eût été trahir la France; aller à Paris, c'eût été détrôner le Roi. Le duc d'Orléans resta à Neuilly.

Mais quand, la question vidée entre Charles X et la

France par la victoire du peuple, il n'y eut plus en présence que l'ordre et le désordre ; quand, pour se préserver de l'anarchie, la France fit appel au duc d'Orléans, le duc d'Orléans ne lui fit pas défaut. La couronne, tombée du front de Charles X, fut, il est vrai, placée sur sa tête. De ce qu'il l'a reçue quand elle n'appartenait plus à personne, doit-on nécessairement induire qu'il l'avait convoitée quand elle était à Charles X ? Telle est peut-être la logique de la haine ; ce n'est pas celle de l'histoire.

Quant aux raisons qui ont porté sur le duc d'Orléans les préférences et les espérances du pays, la première était sa naissance, sans doute. Mais il en était d'autres encore. Celles-ci sont indiquées dans ces paroles qu'attribue à M. Laffitte, l'un des écrivains les moins suspects de bienveillance pour la monarchie de 1830 : « Le prince a des vertus privées, qui sont pour moi une suffisante garantie de ses vertus publiques. Sa vie est exempte des impuretés scandaleuses qui ont souillé celle de tant de princes. Il se respecte dans sa femme ; il se fait aimer et craindre de ses enfants... Ce n'est pas de l'intérêt personnel du prince qu'il s'agit ici ; il s'agit de l'intérêt du pays menacé de l'anarchie. Je n'examine pas si la situation du duc d'Orléans est pénible pour son cœur, mais si son avénement est désirable pour la France. Or, quel prince est plus libre des préjugés qui viennent d'entraîner la ruine de Charles X ? Quel prince a fait plus hautement profession de libéralisme ? »

C'est le vendredi, 30 juillet, au point du jour, que M. Laffitte s'exprimait ainsi, en répondant à M. le baron de Glandevès, qui était venu lui proposer d'organiser un conseil de régence pour attendre la majorité du duc de Bordeaux. Or, à cette époque, ni Charles X, ni le Dauphin n'avaient abdiqué ; ils étaient fort éloignés d'en avoir la pensée. Pour qu'un serviteur de Charles X, aussi dévoué que l'était le gouverneur des Tuileries, prît sur lui de parler d'une régence, il fallait que la situation de la branche aînée fût jugée bien désespérée.

Cette conversation était restée sans résultat, et le départ de M. de Glandevès venait d'y mettre fin, lorsque les députés commencèrent à arriver chez M. Laffitte. Quelques-uns apportaient la proclamation dont on a raconté plus haut l'origine. Elle avait toutefois subi, depuis la veille, une notable modification. Le dernier paragraphe jugé, après plus mûre réflexion, trop affirmatif, avait été remplacé par celui-ci :

« Le duc d'Orléans ne se prononce pas. Il attend notre
« vœu. Proclamons ce vœu, et il acceptera la Charte
« comme nous l'avons toujours entendue et voulue. C'est
« du peuple français qu'il tiendra sa couronne. »

Déchéance de Charles X, condamnation de la République, titres du duc d'Orléans, drapeau tricolore, monarchie constitutionnelle, souveraineté nationale, tout se trouvait dans les quelques phrases de cette proclamation, sous une forme concise, saisissante, propre à se graver dans toutes les mémoires. L'effet en avait été immense. M. Béranger, qui vint de grand matin chez M. Laffitte, lui dit en entrant : « On ne parle plus, dans Paris, que de votre prince ; son nom est dans toutes les bouches. Savez-vous du moins où le trouver ? »—« Hier, répondit M. Laffitte, il n'avait pas quitté Neuilly ; j'ignore s'il y est encore. » Le prince était toujours à Neuilly ; il n'en partit pour le Raincy que vers dix heures, mais M. Laffitte n'en fut informé que plus tard.

La combinaison, qui, en élevant le duc d'Orléans sur le trône, promettait une fin prochaine à la révolution, n'était pas de nature à satisfaire la partie jeune et aventureuse des combattants. Ceux-ci, jaloux de l'autorité qu'ils exerçaient sur les masses, avaient pris goût au gouvernement de la place publique, et se sentaient attirés vers la forme républicaine. Une propagande active, habile, se faisait parmi les groupes populaires. Cette propagande trouvait concours et encouragement au sein même de la Commission municipale, où l'humeur ambitieuse de M. Mauguin et la fougue plébéienne de M. Audry de Puyraveau tendaient à donner à un simple conseil d'administration les allures saccadées et impétueuses d'un Gouvernement révolutionnaire. On travaillait à enivrer la foule de l'orgueil de sa victoire. D'anciens membres de la *Charbonnerie,* des jeunes gens qui s'étaient signalés par leur ardeur dans le combat, se répandaient dans les rues, sur les places, partout où les oscillations de la population leur offraient un auditoire. Ils haranguaient le peuple ; et, sans prononcer encore le mot de république qui n'eût été entendu qu'avec épouvante, s'efforçaient du moins d'exciter des défiances contre la prompte reconstitution de la monarchie. Leurs exhortations ne restaient pas sans effet sur ces intelligences incultes, parmi ces ouvriers tout fiers d'être jugés aptes à décider des affaires de l'État. Aussi vit-on des hommes du peuple arracher les proclamations proposant la royauté du duc d'Orléans. D'autres en accueillirent la lecture par des sifflets. D'autres encore s'étaient mis en surveillance autour de l'hôtel de M. Laffitte, où on leur avait dit que M. de Mortemart était attendu, et saluaient les députés qui entraient des cris répétés de *Plus de Bourbons ! Plus de Bourbons !* Dans quelques groupes, on ne parlait de rien moins que de recommencer la bataille contre les partisans d'une nouvelle monarchie.

Il faut aussi mentionner, mais pour mémoire seulement quelques efforts qui furent faits alors, dans le but de réveiller les sympathies en faveur de l'Empire. Le bonapartisme ne comptait pas sérieusement dans le mouvement des esprits. Les soldats de l'Empire peuplaient encore, il est vrai, l'armée, les ateliers et les campagnes; mais l'Empereur était mort à Sainte-Hélène; son fils était à Vienne! Le bonapartisme était un souvenir de gloire, une superstition populaire si l'on veut; il n'était pas une opinion politique. De tous ceux qui pleuraient l'Empereur, bien peu auraient voulu le rétablissement des institutions de l'Empire. Un buste en plâtre au coin du foyer, une image suspendue à la muraille étaient l'expression d'un hommage qui s'adressait au héros, et non d'une prédilection pour un régime qui avait laissé peu de regrets. Le bonapartisme était même resté surtout populaire parce que les libéraux s'étaient fait, de la gloire de nos armes, un moyen de guerre contre la Restauration. Les manifestations impérialistes tentées par quelques groupes, dans les journées de juillet, n'eurent, en réalité, aucune importance.

Il n'en était pas de même de la République. D'immenses dangers pouvaient sortir du travail de propagande entrepris sur les masses armées, si on laissait à des meneurs actifs et audacieux le temps de leur persuader qu'après s'être battues pour défendre la Charte, elles avaient maintenant à se battre pour la détruire. Une révolution jusqu'alors essentiellement conservatrice se serait bientôt transformée en un bouleversement démagogique. Cette observation avait frappé les députés; ils s'alarmaient à bon droit des dispositions qui commençaient à se manifester parmi les combattants de la veille. Pour garder le gouvernement monarchique, il ne s'agissait plus seulement de sauvegarder les principes et le droit constitutionnel; il fallait surtout se hâter. Aussi, à l'ouverture de la séance, en apprenant que M. de Mortemart n'avait pas encore paru chez M. Laffitte, plusieurs députés, entre autres MM. B. Delessert, Odier et J. Lefebvre, proposèrent-ils de mettre immédiatement aux voix la déchéance de Charles X et l'avénement du duc d'Orléans. M. Bérard remplaçait comme président M. Laffitte, empêché ; il se refusa à poser cette question. « C'est avec maturité, dit-il, que de pareilles matières doivent être traitées. Défendons-nous d'un enthousiasme irréfléchi. J'incline à penser que le choix qui nous est proposé est celui qui nous convient le mieux ; mais il ne peut être adopté qu'après une discussion approfondie.» D'autres membres proposèrent alors, comme moyen de parer au présent sans engager l'avenir, d'inviter le duc d'Orléans à venir à Paris, pour y former un gouvernement intérimaire. La réunion paraissait prête à adopter ce parti; mais le président s'opposa également, et pour les mêmes motifs, à un vote sur ce sujet. Les députés reconnaissaient, du reste, qu'une délibération pour ainsi dire clandestine, dans une maison particulière, ne donnerait pas à leur décision toute la solennité dont elle avait besoin d'être revêtue. Ils résolurent, en conséquence, de transporter leurs séances au Palais législatif, et de s'y réunir à midi; puis ils se séparèrent. C'est en retournant chez lui que M. Bérard avait rencontré M. de Mortemart et avait eu, avec le ministre *in partibus*, l'entretien qui a été rapporté au chapitre précédent.

Cette courte séance avait été marquée par un incident qui a toute la couleur de l'époque. Pendant la délibération, un inconnu s'était introduit dans l'assemblée. C'était le *général* Dubourg qui, se trouvant effacé à l'Hôtel de Ville par le général Lafayette et la Commission municipale, avait eu l'idée de venir retremper son importance dans la réunion des députés. Il avait ajouté une cravache à son accoutrement d'emprunt. Invité par le président à se retirer, il n'en tint compte et voulut haranguer l'assemblée. Le président n'ayant pas de sonnette, essaya de lui couper la parole, en parlant en même temps et plus haut que lui. Le *général* Dubourg s'obstina, et pendant quelques instants il s'ensuivit une lutte bizarre, chacun s'efforçant de dominer la voix de son adversaire. Enfin sur la menace de se voir expulser par la garde nationale, le *général* Dubourg se résigna et sortit.

La gravité des questions sur lesquelles ils allaient avoir à prononcer n'avait pas seule déterminé les députés à s'entourer d'une solennité officielle. Ils avaient été mus aussi par la nécessité de dresser leur pouvoir constitutionnel en face de l'Hôtel de Ville, dont l'attitude leur inspirait de sérieuses inquiétudes. L'Hôtel de Ville, en effet, n'était plus déjà le siège d'une autorité tutélaire et modératrice ; il était devenu un foyer démagogique. La Commission municipale s'était presque entièrement absorbée dans M. Mauguin qui, seul, savait et osait vouloir, mais qui voulait trop, et qui, au lieu de travailler à enrayer la révolution, s'occupait surtout de lui frayer un passage. M. Audry de Puyraveau, plus impétueux encore que M. Mauguin, subissait sa supériorité intellectuelle, et comme il arrive aux esprits étroits, se jetait tête perdue dans la direction où le poussaient ses goûts et ses affinités. M. de Schonen, qui ne le cédait à aucun autre pour la violence du langage, était aussi nul pour le conseil que pour l'action. Le général Lobau, si résolu à la tête d'une armée, se trouvait dépaysé à la tête d'une administration. M. Casimir Périer était réduit, par son isolement, à une force négative, insuffisante dans un pareil tourbillonnement d'hommes, de choses et d'idées. A côté, ou plutôt au-dessus de la Commission, M. de Lafayette était non le chef, mais le centre d'un pouvoir multiple, tumultueux, indéfinissable, ressortissant à la foule et s'exerçant par la cohue. C'était comme un ressouvenir de la Commune de Paris, où fermentaient de brûlantes passions, où s'exaltaient de folles têtes, où une convulsion de la place publique pouvait suffire à substituer à l'habit brodé d'un général gentilhomme et au frac des aides de camp, la hideuse carmagnole du sans-culotte.

« Quel tableau à faire que celui de ce mouvement perpétuel de l'Hôtel de Ville ! s'écrie l'un des hommes qui avaient pris place dans cette étrange oligarchie. Quels hommes y sont venus ! quelles pétitions y sont arrivées ! Intrigue ! Intrigue !.... A vrai dire, le général Lafayette et ceux qui agissaient en son nom, étaient le seul gouvernement réel. Là venaient les nouvelles, là se présentaient les députations; mais le général montrait une trop facile condescendance pour ses collègues. Les représentations ne lui manquèrent pas cependant. Il vint des députés des barricades, braves amis, camarades du peuple. Ils parlèrent haut, ils avaient l'arme au poing. On les ménagea, on leur fit des promesses [1]. »

Abandonnée par le laisser-aller de M. de Lafayette, aux mains d'une multitude de subalternes, l'autorité était partout, la direction, la responsabilité nulle part. Chacun parlait, agissait, commandait, dans cette Babel, au nom de cette ombre de dictateur, qui recevait les fumées sans accepter les fatigues du pouvoir. Un des mille *patriotes* qui se décoraient du titre d'aides de camp du général Lafayette, poussa la fantaisie jusqu'à lancer des mandats d'amener contre des députés, et entre autres contre

[1] Armand Marrast, *Document pour l'histoire de France.*

M. Périer, membre de la Commission municipale. Deux hommes disaient avoir vu M. Périer dans un cabriolet « se dirigeant vers Saint-Cloud. » Il n'en fallut pas davantage ; M. Armand Marrast dicta sur-le-champ « et fit signer » l'ordre d'arrêter M. C. Périer et de le conduire à l'Hôtel de Ville. Pareil ordre fut donné contre un autre député, M. Arthur de la Bourdonnaye, « qu'on avait rencontré le soir assez tard vaguant dans la campagne du côté de Montrouge [1]. »

La loi des suspects n'était pas encore rétablie ; mais on s'en passait. M. de Lafayette laissait faire, et signait les ordres, probablement sans les avoir lus.

Ainsi s'exerçait le pouvoir aux mains de M. de Lafayette. Les « braves amis du peuple » s'en partageaient, en les exagérant, toutes les attributions. Ils commandaient à Paris, en attendant qu'ils régnassent en despotes sur la France. Aussi la nouvelle que les députés tournaient les yeux vers le duc d'Orléans fit-elle éclater parmi eux une véritable fureur. Quelques-uns coururent à M. de Lafayette, pour lui remettre en mémoire ses engagements d'autrefois envers la Charbonnerie, et l'adjurer, s'il ne voulait voir recommencer la guerre, de ne pas permettre le rétablissement de la monarchie. Parmi ceux-ci, on remarquait à ses emportements M. Pierre Leroux, qui s'est fait un nom plus tard par ses folles rêveries de reconstitution sociale. D'autres se rassemblèrent dans les salons du restaurateur *Lointier*, afin de se concerter sur les moyens de faire avorter cette « intrigue, » et, suivant leur langage, de conserver « au peuple le fruit de sa victoire. » Dans le nombre, se trouvaient MM. Bastide, Trélat, Hubert, Guinard, etc. On délibérait le fusil à la main, la co-

---

[1] Armand Marrast, *Document pour l'histoire de France*.

lère au cœur, la violence à la bouche. Ces zélés protecteurs du peuple n'admettaient pas que l'on décidât sans eux de la forme du gouvernement; ils admettaient moins encore que l'on osât songer, pour la France, à un autre gouvernement que la République. Eux seuls savaient, à eux seuls il appartenait de dire ce qu'il fallait au peuple. Le peuple, c'est-à-dire les ouvriers de Paris, le peuple, en combattant les soldats de Charles X, avait sauvé les institutions; à lui donc d'en disposer à sa guise. Cette manière de raisonner n'était pas nouvelle; elle avait été en usage chez les prétoriens du Bas-Empire.

Restait à persuader au peuple qu'il désirait la République; c'est dans cette intention que les républicains s'efforçaient d'éloigner toute solution, et qu'ils avaient organisé des clubs.

La *Réunion Lointier* était le centre directeur avec lequel correspondaient les autres *comités*. Là se rencontraient les chefs du parti. Quelques partisans de la monarchie constitutionnelle s'y présentèrent pour tâcher de ramener à leur opinion les hommes de bonne foi. Ils ne purent s'y faire écouter. Les cris, les injures, les menaces leur coupèrent la parole. M. Béranger, le poëte aimé de la foule, pour avoir prononcé quelques mots de bon sens et de froide raison, fut brutalement apostrophé. Un autre orateur fut couché en joue. Le président lui-même, M. Chevallier, ayant exhorté ses amis à la modération, se vit accuser de trahir la cause du peuple.

Dans le but de faire échouer la combinaison qui avait pour objet la royauté du duc d'Orléans, la *Réunion Lointier* décida qu'une adresse serait portée à l'Hôtel de Ville par une commission. Cette adresse était beaucoup plutôt un ordre que l'expression d'un vœu. On y disait :

« Le peuple, hier, a reconquis ses droits sacrés au prix

« de son sang. Le plus précieux de ces droits est de choi-
« sir librement son gouvernement. La reconnaissance
« due aux braves citoyens qui ont repoussé les soldats
« égarés par des ordres sacriléges, impose le devoir de
« les soustraire eux-mêmes à toute influence qui pour-
« rait égarer leur opinion et refroidir demain leur zèle
« pour la véritable cause, la liberté. Il faut donc, Mes-
« sieurs, empêcher qu'aucune proclamation ne soit faite
« qui déjà désigne un chef, lors même que la forme du
« Gouvernement ne peut être déterminée.... »

La députation ayant été nommée, M. Hubert, chargé
de remettre l'adresse, la place entre le canon et la baguette de son fusil, et l'on se rend à l'Hôtel de Ville.
Les délégués se présentent au général Lafayette, qui les
accueille avec son empressement accoutumé. M. Hubert
lui donne lecture de l'adresse; puis lui montrant sur les
murailles les traces des balles populaires, l'engage, d'une
voix accentuée « et même un peu impérieuse, » à ne pas
laisser confisquer les fruits de la victoire, et le presse de
proclamer sa dictature, pour préparer les voies au Gouvernement du peuple.

C'était provoquer M. de Lafayette sur un terrain où il
était peu jaloux de s'avancer. S'enivrer de l'âcre saveur des
hommages plébéiens, voir arriver à lui députations sur
députations, recevoir les rudes combattants de la rue dans
les salons dorés de l'Hôtel de Ville, et déployer pour les
captiver toutes les séductions de sa politesse de gentilhomme; entendre gronder autour de lui le murmure de la
cohue, les voix rauques de la foule mêlées au bruit des armes qui s'entrechoquent et au grincement des sabres sur les
pavés : voilà dans quelles limites M. de Lafayette caressait
la révolution. Aller au delà, il ne le voulait pas; et il n'é-
tait pas plus disposé à lancer les événements sur la pente

d'un nouveau 21 janvier, qu'à prendre une seconde fois le chemin des cachots d'Olmütz.

Déjà, à cette heure, M. de Lafayette avait été pressenti relativement au duc d'Orléans, par M. Charles de Rémusat, mari d'une de ses petites-filles. Le général avait paru d'abord peu porté à se rallier à une solution qui devait le reléguer si tôt au second rang. Il hésitait à se prononcer. Mais M. de Rémusat l'avait placé d'un mot en face de la réalité : « Si le duc d'Orléans vient à Paris, lui avait-il dit, il sera roi dans huit jours. S'il n'y vient pas, vous serez, dans trois jours, président de la République. Êtes-vous prêt à accepter ce fardeau et cette responsabilité? » Le général avait promis de ne pas faire obstacle au duc d'Orléans.

Du reste, M. de Lafayette aurait vainement cherché à se faire illusion. Deux jours d'expérience lui avaient prouvé que la condition d'un chef de révolution n'est pas de commander à la foule, mais de lui obéir. L'étude constante de M. de Lafayette était de ne pas engager son autorité, afin de ne pas la voir méconnue. Il avait du sang-froid; il excellait à se tirer, par la présence d'esprit, par une adroite diversion, des positions embarrassantes. C'est ainsi qu'il sut, sans y répondre par un refus, échapper à ce qu'il y avait d'excessif dans les injonctions de la *Réunion Lointier*. Et comme un des délégués lui faisait entrevoir la perte de sa popularité, s'il ne se hâtait de prendre la dictature dans l'intérêt de la République, il répondit : « La popularité est un trésor précieux; mais comme tous les trésors, il faut savoir le dépenser pour le bien du pays. » Le mot était heureux. Il permit à M. de Lafayette de se borner à transmettre par une lettre, à la réunion des députés, le vœu consigné dans l'adresse.

Son habileté avait été mise, peu d'instants auparavant,

à une plus difficile épreuve, et en était sortie avec un égal succès. Voici dans quelles circonstances :

En apprenant l'insurrection de Paris, le jeune duc de Chartres était parti de Joigny pour rejoindre sa famille à Neuilly. Le prince était accompagné de M. de Boismilon, secrétaire de ses commandements, et de M. le général Baudrand. A l'entrée du village de Montrouge, la voiture fut arrêtée; le prince fut reconnu, et contraint d'entrer dans une auberge, où il fut retenu sous la surveillance de quelques hommes du peuple. Il fit venir le maire. Ce magistrat, sans rien changer à la décision populaire, offrit du moins au duc un asile plus convenable dans sa maison. La population ne témoignait pas de dispositions malveillantes; elle ne refusait même pas au prince les égards et la déférence dus à son rang; mais elle ne voulait s'en dessaisir que sur un ordre du Gouvernement provisoire. M. de Boismilon dut aller chercher cet ordre à Paris. Il reçut, à cet effet, une lettre du maire pour le général Gérard, et on lui adjoignit, sur sa demande, le capitaine de la garde nationale de la commune. A Paris, M. de Boismilon apprit que ce n'était pas au général Gérard, mais au général Lafayette qu'il devait s'adresser. Arrivé à l'Hôtel de Ville, le messager eut à faire de pénibles efforts pour s'ouvrir un passage à travers la foule des *patriotes*. Arrêté à chaque pas, obligé de parlementer avec les uns, de répondre aux questions des autres, de détourner les soupçons de tous, il parvint enfin près du général Lafayette. Il le trouva littéralement gardé à vue par une nuée de jeunes gens, devant lesquels il dut exposer l'objet de sa démarche. M. de Lafayette ne voyait aucune raison de priver le duc de Chartres de sa liberté; il s'en exprima dans ce sens. Mais les républicains de son entourage avaient rapidement entrevu quelle force leur donnerait la possession d'un pareil otage. Ils représentèrent bruyamment que l'intérêt public commandait de garder le captif; que la révolution aurait en lui une garantie contre ceux qui déjà travaillaient à l'étouffer. Chacun émettait son avis, disait ses raisons; tous parlaient ou criaient à la fois. M. de Lafayette gardait le silence, et semblait attendre la décision. Pendant que les uns débattaient ainsi la question, d'autres, plus impatients, prenaient le parti d'aller la trancher sommairement, et quittaient furtivement la salle; on verra bientôt dans quelle intention. De son côté, M. Pierre Leroux, prompt à passer du conseil à l'exécution, avait rédigé un ordre de maintenir l'arrestation. Il le présenta à la signature du général. Le moment était critique. M. de Lafayette prit la plume, et jeta les yeux sur le papier. M. de Boismilon suivait d'un regard inquiet tous ses mouvements. Enfin, après quelques minutes de réflexion : « Pour une affaire si importante, dit M. de Lafayette, j'ai besoin de m'entendre avec la Commission municipale ; » et, tenant toujours l'ordre à la main, il entra dans une pièce voisine. Après une absence qui avait laissé aux idées le temps de prendre un autre cours, M. de Lafayette reparut. Il était suivi de M. Comte, l'un de ses aides de camp. Celui-ci, sans autre explication, entraîna M. de Boismilon, et tous deux partirent. M. Comte était chargé d'un message verbal pour M. le duc de Chartres. Il portait, en outre, au maire de Montrouge, un billet du général, rédigé en termes fort ambigus, et dont le sens était que, sous le règne du peuple, la liberté devait être égale pour tout le monde.

Le retour de M. de Boismilon, qu'accompagnait M. Comte, s'effectua sans accident, mais non sans lenteur. Pendant son absence, le prince avait envoyé un courrier à Neuilly, et en avait reçu des nouvelles rassurantes. Libre de ses mouvements, il reprit sans plus tarder la route de Joigny. Il dut à ce prompt départ d'échapper à un danger qu'il ne soupçonnait pas.

Ceux des républicains qui avaient quitté le cabinet de M. de Lafayette après l'arrivée de M. de Boismilon avaient parfaitement deviné les intentions du vieux général. Aussi avaient-ils imaginé de placer le duc de Chartres sous bonne garde. Ils étaient donc allés donner avis de son arrestation à un groupe de combattants qui bivouaquaient sous le péristyle du théâtre des Nouveautés, et qu'ils avaient engagés à s'assurer de sa personne. « C'est un prince ! s'écrièrent ces misérables ; allons le fusiller. » Et ils se mirent en route. Heureusement ils avaient pour capitaine un jeune homme qui, bien que passionné, eut horreur de ce projet d'un lâche assassinat. M. Etienne Arago n'essaya pas d'arrêter ses volontaires ; ils ne l'eussent pas écouté. Il fit mieux ; il feignit de s'associer à leur dessein, et se mit lui-même à leur tête pour les conduire à Montrouge. Mais il eut soin de les retarder dans leur marche sous divers prétextes ; il allongea le trajet par des détours ; il leur fit faire une halte à la barrière du Maine ; en sorte que quand ils entrèrent à Montrouge, le prince venait d'en partir. « Que serait-il arrivé, dit un écrivain démocrate, si M. Etienne Arago avait fait pour perdre le duc de Chartres tout ce qu'il a fait pour le sauver ? Et qui peut dire quelle eût été alors la direction des événements ? » Quiconque sait comment les choses se sont passées quarante années auparavant peut répondre à cette question. En révolution, le crime engendre le crime, le sang innocent excite, sans les assouvir, les appétits sanguinaires. Il n'est pas absolument besoin de guillotiner un roi pour inaugurer le règne des sans-culottes ; fusiller un prince peut y suffire.

Au spectacle des envahissements de l'Hôtel de Ville, en voyant reparaître en germe les traditions de la Commune de Paris, les députés sentaient justement croître leur impatience de mettre fin aux incertitudes de la situation. Les dispositions manifestées dans la réunion qui avait eu lieu le matin chez M. Laffitte ne laissaient aucun doute sur l'accueil que recevrait au Palais Bourbon la proposition de faire appel au duc d'Orléans. Mais jusqu'à quel point pouvait-on compter sur ce prince? Nul ne le savait. Au sortir de la délibération, M. Dupin, accompagné de M. Persil, était parti pour Neuilly, afin de mettre le duc d'Orléans au courant de ce qui se préparait. La conversation qu'il avait eue avec Madame la duchesse et avec Madame Adélaïde ne lui avait rien appris sur les intentions du prince. D'ailleurs M. Dupin n'avait pas informé ses collègues de sa démarche.

Cependant il était très-important d'être assuré de l'assentiment du prince avant la séance annoncée pour midi. Dans une conférence tenue à ce sujet entre M. Laffitte, M. le général Sébastiani, M. le général Gérard et M. Thiers, il fut décidé que M. Thiers irait sur-le-champ à Neuilly pour vider cette délicate question. M. Thiers ne connaissant pas le chemin, M. Ary Scheffer, professeur de dessin des princesses d'Orléans, s'offrit à lui servir de guide. M. le prince de la Moscowa, gendre de M. Laffitte, leur prêta deux chevaux de selle. Un mot d'introduction, signé de MM. Laffitte, Gérard et Sébastiani, fut remis à M. Thiers, qui le cacha dans la coiffe de son chapeau; et ils partirent. Gagner Neuilly par les Champs-Élysées était chose impossible. On savait que c'était principalement dans le but d'empêcher les communications de ce côté, que M. de Lafayette, à l'instigation des républicains, avait fait, depuis le matin, défense générale de laisser sortir du mur d'enceinte. Toutes les issues dans cette direction étaient donc soigneusement gardées. Les deux voyageurs se dirigèrent par les Batignolles. Ils n'en furent pas plus heureux. Le poste de la barrière refusa de leur livrer passage; ils furent arrêtés et conduits à la mairie, où le conseil municipal était en permanence. Ce contre-temps était fâcheux. Il pouvait, en se prolongeant, faire manquer le but de la mission. Il n'était pas d'ailleurs sans inconvénient pour M. Thiers d'être livré aux investigations soupçonneuses du conseil municipal. M. Thiers prit hardiment son parti. Après avoir obtenu du maire un entretien particulier : « Je vais, lui dit-il, vous mettre dans la confidence d'un secret d'État, et vous jugerez quels intérêts considérables dépendent de la manière dont vous agirez à notre égard. Je suis envoyé par la réunion des députés près de M. le duc d'Orléans, pour me concerter avec lui sur la marche à imprimer aux événements. Me retenir ici entraînerait d'incalculables conséquences. Voyez si vous voulez en prendre la responsabilité. » Le maire appartenait à l'opinion libérale. Flatté de la confiance qui lui était témoignée, il ne se borna pas à rendre la liberté à ses captifs; il les fit sortir par une porte de jardin où il fit conduire leurs chevaux et leur donna, pour les diriger à travers champs, un domestique à cheval.

M. Thiers et son compagnon s'éloignaient rapidement, lorsqu'au moment de rejoindre la route de Neuilly, ils furent aperçus par des hommes armés, qui leur envoyèrent quelques balles. Ils étaient bien montés, et une course au galop les eut bientôt portés au delà de la grille du château, qui se referma sur eux. Ils furent reçus par M. Oudart, secrétaire de Madame la duchesse d'Orléans, qui introduisit M. Thiers dans le cabinet du duc. M. Scheffer alla attendre dans le jardin, où il trouva les jeunes princesses. Quelques instants après, M. Thiers était en présence de Madame la duchesse d'Orléans.

Celle que la France devait apprendre bientôt à vénérer, à aimer et à bénir comme reine, avait jusqu'alors concentré toute son existence dans les affections et dans la pratique des vertus du foyer domestique. L'éclat d'une couronne n'avait rien qui séduisît son âme pieuse. Au sein de sa brillante et nombreuse famille, rien ne manquait à son bonheur. Elle était plus portée à s'effrayer des dangers et des soucis du trône, qu'à désirer de s'y asseoir par le redoutable jeu d'une révolution.

Quand M. Thiers lui eut fait connaître l'objet de sa démarche, la duchesse ne dissimula pas la douleur qu'éveillait en elle une pareille ouverture. Elle s'en expliqua avec une grande fermeté. Elle rappela les liens de parenté et d'affectueuse reconnaissance qui unissaient sa famille à Charles X; elle fit des qualités et du caractère du Roi un éloge plein de chaleur; elle manifesta enfin son opposition personnelle à l'acceptation d'une offre qui placerait sur la tête de son mari une couronne arrachée au front du Roi dont il n'avait reçu que des témoignages de bonté. M. Thiers respectait et admirait trop sincèrement ces scrupules pour les combattre avec une entière liberté. Il sentait aussi combien il importait au succès de sa mission de faire valoir, devant un esprit moins prévenu, les hautes considérations de nécessité politique qui devaient, dans une si pressante occurrence, prévaloir même sur les plus généreux sentiments. Comme il insistait pour être admis près de M. le duc d'Orléans, la duchesse quitta l'appartement et y rentra bientôt, accompagnée de Madame Adélaïde et de Madame de Montjoie.

Madame Adélaïde, sœur de Louis-Philippe d'Orléans, était une femme d'un grand cœur, d'une forte intelligence.

Élevée, comme tous ceux de sa famille, à l'école de l'adversité, elle s'était montrée supérieure aux plus dures épreuves. Elle avait acquis, à un degré remarquable, dans ses luttes vigoureusement soutenues contre la mauvaise fortune, un jugement sûr, une décision rapide. Attachée à son frère par une affection où elle s'était absorbée tout entière, elle exerçait sur lui une influence justifiée par sa haute et solide raison.

Après avoir reçu l'assurance que le duc d'Orléans était absent, mais que ses paroles lui seraient fidèlement rapportées, M. Thiers fit part à Madame Adélaïde du motif qui l'amenait à Neuilly. Puis, répondant aux scrupules de la duchesse, il fit remarquer que le prince n'était point invité à s'emparer de la couronne de Charles X, mais à relever la couronne de France renversée par le peuple et exposée à être foulée aux pieds par la République. Le duc d'Orléans était resté étranger à la révolution; la révolution s'était accomplie en dehors de lui; c'était un fait consommé. La déchéance de Charles X et de la branche aînée était irrévocable. Le refus du duc d'Orléans ne rendrait pas le trône à Charles X ; il livrerait le pays à la révolution; et, une fois le torrent débordé, il entraînerait bientôt dans un même cataclysme et la branche aînée, et la branche cadette, et la monarchie, et la société tout entière. Même au point de vue étroit de l'intérêt de la famille d'Orléans, son chef n'avait plus à choisir. Il était tenu de se mettre à la tête du mouvement pour le diriger et l'arrêter. Si la révolution restait abandonnée à elle-même, le duc d'Orléans était Bourbon et partagerait le sort des Bourbons. Le libéralisme de ses principes ne le protégerait pas contre d'aveugles colères, qui lui feraient un crime de n'avoir pas apporté l'appui de son bras à la vengeance du peuple. En deux mots, le duc d'Orléans était enfermé par la fatalité de sa situation entre les termes de ce dilemme : la couronne avec ses périls, mais aussi avec la gloire d'un grand dévouement aux intérêts du pays, ou l'émigration avec ses souffrances et ses misères.

Madame Adélaïde ne contesta pas tout ce qu'il y avait de vrai et de déterminant dans ces considérations. La famille d'Orléans avait toujours partagé, dit-elle, les principes que les Parisiens venaient de faire triompher. Elle éprouvait donc pour leur cause les plus vives sympathies. Mais n'était-il pas à craindre qu'un si brusque changement de dynastie ne trompât l'Europe sur le caractère de la révolution, et ne fît attribuer à des intrigues ambitieuses un événement qui n'avait sa source que dans le soulèvement de la conscience publique? Or, qu'arriverait-il de la liberté, si les puissances qui avaient fait de la restauration de la monarchie traditionnelle la condition de la paix, formaient une nouvelle coalition contre la France?

M. Thiers s'attacha à démontrer que ces appréhensions étaient sans fondement. Les périls dont la Couronne était environnée étaient assez grands pour que personne ne soupçonnât le duc d'Orléans de l'avoir recherchée à de pareilles conditions. Quant à l'Europe, loin de songer à faire marcher ses armées, elle n'aurait qu'à se féliciter de voir la France sortir, en quelques jours, par une reconstitution monarchique, d'une révolution qui aurait pu ébranler tous les trônes, agiter toutes les nations. L'Europe ne voulait ni de la République avec sa propagande, ni de Napoléon II réveillant les ambitions et les passions guerrières de l'Empire. Elle saurait gré au duc d'Orléans d'avoir déjoué, au profit de la monarchie, les espérances des partisans de la République et de ceux d'une résurrection de l'Empire. Si pourtant il fallait se résigner à la guerre, eh bien! la France ferait la guerre;

et mieux valait pour elle, en tout cas, la guerre étrangère que l'anarchie avec la guerre civile.

Les deux princesses avaient écouté M. Thiers avec une religieuse attention. Madame la duchesse d'Orléans, dominée par des impressions toutes de sentiment, résistait encore. Mais Madame Adélaïde avait été frappée de la puissance des motifs développés par M. Thiers. Elle les reprit elle-même, et les résuma avec force et précision. Puis, par une détermination soudaine, elle prit sur elle de répondre du consentement de son frère, et autorisa M. Thiers à en porter l'assurance aux députés.

C'était beaucoup; ce n'était pas assez encore. Au milieu d'une population travaillée par un parti audacieux, le succès pouvait être compromis par le moindre retard. M. le duc d'Orléans était au Raincy, et peut-être, avant qu'il ne fût prévenu, le moment opportun serait passé. M. Thiers demanda donc à Madame Adélaïde si, cela étant jugé nécessaire, elle consentirait à devancer le prince à Paris. « J'irai, lui répondit-elle avec dignité; j'irai. Enfant de Paris, j'associerai ma destinée à celle des Parisiens. Je ne suis qu'une femme, qu'importe que je me compromette? N'est-il pas tout naturel, d'ailleurs, qu'une sœur expose sa vie pour son frère? Que M. Laffitte ou M. Sébastiani viennent me chercher, je les suivrai. » — « Madame, dit alors M. Thiers, en saisissant avec un respectueux empressement la main de la princesse, votre courage aura placé la couronne sur la tête de vos neveux. »

Il fut convenu que M. le duc d'Orléans serait immédiatement informé de cet entretien. A cet effet, M. Thiers rédigea, sous les yeux des princesses, une note où il énuméra sommairement les principales raisons qui faisaient au prince une loi d'accepter la couronne. Cette note fut remise à M. Oudart, qui partit pour le Raincy; et M. Thiers reprit, avec M. Scheffer, la route de Paris.

En même temps qu'il avait accrédité M. Thiers à Neuilly, M. Laffitte, sur la demande qu'étaient venus lui en faire deux habitants de Rouen, MM. Barbet frères, avait envoyé dans cette ville M. Armand Carrel, pour diriger l'insurrection, qui déjà y avait éclaté, et prendre le commandement de la garde nationale. Des communications de même genre arrivaient de toutes parts, soit aux députés, soit à l'Hôtel de Ville. Ainsi la révolution marchait; et le terrain allait se rétrécissant sous les pas des derniers défenseurs d'un accommodement.

En quittant M. Bérard, après lui avoir promis de se présenter, à midi, au palais de la Chambre des députés, M. de Mortemart s'était rendu au palais du Luxembourg. Il y était attendu par M. de Sémonville et par quelques pairs, au nombre de vingt environ. Là se trouvaient MM. de Coigny, de Massa, de Valmy, de Broglie, de Tarente, de Choiseul, de la Roche-Aimond, Maison, de Dreux-Brézé, Collin de Sussy, d'Haussonville, Pasquier, de Pastoret, Molé, et quelques autres. Le projet de M. de Mortemart était, après avoir constitué officiellement son pouvoir, de porter lui-même les ordonnances à l'Hôtel de Ville, et d'y traiter, au nom du Roi, de la pacification générale. Mais il succombait à la faiblesse et à la fatigue. Peu d'instants auparavant, il avait été pris, dans la rue, d'un évanouissement, et n'était arrivé au Luxembourg qu'en se faisant soutenir. D'ailleurs, ses collègues furent d'avis qu'il ne saurait, sans imprudence, se présenter à l'Hôtel de Ville, où son caractère serait méconnu, et où sa présence compromettrait, plutôt qu'elle ne la servirait, la cause de Charles X. M. Collin de Sussy s'étant offert à le suppléer pour cette démarche, M. de Mortemart lui confia les ordonnances originales, qui devaient être remises à M. de Lafayette, et lui en donna, en outre, une copie certifiée, destinée à être communiquée aux députés.

Le ministre s'occupa ensuite de faire acte public d'administration. Mais, dès la première tentative, son pouvoir vint se heurter contre le pouvoir supérieur de la révolution. M. Sauvo, directeur du *Moniteur*, auquel il donna l'ordre de publier les ordonnances royales, répondit qu'il était dans l'impossibilité d'obéir, ses presses étant sous la surveillance d'hommes armés qui lui avaient été envoyés par l'Hôtel de Ville. On chercha vainement un autre imprimeur qui consentît à se charger de ce travail. Tous reculèrent devant la crainte de voir briser leurs presses. M. de Mortemart fut plus heureux dans l'application d'une autre mesure. Il leva l'état de siége, et envoya une expédition de son ordonnance aux présidents des cours et tribunaux, ainsi qu'aux magistrats des parquets. Tous lui en accusèrent réception, en annonçant qu'ils s'y conformeraient. Le nouveau ministre s'occupa, en outre, des moyens de procurer au peuple, dans des ateliers improvisés, du travail et du pain, et de rétablir l'ordre dans la capitale. Enfin il songea à se mettre en rapport avec le corps diplomatique.

Les nobles pairs se livraient à ces soins divers, lorsqu'un grand tumulte se fit au dehors. Un huissier vint annoncer qu'une foule de jeunes gens entraient dans la cour, et qu'au milieu d'eux se trouvait M. de Chateaubriand porté sur les épaules. C'était, en effet, l'illustre poëte. Il avait été rencontré, près du Luxembourg, par un groupe d'étudiants, qui l'avaient enlevé sur leurs épaules et emporté en triomphe, aux cris de : *Vive le défenseur de la liberté de la presse!* Il entre dans la salle où sont assemblés ses collègues. Son émotion est extrême, son regard rayonnant et comme inspiré, sa démarche solennelle. On l'entoure, on l'interroge; il garde le silence. Il va prendre place dans un coin reculé; et là, replié sur lui-même, étranger à ce qui se passe près de lui, il demeure quelque temps absorbé dans une sorte d'extase. M. de Chateaubriand était trop poëte pour être l'homme des grandes situations politiques. On est peu capable de bien juger les choses dans le monde prosaïque des affaires, quand on est exposé à perdre la tête dans les enivrements d'une ovation de carrefour. Les pensées auxquelles était livré le chantre d'Atala et de Réné ne tardèrent pas à se faire jour. Voyant le ministre et ses conseillers occupés à rechercher les mesures les plus urgentes à prendre, il se rapproche d'eux. « Eh ! Messieurs, leur dit-il, de quoi vous occupez-vous ? Songez, avant toute chose, à sauver la liberté de la presse. » — « Mais le roi, Monsieur le vicomte, et la légitimité ? » — « Le roi ! la légitimité ! Je leur suis plus attaché que personne ; mais ils ne sont pas en péril. Sauvons la liberté de la presse ; et le trône fût-il renversé, je ne vous demande qu'une plume et deux mois pour le relever. » Poussa-t-on jamais à un plus ridicule excès la confiance en soi-même ? L'histoire n'a pas le droit de jeter un voile sur les infirmités humaines ; mais il est douloureux d'avoir à constater, par de pareils exemples, combien il peut y avoir de petitesse d'esprit dans un grand et noble génie.

A l'heure où les choses se passaient ainsi au Luxembourg, les députés se réunissaient au Palais Bourbon, sous la présidence de M. Laffitte. Cette séance forme, à proprement parler, le point de départ de la reconstitution monarchique ; il importe d'en retracer les principaux incidents.

M. Bérard ayant, au début, fait le récit de sa rencontre

avec M. de Mortemart, et annnoncé l'intention manifestée par le ministre de se présenter à la réunion, M. Salverte invita l'Assemblée à examiner s'il y avait lieu de le recevoir. C'était poser indirectement la question de déchéance ; car, en refusant d'écouter le ministre, les députés auraient, par ce seul fait, cessé de reconnaître l'autorité du roi. M. Salverte allait trop vite : la plupart de ses collègues n'en étaient pas encore arrivés à ne plus conserver de doutes sur ce point. Était-ce d'ailleurs sous une forme incidente que cette résolution capitale devait être prise ? M. le général Sébastiani était loin de le penser. « Si M. le duc de Mortemart se présente, dit-il, nous devons le recevoir. Il s'agit de graves, d'immenses intérêts. Il faut examiner quel sera le parti le plus sage et le plus utile à prendre. Pour choisir, il faut connaître sa situation. » Si la réunion avait dû se prononcer par un vote, l'avis de M. Sébastiani aurait évidemment prévalu. Ce sentiment était si général que les plus entreprenants n'osèrent s'y heurter. Ils se bornèrent donc à représenter la discussion comme intempestive, et à en réclamer l'ajournement. « Si M. de Mortemart était présent, dit M. Mauguin, je demanderais qu'il fût entendu. Mais dans un moment où les minutes brûlent, où nous sommes menacés de nouvelles attaques, où peut-être la perte du pays est imminente, nous ne pouvons pas dépendre du bon plaisir de M. de Mortemart. » — « J'appuie l'ajournement, reprend M. Bérard. Je pense, comme M. Mauguin, que d'immenses intérêts doivent nous préoccuper. Ainsi, par exemple, j'appelle votre attention sur les administrations publiques, qui sont toutes abandonnées. Il est nécessaire, urgent, dans l'intérêt du pays, qu'il soit pris des mesures pour faire marcher toutes les parties du service. » Cette proposition, qui laissait toutes choses en l'état, rallia les timides, et la réunion décida « qu'en attendant M. de Mortemart elle s'occuperait de la chose publique. »

Ainsi, pour les députés, jusqu'à cette heure, M. de Mortemart était ministre, et Charles X régnait encore. Hélas! Charles X régnait à Saint-Cloud sur quelques serviteurs inquiets et sur un tronçon d'armée dont il n'osait mettre la fidélité à l'épreuve. M. de Mortemart était ministre dans l'enceinte du Luxembourg, n'ayant pas même d'agent pour porter ses ordres au dehors. Quant à la France, elle n'était plus à Charles X ni à son ministre. Elle était à la révolution, aussi ardente à ne pas la laisser avorter, qu'avide d'en sortir pour se replacer sous l'égide d'un gouvernement régulier. Les députés attendaient l'envoyé du Roi, prêts à l'écouter encore; et pendant ce suprême répit accordé à la royauté suspendue sur l'abîme, M. de Mortemart ne paraît pas! Certes, la dynastie alors était perdue sans retour, et les députés eux-mêmes auraient été impuissants à rouvrir devant elle les barrières de Paris. Mais eût-elle pu être sauvée, qu'elle aurait succombé par le décousu des négociations, par l'espèce de fatalité qui, durant toute cette crise, ne lui permit ni d'agir, ni de parler, ni de se montrer à propos.

La réunion se trouvait naturellement conduite à examiner jusqu'à quel point les attributions de la Commission municipale lui permettaient de répondre aux besoins de la situation. Quelques députés croyaient les pouvoirs de cette Commission trop étroitement limités; d'autres étaient d'avis que son titre même n'était pas assez révolutionnaire, et proposaient de créer, soit dans son sein, soit en dehors d'elle, un *Gouvernement provisoire*. M. Mauguin surtout laissait percer un désir immodéré d'agrandir l'importance de la Commission dont il faisait partie. Mais loin de s'associer aux prétentions de son collègue,

M. le comté de Lobau demanda qu'il ne fût rien changé au titre de la Commission, et que les membres en fussent renouvelés. Après une conversation diffuse, la réunion adopta une résolution par laquelle les attributions de la Commission municipale étaient définies dans les termes suivants :

« La réunion actuelle des députés confirme l'existence
« et les pouvoirs de la Commission provisoire instituée
« sous le nom de *Commission municipale.* — Cette Com-
« mission reste composée des mêmes membres. — Ils
« auront la faculté de s'adjoindre les collègues dont le
« concours leur paraîtrait nécessaire. — En l'absence de
« tout gouvernement dans la capitale, la Commission est
« chargée de veiller à la sûreté, à l'approvisionnement
« de la ville, à la conservation du Trésor et des intérêts
« publics. — Elle est, en outre, autorisée à prendre pro-
« visoirement toutes les mesures nécessaires pour assurer
« la marche et l'expédition des affaires, dans toutes les
« parties de l'administration, et pour organiser les moyens
« de défense. »

Cette délibération avait été fréquemment interrompue par les renseignements apportés aux députés, soit sur ce qui se passait à Saint-Cloud, soit sur les mouvements qui s'étaient opérés dans quelques provinces, notamment dans diverses parties de la Normandie. Elle durait encore lorsque M. Thiers arriva de Neuilly.

Le retour de M. Thiers ne s'était pas effectué sans nouvelles mésaventures. A la barrière du Roule, M. Thiers et son compagnon avaient été contraints de mettre pied à terre et d'abandonner leurs chevaux. A cette condition seulement, on leur permit de rentrer dans Paris. Dans le faubourg, ils furent enveloppés par une troupe de bonapartistes, qui les obligea à crier : *Vive Napoléon II !* et qui leur fit quelque temps escorte, en poussant des clameurs en l'honneur du duc de Reichstadt. Plus loin, ils tombèrent dans un groupe de républicains, et aux cris de *Vive Napoléon II!* succédèrent autour d'eux les cris de *Vive la République!* En sorte que, par un de ces jeux si fréquents dans les révolutions populaires, celui qui venait d'offrir une couronne royale et qui rapportait un roi, était escorté et protégé dans sa marche par les partisans frénétiques de la République ou de l'Empire.

Quand M. Thiers entra au Palais-Bourbon, tout y était confusion, agitation tumultueuse. Les cours, le jardin, les couloirs étaient remplis d'hommes politiques, de journalistes, de combattants, de gardes nationaux, discutant, disputant, interrogeant. Chacun était impatient d'apprendre ce qui se faisait ou se disait. Une lettre avait été adressée au président pour lui demander d'admettre le public à la séance. Les députés eux-mêmes étaient livrés à un va-et-vient continuel de leur banc aux salles d'attente, où ils venaient se rendre compte des impressions du dehors.

M. Thiers fit connaître à M. Laffitte et à M. Sébastiani le résultat de son voyage, l'absence du duc d'Orléans, l'acceptation promise par Madame Adélaïde au nom de son frère, et l'engagement pris par cette princesse de venir à Paris. L'effet de cette nouvelle immédiatement répandue fut rapide comme l'éclair, et le nom du duc d'Orléans, répété à l'extérieur comme à l'intérieur du palais, retentit en joyeuses acclamations.

Pour tous, dès ce moment, sans en excepter ceux qui auraient volontiers tendu la main à la République, le duc d'Orléans était le roi désigné, le roi de l'avenir. Mais une crainte retenait les hommes même dont la conviction était le plus fermement arrêtée. Dans son état actuel, ne comptant qu'une faible partie de ses membres réunis accidentellement, sans convocation, sans caractère officiel, en face des agitations de la rue et des colères de l'Hôtel de Ville, la Chambre pouvait-elle faire un roi? N'y aurait-il pas témérité à vouloir étouffer, par une aussi soudaine, une aussi radicale résolution, la révolution encore toute palpitante ? Sans doute, il ne fallait pas s'attarder dans son indécision ; mais il était dangereux aussi d'aller trop vite et trop loin. Au milieu de ce travail des esprits, M. Ch. de Rémusat, qui attendait, avec tant d'autres, dans la salle des conférences, indiqua, comme station intermédiaire entre la révolution et la monarchie, la création d'une lieutenance générale du royaume. Cette idée répondait à tous les scrupules; elle offrait un moyen de sécurité dans le présent, sans rien lier irrévocablement. Aux uns, elle apportait une garantie contre la République; aux autres, elle donnait le temps de voir la situation se dessiner. En quelques instants elle eut conquis l'assentiment général. Et chaque fois que s'ouvrait la porte qui communiquait des pièces occupées par le public à la salle des séances, des cris de *Vive le duc d'Orléans!* venaient jusqu'au pied de la tribune apporter aux députés le vœu et les encouragements du dehors.

Un seul membre de la droite, M. Hyde de Neuville, siégeait à son banc. Frappé de ce qui devait sortir d'une telle mesure prise révolutionnairement, il essaya de lui conserver un caractère constitutionnel. Il proposa de nommer une commission de cinq membres, qui se réuniraient à pareil nombre de pairs, afin de rechercher en commun « ce qu'il conviendrait de faire pour concilier tous les intérêts et toutes les consciences. » Malgré une vive opposition de MM. Salverte et Bérard, la proposition fut adoptée. MM. Augustin Périer, Sébastiani, Guizot, Benjamin Delessert et Hyde de Neuville, nommés commissaires, partirent aussitôt pour le Luxembourg, et la réunion se déclara en permanence jusqu'à leur retour.

A peine étaient-ils sortis, que M. de Sussy fut introduit. Il venait, de la part de M. de Mortemart, apporter aux députés copie des ordonnances signées le matin à Saint-Cloud. La réunion en autorisa et en écouta en silence la lecture; mais cette lecture ne produisit aucune impression. Le moment propice était passé. Les révolutions ne reculent pas. Pour les arrêter, il faut se jeter au-devant, non se traîner à leur suite. M. de Sussy voulut opérer, entre les mains du président, le dépôt des actes dont il était porteur. M. Laffitte refusa de les recevoir. Après une insistance inutilement prolongée, M. de Sussy se retira.

Le motif de M. Laffitte pour ne pas permettre ce dépôt était, a-t-on dit, la crainte de compromettre les chances du duc d'Orléans. M. Benjamin Constant engagea, de son côté, l'assemblée à éviter tout ce qui pourrait être considéré comme « une reconnaissance même implicite d'un gouvernement renversé par le peuple. » Ces précautions étaient puériles, et c'était attacher beaucoup trop d'importance à une vaine formalité. M. Laffitte eût reçu la copie des ordonnances, que la révolution n'en eût pas été entravée. Son sort n'était pas suspendu à une question de procédés.

Cet incident venait d'être clos par le départ de M. de Sussy, lorsqu'on annonça un message de M. de Lafayette. C'était M. Odilon Barrot, secrétaire de la Commission municipale, qui apportait la lettre écrite par le général pour obéir à l'adresse de la *Réunion Lointier*. Cette lettre, dont le sens impératif était adroitement combiné avec un choix d'expressions adoucies, contenait des observations

« contre la précipitation avec laquelle les députés paraissaient vouloir disposer de la couronne; » elle les invitait à porter avant tout leur attention sur les garanties qui, dans un pacte de cette nature, devaient être stipulées au profit de la nation. M. Odilon Barrot ajouta à cette communication quelques développements oraux. « Le général craint, dit-il, que si l'on créait *à priori* un chef qui ferait ensuite des concessions plus ou moins larges, on ne rentrât dans les théories du droit divin. Il pense que, pour faire cesser tout dissentiment et donner à la révolution ce caractère d'unanimité qui seul peut en assurer la force et la durée, il faudrait commencer par stipuler, en assemblée générale, les conditions désirées par le peuple, et déférer la couronne en même temps qu'on proclamerait ces garanties, »

Pris à la lettre, ceci aboutissait aux assemblées primaires et aux cahiers des états généraux. C'était recommencer 89. M. de Lafayette était, en effet, ramené sans cesse vers cette époque par la séduction de ses souvenirs. Il y aurait volontiers repris les événements, persuadé que la France serait plus sage et lui plus heureux. Mais les députés n'avaient garde de se rendre à ses désirs et à ses conseils de temporisation. Il était trop clair que tout délai profiterait aux républicains, dont on voyait croître l'audace et l'arrogance. Et cette lettre de M. de Lafayette, ces recommandations venues de l'Hôtel de Ville, n'étaient-elles pas, à elles seules, une raison déterminante de ne pas différer ? Aujourd'hui on s'immisçait dans les délibérations de l'assemblée pour leur tracer une marche et leur fixer des limites. Demain n'enverrait-on pas des ordres à la Chambre, si même on ne prenait le parti de lui défendre de délibérer ? Il ne s'agissait pas, d'ailleurs, de disposer encore de la couronne, mais de constituer, en dehors et au-dessus des pouvoirs nés de la révolution, une autorité assez forte pour maintenir l'ordre, en attendant qu'il fût statué sur la question de dynastie. Les dangers d'une plus longue attente frappaient tous les yeux. Non-seulement les excitations dont le peuple de Paris était l'objet faisaient redouter de nouvelles catastrophes, et la situation matérielle de la capitale était telle que tout travail, tout mouvement d'affaires y étaient impossibles; mais la France entière était dans un état non moins périlleux. Partout les administrations étaient renversées; la plupart des préfets avaient été chassés; les autorités municipales étaient désorganisées. Ces considérations ne stimulaient pas seules les députés. Leur impatience était accrue encore par des rapports annonçant que l'armée royale avait fait une démonstration contre Versailles, et que les anciens ministres demeurés à Saint-Cloud délibéraient en conseil sous la présidence du Roi.

Il y avait de la vérité dans ces rapports. Le général Vincent s'était, en effet, porté à la tête de quinze cents hommes de cavalerie sur la ville de Versailles, pour y rétablir l'autorité du Roi. Mais il avait trouvé tous les villages soulevés sur son passage, et la certitude d'avoir la retraite coupée s'il persistait dans son expédition l'avait ramené précipitamment sur ses pas. Quant aux ministres, ils n'avaient pas quitté Saint-Cloud, et bien que le Roi n'eût plus à les consulter officiellement, il est certain qu'il continuait à les recevoir et à leur donner des témoignages de sa confiance.

Les députés durent être d'autant plus frappés de ces faits, que M. de Sussy leur avait donné, de la part de M. de Mortemart, l'assurance que les anciens ministres étaient éloignés et qu'il ne serait fait pour le Roi aucune tentative à main armée. Ils se crurent joués. Le mécontentement, l'irritation gagnèrent les plus calmes. Le plus grand nombre se montrèrent animés de la volonté de mettre un terme aux ménagements. « Vous avez entendu les ordonnances? s'écrie M. Labbey de Pompières. On se croit encore Roi. On vous ajourne au 3 août. On veut gagner du temps, parce qu'on attend des troupes. Je pense, Messieurs, que nous devons user de nos droits, et nous proclamer, dès aujourd'hui, les députés de la France. » Un membre ayant fait observer qu'il conviendrait d'attendre le retour des commissaires envoyés à la Chambre des pairs : « Nous savons d'avance, répond M. Benjamin Constant, ce que la Chambre des pairs vous dira. Elle acceptera purement et simplement la révocation des Ordonnances. Quant à moi, je dis qu'il serait trop commode pour un Roi de faire mitrailler son peuple et d'en être quitte pour dire ensuite : il n'y a rien de fait. Rendez-nous donc les dix mille citoyens que vos satellites ont égorgés. »—« Ce serait perdre notre temps, reprend M. de Laborde, que de discuter s'il convient d'accepter ce qui était. » M. Dupin aîné prend alors la parole : « Paris est dans un état violent, héroïque, qui ne peut pas durer. Qui oserait assurer que vous pourrez maintenir la population? Les rues sont encombrées de barricades, la circulation est impossible. La stagnation des eaux peut devenir une cause active d'insalubrité, et d'ailleurs les séditions peuvent éclater, les partis se former. Il n'y a pas un moment à perdre. Il faut qu'aujourd'hui même quelque chose soit décidé sur l'état de la France. Il faut à tout prix sortir du vague et de l'incertitude dans lesquels on se traîne péniblement. Vous êtes sans gouvernement; il vous en faut un. »—« Il y a, dit à son tour le président, je ne sais quoi d'embarrassé et d'équivoque dans ce qui se passe autour de nous. On ne se conduit pas nettement. Je pense aussi qu'il faut une délibération immédiate. »—« Quant à moi, ajoute M. Kératry, si vous ne décidez rien aujourd'hui, je ne reviens pas demain. »

Enfin, obéissant au sentiment unanime de l'assemblée, le président donna ordre au secrétaire-rédacteur de se rendre à cheval à la Chambre des pairs. Il lui remit pour les commissaires un billet où il leur disait « qu'ils étaient attendus, et qu'on les priait de revenir à l'instant même. »

Les commissaires avaient trouvé au Luxembourg les dispositions les plus sympathiques. M. de Mortemart lui-même, après avoir protesté, comme ministre, contre un acte qu'il tenait pour illégal et attentatoire aux droits de la Couronne, s'était uni, comme citoyen, aux membres des deux Chambres, dans un même désir de conjurer de plus grands malheurs. Cependant, quand fut parvenu à la commission le billet par lequel M. Laffitte l'invitait à revenir, lui faisant savoir que les anciens ministres délibéraient à Saint-Cloud, la gêne et la froideur succédèrent à l'abandon. M. Sébastiani demanda à M. de Mortemart s'il était bien certain que M. de Polignac et ses collègues ne fussent plus près du roi. M. de Mortemart affirma qu'il en avait reçu l'assurance positive avant son départ. Les commissaires se retirèrent alors à l'écart pour se concerter ; et comme ils revenaient prendre congé des pairs, on entendit M. Sébastiani prononcer ces paroles : « C'est un homme d'honneur, incapable d'altérer la vérité ; mais il est dupe. »

De retour au palais Bourbon, M. Sébastiani fit son rapport au nom de la commission. Après avoir rendu justice à la conduite conciliante et aux loyales intentions de M. de Mortemart, il terminait ainsi : « Toutes les combinaisons, toutes les difficultés ont été envisagées. Nous avons fait sentir que, de toutes les mesures, la plus indispensable, la plus urgente, était la réunion des Chambres, mais qu'elle ne pouvait s'opérer avec le chef que les derniers événements ont placé dans une position si fâcheuse. Nous avons cherché une solution. La réunion des pairs l'a trouvée, comme nous, dans une invitation adressée à M. le duc d'Orléans de se rendre à Paris pour y exercer les fonctions de lieutenant général du royaume. Nous espérons que cette mesure aura votre assentiment. »

A ces mots, un mouvement non douteux de satisfaction se manifeste dans toutes les parties de la salle. Chacun demande que la proposition soit mise aux voix sans plus tarder, et le président pose la question dans les termes suivants : « La réunion entend-elle déclarer que les « députés, actuellement rassemblés, ne reconnaissent « d'autre moyen de rétablir l'ordre et la paix que d'appeler le duc d'Orléans au rang de lieutenant général du « royaume ? »

D'un commun élan les députés, à l'exception de trois [1], se lèvent pour l'affirmative. En conséquence de ce vote, MM. Sébastiani et Benjamin Constant sont invités à rédiger immédiatement la déclaration qui devra être portée au duc d'Orléans.

Mais, en constituant le nouveau pouvoir, un grand nombre de membres auraient voulu saisir l'occasion de lui faire les conditions de la révolution. Pendant quelques instants, il y eut un feu croisé de propositions : l'un demande qu'on impose au lieutenant général l'adoption du drapeau tricolore ; un autre veut qu'on réserve qu'il sera ajouté à la Charte un article additionnel ; un troi-

---

[1] Les trois opposants étaient MM. Lepelletier-d'Aulnay, Villemain et Hély-d'Oissel.

sième réclame le renvoi des troupes étrangères. M. Benjamin Constant est d'avis qu'on stipule des garanties, telles que l'organisation des gardes nationales, les élections municipales et départementales, le jury pour les délits de presse, etc. M. Labbey de Pompières prétend qu'on ne saurait faire moins que de rédiger une Constitution nouvelle. M. Lefebvre pense qu'on doit se borner à conserver aux Chambres le droit de réviser, dans leur prochaine session, la Charte constitutionnelle. M. Bertin de Vaux déclare que la Charte ne peut être remise en question. M. de Laborde croit qu'on ferait assez, en disant que le duc d'Orléans est appelé à donner à la France les garanties qu'elle réclame. Enfin M. Benjamin Constant propose de réserver aux Chambres la faculté d'instituer toutes les garanties jugées nécessaires. C'est en effet dans ce sens que fut rédigée la Déclaration dont voici les termes :

« La réunion des députés actuellement à Paris a pensé
« qu'il était urgent de prier S. A. R. Mgr le duc d'Or-
« léans de se rendre dans la capitale, pour y exercer les
« fonctions de lieutenant général du royaume, et de lui
« exprimer le vœu de conserver les couleurs nationales.
« Elle a de plus senti la nécessité de s'occuper sans relâ-
« che d'assurer à la France, dans la prochaine session
« des Chambres, toutes les garanties indispensables pour
« la pleine et entière exécution de la Charte. »

Cette rédaction adoptée, M. Laffitte propose que les noms de ceux qui ont voté cet acte y soient consignés. Mais MM. Salverte, Bérard, B. Delessert, de Corcelles insistent vivement sur la nécessité des signatures, et malgré l'opposition de M. Odier, malgré les terribles souvenirs évoqués par M. de Lameth, il est convenu que la Déclaration sera signée, ceux qui ne voudront pas prendre cette responsabilité restant libres de s'abstenir. « Pour moi, dit M. Villemain, en descendant dans ma conscience, je n'y trouve pas la conviction que mes commettants m'aient donné le pouvoir de changer une dynastie. » — « La question d'un changement de dynastie, répond M. Sébastiani, est entièrement étrangère à l'acte que la réunion vient d'accomplir. Les commissaires ne l'ont pas soulevée, et il n'y a pas lieu, quant à présent, de la traiter. Il s'agit seulement d'adopter un moyen de faire cesser le désordre et le carnage. »

L'assemblée décide ensuite qu'une commission se transportera près du duc d'Orléans, pour lui remettre la Déclaration, et le tirage au sort fait sortir de l'urne les noms suivants : MM. Sébastiani, B. Delessert, Mathieu-Dumas, Gallot, Dugas-Montbel, Duchaffaut, Bérard, Charles Dupin, Kératry, Augustin Périer, Auguste Saint-Aignan.

Un prince du sang lieutenant général du royaume, la Charte et le drapeau tricolore, voilà donc dans quelles limites le pouvoir parlementaire renfermait jusqu'à ce moment les résultats de la révolution. C'était toujours non-seulement la monarchie, mais la monarchie des Bourbons. La reprise des trois couleurs ne brisait pas les traditions de cette monarchie ; car la cocarde tricolore avait été créée pour être le symbole de l'alliance entre les droits de la Couronne et les droits de la nation, et Louis XVI l'avait acceptée et portée comme la consécration visible des grands principes de 89. Le titre de lieutenant général du royaume était un titre tout monarchique. Sans remonter plus haut dans l'histoire, le comte de Provence, avant d'être Louis XVIII, l'avait pris pendant la captivité du roi Louis XVI ; le comte d'Artois, avant d'être Charles X, en avait été investi, en 1814, quand il avait devancé en France le retour du roi Louis XVIII. Enfin la Charte était l'œuvre personnelle du roi Louis XVIII, et la base sur laquelle s'était assis le trône restauré. La décision de la chambre ne tranchait donc qu'une seule question : celle de la suspension ou plutôt de l'interdiction de la branche aînée. Quant aux institutions monarchiques, elle faisait plus que les respecter, elle les confirmait.

Les choses suivaient, à l'Hôtel de Ville, une toute autre direction. Là, tout se faisait désormais sous l'impulsion souveraine des jeunes et ardents sectaires de la République. Le palais regorgeait littéralement de *patriotes*, la plupart hommes du peuple, qui paraissaient y avoir fait élection de domicile, et qui se pressaient dans les cours, dans les salles, dans les couloirs, dans les escaliers. Quiconque avait un fusil, un pistolet ou un débris de fourniment, portait une blouse, une casquette, ou montrait ses bras nus, circulait librement dans toute l'étendue du palais municipal. Mais tout ce qui, par le costume, par le langage, par la physionomie, trahissait une origine patricienne, y excitait les soupçons et les défiances.

M. de Sussy en fit l'expérience, quand il se présenta porteur des ordonnances qu'il devait remettre à M. de Lafayette. Il ne s'avançait qu'avec peine, à travers les appartements encombrés, ne sachant vers quelle partie de l'édifice il devait se diriger; et il ne rencontrait sur son chemin que des gens plus prompts à s'enquérir impérieusement du motif de sa présence, qu'à répondre à ses questions. Il parvint cependant au cabinet de M. de Lafayette. Outre son entourage habituel, le général avait encore près de lui, en ce moment, les commissaires de la *Réunion Lointier*, parmi lesquels se trouvaient un certain nombre d'ouvriers armés. On lui annonce qu'un pair de France demande à lui parler.—« Qu'il entre, » répond le général. M. de Sussy ne pensait pas que les affaires de l'État dussent se traiter sur la place publique. Après avoir jeté un coup d'œil sur l'étrange assemblée au milieu de laquelle il est introduit, il fait remarquer à M. de Lafayette qu'il vient remplir un message de M. de Mortemart, président du conseil des ministres. « Vous pouvez parler, lui dit le général; ces messieurs sont tous de mes amis, je n'ai rien de caché pour eux. »—« Je suis chargé, reprend alors M. de Sussy, de vous remettre cette lettre, et de déposer entre vos mains ces actes, auxquels vous êtes prié de donner la publicité la plus prompte et la plus étendue. Ce sont les ordonnances du Roi qui révoquent celles du 25, et qui nomment de nouveaux ministres. » M. de Lafayette, après avoir lu la lettre de M. de Mortemart, prend les papiers que lui tendait M. de Sussy, les examine un instant, puis les lit à haute voix. Bientôt s'élèvent des murmures, que M. de Lafayette apaise d'un geste moitié amical, moitié impératif. Mais à peine a-t-il terminé la lecture, que des cris furieux éclatent dans la salle. « Qui ose apporter ici des ordres de Charles X? Qui parle de nouveaux ministres de celui que nous avons chassé? Il n'y a plus de roi en France! plus de Bourbons! à bas les Bourbons! à la Seine le messager! » Et déjà quelques-uns de ces hommes d'État des barricades se disposaient à joindre l'effet à la menace. Il fallut se jeter au-devant d'eux pour les en empêcher. M. de Lafayette n'essaya pas, cette fois, d'étouffer l'explosion. S'adressant à M. de Sussy : « Vous entendez? lui dit-il en souriant; c'est la réponse que vous pouvez reporter à M. de Mortemart. »

M. de Sussy fit preuve, en cette circonstance, d'une grande et louable fermeté. Sans se laisser déconcerter, il répliqua qu'il n'avait d'autre réponse à demander qu'un accusé de réception, et l'insertion des ordonnances au *Moniteur*. Il insista pour que cette insertion fût ordonnée. Alors les cris redoublèrent. Des injures, des épithètes outrageantes furent jetées à cet homme que rien ne protégeait. Des gestes pleins de colère faisaient redouter des violences matérielles. Pour mettre fin à cette scène honteuse, M. de Lafayette n'avait d'autre moyen que d'éloigner le messager. « Ce n'est pas à moi, lui dit-il, mais à la Commission municipale qu'il appartient d'ordonner la publication que vous réclamez. » Et M. le général Lobau, que le tumulte avait attiré, entraîna M. de Sussy.

Conduit devant la Commission municipale, dont plusieurs membres étaient alors absents, M. de Sussy lui présente les ordonnances. M. Audry de Puyraveau, après les avoir parcourues du regard, déclare qu'il n'accorde à ces actes aucune valeur, et qu'il ne les recevra pas. Il s'emporte en invectives contre le Roi, en déclamations contre la monarchie, dit que la République est désormais le seul gouvernement qu'accepte le peuple français, et finalement veut obliger l'envoyé de M. de Mortemart à remporter ses papiers. M. de Sussy se défend de les reprendre. La Commission en ayant pris connaissance, il s'en tient, dit-il, pour dessaisi, et ne demande qu'à constater le dépôt qu'il en a fait. « Nous ne voulons pas de ces papiers, s'écrie M. Audry de Puyraveau, et vous ne sortirez pas d'ici sans les emporter. » En cet instant, la porte de la salle s'ébranle sous des coups redoublés. C'étaient les délégués de la *Réunion Lointier* qui, jaloux de savoir ce qui allait se faire ou se dire entre la Commission et le messager royal, avaient suivi les pas de ce dernier. Comme ils avaient trouvé la porte fermée, ils s'étaient mis en devoir de l'enfoncer à coups de crosse de fusil. On leur ouvre ; ils se précipitent dans la salle, le geste arrogant, l'insolence dans le regard. M. de Sussy veut se retirer ; mais les républicains lui barrent le passage et l'obligent à entendre leur adresse, dont M. Hubert commence, d'une voix retentissante, une seconde lecture. La lecture achevée, et pendant que M. Odilon Barrot s'efforce de ramener à des sentiments plus modérés et à des procédés plus dignes ces terribles surveillants, M. de Sussy parvient à s'échapper.

Mais le but de sa mission n'était pas atteint. Sans perdre courage, il retourne près de M. de Lafayette. Cette fois, le général était seul. Délivré de la pression de ses amis, il consentit enfin à recevoir les ordonnances, et à donner à M. de Sussy, pour M. de Mortemart, la lettre suivante :

« Monsieur le duc, j'ai reçu la lettre que vous m'avez
« fait l'honneur de m'écrire, avec tous les sentiments
« que votre caractère personnel m'inspire depuis long-
« temps. M. le comte de Sussy vous rendra compte de la
« visite qu'il a bien voulu me faire ; j'ai rempli vos inten-
« tions en lisant ce que vous m'adressiez à beaucoup de
« personnes qui m'entouraient ; j'ai engagé M. de Sussy
« à passer à la Commission, alors peu nombreuse, qui se
« trouvait à l'Hôtel de Ville. Il a vu M. Laffitte qui était
« alors avec plusieurs de nos collègues, et je remettrai
« au général Gérard, aussitôt que je le verrai, les papiers
« dont il m'a chargé ; mais les devoirs qui me retiennent
« ici rendent impossible pour moi d'aller vous chercher.
« Si vous veniez à l'Hôtel de Ville, j'aurais l'honneur de
« vous y recevoir, mais sans utilité pour l'objet de cette
« conversation, puisque vos communications ont été
« faites à mes collègues.—Hôtel de Ville, 30 juillet 1830.

Cette lettre est remarquable par la prudence et l'obscurité de sa rédaction. Elle serait tout à fait inintelligible pour quiconque ne serait pas initié au secret des circonstances dans lesquelles elle a été écrite. Le nom de M. Laffitte ne s'y trouve probablement que par erreur ou par allusion à la visite que M. de Sussy avait faite à la Chambre des députés. Quant aux « papiers » destinés au général Gérard, ils consistaient en une copie de l'ordonnance qui le nommait ministre de la guerre, et en une lettre par laquelle M. de Mortemart le priait de lui fournir les moyens de s'entendre avec lui pour le service de l'État. On voit aussi, par les dernières phrases, que M. de Mortemart avait cherché à éloigner M. de Lafayette de l'Hôtel de Ville, et que le vieux général ne s'était pas rendu à son invitation.

Et pourtant, pour un homme moins léger et moins amoureux de vains hommages, la position de M. de Lafayette à l'Hôtel de Ville n'avait rien de séduisant. Il n'y était, à vrai dire, que la personnification nominale d'une dictature qui s'exerçait par d'autres volontés et par d'autres mains que les siennes. Il ne gardait qu'à force de dextérité les apparences de l'autorité. Loin de trouver appui à ses côtés pour faire triompher la modération qui était dans ses vues, il était débordé même par la Commission municipale. M. Mauguin et M. Audry de Puyraveau travaillaient sourdement à pousser la révolution à l'extrême. Ils désiraient la République et lui préparaient les voies. C'est ainsi que M. Hubert reçut secrètement de M. Audry de Puyraveau la pièce suivante, avec recommandation de la lire au peuple, et de la faire imprimer et afficher :

« La France est libre.—Elle veut une constitution.—
« Elle n'accorde au Gouvernement provisoire que le droit
« de la consulter.—En attendant qu'elle ait exprimé sa
« volonté par de nouvelles élections, respect aux prin-
« cipes suivants : —Plus de royauté ;—le gouvernement
« exercé par les seuls mandataires de la nation ;—le pou-
« voir exécutif confié à un président temporaire ;—le

« concours médiat ou immédiat de tous les citoyens à
« l'élection des députés;—la liberté des cultes; plus de
« culte de l'État;—les emplois de l'armée de terre et de
« mer garantis contre toute destitution arbitraire;—
« établissement des gardes nationales sur tous les points
« de la France; la garde de la constitution leur est con-
« fiée.—Les principes pour lesquels nous venons d'exposer
« notre vie, nous les soutiendrons au besoin par la voie
« de l'insurrection légale. »

L'Hôtel de Ville n'était plus un centre d'administration ou même de gouvernement. Il était devenu un centre d'anarchie, d'où l'anarchie rayonnait sur la ville immense, et où, d'un moment à l'autre, le sang d'une première victime pouvait donner le signal au débordement des fureurs populaires. Une sorte de délire frénétique s'était emparé de ces jeunes gens, qui avaient toute la réalité d'un pouvoir sans limite et sans responsabilité. Deux élèves de l'École Polytechnique avaient été désignés pour aller organiser la garde nationale de Saint-Quentin. Ils désiraient emporter une proclamation signée par la Commission municipale. Ils la rédigèrent et la présentèrent à M. le général Lobau et à M. Mauguin, qui étaient en ce moment à l'Hôtel de Ville. Le général, n'en approuvant pas les termes, refusa d'y apposer son nom et sortit. M. Mauguin fit un léger mouvement d'épaules et laissa tomber ces paroles : « Il ne veut rien signer. »—« C'est donc un traître ? dit l'un des élèves ; eh bien! je vais le faire fusiller. »—« Comment, reprit M. Mauguin, un membre de la Commission! » Alors l'élève lui montrant de la fenêtre un groupe d'hommes qu'il avait commandés au sac de la caserne de la rue de Babylone : « Je leur ordonnerais, dit-il, de fusiller le bon Dieu qu'ils le feraient. » Un sourire effleura la lèvre de M. Mauguin, et il signa.

Quelques républicains, qu'inquiétait la présence à Paris de M. le duc de Mortemart, avaient imaginé de s'en débarrasser militairement. Suivis d'une troupe d'hommes armés, ils vont le demander à son hôtel. M. de Mortemart n'y était pas. Ils courent au Luxembourg et pénètrent dans la cour après avoir forcé la grille. M. de Sémonville se présente à eux et réussit à leur persuader que celui qu'ils cherchent est retourné à Saint-Cloud. Il sauva ainsi des insultes de ces forcenés, peut-être d'un sort tragique, le dernier ministre de Charles X, qui était alors couché, avec un accès de fièvre, dans une pièce reculée du palais.

Ce n'était pas seulement contre Charles X et contre ses ministres que se déployait le zèle de cette jeunesse effrénée ; c'était contre tout ce qui était Bourbon, contre tout ce qui rappelait la monarchie ou en faisait présager le retour. Paris était inondé de proclamations et d'imprimés, les murs étaient couverts de placards qui jetaient aux ouvriers les excitations les plus perfides. Parmi ces pièces, bon nombre trahissaient une main plus accoutumée au rude labeur de l'artisan qu'au maniement de la plume; mais il en est d'autres aussi dans lesquelles, sous la violence du langage, il est facile de reconnaître l'œuvre de quelques-uns de ces hommes à l'esprit cultivé et aux passions violentes, qui avaient entrepris de transformer une révolution politique en un bouleversement social [1].

La même pensée de désorganisation se manifestait dans les clubs qui se multipliaient rapidement sur tous les points de Paris. L'une de ces réunions adopta la résolution suivante : « Le Gouvernement provisoire seul doit être investi « des pouvoirs nécessaires au maintien de la tranquillité « publique et à la formation des assemblées populaires. La

---

[1] Voyez la note K à la fin du volume.

« nation veille en armes, pour soutenir ses droits par la
« force, si on l'oblige à y recourir. »

Et pendant qu'un pouvoir multiple, insaisissable, mais
actif et audacieux, se dressait en opposition à l'influence
modératrice des députés, prononçait la nullité de leurs
décisions et travaillait à ressusciter le gouvernement du
forum, M. Mauguin, recevant communication officielle de
la Déclaration relative à la lieutenance générale, refusait,
au nom de la Commission municipale, de publier cette
pièce comme acte du Gouvernement. M. de Lafayette se
prononçait dans le même sens, par le motif que la substitution du drapeau tricolore au drapeau blanc étant un
fait accompli par la volonté du peuple, il n'y avait plus
lieu, pour les députés, d'émettre un vœu à ce sujet.
M. Odilon Barrot porta à M. Laffitte les remontrances de
l'Hôtel de Ville. Le président de la Chambre se hâta de se
soumettre. « Il convint que l'adresse était servile et bles-
« sait la dignité nationale, et donna sa parole d'honneur
« qu'il la retirerait des mains du prince et la déchire-
« rait[1]. »

En conséquence de ce *veto* de l'Hôtel de Ville, cet acte
si important, que les députés avaient voulu rendre plus
solennel en le plaçant sous la garantie de leurs signatures, ne fut pas inséré au *Moniteur*. Il y a plus : après
avoir été remis au duc d'Orléans, l'original fut soustrait
sur son bureau. On dut en faire une seconde expédition,
qui fut signée par ceux qui avaient signé la première.

---

[1] Lettre de M. O. Barrot à M. Sarrans, publiée dans l'ouvrage intitulé *Louis-Philippe et la contre-révolution de 1830*.

CHAPITRE VIII

LE DUC D'ORLÉANS LIEUTENANT GÉNÉRAL DU ROYAUME.

31 Juillet.—Dispositions de Charles X et du Dauphin.—Désorganisation croissante de l'armée.—Scène violente entre le Dauphin et le duc de Raguse.—Le duc de Raguse résigne tous ses commandements militaires.— Panique au château de Saint-Cloud.—La famille royale quitte Saint-Cloud pour Trianon. —Le duc d'Orléans arrive au Palais-Royal.— Il a une conférence avec le duc de Mortemart.—Les commissaires apportent au duc d'Orléans la Déclaration des députés qui le nomme Lieutenant général du royaume.—Hésitations du prince; il accepte.— Irritation de l'Hôtel de Ville ; les combattants veulent proclamer la République.—La Commission municipale prononce la déchéance de Charles X.— Proclamation des députés au peuple français.—La réunion des députés se transporte en masse au Palais-Royal — Le duc d'Orléans se rend à l'Hôtel de Ville ; heureux effets de cette démarche hardie.—Visite de M. de Lafayette au duc d'Orléans ; *programme de l'Hôtel de Ville*. — Le duc d'Orléans reçoit au Palais-Royal quelques-uns des chefs de la faction républicaine.

Depuis le départ de M. de Mortemart pour Paris, la royale résidence de Saint-Cloud présentait le spectacle le plus affligeant. A la confiance obstinée qui avait jusqu'alors soutenu le Roi dans cette lutte imprudente, avaient succédé l'abattement et le découragement. Tant qu'il avait cru n'avoir à triompher que d'un petit nombre de séditieux appuyés sur la tourbe qui forme le contingent ordinaire de l'émeute, la fermeté de Charles X ne s'était pas démentie. Mais depuis qu'il avait dû s'avouer que la résistance était générale et qu'elle serait désespérée, le doute était entré dans sa conscience. Il avait alors courbé son front sous les décrets de la Providence. Le roi cédait la place au chrétien.

Par un contraste bizarre, à mesure que Charles X s'abandonnait à la défaillance de son cœur et se réfugiait dans la résignation, le Dauphin se redressait sous la mauvaise fortune et se prenait d'une ardeur martiale. Peu disposé à rien attendre des moyens pacifiques, considérant, non sans raison, la négociation entreprise contre son gré comme le premier aveu d'une défaite, il rêvait un retour armé sur Paris.

On eût compris que Charles X adoptât alors le plan qui lui avait été soumis déjà par M. de Guernon-Ranville, et qui lui fut proposé de nouveau par M. de Champagny, directeur de l'administration de la guerre. Transporter la royauté au cœur de la France, à Tours ou à Orléans; y conduire les troupes restées fidèles, pour les soustraire au contact des défectionnaires et aux séductions de la révolution; y diriger tous les régiments disponibles à l'intérieur; rappeler d'Afrique le maréchal de Bourmont et une partie de l'armée; convoquer les Chambres et le corps diplomatique; faire venir le trésor de la Kasbah, pour fournir à la solde des troupes; mettre le trône sous la sauvegarde des populations royalistes du midi et de l'ouest: tout cela constituait un ensemble de moyens à l'efficacité desquels il était permis de croire, tant qu'on ignorait avec quels transports la France entière s'était associée à la révolution. Mais vouloir faire rentrer en conquérants à Paris, à travers des milliers de barricades, quelques bataillons, restes d'une armée qui n'avait pu s'y maintenir la veille sous l'effort irrésistible de l'insurrection, ce n'était pas du courage, ce n'était pas même un de ces coups d'audace qu'inspire le désespoir, et qu'il fait parfois réussir; c'était de la démence.

L'état des troupes rassemblées autour de Saint-Cloud était d'ailleurs peu propre à autoriser un tel excès de confiance. Loin de s'être remises, par le repos et l'abondance, des fatigues des jours précédents, elles avaient continué à souffrir de la disette. Elles étaient réduites à d'insuffisantes rations de pain ; la viande manquait complétement et l'on n'avait pas d'argent. Ces privations ajoutaient à la tristesse du soldat. Livré à lui-même, il se fût peut-être borné à murmurer. Mais les bataillons étaient distribués dans des cantonnements, le long des routes incessamment sillonnées par les voitures qui desservent les environs de Paris, et ils recueillaient ainsi les nouvelles propagées pour ébranler leur fidélité. Des émissaires secrets leur étaient envoyés ; les habitants des communes de la banlieue les engageaient à abandonner le Roi, auquel la rumeur publique prêtait les plus sinistres desseins. Sous l'influence de ces suggestions, la désertion faisait de rapides progrès. Dans la journée du 30, le colonel du 50e de ligne, cantonné près de Ville-d'Avray, eut peine à réunir, des débris de son régiment, un peloton pour l'accompagner, quand il vint rendre au roi le drapeau confié à son honneur.

La famille royale se trouvait, à Saint-Cloud, sous la menace perpétuelle d'une attaque des populations voisines. Les bois, les villages, les maisons de campagne qui entourent le château, offraient des conditions éminemment favorables à la marche des bandes tumultueuses, et mettaient obstacle aux mouvements des troupes régulières. Loin de penser que l'armée fût alors en état de ramener le Roi à Paris, le maréchal de Raguse ne la jugeait même pas suffisante pour le garder en sûreté dans son palais. Il alla trouver Charles X, et l'engagea à son tour à se retirer derrière la Loire, et à réunir toutes ses forces, pour ouvrir une campagne contre les révoltés de sa capitale. Sans rejeter ce conseil, le Roi renvoya le maréchal au Dauphin, ajoutant toutefois qu'il ne s'éloignerait pas avant d'avoir appris ce qu'aurait fait à Paris M. de Mortemart. Le Roi était, en effet, sans nouvelles de son premier ministre. De trois messages que M. de Mortemart avait essayé de lui faire parvenir, aucun n'était arrivé à Saint-Cloud.

Le maréchal s'adressa donc au Dauphin, mais avec moins de succès encore. Tout entier à ses propres projets, le prince ne lui prêta aucune attention.

Cependant la désorganisation de l'armée allait croissant. L'incertitude où était laissé le soldat sur la nature des services que le Roi attendait encore de lui, la désaffection toujours si prompte à se produire pour le pouvoir qui semble s'abandonner lui-même, continuaient à éclaircir les rangs. L'exemple de la ligne avait ébranlé même la garde royale; les plaintes se multipliaient; la lassitude et le relâchement moral attiédissaient dans les cœurs le sentiment de la fidélité au drapeau. Pour combattre ces funestes dispositions, le maréchal Marmont rédigea un ordre du jour par lequel il annonçait aux troupes le retrait des Ordonnances et la mission pacifique confiée par le Roi à M. de Mortemart. Il ajoutait que la cause qui avait déterminé le conflit entre la population et l'armée ayant cessé d'exister, il ne restait plus à l'armée qu'à couvrir et à protéger le Roi et la famille royale. Le maréchal avait l'intention de soumettre cet ordre du jour au Dauphin. N'ayant pas rencontré le prince et jugeant qu'il y avait urgence, il se crut suffisamment autorisé par sa dernière conversation avec le Roi et par ses attributions comme major général de la garde, à passer outre. L'ordre du jour fut lu dans les cantonnements de la garde.

De son côté, le Dauphin avait senti également la nécessité de réchauffer le zèle des troupes, et avait fait préparer par M. de Champagny une proclamation à cet effet. Mais toujours dominé par ses idées belliqueuses, il n'avait songé qu'à stimuler la constance du soldat pour le tenir prêt à de nouveaux combats. « Soldats, disait-il, c'est la « cause de l'ordre que vous défendez, c'est la France que « vous protégez contre des hommes égarés. Dans leur « délire, ils ont tout à coup troublé la paix publique et « le bonheur dont jouissaient vos familles. Vous pouvez « faire rétablir cette paix. Continuez donc à soutenir, « avec la constance et la vigueur qui conviennent au « soldat français, la lutte que vous avez commencée.... »

Cette proclamation venait d'être terminée, lorsque la rumeur du palais et les plaintes de quelques officiers supérieurs apprirent au prince qu'un ordre du jour du maréchal, conçu dans un esprit tout différent, avait été lu devant le front des régiments de la garde, qu'il avait fait éclater dans les rangs la joie la plus vive, et que déjà quelques corps, considérant leur présence comme inutile, attendaient avec impatience leur ordre de départ. Transporté de colère à cette nouvelle, le Dauphin ordonne qu'on cherche à l'instant même le maréchal, et court se plaindre au Roi de la conduite de son subordonné. En sortant du cabinet de Charles X, il rencontre le maréchal dans la salle de billard où plusieurs officiers étaient assemblés, et d'un geste impérieux lui enjoint de le suivre. Le prince avait la figure enflammée, son regard, son maintien annonçaient que déjà il ne se possédait plus. A peine le maréchal est-il entré dans la pièce voisine, que le Dauphin en referme violemment la porte : « Comment se fait-il, dit le prince d'une voix saccadée, qu'un ordre du jour ait été lu aux troupes sans mon autorisation ? Avez-vous donc oublié que c'est moi qui commande ? » — « Non, Monseigneur, et je n'ai agi que dans les limites de mes attributions comme major général de service. » — « Qu'est-ce à dire ? et méconnaîtriez-vous l'autorité du Roi, qui m'a nommé général en chef ? » — « Non, Monseigneur, car c'est aussi du Roi que je tiens mon grade et les pouvoirs qui y sont attachés. » — « Eh bien ! je vous prouverai, moi, que je commande, et vous ne ferez pas avec nous comme avec l'*autre*. Rendez-vous aux arrêts. »

Le prince, dont l'exaspération était arrivée à son comble, avait prononcé ces cruelles paroles d'une voix dont les éclats retentissaient jusque dans la salle de billard. Le maréchal, entendant jeter cette flétrissure sur son honneur de soldat, ne put réprimer un geste d'indignation. Le Dauphin se crut bravé. Il se précipite sur le maréchal, et le prenant à la gorge : « Traître, misérable traître, lui dit-il, rendez-moi votre épée. » — « On peut me l'arracher, répond le maréchal, mais je ne la rendrai jamais. » Et plaçant ses deux mains sur les épaules du Dauphin, il le repousse vivement. Il y eut alors, entre ces deux hommes, l'un aveuglé par la fureur, l'autre à peine contenu par le respect, des mouvements désordonnés, une lutte peut-être. Le prince saisit l'épée du maréchal, l'arrache du fourreau et la jette au loin avec une telle violence, qu'il se fait une blessure à la main. La vue de son sang ne fait qu'ajouter encore au délire qui s'est emparé de lui. « A moi, gardes ! » s'écrie-t-il. On accourt ; la porte s'ouvre, et le maréchal, qui reculait poursuivi par le Dauphin, se voit entouré par six gardes du corps, dont les baïonnettes croisées contre lui ne lui permettent plus aucun mouvement. « Qu'on arrête ce traître, dit le prince, et qu'on l'emmène. » Le maréchal est conduit dans son appartement, où il est gardé à vue. Pour y arriver, il avait traversé, escorté comme un criminel, la cour d'honneur, où stationnaient sous les armes un bataillon de la garde royale et un peloton de lanciers de service près de sa personne.

Cette scène lamentable ne fit qu'ajouter aux anxiétés du château. L'alarme se répandit partout; le mot de trahison circula de bouche en bouche; mille rumeurs sinistres passèrent des antichambres dans les rangs des soldats, transformant un débat sur la discipline en un crime de haute trahison, ou même en un attentat contre l'héritier du trône.

Le Roi se hâta de réparer, autant qu'il était en lui, les tristes effets de l'emportement de son fils. Par son ordre, le duc de Luxembourg, capitaine des gardes du corps de service, se rendit officiellement, suivi de tout son état-major, près du maréchal. Il renvoya les factionnaires qui le gardaient et lui présenta son épée, que le Roi avait ordonné de lui rendre. Le duc de Raguse, profondément ulcéré, refusa d'abord de la recevoir, déclarant que l'honneur ne lui permettrait de la porter que quand elle lui aurait été rendue par un conseil de guerre. Cependant, sur les instances de M. de Luxembourg, qui lui exprimait en termes touchants les regrets et le chagrin du Roi, il se calma et consentit à aller trouver Charles X qui le demandait. Sur son passage, les gardes du corps prirent les armes et lui rendirent les honneurs accoutumés. Le Roi le reçut avec les démonstrations les plus caressantes, lui prit les mains, lui prodigua de douces paroles, et, après avoir, à force de bonté, apaisé l'aigreur de ses ressentiments : « Allez, lui dit-il, allez voir mon fils; convenez avec lui que vous auriez dû le consulter sur cet ordre du jour; il reconnaîtra ses torts envers vous, et il ne restera rien de ce regrettable débat. » Mais l'entrevue du maréchal et du Dauphin n'eut que les apparences d'une réconciliation. Quand le maréchal entra, le Dauphin fit, par dérogation à l'étiquette, quelques pas au-devant de lui. « Monseigneur, dit le maréchal, c'est par l'ordre exprès du Roi que je viens près de vous, et que je reconnais avoir eu tort de publier un ordre du jour sans votre assentiment. » — « Je conviens moi-même que j'ai été un peu vif, répondit le prince ; mais voyez, ajouta-t-il en montrant sa main blessée, j'en suis puni. » — « Monseigneur, reprit le maréchal, je ne me croyais pas destiné à faire jamais couler votre sang. » Et s'inclinant profondément, il se retira.

Le duc de Raguse retourna alors près du Roi. Après lui avoir donné l'assurance qu'il resterait à ses côtés tant que l'ombre d'un danger le menacerait, il se démit de tous ses commandements militaires, ne voulant pas rester exposé à avoir aucuns rapports de service avec le Dauphin.

Ainsi, tandis que la révolution brisait le trône, que la désertion faisait le vide autour du Roi, la division éclatait parmi ses plus hauts et ses plus proches serviteurs. Au malheur qui l'accablait du dehors, venait se joindre le malheur des dissensions intestines. Les quelques régiments qui lui étaient encore fidèles n'avaient plus même de commandement, car le duc de Raguse se refusait à donner des ordres, et le Dauphin était incapable de le faire.

La journée était alors fort avancée et le Roi était toujours dans l'ignorance absolue de ce que faisait M. de Mortemart. Pour mettre fin à ses incertitudes, il confia à M. Arthur de la Bourdonnaye le soin d'aller à Paris chercher des informations, et de revenir l'instruire au plus tôt. Peu de temps après, succombant à la fatigue de ses poignantes émotions, il se coucha, pour chercher dans le sommeil un refuge contre ses tristes pensées.

Mais son repos ne devait pas être de longue durée. Vers minuit, le bruit se répand tout-à-coup qu'un rassemblement d'insurgés est en marche de Paris par la route de Versailles, et qu'il annonce l'intention d'attaquer Saint-Cloud. Cette nouvelle jetée au milieu du désordre qui règne dans les services, produit une panique générale. Déjà la plupart de ceux que des liens étroits ne retiennent pas près de la famille royale, se sont prudemment éloignés. Parmi ceux qui restent, bien peu, sans doute, se montreraient jaloux de river leur fortune à la fortune croulante de la dynastie. La fuite se présente à tous les esprits comme le seul refuge contre un danger dont on n'a pas même cherché à mesurer l'étendue. La contagion de la peur atteint jusqu'aux plus fermes courages. Madame la duchesse de Berri, qui voulait naguère aller avec son fils se livrer à l'insurrection jusqu'au cœur de Paris, passant de l'excès de la témérité à l'excès de la frayeur, voit déjà ses enfants aux mains de la foule ennemie. Elle court trouver le Dauphin, lui reproche l'obstination qui laisse la famille royale exposée à une surprise des populations révoltées, et le supplie d'engager le Roi à s'éloigner sur-le-champ. Vaincu par ses larmes, en proie lui-même à un grand trouble, le Dauphin envoie le duc de Lévis et le général Gressot réveiller Charles X, pour lui annoncer qu'il y a nécessité de se retirer sur Versailles.

Le Roi ne fit aucune objection. Il se leva et se disposa à partir. Le Dauphin devant rester à Saint-Cloud pour couvrir les derrières de la colonne, le Roi pria le duc de Raguse de prendre le commandement de son escorte. Le maréchal fit aussitôt obstruer par un entassement de pavés le pont de Saint-Cloud. On chargea sur des fourgons les armes et les munitions en réserve dans le château. Des voitures reçurent les bagages. Enfin, à deux heures du matin, le Roi monta à cheval. Madame la duchesse de Berri prit place dans une voiture avec ses enfants. Les principaux officiers de la maison du Roi se groupèrent à ses côtés, et le triste cortège se mit en marche, sous la protection des gardes-du-corps à pied et à cheval, d'un régiment de cavalerie de la garde royale et du bataillon de l'École de Saint-Cyr. Ce n'était pas une retraite ; c'était une fuite, avec le désordre, les amertumes et les désolations inséparables d'une fuite.

Le Roi partait sans avoir appris quel accueil avait été fait aux concessions qu'il avait consenties; et pourtant, cette nuit même, M. de Mortemart essayait, pour la quatrième fois, de l'instruire de l'état des choses. Le ministre, en informant le Roi de son insuccès près de l'Hôtel de Ville, lui faisait dire qu'il conservait néanmoins quelques espérances du côté de la Chambre des députés. Il ajoutait: « Il faut, pour que mes efforts ne soient pas frappés d'impuissance, que le Roi ne quitte pas Saint-Cloud, et qu'on prenne toutes les dispositions pour s'y défendre jusqu'à la dernière extrémité..... Saint-Cloud est une médiocre position militaire ; mais on peut y tenir contre des insurgés. Annoncez au Roi qu'il sera attaqué demain matin, mais que ce ne peut être sérieux. Répétez surtout que je conserverai des chances tant que le Roi sera à Saint-Cloud, mais que je ne puis plus rien s'il en sort. »

Ce message ne devait pas arriver au Roi plus que les autres. Celui qui le portait, M. Mazas, rencontra, au *Point du jour,* les insurgés dont l'approche avait effrayé le Château. Il apprit d'eux que le Roi venait de partir dans la direction de Ville-d'Avray. Courir sur les pas du Roi, le rejoindre à tout prix, et le presser de rentrer à Saint-Cloud s'il en était temps encore, c'était le devoir d'un fidèle serviteur. M. Mazas n'en eut pas la pensée. La vue des insurgés, leurs physionomies sinistres, leurs discours menaçants, son isolement au milieu d'eux avaient frappé son esprit. Le cœur lui faillit, il rebroussa chemin.

Presque à la même heure où Charles X commençait sa première étape vers l'exil, le duc d'Orléans faisait son premier pas vers le trône.

Après la décision des députés, qui avait conféré au duc d'Orléans la lieutenance générale du royaume, la Commission nommée à cet effet s'était transportée au Palais-Royal. N'ayant pas trouvé le prince, et ne voulant pas s'exposer à être enlevés par les troupes royales, dont les patrouilles sillonnaient toutes les routes dans la direction de Neuilly, les Commissaires écrivirent au duc d'Orléans une lettre d'envoi à laquelle ils joignirent la Déclaration des députés. Un jeune homme, employé dans les bureaux du Palais-Royal, se fit fort de porter ces pièces au prince et de rapporter la réponse, deux heures après, chez M. Laffitte, où les députés s'étaient donné rendez-vous.

Le duc d'Orléans n'était resté que peu d'heures au Raincy; il avait quitté cette retraite aussitôt après l'arrivée de M. Oudart; non qu'il eût pris sur-le-champ une détermination quant à l'objet de la note de M. Thiers, mais les rapports de M. Oudart lui avaient appris que des hommes du peuple s'étaient, à plusieurs reprises, présentés à Neuilly, et, l'accusant de tiédeur pour la cause de la révolution, avaient manifesté à l'égard des princesses des intentions peu rassurantes. Le prince était aussitôt revenu près de sa famille [1], toujours résolu à ne rien faire qui pré-

[1] Voyez la note L à la fin du volume.

cipitât les événements dans un sens funeste pour la famille royale.

Les avis que lui avait fait parvenir M. Laffitte n'auraient suffi, en aucun cas, pour dicter la conduite du duc d'Orléans. Quelque affectueux que fussent ses sentiments pour M. Laffitte, le prince n'avait pas dans sa sagesse et dans la solidité de son jugement en matière politique une confiance telle qu'il fût disposé à l'accepter pour guide. Il le tenait, au contraire, et avec raison, pour un homme d'État des plus médiocres. Les considérations qu'avait développées M. Thiers à l'appui de ses communications avaient besoin elles-mêmes d'être corroborées par des témoignages qu'on ne pût pas suspecter d'illusion. M. Thiers était bien jeune alors ; il avait toute l'ardeur et toute l'impatience d'une forte conviction ; et s'il avait l'autorité du talent, il n'avait pas encore acquis celle de l'expérience. Mais d'autres démarches avaient été faites près du duc d'Orléans. On se rappelle que M. Dupin aîné et M. Passy s'étaient également rendus dans le même but à Neuilly. Enfin, ce qui était d'un plus grand poids, dans cette même journée encore, M. de Talleyrand avait fait presser le duc d'Orléans d'accepter la lieutenance générale. La position de M. de Talleyrand, ses relations constantes avec le corps diplomatique, le crédit dont, bien qu'en dehors du Gouvernement, il continuait à jouir près des principaux cabinets de l'Europe, sa profonde sagacité, sa longue pratique des affaires donnaient à ce conseil, aux yeux du prince, une grande valeur.

Le duc d'Orléans voyait ouverte devant lui la route dans laquelle il avait jusqu'alors évité de s'engager. Ses derniers scrupules durent être vaincus par l'invitation que lui adressaient les députés. Cette démarche était, en effet, décisive. Après la lutte armée qui avait anéanti, dans la capitale, tout vestige de l'autorité royale, elle consommait la rupture définitive entre les représentants du pays et la Couronne. Sans prononcer la déchéance, elle la constatait. Elle faisait plus que condamner le Roi, elle le supprimait. Le duc d'Orléans était mis en demeure de prendre un parti. Il fit répondre aux députés qu'il serait au Palais-Royal le lendemain, samedi, dans la matinée.

Cette réponse, apportée chez M. Laffitte, y fut reçue comme une déception ; elle excita un vif mécontentement. Les députés suivaient avec anxiété les progrès que la propagande républicaine faisait, depuis deux jours, dans les masses populaires. Quelques heures encore, et tous leurs efforts seraient peut-être impuissants. Le messager dut repartir immédiatement. Il portait au duc d'Orléans un billet où M. Laffitte lui disait, au nom de la réunion, que s'il ne voulait trouver la République maîtresse de Paris et de la France, ce n'était pas le lendemain, mais à l'instant même qu'il devait venir.

Le duc d'Orléans reçut ce nouvel avis à dix heures du soir. Quelques instants après, il s'acheminait vers Paris, à pied, accompagné de M. le colonel de Berthois, de M. Oudart et de M. le colonel Heymès. Le trajet se fit sans incident. Le prince était vêtu d'habits bourgeois ; il portait à son chapeau un nœud tricolore que Madame Adélaïde y avait attaché. Il traversa, sans être reconnu, les nombreux postes d'hommes armés qui gardaient les barricades et qui peuplaient les abords de son palais, où il entra furtivement vers minuit.

Après avoir informé de son arrivée M. Laffitte et le général Lafayette, le premier soin du duc d'Orléans fut de se mettre en rapport avec le représentant officiel du roi Charles X. Il fit prier M. le duc de Mortemart de venir le trouver « pour le service du Roi. » M. de Mortemart s'empressa de répondre à un appel ainsi motivé. Il fut introduit au Palais-Royal par une des portes latérales et conduit en présence du prince, dans une des pièces de l'appartement occupé par M. Oudart, à l'angle de la rue de Richelieu et de la rue Saint-Honoré.

Le duc d'Orléans, accablé de fatigue et de chaleur, s'était jeté sur un lit de repos. « Duc de Mortemart, dit-il au ministre, vous direz au Roi que je ne suis pas venu ici dans un but d'ambition personnelle. J'y ai été amené sous la contrainte des événements, pour préserver Paris de l'anarchie, la France de la République, et pour sauver de la monarchie tout ce qui peut encore en être sauvé. Je me suis soustrait, aussi longtemps qu'il m'était permis de le faire, au rôle qui m'est désormais imposé. Je m'étais même enfermé dans une retraite connue seulement de ma famille. Mais tandis qu'on disposait de moi, à Paris, sans mon aveu, on me faisait savoir, de Neuilly, que la sûreté de ma femme et de mes enfants se trouverait compromise par mes refus. Les considérations d'intérêt public et mes devoirs comme père de famille se réunissaient donc pour faire violence à ma volonté. Que pourrai-je faire? Je l'ignore. A quels sacrifices faudra-t-il consentir pour relever la monarchie après ce grand naufrage? Il serait impossible de le prévoir. J'ai voulu vous entretenir, pour que vous fissiez connaître au Roi mes sentiments. Quant aux événements, nul ne sait encore quels ils seront, et je ne saurais répondre de les diriger à mon gré. »

Le prince alors, rappelant à M. de Mortemart que les députés lui avaient conféré le titre de lieutenant général du royaume, lui demanda si, comme ministre de Charles X, il avait des pouvoirs suffisants pour le reconnaître en cette qualité.

Cette question n'était pas un vain hommage rendu à

l'autorité royale ; elle avait, au point de vue des principes, une portée des plus sérieuses. Nommé par les députés, le duc d'Orléans allait exercer, au nom du peuple et en dehors du Roi, un pouvoir révolutionnaire. Nommé par le Roi, il aurait exercé, au nom du Roi, des fonctions régulièrement classées dans les traditions monarchiques. Dans ce dernier cas, l'autorité royale restait au sommet de la hiérarchie, et le lieutenant général devait compte au Roi de ses actes ; dans le premier cas, l'autorité royale disparaissait et le lieutenant général ne devait de compte qu'à la nation. L'investiture royale que réclamait le duc d'Orléans eût donc dressé une barrière entre lui et le trône. Cette barrière eût-elle été brisée plus tard par la force des choses? ou bien, en liant le duc d'Orléans aux destinées de la branche aînée, eût-elle livré la France à la République? On a le choix entre ces deux hypothèses. Quant à la branche aînée, quoi que fît le duc d'Orléans, son règne était fini.

M. de Mortemart n'avait pas le pouvoir de faire un lieutenant général. Il ne cacha même pas au duc d'Orléans que, sans se dissimuler ce que les circonstances avaient d'impérieux, il avait protesté, la veille, au nom du Roi, contre l'atteinte portée par les députés aux prérogatives de la Couronne. « Mon embarras est grand, lui dit le prince, et la situation est pressante. Ce matin même, la Commission des députés va venir me demander une réponse. Que dois-je faire? Oubliez un moment que vous êtes ministre, et dites-moi : Que me conseillez-vous? que feriez-vous à ma place? » — « Monseigneur, à votre place j'accepterais. »

Au moment de se retirer, M. le duc de Mortemart demanda au prince s'il aurait quelque répugnance à lui remettre, pour le Roi, une lettre qui exprimât les sentiments si pleins de loyauté dont il était animé. Le prince s'empressa d'accéder à ce désir. Il écrivit au Roi une lettre brève, la cacheta avec soin et la donna à M. de Mortemart, qui l'emporta.

Cette lettre, dont on a plus tard diversement rapporté le texte, a donné lieu à bien des commentaires. On a imaginé les plus étranges fables pour expliquer comment on en aurait connu les termes. Ces récits ne présentent pas même l'apparence de la vérité. La lettre, remise cachetée à M. le duc de Mortemart, n'est pas sortie de ses mains, jusqu'au moment où, comme on le dira bientôt, il l'a rendue, cachetée, sur la demande du prince. Or, le caractère de M. de Mortemart n'autorise pas le plus léger soupçon d'une indiscrétion, à plus forte raison de ce qui eût été un véritable abus de confiance. Personne n'a donc pu ni lire la lettre, ni en prendre copie, dans quelque intention que ce fût[1]. Mais on a eu raison de penser qu'elle était conçue en termes respectueux ; peut-être même laissait-elle place à quelque espérance. Le duc d'Orléans n'avait assisté que de loin aux événements. Il n'avait pas encore apprécié tout ce que le courant de l'opinion avait d'irrésistible. Tant qu'une chance lui apparaissait de ressouder sur la tête de ses aînés les tronçons de la couronne, il acceptait le devoir de travailler à relever et à rapprocher ces tronçons; tant que Charles X était ou pouvait être roi, le duc d'Orléans était et voulait rester premier prince du sang. Il est toujours facile de dénaturer une action louable, en lui attribuant une intention perverse, de perfides calculs. Et que de fois la malignité publique ou les passions des partis ne se font-elles pas complices du calomniateur! L'histoire n'accuse pas; elle juge. Elle flétrit la duplicité

[1] Voyez la note M à la fin du volume.

partout où elle la rencontre; mais elle ment à son caractère quand elle la suppose gratuitement pour satisfaire des haines ou pour complaire à des rancunes.

De retour au Luxembourg, M. le duc de Mortemart rendit hautement justice aux sentiments du duc d'Orléans. « Son langage, dit-il, a été tel qu'on pouvait l'attendre d'un Bourbon. »

Les commissaires chargés de porter au duc d'Orléans l'offre de la lieutenance générale furent reçus au Palais-Royal à huit heures du matin. M. Gallot, désigné par ses collègues, demanda au prince s'il avait pris connaissance de l'adresse qui lui avait été envoyée la veille et quelle réponse il les autorisait à transmettre à la réunion des députés. « J'ai été profondément touché, dit le prince, des sentiments exprimés dans cette adresse et de la confiance dont elle m'est un précieux témoignage. Je n'y pouvais mieux répondre qu'en venant m'associer à vos dangers. Mais je ne saurais prendre une aussi rapide détermination en ce qui concerne la lieutenance générale. Des liens étroits de parenté m'imposent envers Charles X des devoirs particuliers; j'ai besoin de réfléchir mûrement et de m'entourer de conseils éclairés, avant de me prononcer sur un acte aussi important. Il n'y a pas, d'ailleurs, de grave inconvénient à attendre. Les nouvelles reçues de Saint-Cloud prouvent que le Roi ne songe pas à reprendre les hostilités. Permettez-moi donc de ne me décider qu'après examen. Je vous ferai connaître ma résolution dès qu'elle sera arrêtée. »

Personne ne s'y trompait alors : la lieutenance générale déférée par la révolution, c'était la couronne à quelques jours de date. Telle était la conviction du prince, telle était la pensée des députés, tel était le désir de la partie intelligente et modérée de la population. C'était donc la couronne qu'éloignait de lui le duc d'Orléans, quand il voulait différer. Le duc d'Orléans n'ignorait pas que Charles X avait quitté Saint-Cloud. Il savait que l'armée du Roi, affaiblie, ébranlée, n'était plus en état d'inquiéter la capitale. S'il eût convoité la couronne, quelle occasion plus favorable eût-il souhaitée pour la saisir?

Mais si le duc d'Orléans se croyait maître encore d'écouter d'honorables scrupules, les députés en jugeaient autrement. « Monseigneur, lui dit vivement M. Bérard, personne n'a donc encore fait arriver la vérité jusqu'à vous? Vous croyez avoir le temps de la réflexion, et vous êtes sur un volcan qui, d'un moment à l'autre, peut tout engloutir. Le terrain brûle sous vos pas. Il faut agir, Monseigneur, non pas sans réflexion, mais en réfléchissant vite. Dans les circonstances où nous sommes, les moments perdus ne se retrouvent pas. Vous ne songez qu'aux craintes que peut inspirer la cour de Saint-Cloud; ces craintes, nous ne les éprouvons pas. Depuis trente-six heures, Saint-Cloud demande à capituler; nous dédaignons de lui répondre. Pour nous, Charles X et sa famille ont à jamais cessé de régner. Mais il est un danger que vous paraissez ignorer, danger imminent, dont les conséquences sont incalculables, qui menace et vous et le pays tout entier. C'est la République, que peut-être on proclame en cet instant sur la place de l'Hôtel de Ville... Votre tête, Monseigneur, est aussi compromise que la nôtre. Votre seule présence dans nos rangs a rompu les derniers liens qui vous unissaient à Charles X. Aujourd'hui tout vous est commun avec nous, succès et revers... On vous dit qu'il suffira de vous présenter pour attirer à vous tous les suffrages; on vous trompe. La partie la moins éclairée de la population vous repousse, parce que vous êtes un Bourbon. Une autre partie encore, la jeunesse, vous repousse,

C'est cette jeunesse qui, pleine d'ardeur, d'entraînement et de courage, a le plus contribué aux événements qui viennent de s'accomplir. Elle se croit en droit d'en fixer le prix; et ce prix, c'est la République. Les hommes sages, modérés, sont les seuls qui vous désirent, parce qu'ils voient en vous un moyen de salut. Ils vous soutiendront de tous leurs efforts, et, s'il le faut, ils se perdront avec vous. Profitez, Monseigneur, d'un dernier moment qui vous permet encore de rallier beaucoup d'esprits indécis. Profitez-en pour nous sauver, et vous avec nous. Dans une heure, peut-être, il ne serait plus temps. Décidez-vous, et que votre décision soit rendue publique à l'instant même [1]. »

M. Bérard fit alors connaître au duc d'Orléans les progrès qu'avaient faits les menées républicaines, l'exaltation des clubs, l'effervescence de l'Hôtel de Ville, les hésitations et bientôt l'impuissance de M. de Lafayette, l'ardeur des jeunes gens, leur influence sur le bas peuple. Il l'adjura de ne pas attendre, pour y opposer le remède, que le mal fût irréparable. Les autres membres de la Commission joignirent leurs efforts aux siens et confirmèrent ses assertions. M. Benjamin Delessert lui-même, dont la réserve égalait la fermeté, dit au prince : « Monseigneur, non-seulement ce que M. Bérard vous a dit est la vérité, mais il ne vous a pas encore dit toute la vérité. »

Cette conférence avait été longue; elle avait porté la conviction dans l'esprit du duc d'Orléans. Il manifesta le désir de se recueillir; et, après avoir prié les commissaires de lui accorder une demi-heure, il se retira. M. Dupin et M. Sébastiani le suivirent.

Le prince, mieux éclairé sur la position qui lui était

---

[1] S. Bérard, *Souvenirs historiques*.

faite par les événements, regrettait maintenant d'avoir écrit au Roi. Il craignait que sa lettre ne fortifiât, dans l'esprit de Charles X, les illusions qu'il partageait lui-même en l'écrivant. Il envoya une personne de confiance prier M. de Mortemart de lui rendre cette lettre, si elle était restée en sa possession. M. de Mortemart, en effet, ne s'en était pas encore dessaisi. Il la rendit sans difficulté.

La demi-heure qu'il avait demandée était à peine écoulée, que le prince rentra dans la pièce où l'attendaient les commissaires, et leur communiqua un projet de proclamation qu'il venait de préparer. Sauf M. Bérard, qui eût désiré que le langage du prince fût plus explicite, les commissaires approuvèrent unanimement la proclamation ; quelques mots seulement y furent changés, et elle fut arrêtée dans les termes suivants :

« Habitants de Paris, — « Les députés de la France, en
« ce moment réunis à Paris, m'ont exprimé le désir que
« je me rendisse dans cette capitale, pour y exercer les
« fonctions de lieutenant général du royaume. — Je n'ai
« pas balancé à venir partager vos dangers, à me placer
« au milieu de votre héroïque population, et à faire tous
« mes efforts pour vous préserver des calamités de la
« guerre civile et de l'anarchie. — En rentrant dans la
« ville de Paris, je portais avec orgueil les couleurs glo-
« rieuses que vous avez reprises, et que j'avais moi-même
« longtemps portées. — Les Chambres vont se réunir;
« elles aviseront aux moyens d'assurer le règne des lois
« et le maintien des droits de la nation.—La Charte sera
« désormais une vérité. »

Cette proclamation était habile et sage. Avec une extrême modération dans la forme, elle contenait implicitement la reconnaissance de la légitimité de la révolution et l'adhésion du duc d'Orléans ; elle sanctionnait la reprise du drapeau tricolore, et promettait la sincère et loyale exécution de la Charte. Au delà de ce programme, elle n'engageait rien ni personne. Elle ne faisait aucune allusion à un changement soit dans les institutions, soit dans les hommes. Elle laissait possible, enfin, tout ce qui ne serait pas contraire aux lois et aux droits de la nation, et renvoyait aux Chambres législatives le soin d'aviser à la réorganisation politique de la France. Aussi fut-elle reçue avec enthousiasme par les députés réunis au Palais-Bourbon pour en entendre la lecture. Il fut ordonné sur-le-champ qu'elle serait imprimée à dix mille exemplaires, et répandue par toutes les voies de la publicité. En outre, afin de répondre à l'impatience des esprits, la réunion invita les membres de son bureau à rédiger, sans désemparer, une déclaration au peuple français, exposant d'une manière nette et ferme les garanties qui seraient stipulées en faveur des libertés publiques.

C'est que les députés sentaient combien il était urgent de miner le terrain sous les pieds de la République, en donnant, au nom de la monarchie, satisfaction aux vœux légitimes de la population. M. Thiers à Neuilly, M. Bérard au Palais-Royal, n'avaient pas rembruni le tableau. Les rapports qui arrivaient de l'Hôtel de Ville étaient des plus alarmants. La République était en possession incontestée du palais municipal. Elle y avait son quartier général. Ici, sous la carmagnole des hommes du peuple, aux bras noueux, aux robustes poitrines, elle gardait les portes et exerçait une surveillance plus brutale que judicieuse ; là, sous l'aspect moins farouche mais non moins déterminé de jeunes gens enivrés de leur importance conquise sur les barricades, elle soumettait à son contrôle les actes d'une autorité nominale. Partout elle parlait, elle agissait, elle commandait. Elle régnait, avec la complicité à peine dissimulée de la minorité active de la Commission municipale, et sous la tolérance silencieuse de M. de Lafayette, qui n'avait plus le pouvoir et n'avait guère davantage la volonté de lui résister. Le vendredi soir, plusieurs milliers de Brutus de carrefour, conduits par quelques Gracchus en herbe, étaient venus sommer de nouveau M. de Lafayette de se déclarer dictateur au nom de la République. Le vieux général, dont la raison luttait à forces inégales contre les entraînements d'un esprit vaniteux, n'avait été sauvé du malheur de céder que par les représentations de ses amis, et plus particulièrement de M. Odilon Barrot. Mais les républicains, en ajournant leur projet, n'y avaient pas renoncé. Ils avaient décidé que le lendemain, samedi, 31 juillet, ils se réuniraient à midi sur la place de Grève, pour y proclamer la République.

Le samedi matin, en effet, la foule tumultueuse couvrait la place. Bientôt l'arrivée à Paris du duc d'Orléans, la démarche qu'ont faite près de lui les députés sont racontées. Des meneurs parcourent les groupes. Ils disent au peuple qu'il est trahi, que les députés ont composé avec Charles X; que le duc d'Orléans, d'accord avec eux, n'est venu que pour préparer le retour du Roi détrôné; que si le peuple laisse faire, tout se bornera à la révocation des Ordonnances et au changement des ministres, et que le peuple n'aura rien obtenu pour prix de sa victoire. Sous ces excitations, les têtes s'échauffent, les cris *Plus de Bourbons! A bas Charles X!* se mêlent à ceux de *Vive la République!* En ce moment, la proclamation du duc d'Orléans est répandue; elle est lue dans les groupes, et, perfidement commentée, elle ne fait qu'ajouter aux défiances et à la colère des combattants. On fait remarquer que, sauf le maintien de la Charte, elle ne contient aucune promesse précise; qu'il n'y est rien dit ni de la déchéance de Charles X, ni du nouveau gouvernement à établir. Est-ce, disait-on, pour un pareil résultat que le peuple a versé son sang? Et quels sont ces dangers dont parle le duc d'Orléans? Tout n'est-il pas fini? Pour trouver des dangers, que n'est-il venu se placer à notre tête derrière les barricades? Qu'est-ce d'ailleurs que ce langage vague, ambigu, qui évite de s'engager, sinon la preuve qu'on veut ruser avec la Révolution, pour la détourner de son cours et la confisquer?—Il n'y a pas jusqu'à l'oubli d'une date, au bas de la proclamation, qui ne fût présenté comme un témoignage des perfides intentions de son auteur.

Le but des meneurs était de prévenir les effets pacificateurs de la proclamation du duc d'Orléans, ou même de se faire de cette proclamation un moyen de repousser la monarchie, et surtout d'empêcher le peuple de désarmer. Il s'agissait, ici, pour leur importance, d'être prépondérante ou d'être anéantie. Le mot d'ordre jeté dans la foule était : « Restons sous les armes. » Pour le répandre, on placarda l'avis suivant : « AVIS AU PEUPLE.—Il ne peut y « avoir aujourd'hui qu'un Gouvernement provisoire; les « anciens pouvoirs sont nuls.—La nation est invitée à ne « pas déposer les armes.—Vive le Gouvernement provi- « soire ! »

Mais les *patriotes* n'entendaient pas se borner à conserver leurs armes. Ils voulaient s'en servir ; ils voulaient surtout délivrer la République de l'obstacle que la présence du duc d'Orléans était venue jeter sur son chemin. Il faut leur rendre toutefois cette justice qu'ils ne pensèrent pas tout d'abord à l'assassinat. Leur premier projet fut de s'emparer du prince et de sa famille, et de les conduire à Cherbourg pour les embarquer. Quelques-uns d'entre eux vinrent même faire part de ce plan à M. de Lafayette, et lui annoncer qu'ils allaient se mettre à la tête de trois ou quatre mille volontaires pour l'exécuter. M. Laffitte a raconté [1] que M. de Lafayette refusa de signer l'ordre d'exil qui lui était demandé, et réussit à faire avorter le complot. M. Laffitte nous a révélé, en outre, que d'autres *patriotes* « avaient menacé de poignarder la « Commission municipale, si elle ne conservait pas le pou-« voir [2]. »

Les procédés des jeunes républicains tendaient ainsi à devenir de plus en plus sommaires et expéditifs, et le peuple ne montrait que trop de penchant à se laisser pousser dans les voies de la violence et de l'anarchie. On sait combien sont rapides les impressions de la multitude, d'autant plus prompte à accueillir le soupçon qu'elle est moins clairvoyante. Ces mêmes hommes qui, la veille, bravaient intrépidement la mort pour défendre la Charte, se croyaient joués aujourd'hui parce qu'on leur promettait de respecter la Charte. La Commission municipale ne vit d'autre moyen de prévenir une explosion que de faire entendre au peuple un langage en harmonie avec ses nouvelles dispositions.

Quand un incendie menace de tout embraser, on sauve le reste de l'édifice en faisant la part du feu. MM. de Lobau, de Schonen et Odilon Barrot cédèrent à la nécessité de faire la part de la révolution ; et cette part qu'ils lui jetaient à dévorer, c'était la couronne de Charles X. Quant à MM. Audry de Puyraveau et Mauguin, ils étaient plus portés à encourager qu'à calmer les exigences du peuple.

---

[1] Lettre de M. Laffitte, publiée par M. Sarrans dans son ouvrage intitulé *Louis-Philippe et la contre-révolution de 1830*, t. Ier.
[2] *Ibidem.*

Mais M. Casimir Périer, constant dans sa volonté de renfermer la révolution dans les plus étroites limites, refusa de sanctionner de sa signature la déchéance du Roi. « Habitants de Paris, disait la Commission municipale, « Charles X a cessé de régner sur la France ! Ne pouvant « oublier l'origine de son autorité, il s'est toujours consi- « déré comme l'ennemi de notre patrie et de ses libertés « qu'il ne pouvait comprendre. Après avoir sourdement « attaqué nos institutions par tout ce que l'hypocrisie et « la fraude lui prêtaient de moyens, lorsqu'il s'est cru « assez fort pour les détruire ouvertement, il avait résolu « de les noyer dans le sang des Français. Grâce à votre « héroïsme, les crimes de son pouvoir sont finis.... » A ces injures prodiguées au Roi, la Commission ajoutait l'expression d'une admiration sans bornes pour la conduite et les « vertus » du peuple de Paris, et annonçait la création d'un gouvernement nouveau, ayant son origine dans la révolution.

Condamnation de Charles X, promesse d'un gouvernement issu de la volonté populaire, il y avait là pour les exigences des républicains une double satisfaction. On leur accorda plus encore, en faisant subir à la proclamation du duc d'Orléans une modification significative. Aux mots : « LA CHARTE *sera désormais une vérité,* » on substitua ceux-ci : « UNE CHARTE *sera*, etc., » ce qui ouvrait le champ à toutes les innovations qu'on voudrait introduire dans la constitution du gouvernement.

Ces concessions forcées mais périlleuse de la Commission munipale, non moins que les tergiversations de M. de Lafayette, firent sentir au duc d'Orléans combien il était urgent de constater solennellement sa prise de possession du pouvoir exécutif. Le prince résolut donc de se transporter sans plus tarder à l'Hôtel de Ville, afin de s'y faire reconnaître comme lieutenant général du royaume, et d'apprendre à tous que la France, cessant d'être livrée au régime révolutionnaire, rentrait sous la protection d'un gouvernement régulier. Il dépêcha l'un des officiers de sa maison, pour annoncer au général Lafayette sa prochaine visite.

Quand cette résolution courageuse fut connue au Palais-Bourbon, elle y rencontra une approbation unanime. Les députés, frappés des dangers auxquels s'exposait le prince en allant ainsi étouffer la République dans le foyer même du républicanisme, voulurent du moins, par un noble élan, les partager avec lui. Ils décidèrent d'enthousiasme qu'ils accompagneraient tous le lieutenant général à l'Hôtel de Ville. La Chambre, en ce moment, venait de voter la *Déclaration* qu'elle adressait au peuple français. Il restait à en faire l'expédition officielle et à la revêtir des signatures. Le président invita M. Bérard à devancer ses collègues près du prince, afin de lui faire part de leur désir, et de le prier de les attendre.

Pendant une heure environ qui s'écoula jusqu'à l'arrivée des députés, M. Bérard eut avec le prince un entretien qu'il s'est complu à raconter. Le passage suivant mérite d'être cité : « Si je dois monter sur le trône, dit le duc d'Orléans, et je ne puis me dissimuler que j'en suis menacé, vous ne sauriez croire à quels regrets je serai condamné. Ma vie de famille est si douce, nos goûts sont si simples, qu'en conscience je dois penser que ma famille et moi ne sommes pas faits pour la royauté. Je l'accepterai comme un devoir, et non comme un plaisir. » Il est permis de croire à la sincérité de ce langage, quand on considère la calme et heureuse existence que le prince allait échanger contre les labeurs, les soucis et les tempêtes du pouvoir suprême. Mais ce qu'il importe de remarquer, c'est que le duc d'Orléans avait cessé dès lors de se considérer comme l'agent d'une situation momentanée, pour accepter avec toutes ses conséquences le rôle qui lui était tracé par les circonstances. La royauté de la branche aînée était détruite. Non-seulement sa condamnation était écrite sur chacun des pavés de Paris, mais la Commission municipale l'avait prononcée; les représentants du pays venaient de la confirmer; l'opinion publique, l'état des esprits, l'abandon universel où étaient réduits Charles X et sa famille, la proclamaient plus éloquemment encore. L'heure était venue pour le duc d'Orléans d'être roi à la condition de dompter l'anarchie, ou de devenir proscrit en laissant la France en proie à la République. Dès ce moment, son parti est pris, son choix est fait : il sera roi. Il n'oubliera pas, sans doute, les devoirs que l'humanité, la voix du sang et la reconnaissance lui imposent envers d'augustes infortunes; mais il ne lui sera pas permis non plus d'oublier qu'avant tout il se doit à la France, dont il ne pourrait sans crime trahir la confiance ou compromettre les destinées. Secourable et compatissant envers des parents condamnés aux douleurs de l'exil, il n'aura plus le droit de se montrer faible à l'égard de quiconque menacerait les pouvoirs que la France lui a remis pour protéger son repos.

Cependant les députés avaient signé leur Déclaration. Cette pièce, sortie de la plume de M. Guizot, portait à son tour, dans un langage digne et mesuré, l'arrêt de la dynastie. « La France est libre, disait-elle. Le pouvoir
« absolu levait son drapeau; l'héroïque population de
« Paris l'a abattu..... Un pouvoir usurpateur de nos
« droits, perturbateur de notre repos, menaçait à la fois
« la liberté et l'ordre; nous rentrons en possession de
« l'ordre et de la liberté. » Après avoir annoncé que les

députés avaient fait appel au duc d'Orléans, la Déclaration faisait du prince un éloge habile par sa modération même. **Puis elle énumérait les principales garanties que la France aurait à s'assurer par des lois, « pour rendre la liberté forte et durable : »** le rétablissement de la garde nationale, avec l'élection des officiers ; l'élection appliquée à la formation des administrations municipales et départementales ; le jury pour les délits de presse ; la responsabilité des ministres et des fonctionnaires ; la propriété des grades militaires ; la réélection des députés promus à des fonctions publiques. Enfin la Déclaration reproduisait, pour les confirmer, les dernières lignes de la proclamation du lieutenant général, et disait en terminant : « La Charte sera désormais une vérité [1]. »

Bien qu'il y eût quelques dissidences sur la forme à donner à cet acte et sur sa rédaction, tous les députés présents, au nombre de quatre-vingt-onze, y avaient apposé leur signature. Ils avaient pensé que la voix des mandataires du pays serait d'autant mieux écoutée qu'elle se ferait entendre avec un ensemble plus imposant, et n'avaient voulu, pour des considérations secondaires, ni retarder cette manifestation, ni en affaiblir l'autorité.

A deux heures, la réunion se rendit en corps au Palais-Royal, où le duc d'Orléans l'attendait, et le président lut au prince le manifeste qui posait sommairement les bases de sa future royauté. Pendant cette lecture, et à mesure que M. Laffitte énumérait les garanties réclamées au nom de la France, le prince donna, à plusieurs reprises, des signes d'une chaleureuse approbation. Puis, prenant à son tour la parole : « Messieurs, dit-il, les principes que vous proclamez ont toujours été les miens. Vous me rap-

---

[1] Voyez, note N, à la fin du volume, le texte de cette Déclaration.

pelez tous les souvenirs de ma jeunesse, et mes dernières années ne les désavoueront pas. Je travaillerai au bonheur de la France par vous et avec vous, comme un bon, comme un vrai père de famille. Toutefois les députés de la nation me comprendront aisément, lorsque je leur déclare que je gémis profondément sur les déplorables circonstances qui me forcent à accepter la haute mission qu'ils me confient, et dont j'espère me montrer digne. »

Après ces paroles, le prince embrassa M. Laffitte; puis tous deux s'avancèrent sur le balcon, où leur présence fut saluée d'une immense acclamation par la foule assemblée autour du palais. Bientôt on se mit en marche pour l'Hôtel de Ville. Le cortége ne présentait ni les splendeurs qui éblouissent, ni la force qui impose. Il n'y avait ni régiments, ni états-majors, ni l'éclat des costumes, ni la pompe de la mise en scène. Les rues, encore hérissées de barricades, étaient garnies d'une foule de peuple qui se rangeait spontanément sur le passage de cette nouvelle monarchie sortant des ruines d'une monarchie brisée par l'ouragan populaire. Un tambour ouvrait la marche, suivi des huissiers de la Chambre et d'un aide de camp du prince, M. de Berthois, à cheval. Puis seul, à vingt pas de toute escorte, venait le lieutenant général à cheval, derrière lequel se tenaient quelques officiers de la garde nationale. Enfin M. Laffitte, en chaise à porteurs, précédait, comme président, la Chambre des députés. Le prince était en habit d'officier général; il portait le grand cordon de la Légion d'honneur et la cocarde tricolore. Rien ne le défendait contre les approches des spectateurs, et, chemin faisant, il abandonnait sa main aux rudes mains des ouvriers qui venaient la presser avec une brusque cordialité.

Dans les environs du Palais-Royal et dans le quartier

où dominait la bourgeoisie commerçante, la physionomie de la foule était pleine d'allégresse et de sympathie. Chacun se félicitait de voir, dans la prompte reconstitution du pouvoir, une garantie du rétablissement de l'ordre et du retour du travail. La joie et les espérances publiques se traduisaient par des cris multipliés de *Vive le duc d'Orléans! Vive la Charte! Vivent les députés!* Mais à mesure qu'on approchait de l'Hôtel de Ville, l'aspect de la population s'assombrissait. Le regard rencontrait des visages mécontents, des gestes hostiles. Aux vivat en l'honneur du duc d'Orléans et de la Charte, se mêlaient des cris de *A bas les Bourbons! Vive la liberté!* poussés sur une intonation menaçante. Le cortége s'avançait en suivant les quais. A partir du Pont-au-Change, le danger apparut sérieux. Des rumeurs sinistres circulaient. On disait que de jeunes frénétiques avaient juré qu'ils ne permettraient pas au duc d'Orléans d'arriver vivant à l'Hôtel de Ville. On savait que vingt d'entre eux avaient formé le projet de le percer de balles, à son passage sur le quai de la Ferraille, et qu'on avait eu peine à obtenir d'eux la promesse qu'ils n'exécuteraient pas cet infâme dessein. On parlait d'hommes embusqués avec des tromblons [1]. On assurait que dans chacune des rues étroites qui débouchaient alors sur la place de Grève étaient apostés d'habiles tireurs armés de carabines. Et au milieu de cette population où

---

[1] « On a écrit que des forcenés alignés sur le quai de la Grève, « armés de tromblons, avaient attendu le duc d'Orléans pour l'abattre, puis le jeter à l'eau. Une circonstance fortuite empêcha cette « épouvantable exécution. J'ai là-dessus les détails les plus circonstanciés, les plus positifs; mais j'abandonne cette pensée aux « gémonies des révolutions. » (*Mémorial de l'Hôtel de Ville*, par Hippolyte Bonnelier, l'un des secrétaires de la Commission municipale.)

fermentaient des passions, des colères, des instincts haineux, où la certitude de l'impunité pouvait provoquer le crime, le duc d'Orléans élevé sur son cheval présentait, au-dessus de la foule, sa poitrine comme une cible aux balles des assassins. « La foule était immense, dit M. Bérard, et presque toute armée. D'une fenêtre, d'une porte, d'un groupe, un coup de fusil peut être sitôt tiré !.... Le cœur ne cessa de me battre, jusqu'à l'arrivée du lieutenant général à l'Hôtel de Ville. »

Vers trois heures, le cortége touchait à l'Hôtel de Ville. Les tambours battent aux champs. Le lieutenant général met pied à terre devant la porte principale et pénètre dans l'Hôtel suivi des députés. Les corridors, les escaliers sont occupés par des soldats des barricades qui se rangent à peine pour lui livrer passage. « Messieurs, dit le prince en montant les degrés, c'est un ancien garde national qui vient faire visite à son ancien général. » Il est reçu sur le palier par le général Lafayette, qui l'introduit dans les appartements, avec des démonstrations de loyale cordialité auxquelles ne s'associent pas également tous les membres de la Commission municipale. Des cris de *Plus de Bourbons! A bas Charles X le parjure!* se font encore entendre. Le prince alors, faisant signe de la main pour commander l'attention : « Vous vous trompez, Messieurs, dit-il, Charles X n'avait pas le dessein de violer la Charte. » Le général Lafayette conduit le prince dans la salle de Henri IV [1]. Autour d'eux se groupent la Commission municipale, M. Laffitte et les députés. Le reste de la salle est envahi par la démagogie armée, gardienne de

---

[1] Un écrivain démocrate assure que le prince devait être assassiné à son entrée dans la salle par « un jeune homme. » Ce projet n'aurait échoué que parce qu'au moment de se servir de son pistolet, l'assassin reconnut qu'il avait été déchargé à son insu.

l'Hôtel de Ville. M. Laffitte remet la Déclaration des députés à M. Viennet, l'un des vice-présidents, qui la lit d'une voix fortement accentuée. Le prince, dans une courte réponse que l'histoire n'a pas conservée, fait connaître son entière adhésion et sa résolution de se dévouer au bonheur de la France. De nombreux et bruyants bravos lui répondent.

En ce moment reparaît encore sur la scène, mais pour la dernière fois, ce personnage qui, par sa burlesque importance, est parvenu à introduire un rôle de comédie dans le drame terrible de la révolution. Le *général* Dubourg se fraie un passage à travers les rangs pressés des assistants et s'approche du lieutenant général. Ses vêtements souillés, son visage couvert d'une barbe inculte, sont en harmonie avec la grossièreté de son langage. S'adressant au prince : « Vous venez, lui dit-il, de faire des promesses, j'espère que vous les tiendrez. » Puis montrant de la main le peuple réuni sur la place de Grève : « Mais si vous les oubliez, nous sommes gens à vous en faire souvenir. » Le duc d'Orléans savait à quoi s'en tenir sur le compte de cet aventurier. « Monsieur, lui répondit-il avec une dignité sévère, je n'ai jamais manqué à mes serments, et ce n'est pas quand la patrie me réclame que je méconnaîtrai les devoirs qu'ils m'imposent. En tout cas, ajouta-t-il d'un ton où perçait le mépris, ce ne serait pas à vous qu'il appartiendrait de me les rappeler. » M. Dubourg n'essaya pas de répliquer ; l'indignation générale ne le lui aurait pas permis. Il balbutia quelques mots, puis s'esquiva couvert de confusion. Deux jours après, il tenta encore de se montrer à l'Hôtel de Ville ; mais à peine y était-il entré, qu'il fut hué, conspué, et qu'il dut s'enfuir précipitamment [1].

[1] Voyez la note O à la fin du volume.

Des applaudissements avaient suivi les paroles du lieutenant général, comme pour protester contre la ridicule inconvenance dont il venait d'être l'objet. Ils duraient encore, lorsque le général Lafayette, après avoir remis au prince un drapeau tricolore, le prend par la main et le conduit à l'une des fenêtres ouvertes sur la place de Grève. Le prince déploie le drapeau et embrasse avec effusion le vieux général. A ce spectacle à la fois touchant et noble, à cette alliance symbolisée des couleurs nationales, de la liberté et de la monarchie, il se fait dans la foule un revirement subit. Les masses sont émues, entraînées; les colères tombent. Des vivat, des cris de joie, des décharges de mousqueterie retentissent de toutes parts. Les républicains se taisent; la République est vaincue; la monarchie vient de se relever, et le roi de demain retourne à son palais, au milieu des empressements affectueux de ceux-là mêmes qui, tout à l'heure, l'avaient regardé passer dans un farouche silence.

Cette visite du lieutenant général, visite que l'on a justement appelée, par une heureuse métaphore, le *Voyage de Reims*[1] de la monarchie de 1830, venait de mettre fin aux pouvoirs révolutionnaires de l'Hôtel de Ville, pour transporter au Palais-Royal le siége incontesté du Gouvernement. En quittant l'Hôtel de Ville, le lieutenant général y laissait un commandant de la garde nationale, une Commission administrative investie encore de larges attributions; mais il n'y laissait plus de dictateur. Il en emportait les seuls droits que puisse créer une révolution : les droits sortis de la volonté et de l'adhésion populaires. Il y était venu candidat au trône, présenté par les

---

[1] Salvandy, *Vingt mois, ou la Révolution et les Révolutionnaires de 1830.*

députés; il en revenait chef reconnu de l'État, roi par le fait, en attendant qu'il le fût par le nom.

Mais est-il vrai, comme beaucoup l'ont cru, et comme on n'a pas craint de le dire un jour à la tribune, que cette couronne qui allait être placée sur la tête du duc d'Orléans, M. de Lafayette la lui eût donnée, et qu'il eût été le maître de la poser sur un autre front? Non, M. de Lafayette n'eut ni tant de mérite ni tant de responsabilité. Il ne fit pas un roi, il l'accepta. Ce n'est pas M. de Lafayette qui avait jeté à travers la révolution, comme une digue au torrent, le nom du duc d'Orléans. Ce n'est pas lui qui l'avait fait acclamer par la bourgeoisie, proclamer par les députés, saluer d'un cri de joie par la France entière, et qui avait réuni dans ce seul nom tout ce qui était nécessaire pour conjurer les dangers du dedans et du dehors. M. de Lafayette, par sa popularité, était une puissance, surtout si l'on tient compte de ce qui se cachait derrière son nom. Mais les *Deux cent vingt-un*, que la France venait de réélire avec tant d'enthousiasme, étaient une puissance non moins populaire, et il n'appartenait pas à M. de Lafayette de la mettre à néant. Tant que la bourgeoisie n'avait pas eu le temps de se reconnaître et de se trouver un chef, M. de Lafayette aurait pu, à la faveur du désordre général, se faire une dictature et proclamer la République. Une fois le duc d'Orléans à Paris, M. de Lafayette ne pouvait plus qu'une chose : se mettre à la tête des anciens membres des sociétés secrètes et du peuple des cabarets, pour déclarer la guerre, au nom de la République, à la bourgeoisie et aux députés de la France, ayant à leur tête le duc d'Orléans, à leurs côtés le peuple raisonnable et laborieux des ateliers, et derrière eux toutes les populations des départements. Que le vieux général, malgré sa prédilection pour la République, n'ait pas cédé à la tentation de l'établir à ce prix, il n'y a pas lieu de s'en étonner, et il y aurait dérision à lui en faire un mérite.

M. de Lafayette, du reste, au milieu de ses fluctuations, avait mieux jugé la situation que ne l'ont dit ses apologistes. Répondant, le 26 novembre 1830, aux plaintes du comte de Survilliers (Joseph Bonaparte) sur l'oubli où l'on avait laissé le fils de Napoléon, il lui expliquait ainsi les motifs de sa conduite : « Lorsque l'attentat de Charles X eut soulevé la population parisienne et que la confiance publique m'eut placé à la tête de ce mouvement patriotique, ma première pensée, après la victoire, fut d'en tirer le meilleur parti pour la cause de la liberté et de mon pays. Vous jugez bien qu'aucune combinaison personnelle ne pouvait entrer dans cette délibération. La première condition du sentiment républicain étant de respecter la volonté générale, il m'était interdit de proposer une constitution purement américaine, la meilleure de toutes à mes yeux ; c'eût été méconnaître le vœu de la majorité, risquer des troubles civils, appeler la guerre étrangère. Si je me suis trompé, c'est du moins contre mon inclination de tous les temps, et même, en me supposant une ambition vulgaire, contre ce qu'on appellerait mon intérêt actuel. »

Il n'est personne qui ne rende hommage à la sincérité de ce langage et qui ne se sente porté à pardonner bien des faiblesses à celui qu'animaient de si nobles sentiments. D'ailleurs, M. de Lafayette avait résisté à d'autres séductions encore que celles qu'exerçait sur son esprit l'utopie républicaine. Non qu'on veuille ici faire allusion à ce rêve de quelques têtes folles qui l'engageaient à ceindre le diadème et à couvrir ses épaules du manteau royal. Mais il est constant que des hommes considérables du parti légitimiste le pressèrent alors de prendre sous sa tutelle la royauté de la branche aînée, et de se déclarer régent pendant la minorité de Henri V.

Les résultats de la démarche hardie du duc d'Orléans avaient jeté une vive irritation parmi les républicains. Ils reprochèrent amèrement à M. de Lafayette de s'être laissé dépouiller du pouvoir, sans avoir pris aucune garantie pour la liberté comme ils l'entendaient. M. de Lafayette lui-même n'était pas sans quelques regrets. Il ne se dissimulait pas qu'il avait des engagements envers ces jeunes gens qui s'étaient formés à son école, dans le travail souterrain des sociétés secrètes, à la haine des rois et au culte de la République. D'ailleurs, bien qu'il eût abdiqué de bonne grâce, sinon de bonne volonté, entre les mains du lieutenant général, M. de Lafayette ne s'en croyait pas moins, comme il l'a écrit, « chargé du sort futur de la patrie[1]. » Il se mit donc à examiner, avec quelques-uns des jeunes *patriotes* de son entourage, quelles seraient les conditions les plus propres à rendre ce sort conforme à leurs vœux. De cette conférence, naquit le programme, dont on a fait tant de bruit depuis, sous le nom de *Programme de l'Hôtel de Ville*. Bien que ce document ait servi de base à l'opposition radicale, pendant les premières années du règne de Louis-Philippe, les termes en sont restés à peu près inconnus, M. de Lafayette et tous ceux qui en réclamèrent plus tard l'exécution s'étant, en général, prudemment abstenus de leur donner aucune publicité. Un seul républicain, l'un des plus aventureux, M. Cabet, nous en a conservé le texte, ainsi qu'il suit :

« La souveraineté nationale reconnue en tête de la
« Constitution, comme le dogme fondamental du gouver-

---

[1] Note, sans date, publiée dans les *Mémoires, correspondance et manuscrits du général Lafayette*, t. VI.

« nement.—Point de pairie héréditaire, mais deux Cham-
« bres homogènes.—Renouvellement complet de la ma-
« gistrature.—Lois municipale et communale sur le
« principe le plus large de l'élection.—Point de cens
« d'éligibilité.—Cens électoral à cinquante francs.—
« L'élection appliquée à toutes les magistratures infé-
« rieures, notamment aux justices de paix.—Plus de pri-
« viléges ni de monopoles.—Liberté entière des cultes et
« de l'enseignement.—Une école primaire gratuite par
« commune.—Liberté entière de la presse, sans timbre,
« ni cautionnement, ni droit de transport pour les jour-
« naux.—Jury pour les délits de presse.—Jury d'accusa-
« tion.—Garde nationale nommant directement tous ses
« officiers sans exception.—Responsabilité des agents
« secondaires, sans autorisation du conseil d'État.—Toutes
« ces bases adoptées provisoirement, et devant être sou-
« mises à la sanction de la nation, seule capable de s'impo-
« ser le système de gouvernement qui lui conviendrait [1]. »

Ce programme achevé, M. de Lafayette le prit, et

[1] Ce programme, déjà fort éloquent, n'est pas complet cependant. M. Cabet a supprimé, entre autres, un article sur le clergé qui pouvait bien avoir son importance, à en juger par le passage suivant d'une lettre de M. de Lafayette : « M. Cabet m'a écrit pour me dire
« qu'il allait publier une brochure, et faire usage d'une note rédigée
« à l'Hôtel de Ville, et contenant les garanties demandées au nom
« des républicains. J'ai répondu à M. Cabet. Nous avons relu ici
« cette note, et nous pensons qu'on peut en faire usage, mais non
« comme le programme spécial que j'ai formulé dans le compte
« rendu le 13 juin 1831 à mes commettants. Une semblable asser-
« tion pourrait fournir une échappatoire à ceux qui nient l'engage-
« ment de monarchie républicaine, tout à fait républicaine. L'ar-
« ticle de la note sur le clergé pourrait avoir quelque inconvénient
« si elle n'était pas expliquée. Il faut penser que c'étaient des têtes
« de chapitre. »—On voit qu'il n'y a pas de doute à élever sur l'authenticité du programme rapporté ci-dessus.

promit de profiter de la visite qu'il allait rendre au lieutenant général, pour le faire agréer par ce prince. M. de Lafayette alla au Palais-Royal ; mais son entretien avec le duc d'Orléans n'eut pas le caractère qu'il avait projeté de lui donner. Le voici, tel qu'il a été rapporté par M. de Lafayette lui-même, dans une circonstance solennelle :

« Vous savez, dit M. de Lafayette, que je suis républicain, et que je regarde la Constitution des États-Unis comme la plus parfaite qui ait existé? » — « Je pense comme vous, répondit le duc d'Orléans ; il est impossible d'avoir passé deux ans en Amérique, et de n'être pas de cet avis. Mais croyez-vous, dans la situation de la France et d'après l'opinion générale, qu'il nous convienne de l'adopter? » — « Non, répartit M. de Lafayette, ce qu'il faut aujourd'hui au peuple français c'est un trône populaire entouré d'institutions républicaines, tout à fait républicaines. » — « C'est bien ainsi que je l'entends, » reprit le prince [1].

Charmé de cette apparente conformité d'opinions, contenu peut-être aussi par cette dignité du rang que le duc d'Orléans conservait jusque dans les abandons de la familiarité, M. de Lafayette se tint pour satisfait, et ne parla pas de la note qu'il avait apportée. De retour à l'Hôtel de Ville, il fit part à ses amis de l'impression qu'il avait trop légèrement reçue, en disant du duc d'Orléans : « Il est républicain, républicain comme moi. »

Cette conversation, ou plutôt cette seule phrase : *Un trône populaire entouré d'institutions républicaines*, glissée dans les méandres d'une conversation sans portée, et approuvée d'une manière plus ou moins distraite par le duc d'Orléans : voilà donc à quoi se réduit, en réalité, le

---

[1] Lettre à MM. les électeurs de Meaux (13 juin 1834).

fameux *programme de l'Hôtel de Ville*. Voilà l'engagement dont on a pris texte, pendant plusieurs années, pour accuser le roi Louis-Philippe d'astuce et de déloyauté.

Mais d'abord, à examiner le *programme* en lui-même, il ne présente qu'un absurde accouplement de mots contradictoires. Avec des institutions républicaines, en admettant qu'on parvienne à définir ce genre d'institutions, on fait une république. Pour faire une monarchie, la première condition est de la constituer d'éléments monarchiques. Il n'est permis qu'aux utopistes de prétendre organiser un gouvernement viable, en soudant un roi au sommet d'une république ; comme il n'est permis qu'à la fable de créer des êtres hybrides, en greffant le buste d'une femme sur la queue d'un poisson, ou la tête d'un bœuf sur le corps d'un chien. En politique, comme en zoologie, de tels rapprochements ne produisent que des monstres.

Qu'est-ce, d'ailleurs, que des institutions républicaines ? Il serait facile d'énumérer, dans l'histoire du monde, plusieurs centaines de républiques, anciennes ou modernes, grandes ou petites, depuis la république théocratique des Juifs jusqu'à la république démocratique dont la France fut dotée en février 1848, par les anciens amis de M. de Lafayette. Qu'on jette les yeux sur ces républiques. Ce qui frappe tout d'abord, c'est qu'elles reposent sur les principes les plus opposés, qu'elles ont admis tour à tour tous les genres d'institutions ; que s'il en est de démocratiques à l'excès, il en est de plus aristocratiques que la plupart des monarchies ; qu'à la même époque, dans le même pays, sous le même lien fédératif, elles présentent des contrastes choquants. Dans la république de Schwitz, par exemple, tout habitant âgé de seize ans élit les magistrats et vote directement les lois, tandis qu'à quelques pas de là, dans la république de Lucerne, la Constitution n'accorde le droit électoral qu'à celui qui paie au moins six cents francs d'impôt. Et que serait-ce si, aux républiques qui existent ou qui ont existé, on ajoutait celles qui n'ont été qu'écrites ou rêvées, celle d'Aristote et celle de Platon, celle de Condorcet et celle de Hérault de Séchelles, celle de Saint-Just et celle de Babœuf, celle de M. de Lamartine et celle de M. Pierre Leroux ! Parmi cette longue échelle, qui comprend le pouvoir héréditaire, comme à Sparte, et l'esclavage, comme aux Etats-Unis; l'oligarchie despotique, comme à Venise, et la démocratie turbulente, comme à Florence; la terreur et la loi des suspects, comme dans la France de 1793, et les mœurs patriarcales, comme dans le Val d'Andorre, qui donc déterminera où commencent et où finissent les « institutions républicaines, tout à fait républicaines ? »

Mais ce n'est pas seulement par son absurdité que le prétendu *programme de l'Hôtel de Ville* se réfute ; c'est encore et surtout par son immoralité. Eh quoi ! la France veut une monarchie ; cette volonté est si générale, si évidente, que M. de Lafayette et les républicains eux-mêmes l'ont reconnue, l'ont proclamée ; et parce qu'ils ne se sentent ni assez forts, ni assez osés pour faire ouvertement une république, ils prétendront l'établir frauduleusement en la cachant sous les plis du manteau royal ; et si le Roi refuse de se prêter à cette supercherie, on l'accusera de trahir la révolution ! Le premier mot du duc d'Orléans à la France a été celui-ci : « La Charte sera désormais une vérité ; » et l'on voudra forcer le roi de 1830 à faire de la Charte un mensonge ! Et qui donc avait donné à M. de Lafayette et à quelques conspirateurs en disponibilité le droit de stipuler en faveur d'une forme quelconque de gouvernement ou d'institutions ? De qui avaient-ils reçu

le pouvoir d'annuler ainsi d'avance le serment du 9 août?
« Je crus trouver, a écrit M. de Lafayette aux électeurs de Meaux, dans l'autorité et la confiance populaires dont j'étais investi, le *droit* et le devoir de m'expliquer franchement, *au nom de ce même peuple*, avec le roi projeté ! »
De quelle autorité avait été investi M. de Lafayette ? Il avait pris, avec l'approbation de ses collègues de la Chambre, le commandement de la garde nationale ; à côté de lui, les députés avaient nommé une Commission municipale revêtue des pouvoirs politiques, et un commandant de l'armée. Il est vrai que, comme centre des menées républicaines, M. de Lafayette était devenu un sujet d'inquiétude pour les députés. Cela l'autorisait-il à engager, suivant sa fantaisie, « au nom du peuple français, » le présent et l'avenir de la France? On ne ferait que sourire à de pareilles prétentions, si l'on pouvait oublier qu'à l'aide de cette fiction d'un *programme de l'Hôtel de Ville,* on est parvenu à jeter l'émeute sur le pavé, et à faire couler, dans des discordes civiles, bien du sang et bien des larmes.

Le *programme de l'Hôtel de Ville* n'a donc été, comme l'a dit un jour, dans un mouvement d'indignation, le roi Louis-Philippe, qu'un « infâme mensonge. » Le duc d'Orléans n'a trompé personne. Il n'a pas promis ce qu'il n'avait ni le droit de promettre, ni le pouvoir de tenir. Il a saisi, au contraire, ainsi qu'on va le voir, dès cette même journée du 31, l'occasion de couper court aux illusions des républicains.

Après la décision de la Chambre, qui indiquait manifestement les dispositions monarchiques des *Deux cent vingt-un,* une scission s'était opérée parmi les hommes qui, avec des vues différentes, avaient cependant concouru d'un commun accord à la révolution. Cette scission avait été très-tranchée dans le sein de la petite pléiade qui se groupait autour du *National*. Les uns, comme MM. Thiers, Mignet et Armand Carrel, fidèles à leur prédilection pour une monarchie constitutionnelle, étaient décidés à seconder de tous leurs efforts l'établissement nouveau ; les autres, comme MM. Godefroi Cavaignac, Guinard, Boinvilliers, attirés vers la République, se montraient hostiles à une solution qu'ils considéraient comme un avortement de la révolution.

Le samedi matin, tous ces jeunes gens étaient réunis dans les bureaux du *National*. Avec la bonne foi et l'abandon qui découlaient de leur longue et cordiale confraternité, ils recherchaient jusqu'à quel point il serait possible de trouver, dans une monarchie constitutionnelle, des conditions qui répondissent à leur commun amour de la liberté. M. Thiers était, peu d'instants auparavant, entré, pour la première fois, en relations avec le duc d'Orléans. Il avait rapporté de cette entrevue les impressions les plus favorables. Il pensa qu'une conversation des chefs de la République militante avec le lieutenant général aurait pour effet de faire tomber bien des préventions, et proposa de la leur ménager. Ils acceptèrent.

M. Thiers retourna au Palais-Royal. Il représenta au duc d'Orléans que les hommes qu'il désirait lui amener étaient de ceux qui devaient leur grande autorité sur les masses, moins encore à leur courage qu'à l'élévation de leur caractère, à la supériorité de leur éducation et à la sincérité de leurs convictions ; que dans un moment où les moindres causes d'excitation étaient redoutables, il n'était pas indifférent de s'assurer sinon leur concours, du moins leur neutralité ; que désarmer les chefs, ce serait licencier les soldats, et qu'il espérait beaucoup, dans ce but, de l'entretien qu'il demandait pour eux. Le prince, qui allait partir pour l'Hôtel de Ville, consentit à les recevoir dans la soirée.

Le soir venu, M. Thiers conduisit au Palais-Royal MM. Cavaignac, Boinvilliers, Bastide, Guinard, Thomas et Chevallon. Ils furent reçus par le duc d'Orléans dans la grande Galerie des batailles. L'entretien fut plein de dignité, de noblesse et de mesure. Plusieurs des républicains qui y prirent part étaient des hommes de haute intelligence. Ils joignaient à une instruction solide le sentiment des convenances. L'affabilité du prince corrigeait ce que la distance des rangs aurait pu jeter de gêne dans la conversation. « Demain, Monseigneur, lui dit M. Boinvilliers, demain vous serez roi. Peut-être est-ce la dernière fois que vous allez entendre la vérité. Permettez-nous donc de vous la dire. » Et, en effet, la vérité telle que la comprenaient ces jeunes gens, fut exposée sans réserve. Les plus hautes questions de la politique furent tour à tour posées et examinées : la forme de gouvernement, la pairie, le suffrage universel, la situation de la France vis-à-vis de l'Europe, les traités de 1815, etc. Le duc d'Orléans se montra causeur facile et abondant. On eût dit qu'il mettait une sorte de coquetterie à déployer devant ses auditeurs le fruit de ses longues études et de ses méditations. Il ne voulut surtout leur laisser aucun doute sur ce qu'il pensait de la République. Il en retraça les folies et les excès, les impuissances et les funestes résultats. Pour montrer jusqu'où une assemblée en possession d'un pouvoir sans contre-poids est exposée à se laisser conduire par ses propres égarements, il cita la Convention. « Monseigneur, lui dit alors M. Cavaignac avec quelque vivacité, mon père était de la Convention. »—« Et le mien aussi, Monsieur, reprit le duc d'Orléans, et jamais homme ne fut plus que lui digne d'estime et de respect. Mais tout en vénérant sa mémoire, il est permis au fils de vouloir détourner de son pays les malheurs dont son père a été l'une des victimes.» La conversation s'était prolongée, et, comme il arrive ordinairement, chacun était resté dans ses convictions. « Croyez-moi, Messieurs, dit enfin le prince en se retirant, il y a, dans une monarchie constitutionnelle, avec moins de dangers, plus de garanties de véritable liberté et tout autant de place pour les généreuses pensées et pour les hommes d'intelligence et de dévouement. Vous êtes bien jeunes encore ; réfléchissez et vous nous reviendrez. »

En sortant du Palais-Royal, M. Thiers s'adressant à ses compagnons : « Eh bien! dit-il, que pensez-vous du prince? »

—« C'est un bonhomme, » dit M. Bastide.

—« Il n'est pas sincère, » dit M. Cavaignac.

—« C'est un *Deux cent vingt-un*, » dit M. Thomas.

M. Thomas disait vrai ; et c'est parce que le duc d'Orléans était un *Deux cent vingt-un*, en d'autres termes, c'est parce que ses opinions, sa politique et ses vues répondaient complétement aux opinions, à la politique et aux vues qui avaient été énergiquement manifestées par la Chambre des députés, et solennellement ratifiées par le pays, qu'il était l'homme de la situation.

CHAPITRE IX

ABDICATION DU ROI ET DU DAUPHIN.

Mesures administratives prises par la Commission municipale.— La confiance renaît dans Paris.— Arrivée de Charles X à Trianon. — Défection d'un régiment, au pont de Sèvres, en présence du Dauphin. — Retraite de l'armée royale.— Départ de la famille royale pour Rambouillet. — Les désertions se multiplient dans l'armée; les colonels se concertent pour faire leur soumission; défection de trois régiments de la garde royale.—Arrivée de la duchesse d'Angoulême à Rambouillet.—Charles X nomme le duc d'Orléans Lieutenant général du royaume; le duc d'Orléans n'accepte pas cette investiture.— Charles X et son fils abdiquent en faveur du duc de Bordeaux.— Le Lieutenant général prend en main le gouvernement.—La fermentation s'accroît dans la faction républicaine.— Dangers de la situation de Charles X à Rambouillet.— Des commissaires lui sont envoyés pour l'engager à s'éloigner; refus de Charles X.— L'acte d'abdication est remis au Lieutenant général. —Attitude du corps diplomatique pendant la crise révolutionnaire.

Lorsque le duc d'Orléans eut quitté l'Hôtel de Ville, plusieurs des membres de la Commission municipale exprimèrent l'avis qu'il ne restait plus à la Commission qu'à résigner ses fonctions entre les mains du lieutenant général du royaume. M. Mauguin, qui se sentait un goût prononcé pour le maniement des affaires, s'opposa vivement à cette abdication. Il allégua que la Commission, ayant été nommée par les députés, ne devait remettre ses pouvoirs qu'à la Chambre. Ses collègues n'insistèrent pas, et la Commission continua de pourvoir aux nécessités du service. Elle eut d'abord à remédier à la perturbation que la suspension forcée de toutes les affaires avait jetée dans les relations commerciales. La révolution survenant à la fin du mois, époque de nombreuses échéances, avait rendu les payements impossibles. De là, une multitude de protêts, un grand ébranlement du crédit, des catastrophes multipliées. Sur la demande du tribunal de commerce, la Commission rendit un décret qui prorogeait de dix jours les échéances des effets de commerce payables à Paris du 26 juillet au 15 août, et qui interdisait toute poursuite avant l'expiration de ce délai.

Une autre mesure, d'une utilité plus contestable, fut celle par laquelle la Commission, de concert avec M. de Lafayette, ordonna la formation de vingt régiments de garde nationale mobile. Ces régiments devaient être composés d'enrôlés volontaires, dont la solde fut fixée, pour chaque homme, à trente sous par jour. La Commission se proposait, par ce moyen, d'enlever à l'émeute et aux conseils de l'oisiveté et de la faim, une partie de la population que le chômage des ateliers laissait sans ressources. Mais ses calculs furent trompés. Bien peu profitèrent de ses offres, et ceux-là n'étaient ni les plus remuants, ni les plus dénués de moyens d'existence. L'arrêté tendait à grever lourdement le budget de la ville, sans débarrasser le pavé des oisifs dangereux. Il ne reçut qu'un commencement d'exécution, et fut rapporté le 8 août suivant.

La Commission s'occupa aussi d'assurer le fonctionnement des divers services administratifs. Elle nomma, avec le titre de Commissaires provisoires : à la justice, M. Dupin, et sur son refus M. Dupont (de l'Eure) ; aux finances, M. le baron Louis ; à la guerre, M. le général Gérard ; à la marine, M. le vice-amiral de Rigny ; aux affaires étrangères, M. Bignon ; à l'instruction publique, M. Guizot.

M. Casimir Périer, nommé à l'intérieur, refusa, par un honorable scrupule, de remplir, au nom de la révolution, des fonctions qui lui avaient été destinées la veille par Charles X ; il fut remplacé à ce département par M. le duc de Broglie. Ces choix, sortis de l'Hôtel de Ville, quelques heures après la visite du duc d'Orléans, sont éloquents. Ils montrent quel retour subit s'était opéré dans les esprits, et combien la révolution elle-même était pressée de donner des gages à l'ordre, en appelant à le rétablir des hommes dont la vie entière protestait contre toute pensée de pactiser avec la démagogie. Le trône était vacant encore ; mais en voyant de tels ministres nommés par une ordonnance au bas de laquelle figuraient les noms de MM. Audry de Puyraveau et Mauguin, il n'était personne qui ne comprît que la monarchie se relevait.

Enfin la Commission nomma, dans le même esprit, les maires et adjoints des douze arrondissements de Paris. Tous ces fonctionnaires municipaux tenaient, dans les rangs de la bourgeoisie, une place distinguée par la fortune, par la considération ou par le talent.

De son côté, M. de Lafayette adressa *aux citoyens de Paris* une proclamation. Le but évident du vieux général était de rentrer en grâce près des républicains, et de placer sous l'autorité de son nom la partie avouable du *programme* rédigé en conciliabule à l'Hôtel de Ville. Par une étrange usurpation de droits, le commandant de la garde nationale traçait impérieusement, dans cet acte, la marche qu'auraient à suivre les pouvoirs parlementaires, et déterminait les objets dont ils auraient à s'occuper.

« Déjà, disait-il, sous le gouvernement qui vient de ces-
« ser, il était reconnu que, dans la session actuelle, les
« demandes du rétablissement d'administrations élec-
« tives communales et départementales, la formation

« des gardes nationales de France sur les bases de la loi
« de 91, l'extension de l'application du jury, les questions
« relatives à la loi électorale, la liberté de l'enseignement,
« la responsabilité des agents du pouvoir et le mode né-
« cessaire pour réaliser cette responsabilité, devaient
« être les objets de discussions législatives préalables à
« tout vote de subsides. A combien plus forte raison ces
« garanties et toutes celles que la liberté et l'égalité peu-
« vent réclamer doivent-elles précéder la concession des
« pouvoirs définitifs que la France jugerait à propos de
« conférer. » Tout cela était dit officiellement, non-seulement aux gardes nationaux sous ses ordres, mais aux
citoyens de Paris, par un général en fonction. On voit que
si M. de Lafayette n'avait pas osé prendre le titre de dictateur, il n'avait pas renoncé à exercer une autorité despotique. La révolution de Juillet avait troublé la belle
intelligence du noble vieillard, et il était resté persuadé
qu'il lui appartenait de régenter à son gré le Roi, les ministres, les Chambres et le pays.

Mais les inconséquences de M. de Lafayette n'inquié-
taient pas alors la population. Paris semblait, au contraire,
renaître au travail et à la confiance. Les boutiques s'étaient
rouvertes; les affaires avaient commencé à reprendre
quelque mouvement; la circulation était rétablie, au
moyen d'ouvertures pratiquées aux extrémités de chaque
barricade. La ville, joyeuse et fière de sa victoire, oubliait
les douleurs du combat pour se féliciter de sa glorieuse
issue. D'abondantes offrandes venaient adoucir le sort des
blessés, des veuves et des orphelins. La garde nationale
veillait partout à la sûreté des personnes et des propriétés
publiques et privées. La population sage s'en remettait
avec espoir au nouveau chef de l'État, du soin de faire
obstacle aux prétentions de l'Hôtel de Ville. Et tandis que

tout promettait à la France le retour prochain du calme, après de si terribles orages, celui dont les funestes erreurs avaient déchaîné la tempête, poursuivait vers l'exil sa lamentable odyssée.

Dans la nuit du 30 au 31, Charles X avait quitté Saint-Cloud se dirigeant sur Versailles. Comme il approchait de cette ville, il reçut avis que les habitants, informés de son dessein, avaient pris les armes et se préparaient à le repousser. Le Roi se détourna pour gagner Trianon, où il arriva à cinq heures du matin. Il entra triste et morne dans ce riant palais, si plein pour lui des doux souvenirs de sa jeunesse. Les ministres du 8 août n'avaient pas quitté le Roi. Après quelques heures d'isolement et de repos, Charles X les réunit et leur demanda leur avis sur le parti qu'il convenait de prendre. Le conseil demeura d'accord qu'il ne restait plus qu'à accepter franchement la guerre contre la révolution, et à en revenir au plan qu'avaient recommandé M. de Guernon-Ranville et le duc de Raguse. On croyait pouvoir compter sur les dix à douze mille hommes groupés autour de Saint-Cloud, sur les régiments éloignés de Paris, sur les populations du Midi et surtout sur la Vendée. Les ministres se persuadaient qu'avec les forces dont on disposait, il serait possible d'établir autour de Paris une espèce de blocus, de concentrer la révolution dans un étroit rayon et de l'y écraser. Le Roi parut souscrire à ce projet. Il dit à ses ministres qu'il s'en entendrait avec le Dauphin, et leur ordonna, en attendant l'arrivée du prince, de préparer les moyens d'exécution.

Mais le Dauphin faisait lui-même, en ce moment, la triste expérience de ce que la cause royale avait à espérer encore du dévouement de l'armée. Avant d'abandonner Saint-Cloud, il avait voulu visiter ses troupes dans leurs cantonnements. A Sèvres, il apprend que la plupart des soldats du bataillon suisse qui occupait le village venaient de livrer leurs armes aux habitants, et que ce point n'était plus défendu. Le pont qui traverse la Seine, à la sortie du village, était gardé, sur la rive gauche, par deux compagnies d'infanterie et deux pièces de canon. De l'autre côté de la rivière se pressait un gros d'insurgés qui tiraient quelques coups de fusil, et qui paraissaient se préparer à forcer le passage. Le prince donne l'ordre de les refouler et de dégager la tête du pont. L'officier qui commande l'infanterie garde le silence, les soldats restent immobiles sur leurs armes. Bientôt il se produit dans les rangs une agitation séditieuse, et le Dauphin voit le détachement se disposer à passer en masse, sous ses yeux, à la cause du peuple. A ce spectacle, son sang s'allume, et la colère lui inspire un mouvement d'une mâle grandeur. Il lance son cheval au galop, se place à l'entrée du pont, et faisant face aux soldats : « A vos rangs! leur crie-t-il d'une voix à laquelle l'indignation donne une énergie inaccoutumée; et si vous voulez m'abandonner, que ce ne soit pas du moins comme des fuyards. » Le prince fait alors avancer un escadron de lanciers, qui balaie le pont par une charge vigoureuse; puis se retournant vers l'infanterie : « Maintenant, dit-il, voilà la route qui mène au déshonneur; elle est libre, vous pouvez partir. » Et il s'éloigne.

Quelques instants après, les deux compagnies et les deux pièces de canon étaient en route pour Paris, et les autres corps recevaient un ordre général de départ. C'en était fait pour Charles X. Il lui restait quelques milliers de défenseurs prêts à protéger sa personne mise en péril; il n'aurait plus trouvé un bataillon pour reprendre l'offensive. La garde royale n'était pas, à cet égard, dans de meilleures dispositions que le reste de l'armée. Fidèle encore à son drapeau, elle ne se croyait cependant ni la mission, ni la force d'imposer au pays un Roi abandonné, au milieu de son propre royaume, au plus désastreux isolement. Ces braves régiments ne se résignaient pas à se considérer, au cœur de la France, comme en pays ennemi. Ils n'entendaient pas sans émotion les appels à la concorde qui leur étaient adressés, au nom de la commune patrie. Un émissaire de M. de Lafayette, M. Dunan, ayant engagé le général Talon, qui gardait le pont de Saint-Cloud, à déposer les armes, cet officier avait témoigné un douloureux étonnement de ce que les concessions de Charles X n'eussent pas rétabli la paix. « Que veut-on de plus ? avait-il ajouté; que M. de Lafayette s'explique; » et M. de Lafayette avait répondu par le billet suivant : « On me demande une réponse explicite sur la situation de la famille royale depuis la dernière agression contre les libertés publiques et la victoire de la population parisienne ; je la donnerai franchement : c'est que toute réconciliation est impossible, et que la famille royale a cessé de régner. »

Avec des troupes ainsi travaillées et en butte à tous les genres de séduction, il n'y avait plus de possible que la retraite. L'armée fut dirigée par Versailles sur Rambouillet ; le Dauphin rejoignit le Roi à Trianon. Ce château, environné de toutes parts de populations insurgées et enserré dans des bois propices à une guerre de tirailleurs, n'offrait à la famille royale aucune sécurité. Le Dauphin détermina Charles X à poursuivre sa marche jusqu'à Rambouillet. Madame la duchesse de Berri et ses enfants partirent sur-le-champ en voiture par la route directe. Quant au Roi, il fut convenu qu'il prendrait à cheval des chemins détournés, pour regagner la route au delà du bois.

Le Roi était absorbé dans une tristesse froide et concentrée, qui contrastait avec la fiévreuse agitation à laquelle le Dauphin était en proie. Ce prince paraissait n'être plus maître de sa pensée. Il montait à cheval et en descendait instantanément, sans motif apparent, sans quitter la cour du château, ne donnant aucun ordre, ne pourvoyant à rien, ne songeant même pas à s'assurer si l'on avait procuré des vivres aux troupes. Dans les épreuves de la guerre, la constance du soldat dépend surtout de la conduite des chefs. Pour supporter les privations et les fatigues, le soldat a besoin de savoir que l'on s'occupe de lui, que l'on veille à son bien-être; de sentir incessamment sur lui l'œil et la main de son général. Le Dauphin n'avait pas assez pratiqué la vie militaire pour en avoir appris les exigences, pour en connaître les susceptibilités. Tout entier à d'autres préoccupations, il laissait son armée livrée à la plus active de toutes les causes de désorganisation : la perte de la confiance en celui qui commande. Les régiments, abandonnés aux soins impuissants des officiers inférieurs, manquaient des choses les plus nécessaires. Soldats et officiers, tous murmuraient; et la désertion éclaircissait les rangs.

Tout était prêt pour le départ, et Charles X semblait ne pouvoir s'arracher à ces lieux si chers à son cœur. On lui annonça que ses ministres avaient terminé la rédaction des ordres relatifs à l'exécution du plan arrêté dans la matinée. Il manda M. Capelle et le chargea de faire savoir à ses collègues qu'il ne serait pas donné suite à ce projet. Il lui confia aussi le soin de leur dire qu'il n'avait plus de services à réclamer de leur dévouement; que leur présence près de lui ne ferait qu'ajouter, par les dangers qu'elle attirerait sur eux, aux amertumes de sa situation; qu'il leur rendait la liberté, et leur saurait gré de pourvoir à leur sûreté.

Les ministres s'empressèrent d'anéantir les ordonnances qu'ils venaient de préparer, et ne songèrent plus qu'à échapper aux effets de la proscription suspendue sur leur tête. Plusieurs, pensant que nulle part ils ne seraient moins exposés que près du Roi, voulurent prendre place dans les voitures de sa suite. Ils en furent durement empêchés par les officiers de l'escorte, à l'exception de MM. de Montbel et Capelle, qui ne furent pas remarqués. Dès ce moment commença, pour ces hommes tombés de si haut, une vie de fatigues, de souffrances et d'angoisses. Dénués d'argent, pour la plupart, ils errèrent au hasard à travers le pays, ne sachant où demander un asile, cachant leur nom qui eût été leur arrêt; tantôt affrontant le danger des voitures publiques et des grandes routes, tantôt se glissant à pied par les chemins de traverse, jusqu'à ce que les uns, reconnus, allassent attendre dans les prisons le jour de la justice, et que les autres, plus heureux, trouvassent au delà de la frontière le douloureux repos des proscrits.

Cependant le Roi était toujours dans son appartement. Les officiers voyaient avec une vive impatience qu'on ne se pressât pas de profiter des dernières heures peut-être pendant lesquelles la route serait libre. Le général Bordesoulle, qui occupait Versailles avec la division de grosse cavalerie, avait envoyé le général de Larochejacquelein près de Charles X, pour l'engager à quitter au plus tôt une position trop désavantageuse. Il savait que l'on répandait de tous côtés, dans les campagnes, la nouvelle de la déchéance de la famille royale, et craignait une attaque des paysans contre le château. Chacun, autour du Roi, était si convaincu de la nécessité d'un prompt départ, que le duc de Duras et le duc de Luxembourg se hasardèrent à entrer dans son appartement pour lui faire remarquer que le temps s'écoulait. Ils trouvèrent Charles X pieusement agenouillé. Un chapelain venait de célébrer le service divin sur un autel secret, dont l'existence en ce lieu était dissimulée par un pan de boiserie mobile; et le Roi, recueilli devant Dieu dans une muette adoration, lui demandait la force de supporter son malheur. Charles X sort lentement de sa chambre, suivi de MM. de Duras et de Luxembourg. Sa physionomie respire la douceur et l'accablement. Il adresse à ses fidèles serviteurs quelques paroles bienveillantes, s'arrêtant à chaque pas, comme s'il eût reconquis sur sa destinée les minutes dérobées à son départ. Il fallut le presser encore. « Sa Majesté oublie qu'elle veut partir, » dit un des assistants. « Vous avez raison, » répond le Roi, qui se dirige, toujours avec la même lenteur, vers l'extrémité de la salle, descend les degrés du perron, promène en arrière sur le château un dernier regard plein de larmes, monte à cheval et s'éloigne en silence.

Le cortége royal, composé des gardes du corps et de la gendarmerie d'élite, se mit en marche à travers le bois. A la sortie de la forêt, on trouva Madame la duchesse de Berri. Le Roi alors prit place dans une voiture et continua son voyage vers Rambouillet. Il y arriva à dix heures du soir. Il y fut reçu, non plus avec les démonstrations de joie et les airs de fête qui y accueillaient naguère sa présence, mais en prince malheureux et fugitif. Aucune lumière n'avait été préparée dans la cour d'honneur. La lune seule y répandait sa pâle clarté. La voiture vint se ranger au pied du perron. Le Roi en descendit. Sa figure était altérée. Ses joues avaient une coloration maladive; ses yeux étaient abattus, ses vêtements blanchis par la poussière. Il fit quelques pas vers le château, puis s'arrêta pour attendre la duchesse de Berri, à laquelle il offrit son bras.

Le duc de Bordeaux, endormi, fut porté au palais par M. le baron de Damas, son gouverneur. Le Roi fut conduit dans le grand salon, où étaient réunis les autorités de la ville, les dignitaires de sa maison et les officiers de sa suite. Il fit violence à ses sombres pensées pour interroger le maire sur l'esprit des habitants, déposa un baiser paternel sur le front du jeune prince et de sa sœur qu'on lui présenta, puis se hâta de se soustraire à la contrainte que lui imposaient tant de regards interrogeant sa douleur.

« Du pain, s'écria aussitôt le duc de Raguse, en s'adressant au maire ; du pain pour ces Messieurs qui sont à jeun, et pour les troupes qui n'ont pas mangé depuis vingt-quatre heures [1]. » Et l'on fit rechercher dans Rambouillet et dans les communes environnantes des vivres pour assouvir la faim de l'escorte royale.

Le Dauphin n'avait pas suivi le Roi à Rambouillet. Il était resté en arrière avec l'armée pour protéger la retraite, et avait couché à Trappes. Le général Bordesoulle avait reçu l'ordre de continuer à occuper Versailles jusqu'au lendemain. Mais l'armée présentait un navrant spectacle. Lorsque l'autorité et l'active sollicitude d'un général entouré de la popularité des camps auraient à peine suffi pour la retenir sous les lois de la discipline, elle se voyait commandée par un prince dont l'attention était incessamment détournée d'elle par ses soucis personnels. Il faut ajouter que le duc d'Angoulême n'était pas heureux dans ses rapports avec les soldats. S'il ne les glaçait pas par son mutisme et par son apparente indiffé-

---

[1] Ces détails sur le voyage de Trianon à Rambouillet sont empruntés en partie à l'un des livres les plus intéressants et les plus exacts qui aient été écrits sur la révolution de 1830 : *La Chronique de Juillet 1830*, par Rozet.

rence, il les blessait par ses reproches intempestifs ou par l'âpreté hautaine de son langage.

La désorganisation était partout; les soldats désertaient ou souffraient impatiemment de dures privations; les officiers inférieurs n'exerçaient plus ni autorité ni surveillance. Il y eut même une réunion de colonels et de chefs de corps, au nombre de onze [1], qui décidèrent que l'un d'eux, M. de Farincourt, du 4e, irait à Paris traiter en leur nom avec le Gouvernement nouveau en lui offrant de reconduire les régiments dans leurs garnisons. Loin de faire mystère de leur résolution, ils en firent part eux-mêmes au général Bordesoulle, et lui déclarèrent qu'elle était rendue nécessaire par l'impossibilité où ils se sentaient de rester maîtres de leurs troupes. Le général les blâma sévèrement d'une délibération qui constituait une grave infraction aux règlements militaires. Il parvint, par ses exhortations et par sa fermeté, à les détourner de leur dessein. Mais il ne tarda pas à juger par lui-même que la fidélité des chefs ne suffit pas à garantir celle des soldats. Il était occupé à écrire au Dauphin pour lui faire le récit de ces faits, lorsqu'un de ses aides de camp vint précipitamment lui annoncer que les troupes partaient dans toutes les directions; que son piquet d'escorte et ses factionnaires eux-mêmes l'avaient abandonné; que des paysans entouraient à petite distance sa maison, et qu'il lui restait à peine le temps de monter à cheval, s'il ne voulait tomber sans défense entre leurs mains. Le général eut bientôt constaté l'exactitude de ce rapport. Il vit le sol couvert d'armes et de débris de fourniments

[1] Dans le nombre se trouvaient les colonels de huit régiments de la garde royale, savoir : 2e, 4e et 6e d'infanterie, 7e et 8e (Suisses), 1er de grenadiers, 1er et 2e de cuirassiers, ainsi que ceux du 15e léger et de la gendarmerie d'élite.

jetés par les déserteurs. Sans perdre de temps, il fit battre la générale et se porta sur Trappes. Ce déplacement ne remédia à rien. Le découragement, le malaise moral du soldat étaient extrêmes; et, ce qui n'était pas propre à réchauffer son zèle, la nourriture continuait à manquer. On avait à grand'peine trouvé un peu de pain, qu'on avait payé en mettant en gage l'argenterie du Roi. Quant à la viande, au vin, au fourrage, on n'en avait pas.

Tout autorisait à prévoir une prochaine désertion générale. Dans cette extrémité, les colonels de la garde et de la ligne s'assemblèrent de nouveau pour prendre un parti. Le général Bordesoulle en est informé ; il court à eux, les supplie, au nom de l'honneur militaire, de ne pas donner l'exemple de l'indiscipline. Il visite ensuite les soldats, les harangue, s'adresse à leurs nobles sentiments, les adjure de ne pas délaisser dans le malheur le Roi qui s'est fié à leur fidélité. Il les touche, les ébranle, et, profitant d'un moment de généreuse excitation, les enlève en ordonnant la marche sur Rambouillet. Il envoie aussitôt un de ses officiers au Dauphin, pour le prévenir de leur arrivée. « A quoi bon? répond amèrement le prince ; ils n'en déserteront pas moins. Il aurait dû les laisser où ils étaient. Il aurait épargné au Roi la douleur de les voir abandonner leur drapeau sous ses yeux. »

Les troupes prirent leur campement à Rambouillet, dans le parc, dans le bois et dans la grande avenue qui conduit au château. Les gardes du corps, le 7ᵉ régiment (Suisse), le 2ᵉ régiment des grenadiers à cheval et les gendarmes des chasses occupèrent le château et ses abords. Le 8ᵉ (suisse) fut laissé au Perray, village sur la route de Versailles, à l'entrée de la Forêt-Verte. L'artillerie composée de sept batteries comprenant trente-huit bouches à feu, établit son parc au hameau de la Rue-Verte, à peu près à la même hauteur et sur la droite de la route. Le château présentait de tous côtés des scènes de guerre et de dévastation, comme s'il était tombé entre les mains de l'ennemi. Les chevaux étaient parqués dans les parterres; les arbres et les arbustes du jardin et des bosquets fournissaient les matériaux des cabanes que se construisaient les soldats; les bestiaux de la ferme royale furent abattus; le gibier du parc fut mis au pillage, et les chevreuils, les faisans, les lapins réservés pour les chasses royales, vinrent alimenter la marmite du bivouac. Mais la désertion ne s'arrêtait pas, et tous les efforts des chefs étaient impuissants à y mettre fin. Le colonel du 15e léger alla remettre au Dauphin son drapeau. Douze hommes se rangèrent en bataille, pour faire le dernier salut des armes à l'étendard fleurdelisé; c'était tout ce qui restait du régiment.

Le lendemain, l'armée royale éprouva des pertes plus sensibles encore. Les deux régiments de cuirassiers de la garde partirent, officiers en tête, étendards déployés. Ayant rencontré le Dauphin, ils se rangèrent respectueusement en bataille sur son passage, puis continuèrent leur marche sur Versailles, où ils rentrèrent dans leurs casernes. Cet exemple fut suivi le même jour par le régiment des grenadiers de la garde.

Des motifs particuliers et très-graves faisaient un devoir aux colonels des deux régiments suisses (7e et 8e de la garde) de prendre, près du Gouvernement nouveau, leurs sûretés pour le salut de leurs hommes. Outre que ces corps étaient impopulaires, on répandait à leur sujet mille bruits propres à les rendre victimes de l'exaspération du peuple. On disait, entre autres choses, que le Roi allait se retirer en Vendée, qu'il laisserait les Suisses pour couvrir sa marche, et que n'ayant pas d'argent pour payer leurs services mercenaires, il leur donnerait l'autorisation d'y suppléer par le pillage. Les chefs de ces régiments les voyaient menacés de rester bientôt seuls, exposés aux effets des fureurs excitées contre eux. Pour se prémunir contre cette éventualité, ils envoyèrent M. de Maillardoz, lieutenant-colonel du 7e, solliciter du lieutenant général des sauf-conduits. Le duc d'Orléans s'empressa de les donner. Après avoir heureusement rempli sa mission, M. de Maillardoz revenait de Paris, lorsqu'il tomba au milieu des volontaires qui se portaient sur Rambouillet, ainsi qu'on le dira bientôt, et sa voiture ne put les dépasser. Il confia alors les sauf-conduits à un garde national à cheval, qui s'offrit à prendre les devants, et qui commit une erreur par suite de laquelle ces papiers importants furent remis au duc de Raguse.

Au milieu des douleurs qui l'accablaient, le cœur du Roi éprouva cependant une joie bien vive. Le dimanche, 1er août, dans la matinée, son Altesse Royale Madame la Dauphine, sur le sort de laquelle on n'était pas sans inquiétude, rejoignit sa famille à Rambouillet.

On sait que la princesse était à Vichy, lorsque furent publiées les Ordonnances. Son départ avait été fixé au 27 juillet, et son itinéraire indiqué par Mâcon, Lons-le-Saulnier, Dôle, Dijon, Tonnerre, etc. Des réceptions brillantes et des fêtes lui avaient été préparées, dans les villes qu'elle devait traverser. Elle commença au milieu du concours empressé des populations, des hommages et des démonstrations de la joie officielle, ce voyage qu'elle allait achever seule, en fugitive, cachant son rang et son nom pour se soustraire aux outrages. A Mâcon, le 28, la princesse apprit du préfet que le coup d'État était consommé. Elle en fut profondément affectée. Le trouble qu'elle en ressentit donna à sa physionomie une empreinte d'humeur sombre et chagrine, et jeta une grande froideur sur les réceptions d'étiquette. La nouvelle cependant ne fut pas ébruitée pendant son séjour, et elle-même ignorait encore qu'il y eût de l'agitation à Paris. A Bourg, à Lons-le-Saulnier, à Dôle, à Auxonne, bien que le *Moniteur* y eût apporté les Ordonnances, elle reçut un accueil respectueux. Mais à Dijon, où elle arriva le 29 à deux heures, la population fut loin de montrer la même réserve. Saluée à son entrée des cris de *Vive la Charte!* suivie dans les rues par des rassemblements hostiles, insultée au théâtre, huée jusque dans son appartement par la foule accumulée sous ses fenêtres, la malheureuse princesse attendit dans les larmes l'heure de son départ. A Tonnerre, elle trouva son secrétaire des commandements accouru à sa rencontre pour l'engager à prendre les précautions que la prudence conseillait. La Dauphine alors renvoya son escorte, se sépara de sa suite, se couvrit de vêtements communs, monta dans une voiture sans armoiries dont un officier de sa maison en habits bourgeois occupa le siége, et continua sa route, précédée d'un simple piqueur sans livrée.

Entre Joigny et Sens, sa voiture se croisa avec celle du duc de Chartres, qui revenait de Montrouge. Le prince savait que la Dauphine était attendue. Ayant reconnu l'officier assis sur le siége, il fit arrêter et mit pied à terre. Il raconta à la duchesse ce qui lui était arrivé, la prévint de l'impossibilité où elle serait de gagner Saint-Cloud en passant sous les murs de Paris, et l'exhorta à éviter les approches de la capitale. Il se mit, du reste, à sa disposition pour tous les services qu'il pourrait lui rendre. La Dauphine aimait le duc de Chartres. Elle le remercia avec effusion. « Et vous, lui dit-elle, où allez-vous? » — « A Joigny, où est mon régiment. » — « C'est bien, reprit la Dauphine, conservez-nous-le. » La princesse passa à Fontainebleau une partie de la journée du 31, et en partit à neuf heures du soir, après avoir redoublé de précautions pour n'être pas reconnue. A la Croix-de-Berny, elle apprit l'évacuation de Saint-Cloud sur Rambouillet, et le soulèvement de Versailles. Elle ne voulut pas néanmoins faire un plus long détour pour éviter cette ville, et la traversa au milieu des bandes d'insurgés dont, grâce à son déguisement et à l'aspect bourgeois de son équipage, elle réussit à tromper la surveillance. Enfin le 1er août, à cinq heures du matin, elle rencontra les troupes du général Bordesoulle, et peu de temps après, elle entrait à Rambouillet, en compagnie du Dauphin, qui était venu au-devant d'elle. Le Roi s'avança jusqu'au perron pour la recevoir. La Dauphine se jeta dans ses bras. « Ah ! mon père, s'écria-t-elle, à travers des sanglots déchirants, mon père, qu'avez-vous fait ! »

Toute cette journée du 1er août fut employée par la famille royale à combiner et à discuter des plans de conduite. Il fut encore question de la Vendée; mais il n'était plus possible alors de se tromper sur l'opinion générale des départements, et le duc de Raguse lui-même détourna le Roi d'une tentative dont il n'y avait rien à espérer. Le soir, à sept heures, la famille royale passa en revue les troupes campées autour du château. Les gardes du corps eurent, en ce moment, un généreux élan. La vue de ce vieillard, de ces femmes, de ces enfants, tombant du faîte des grandeurs sous les coups de l'adversité, excita dans leur âme des transports d'affection et de dévouement. Par un mouvement unanime, ils étendirent leurs sabres au-dessus de la tête du Roi, et de longs cris de *Vive le Roi! Vive la famille royale!* sortirent de toutes les poitrines et de tous les cœurs. Le Roi les remercia d'un geste affectueux, auquel ses yeux humides ajoutaient une touchante éloquence. Mais les démonstrations de ce corps privilégié ne firent que mieux ressortir l'attitude froide et indécise des autres régiments. Après la revue, le Dauphin fit lire aux troupes l'ordre du jour suivant :

« Le Roi fait connaître aux troupes de toutes armes
« qu'il est entré en arrangement avec le gouvernement
« établi à Paris, et tout porte à croire que cet arrangement
« est sur le point d'être conclu. S. M. fait connaître ces
« circonstances à son armée, afin de calmer les inquié-
« tudes et l'agitation que quelques régiments ont témoi-
« gnées. Les troupes sentiront qu'elles doivent rester
« calmes et réunies, afin de veiller à la sûreté de la per-
« sonne du Roi, jusqu'à ce que l'arrangement soit effec-
« tivement publié. »

Quel était cet arrangement, que l'ordre du jour présentait comme sur le point d'être conclu ? Ces mots ne pouvaient évidemment faire allusion à la mission de M. de Mortemart, complétement dépassée par les événements. Y avait-il donc d'autres négociations entamées? On a généralement pensé jusqu'ici que Charles X avait voulu, en la flattant d'une vaine espérance, ranimer la constance de la troupe. C'est une erreur. Il y avait eu bien réellement des ouvertures faites par Charles X pour un arrangement. Seulement les choses étaient plus avancées vers un résultat négatif que l'ordre du jour ne le donnait à entendre.

Quand il eut appris que les députés avaient nommé un lieutenant général, Charles X apprécia toute la portée d'une telle mesure prise en dehors de sa participation. Dans le but de sauver au moins les apparences, il essaya d'obtenir que le duc d'Orléans consentît à tenir de lui et à exercer en son nom les hautes fonctions qui lui étaient conférées. Tel est le but de la négociation que le Roi avait tenté secrètement d'entamer avec le Palais-Royal, dans la soirée du 31 juillet, par l'intermédiaire de M. le général comte Alexandre de Girardin, et à laquelle l'ordre du jour faisait allusion.

Malheureusement pour Charles X, cette fois encore, comme toujours dans le cours de ces événements, il s'y prenait trop tard. On se rappelle que le duc d'Orléans avait de lui-même été au-devant de cette combinaison, en demandant à M. de Mortemart l'investiture royale. La chose était possible alors, et les députés devancés par le Roi n'auraient pas refusé, peut-être, de ratifier son choix. Mais une fois le lieutenant général nommé par les députés et proclamé du haut du balcon de l'Hôtel de Ville, il n'était plus au pouvoir du duc d'Orléans de répudier son origine, et d'exercer, comme représentant du Roi, des fonctions qu'il avait reçues comme élu de la révolution.

Ces motifs péremptoires devaient faire échouer la négociation. Suivant l'invitation qui lui en avait été faite, M. le général de Girardin attendait à son domicile la réponse du duc d'Orléans. Elle lui fut portée verbalement, le 31, à neuf heures du soir, par M. le colonel de Berthois. Le prince, avec tous les ménagements de formes que lui commandaient ses nobles sentiments, faisait mettre sous les yeux du Roi les raisons qui ne lui laissaient plus la liberté de souscrire à ses désirs.

Ce refus était connu à Rambouillet quand fut lu à l'armée l'ordre du jour du Dauphin. Le subir, c'était la déchéance. Charles X ne l'accepta pas et n'eut garde de l'avouer. Cependant cette question ne pouvait rester en suspens. Quand le lieutenant général aurait fait acte de gouvernement, quand il aurait ouvert la session des Chambres, quand il aurait, en un mot, pris en main, dans toute sa plénitude, l'autorité royale, la chute de la dynastie serait un fait consommé. Pour prévenir cette conséquence extrême, Charles X s'arrêta à un parti qui peut être diversement jugé, mais qui, seul, lui permettait de conserver un semblant de royauté : celui de faire le duc d'Orléans, malgré son refus, lieutenant général au nom du Roi. Charles X rédigea et signa la déclaration suivante :

« Le Roi voulant mettre fin aux troubles qui existent
« dans la capitale et dans une partie de la France, comp-
« tant, d'ailleurs, sur le sincère attachement de son cou-
« sin le duc d'Orléans, le nomme lieutenant général du
« royaume.

« Le Roi ayant jugé convenable de retirer ses Ordon-
« nances du 25 juillet, approuve que les Chambres se
« réunissent le 3 août, et il veut espérer qu'elles rétabli-
« ront la tranquillité en France.

« Le Roi attendra ici le retour de la personne chargée
« de porter à Paris cette déclaration.

« Si l'on cherchait à attenter à la vie du Roi et de sa
« famille, ou à leur liberté, il se défendra jusqu'à la mort.

« Fait à Rambouillet, le 1er août 1830.

« Charles. »

A quel profond sentiment de son impuissance en était réduit Charles X, quand il signait une telle déclaration! Et quel aveu, sous sa plume, que celui qui plaçait sa vie et sa liberté sous la protection de son désespoir! Pour se croire roi encore, Charles X s'humiliait jusqu'à couvrir du sceau royal les décrets rendus contre sa couronne par la révolution. Vains efforts! La révolution repoussait dédaigneusement cette complicité suspecte, et la nation rendue défiante n'y voulait voir qu'un stratagème.

La déclaration qu'on vient de lire fut remise au Palais-

ABDICATION DU ROI ET DU DAUPHIN. 341

Royal, dans la nuit du 1ᵉʳ au 2 août, à une heure après minuit, par M. le général de Girardin. Le duc d'Orléans, pour toute réponse, chargea l'envoyé de Charles X de lui dire que les circonstances ne permettaient pas qu'il fût fait aucun usage de cet acte; mais qu'il ferait tout, conjointement avec les Chambres, pour rétablir l'ordre et la tranquillité et pour être utile au Roi et à sa famille. M. le général de Girardin se refusa à transmettre à Charles X ce message trop peu satisfaisant. Le prince alors rédigea avec le concours de M. Dupin et écrivit de sa main un accusé de réception, où il reproduisait fidèlement le sens de ses paroles et où il établissait avec soin « qu'il était lieutenant général par le choix des députés. » Il en pesa tous les termes, le relut à plusieurs reprises, puis alla le soumettre à Madame Adélaïde qui l'approuva. Cette lettre fut confiée à M. de Berthois, qui partit à l'instant même pour Rambouillet. Sa mission étant officielle, M. de Berthois fit son voyage dans une voiture aux armes d'Orléans, derrière laquelle était un valet de pied à la livrée d'Orléans portant la cocarde tricolore. Il arriva à Rambouillet à sept heures du matin et fut immédiatement introduit près du Roi, qu'il trouva dans son lit. Charles X lut, en sa présence, la lettre du duc d'Orléans et garda le silence. Ses traits étaient flétris, son regard abattu. M. de Berthois attendit; ce fut en vain; aucune parole ne tomba des lèvres du Roi; aucun signe n'indiqua sa pensée. Une demi-heure après, l'envoyé du duc d'Orléans avait repris la route de Paris[1].

La déclaration du Roi devait rester sans effet; il n'y avait donc pas lieu de lui donner la publicité réservée aux actes officiels. Le Gouvernement ne voulut pas cependant la tenir secrète. Il la fit insérer dans la *partie non-officielle*

---

[1] Voyez la note P à la fin du volume.

du *Moniteur* du 4 août, où elle parut précédée de ces mots :
« On parle d'une pièce conçue en ces termes. » On lisait,
à la suite, la note suivante : « Lorsque cette pièce a été
« reçue par Monseigneur le duc d'Orléans, S. A. R., ap-
« pelée par le vœu du peuple, exerçait déjà, depuis
« deux jours, les fonctions de lieutenant général du
« royaume. »

Quelque pénible qu'ait été pour Charles X le sacrifice qu'il venait de faire, il n'était pas cependant le plus cruel de ceux auxquels ce malheureux prince devait être condamné. Après avoir sanctionné, de sa signature royale, l'intronisation d'un nouveau pouvoir, il allait sanctionner, par une abdication, sa propre déchéance. S'il n'était plus temps, et il le reconnaissait enfin, de sauver sa couronne sur sa tête, Charles X espérait du moins qu'il pourrait encore la conserver à sa dynastie, et que les rancunes de la révolution, implacables contre l'aïeul, désarmeraient devant le berceau d'un enfant. Ne serait-ce pas, d'ailleurs, pour lui, une sorte de consolation suprême que de descendre en roi, aux yeux du monde, du trône où il ne lui était plus permis de s'asseoir ? Il consulta à ce sujet le duc de Raguse, qui l'encouragea chaudement à transmettre au plus tôt sa couronne à son petit-fils.

Dès ce moment, la pensée d'une abdication s'empara de l'esprit de Charles X ; et il s'y rattacha avec d'autant plus de résolution, qu'elle était le dernier palliatif dont il pût essayer de couvrir les misères de sa destinée. Le Roi n'eut aucune peine à déterminer son fils à renoncer, de son côté, à la Couronne. La soumission filiale de ce prince eût seule suffi pour le détourner de toute tentation de s'y refuser. Il était, du reste, plus jaloux de son repos qu'avide de régner. Il ne manifesta son mécontentement que par quelques paroles qui trahissaient plus de dépit que de regret. « Puisqu'ils ne veulent pas de moi, dit-il, qu'ils s'arrangent. »

L'acte d'abdication fut alors rédigé en ces termes :

« Rambouillet, ce 2 août 1830 :
« Mon cousin,

« Je suis trop profondément peiné des maux qui affli-
« gent ou qui pourraient menacer mes peuples, pour
« n'avoir pas cherché un moyen de les prévenir. J'ai donc
« pris la résolution d'abdiquer la Couronne en faveur de
« mon petit-fils le duc de Bordeaux.

« Le Dauphin, qui partage mes sentiments, renonce
« aussi à ses droits en faveur de son neveu.

« Vous aurez donc, en votre qualité de lieutenant gé-
« néral du royaume, à faire proclamer l'avénement de
« Henri V à la Couronne. Vous prendrez, d'ailleurs,
« toutes les mesures qui vous concernent, pour régler les
« formes de gouvernement pendant la minorité du nou-
« veau roi. Ici, je me borne à vous faire connaître ces
« dispositions; c'est un moyen d'éviter encore bien des
« maux.

« Vous communiquerez mes intentions au corps diplo-
« matique et vous me ferez connaître, le plus tôt possible,
« la proclamation par laquelle mon petit-fils sera reconnu
« roi, sous le nom de Henri V.

« Je charge le lieutenant général vicomte Foissac-La-
« tour de vous remettre cette lettre. Il a l'ordre de s'en-
« tendre avec vous pour les arrangements à prendre en
« faveur des personnes qui m'ont accompagné, ainsi que
« pour les arrangements convenables pour ce qui me con-
« cerne et le reste de ma famille.

« Nous réglerons ensuite les autres mesures qui seront
« la conséquence du changement de règne.

« Je vous renouvelle, mon cousin, l'assurance des sen-
« timents avec lesquels je suis votre affectionné cousin.

« Charles,

« Louis-Antoine. »

Ainsi, c'est par une simple lettre que s'accomplit une double abdication, cet acte si considérable dans une monarchie. Ce n'est pas à la France, ni même à ses représentants appelés légalement à se réunir le lendemain, que Charles X notifie la suppression de deux générations de rois. C'est au duc d'Orléans, comme son lieutenant général, et c'est encore à lui qu'il remet le soin de faire proclamer Henri V. Il n'est pas sans intérêt de faire ressortir cette persistance de Charles X à tout réclamer et à tout attendre du duc d'Orléans, à accrocher, si on peut le dire, le sort de sa dynastie à la popularité de ce prince. Elle aidera plus tard à s'expliquer la violence des haines dont le parti légitimiste a poursuivi le roi Louis-Philippe. En affectant d'espérer de lui seul le salut de sa couronne, Charles X a fait peser sur lui, aux yeux de son parti, la responsabilité de la catastrophe à laquelle il était étranger. On lui aurait pardonné de n'avoir pas sauvé la légitimité, s'il avait laissé la monarchie sombrer avec elle; on ne lui a pas pardonné d'avoir sauvé la monarchie en abandonnant la branche aînée à ses fatales destinées. Est-ce à dire que les légitimistes fussent peu soucieux des maux qui auraient fondu sur la France? Hélas! qui ne sait ce que comporte d'égoïsme le patriotisme des partis?

Le duc d'Orléans n'était pas le maître des événements. Le formidable pouvoir qui avait crié du haut des barricades : « Charles X a cessé de régner sur la France, » avait confondu, dans un même arrêt, la souche et les rameaux. Avant de lui faire entendre que Charles X eût encore le droit de transmettre la couronne, il aurait fallu lui prouver que Charles X régnait toujours. Cette preuve, il appartenait à Charles X seul de la faire, non en donnant, du bout de sa plume, des ordres impuissants, mais en reprenant en maître possession de sa capitale et de son trône.

M. de Latour-Foissac, porteur de la double abdication, partit de Rambouillet pour Paris, le 2 août, à trois heures après midi. A six heures, Charles X fit annoncer aux troupes royales l'avénement de Henri V. A dater de ce moment, le jeune duc de Bordeaux fut traité en roi par son entourage. Triste royauté, qui, sans lui donner un trône, allait lui coûter une patrie, et qui n'entendit à sa naissance d'autre souhait de bienvenue que les cris d'allégresse saluant, sur toute l'étendue du royaume, le retour du drapeau tricolore!

Le premier acte du lieutenant général avait dû être, en effet, une ordonnance [1] portant que la nation française « reprenait ses couleurs, et qu'il ne serait plus porté d'autre cocarde que la cocarde tricolore. » Une autre ordonnance avait rétabli au 3 août, jour précédemment fixé par l'ordonnance du 16 mai, la réunion des Chambres législatives. En même temps, le lieutenant général nomma avec le titre de commissaires provisoires : au département de la justice, M. Dupont (de l'Eure); au département de la guerre, M. le général Gérard; au département de l'intérieur, M. Guizot; au département des finances, M. le baron Louis. Le personnel des hauts services administratifs fut complété, le 3 août, par la nomination de M. Bignon à l'instruction publique, et par celle du maréchal Jourdan aux affaires étrangères. M. Tupinier fut chargé, par intérim, de la marine. MM. Laffitte, le

---

[1] 1er août.

duc de Broglie, Casimir Périer et Dupin devaient prendre part sans attributions particulières à l'examen des affaires; mais ils ne furent l'objet d'aucune nomination officielle.

Cette réunion d'hommes notables du parti libéral, chargés provisoirement de l'expédition des affaires, ne constituait point un ministère. On doit y remarquer seulement le nom du maréchal Jourdan, porté à la direction des affaires étrangères. Ce département était, sans contredit, celui qui réclamait le plus d'habileté ; car il fallait prendre attitude vis-à-vis de l'Europe, de manière tout à la fois à ne pas éveiller les susceptibilités de la révolution, et à rassurer les puissances étrangères. Le nom du maréchal Jourdan, glorieux débris des guerres de la République, était une satisfaction offerte au sentiment de la fierté nationale. Mais le vieux maréchal était exempt de toute prétention au maniement des choses politiques, et le lieutenant général était certain de n'éprouver, de sa part, aucun obstacle à la direction prudente qu'il se réservait d'imprimer personnellement aux rapports de la France avec les autres puissances. Pour être libre de faire de la politique monarchique, il la plaçait sous une enseigne révolutionnaire.

Après avoir ainsi composé son conseil provisoire, le lieutenant général maintint M. de Laborde à la préfecture de la Seine, remplaça à la préfecture de police M. Bavoux par M. Girod (de l'Ain), et confirma le général Lafayette dans le commandement général des gardes nationales. Ce dernier acte fut pour celui qui en était l'objet l'occasion d'une nouvelle proclamation. M. de Lafayette était possédé d'un immense besoin de se manifester au public. On eût dit que tout l'intérêt de la révolution venait se résumer dans les satisfactions de son absorbante personnalité. Il disait cette fois : « Je m'étais

« refusé, en 1790, au vœu de trois millions de mes cama-
« rades, parce que cette fonction eût été permanente, et
« pouvait un jour devenir dangereuse. Aujourd'hui que
« les circonstances sont différentes, je crois devoir, pour
« servir la liberté et la patrie, accepter l'emploi de com-
« mandant général des gardes nationales de France. »
Il ressort de ces paroles que M. de Lafayette considérait
comme essentiellement temporaires des fonctions que
leur permanence aurait rendues dangereuses pour les
libertés nationales. On pourra s'étonner un jour de tout
le bruit qui sera fait, quand le Gouvernement et la
Chambre des députés jugeront que le moment est venu
d'y mettre fin.

Nonobstant l'avis de M. Mauguin, les autres membres
de la Commission municipale persistèrent à considérer
leurs pouvoirs comme abrogés par l'avènement du duc
d'Orléans à la lieutenance générale du royaume. Ils
écrivirent, en conséquence, à ce prince[1], en l'absence de
leur collègue, une lettre respectueuse, signée par MM. de
Schonen, de Lobau et Audry de Puyraveau, lui déclarant
qu'ils attendaient ses instructions « pour remettre leurs
pouvoirs entre les mains qu'il voudrait bien désigner. »
Le prince, après les avoir remerciés du patriotisme et du
zèle dont ils avaient fait preuve, les pria « de conserver
provisoirement celles de leurs fonctions qui se rappor-
taient à l'état intérieur, à la sûreté et aux intérêts municipaux de la ville de Paris. »

Une autre question se présentait, qui n'était pas sans
gravité. M. le marquis de Pastoret, chancelier de France
et, comme tel, président de la Chambre des pairs, avait
donné sa démission. Il était indispensable de pourvoir

[1] 1er août.

à la vacance de la présidence, avant l'ouverture de la session. Mais la Chambre des pairs, si populaire pendant sa lutte contre M. de Villèle, avait perdu la faveur de l'opinion, depuis que toute la force de l'opposition s'était concentrée dans la Chambre des députés. Elle était surtout frappée d'un immense discrédit près de la jeunesse démocratique et des hommes des barricades, qui voyaient en elle le foyer des traditions aristocratiques, l'assemblée privilégiée de la noblesse et de la grande propriété territoriale. L'abolition absolue de la pairie comptait même des partisans nombreux et redoutables. Ils n'auraient pas manqué de considérer la nomination d'un nouveau chancelier comme la révélation d'une volonté de ne rien changer à l'organisation actuelle, et y auraient trouvé un levier puissant pour soulever les mauvaises passions. Cette nomination menaçait, en outre, d'entraîner un changement dans la haute administration ; car il était peu probable que le démocrate M. Dupont (de l'Eure) consentît à couvrir de sa signature l'inamovibilité de ce vieux titre monarchique. Par ces considérations, le chancelier de France ne fut pas remplacé, et l'on nomma M. le baron Pasquier président de la Chambre des pairs. Toutefois et pour qu'on ne tirât pas de cette mesure l'indice d'une opinion contraire à la pairie dans le chef du Gouvernement, le lieutenant général autorisa, par une ordonnance, conformément aux articles 30 et 31 de la Charte constitutionnelle, ses deux fils les ducs de Chartres et de Nemours, à prendre à la Chambre des pairs le rang et les places qui leur appartenaient comme princes du sang royal.

Tous ces premiers travaux de réorganisation indiquaient clairement dans quelle direction le lieutenant général se proposait de marcher. Il était évident qu'en faisant large part à la liberté, il entendait néanmoins se renfermer dans les conditions de l'ordre monarchique. Aussi l'irritation était-elle grande dans les clubs et parmi les lettrés des barricades. Ces jeunes gens se persuadaient de bonne foi que la révolution était trahie parce qu'on ne faisait pas table rase des institutions. Ils s'efforçaient de jeter dans le peuple le mécontentement et la défiance. Ils le poussaient à relever les barricades pour faire reconnaître ses droits. Ils affichaient, dans les quartiers populeux, des placards séditieux, celui-ci, par exemple :

« *Le comité central du XIIe arrondissement de Paris à
« ses concitoyens*. Une proclamation vient d'être répan-
« due au nom du duc d'Orléans, qui se présente comme
« lieutenant général du royaume, et qui pour tout avan-
« tage offre la Charte octroyée sans amélioration ni ga-
« ranties préliminaires. Le peuple français doit protester
« contre un acte attentatoire à ses véritables intérêts et
« doit l'annuler. Ce peuple qui a si énergiquement re-
« conquis ses droits n'a point été consulté pour le mode
« de gouvernement sous lequel il est appelé à vivre. Il
« n'a point été consulté ; car la Chambre des députés et
« la Chambre des pairs qui tenaient leurs pouvoirs du
« Gouvernement de Charles X sont tombées avec lui, et
« n'ont pu, en conséquence, représenter la nation.... »

Un autre comité ou club allait plus directement au but. Il ne se bornait pas à donner des conseils à la nation. Il se substituait à la nation elle-même, et prononçait en son nom. La *Réunion Lointier* prit, en effet, une résolution où il était dit : « Qu'une députation se rendrait auprès du duc d'Orléans, pour le prévenir que la nation ne le reconnaissait pas comme lieutenant général ; — que le Gouvernement provisoire seul devait être investi des pouvoirs nécessaires au maintien de la tranquillité publique et à la formation des assemblées populaires;—que la nation resterait en armes pour soutenir ses droits par la force, si on l'obligeait à y avoir recours. »

La fermentation devint si grande que M. Mauguin alla secrètement engager le duc d'Orléans à tenir le Palais-Royal en état de défense, et à ne négliger aucune précaution pour la sûreté de sa personne.

Pendant que le lieutenant général travaillait à ramener l'ordre au milieu de l'immense chaos créé par la révolution, sa sollicitude fut appelée sur la situation de la famille royale. Il reçut avis que la vie du Roi n'était pas en sûreté à Rambouillet; que les populations rurales montraient les dispositions les plus hostiles; qu'il y avait lieu de craindre une attaque contre le château. Le prince fit aussitôt appeler M. le duc de Mortemart pour aviser avec lui aux mesures à prendre. Sans accepter à la lettre des rapports empreints d'exagération, on demeura d'accord que la prolongation du séjour de la famille royale à Rambouillet l'exposerait à de sérieux dangers. Le château, entouré par dix à douze mille hommes de troupes et protégé par une nombreuse artillerie, était certainement à l'abri d'un coup de main tenté par des paysans. Mais sous l'influence d'excitations sans cesse renouvelées, un conflit pouvait, d'un moment à l'autre, s'engager entre le peuple et les troupes royales. Si le sang venait à couler encore, qui oserait en prévoir les conséquences? Quel que fût, au début, l'avantage des forces en faveur des défenseurs du Roi, ne seraient-ils pas bientôt accablés par des masses accumulées et furieuses? Et sans aller jusqu'à de sinistres appréhensions, ne fallait-il pas avoir égard aux inquiétudes qu'entretenait dans la population de Paris le voisinage de l'armée royale? Comment obtenir que cette population désarmât et laissât démolir ses barricades, tant

ABDICATION DU ROI ET DU DAUPHIN.

qu'elle verrait, à quelques lieues de la capitale, ces canons prêts à revenir la surprendre?

Par ces considérations, on résolut d'envoyer à Rambouillet des commissaires qui presseraient le Roi de s'éloigner, et qui l'accompagneraient pour lui servir de sauvegarde. Le lieutenant général désigna pour cet office MM. le maréchal duc de Trévise, de Schonen, Jacqueminot et Odilon Barrot. Le duc de Trévise n'accepta pas, sous prétexte qu'étant cordon-bleu il ne pouvait, d'après les statuts de l'ordre du Saint-Esprit, paraître devant le Roi sans ses insignes. Il fut remplacé par le maréchal Maison. M. de Mortemart leur adjoignit M. le duc de Coigny, pair de France, attaché à la maison militaire du duc de Bordeaux, gentilhomme en possession de la confiance du Roi. M. de Coigny reçut de M. de Mortemart une dépêche contenant des renseignements détaillés sur la situation militaire. Il devait, en outre, rendre compte verbalement au Roi de tout ce que le ministre avait fait et tenté, et des fatales circonstances qui avaient rendu tous ses efforts inutiles.

Les commissaires partirent du Palais-Royal vers quatre heures et se croisèrent en route avec M. de Latour-Foissac, qui apportait à Paris l'acte d'abdication. M. de Coigny avait seul gardé la cocarde blanche. Ses collègues portaient la cocarde et le ruban tricolores. Ils se présentèrent, à neuf heures et demie, aux avant-postes, où on les obligea de s'arrêter. M. de Coigny eut recours au général Balthazar, de qui il était connu, et sur la déclaration qu'ils étaient des envoyés du lieutenant général du royaume, il leur fut permis de traverser le camp. Les troupes royales étaient établies des deux côtés de la route, sous les arbres de la forêt. Des feux allumés de distance en distance éclairaient les bivouacs. Les commissaires ceints de leurs écharpes tricolores étaient l'objet de la curiosité des soldats. Quand ils furent entrés dans Rambouillet, M. de Coigny devança ses collègues près de Charles X, pour lui faire connaître le but de leur voyage et lui demander de les recevoir. Mais Charles X s'y refusa. Au milieu de son royaume, entouré d'une armée fidèle, il se sentait, lui dit-il, suffisamment en sûreté, et n'avait pas besoin de sauvegarde. Il venait, du reste, d'envoyer ses ordres à son lieutenant général et ne quitterait Rambouillet qu'autant qu'on les aurait exécutés. Tout en rendant justice aux intentions qui avaient dicté la démarche de M. de Coigny, Charles X exprima la confiance que la France ne tarderait pas à revenir d'un égarement passager. Il comptait sur un prochain retour du pays à une plus saine appréciation de ses conditions de repos et de prospérité; et il trouverait, d'ailleurs, pour dernière ressource, l'aide de ses alliés, dont le concours ne lui ferait pas défaut, s'il était contraint de le réclamer en faveur du principe monarchique.

Après avoir ainsi repoussé les propositions de M. de Coigny, Charles X fit dire aux commissaires, par le duc de Raguse, qu'il n'avait que faire de leur protection et qu'il ne l'acceptait pas. Il les laissait libres, toutefois, de rester à Rambouillet et mettait même à leur disposition des appartements au château.

Les commissaires ne se tinrent pas pour satisfaits de cette réponse. Ils prièrent le duc de Coigny de retourner près du Roi et d'insister pour qu'ils fussent reçus. Mais déjà Charles X s'était retiré dans ses appartements, et M. de Coigny ne put parvenir jusqu'à lui. Les commissaires reprirent la route de Paris.

Sur ces entrefaites, M. le vicomte de Latour-Foissac était arrivé à Paris avec l'acte d'abdication. A onze heures du soir, cet acte fut remis au duc d'Orléans par

M. le duc de Mortemart, dont M. de Latour-Foissac avait demandé l'intervention. Le duc d'Orléans prit immédiatement l'avis de son conseil intime sur l'usage qu'il devait faire de cette communication. Il fut reconnu sans hésitation qu'élevé, à titre provisoire, à la haute direction des affaires de l'État, le lieutenant général n'avait, en aucune façon, le pouvoir de lier la France sur une question de gouvernement, et, par conséquent, de faire proclamer Henri V; qu'aux Chambres seules il appartenait de donner aux abdications telle suite qu'elles jugeraient conforme aux droits, à la volonté et aux intérêts du pays; que le duc d'Orléans n'avait, en cette circonstance, d'autre rôle à remplir que celui d'intermédiaire entre Charles X et la nation, représentée par les Chambres législatives.

Au point de vue du droit, cette opinion n'était pas contestable; le duc d'Orléans n'avait reçu de personne mandat de faire ou de reconnaître un roi. Au point de vue du fait, la question était plus simple encore. Le décret qui aurait annoncé la royauté de Henri V aurait sonné le tocsin d'une nouvelle et plus épouvantable guerre civile. Le duc d'Orléans aurait vu se soulever contre lui non-seulement les républicains, qui n'attendaient qu'un prétexte pour reprendre les armes, mais le peuple tout entier, dont le retour d'un Bourbon de la branche aînée aurait réveillé toutes les antipathies. Il aurait été abandonné par la plus grande partie de la bourgeoisie, son seul et véritable appui. N'était-ce pas la bourgeoisie qui, par sa lutte contre Charles X, avait préparé la révolution? Après avoir déchaîné la révolution pour renverser l'aïeul, viendrait-elle l'affronter pour relever le petit-fils, au risque de ne couronner dans le petit-fils que les traditions de la famille, avec des défiances et des rancunes de plus? Pouvait-on espérer de rallier la bourgeoisie en armes autour d'un enfant dont elle avait vu l'éducation confiée à M. de Rivière, à M. Tharin, à M. de Damas, sous l'influence détestée de la Congrégation et des jésuites? Il y avait plus qu'un roi détrôné. Il y avait un drapeau, le drapeau de la branche aînée, déchiré, souillé, enterré sous les pavés des barricades. Entre Henri V et le drapeau tricolore, Charles X vivant, l'incompatibilité était patente, absolue, et le drapeau tricolore était un fait indestructible, indiscutable. Il était le signe visible de la victoire. Il était la conquête du peuple, et, pour le garder, le peuple aurait, au besoin, bravé toutes les armées de l'Europe.

Non, le duc d'Orléans ne pouvait pas proclamer Henri V. Sa force était grande, sans doute, puisqu'elle lui a suffi pour dominer la révolution. Mais cette force, il était loin de la trouver tout entière en lui-même. Il la tirait, pour la plus grande partie, de la révolution. Il l'avait reçue du choix des *Deux cent vingt-un*, des sympathies de la garde nationale, de l'accolade de M. de Lafayette, de l'abdication de la Commission municipale, du besoin d'ordre et de travail parmi les ouvriers paisibles, de la désaffection publique pour les aînés de sa race. Le jour où, au lieu d'être la personnification éminente d'une opposition irréconciliable, il se serait présenté à la France comme le patron, le tuteur de la royauté perpétuée dans la branche aînée, ce jour-là la révolution se serait retirée de lui, et aurait repris sa course impétueuse.

Mais si le duc d'Orléans n'était pas maître de remplir les intentions de Charles X, il n'en reçut pas avec moins de déférence l'acte qui lui était adressé. Il fit dire à Charles X que la double abdication serait communiquée aux Chambres et déposée aux archives de la pairie. Quant au surplus, il se retrancha dans une réserve absolue, afin de rester libre d'agir suivant que les circonstances le lui conseilleraient, dans l'intérêt de la monarchie et dans l'intérêt de la France.

On a vu que, par ce même acte d'abdication, Charles X chargeait le duc d'Orléans de « communiquer ses intentions au Corps diplomatique. » Il eût été d'autant plus difficile de lui obéir sur ce point, que les agents diplomatiques, étant accrédités près de la personne du souverain, étaient sans qualité pour avoir aucun rapport officiel avec le lieutenant général. On aurait même lieu de s'étonner que les représentants des cours étrangères ne se trouvassent pas près de Charles X, si l'on ne savait que le Roi s'était systématiquement isolé d'eux, pour l'accomplissement de son coup d'État. Charles X avait eu plus d'une occasion d'apprendre avec certitude que les grandes puissances étaient loin d'approuver une entreprise qu'elles considéraient comme plus téméraire encore que coupable. L'empereur de Russie, le duc de Wellington, le prince de Metternich avaient fait parvenir, à ce sujet, au Cabinet des Tuileries, des observations dont il n'avait pas été tenu compte. Le Roi devait donc être peu désireux de voir autour de lui les ambassadeurs et ministres étrangers, dont il n'avait à attendre que des remontrances ou des conseils contraires à sa politique.

Le Corps diplomatique ne fut ni invité à se rapprocher du Roi, ni informé de son départ. Jetés en dehors des traditions par la singularité de ce procédé, ses doyens s'abstinrent de toute convocation. Mais le 30 juillet, dès que la circulation fut possible, M. le comte de Lœwenhielm, ministre de Suède et Norvége, réclama activement une délibération en commun. Il l'obtint seulement le 2 août.

La conférence eut lieu chez l'ambassadeur de Russie. Le Corps diplomatique y était au complet, à l'exception du nonce du pape, qui, ne pouvant se montrer dans les rues en costume ecclésiastique sans s'exposer à être insulté, et ne voulant pas se déguiser, ne quitta pas son hôtel. M. le comte de Lœwenhielm ouvrit la délibération. Il pensait, dit-il à ses collègues, que le drapeau tricolore flottant sur les Tuileries, leur place n'était plus à Paris, mais à Rambouillet, aux côtés du Roi. Les ministres de Danemark, de Toscane et des Pays-Bas vinrent aussitôt se placer près de lui, en signe d'adhésion silencieuse. L'opinion de lord Stuart de Rothsay, appuyée par le comte Pozzo di Borgo fut, au contraire, que n'ayant pas reçu de notification du changement de résidence de la Cour, le Corps diplomatique devait se considérer comme étant toujours, à Paris, au siège du Gouvernement du Roi ; que s'attacher aux pas du Roi, sans qu'il en eût exprimé le désir, ce serait, pour ainsi dire, s'imposer ou du moins s'exposer à se rendre importuns ou indiscrets, et que ce serait, en outre, préjuger les intentions des Cours. Le comte de Lœwenhielm combattit cette argumentation. S'appuyant sur les précédents, il rappela que lorsque dom Juan VI, roi de Portugal, fut contraint de quitter ses États, le Corps diplomatique l'accompagna, de son propre mouvement, à bord du *Windsor-Castle*. Et comme il avait été fait allusion à la possibilité que le caractère des ambassadeurs ne fût pas à l'abri de tout outrage durant le trajet, il proposa qu'il fût écrit au Roi une lettre collective, pour lui demander ses instructions, s'offrant à la porter lui-même à Charles X. L'ambassadeur de Naples prit alors la parole, et remercia le comte de Lœwenhielm, au nom de toutes les branches de la maison de Bourbon ; mais il s'abstint d'émettre un avis sur la question à résoudre.

En résumé, après mûr examen, il fut arrêté que le

Corps diplomatique se tiendrait à Paris, prêt à répondre au premier appel qui lui serait adressé par le Roi, mais qu'il ne devancerait pas cet appel[1]. Cette détermination, moins généreuse, sans doute, que celle qu'avait provoquée M. de Lœwenhielm, était dictée par la prudence. Quoi qu'en ait pensé l'honorable ministre de Suède et Norvége, il est évident qu'une démarche spontanée du Corps diplomatique à Rambouillet aurait engagé les puissances dans la cause personnelle de Charles X, et les aurait placées entre une intervention armée ou le désaveu de leurs agents.

La réserve officielle que s'imposait le Corps diplomatique n'empêcha pas chacun de ses membres de suivre avec une inquiète sollicitude la marche d'une révolution dont le contre-coup pouvait causer l'ébranlement général de l'Europe. Les représentants des grandes puissances eurent, à ce sujet, de fréquentes conférences avec les hommes les plus influents de la Chambre des pairs. Dans ces réunions, où M. de Talleyrand occupait une place considérable, on était arrivé tout d'abord à envisager l'éventualité d'une double abdication. Avec cette sûreté de coup d'œil que donnent l'étude des hommes et la pratique des affaires, on avait bien vite compris que toute transaction entre Charles X et la révolution triomphante était impossible ou resterait illusoire. Continuer les efforts dans cette direction ne ferait qu'envenimer la querelle; et, d'un autre

---

[1] Quelques écrivains ont raconté que le comte Pozzo di Borgo aurait été secrètement trouver Charles X à Rambouillet. On est même entré dans les détails les plus circonstanciés, soit sur sa conversation avec le Roi, soit sur les précautions qu'il aurait prises pour que ce voyage ne fût pas connu. Des renseignements puisés aux meilleures sources nous permettent d'affirmer que ce voyage n'a pas eu lieu.

côté, il était à craindre que Charles X et sa famille ne courussent à de plus grands périls, en voulant s'appuyer sur les populations départementales. Le sang d'un roi versé de nouveau sur le sol de la France eût entraîné la guerre de toutes les monarchies contre la révolution, l'invasion, peut-être le démembrement de la France. Fallait-il s'exposer à d'aussi terribles extrémités? La justice et l'intérêt de tous ne commandaient-ils pas de laisser retomber la peine sur ceux qui avaient créé la situation; de sauver les institutions, en les séparant de celui qui les avait compromises? Deux noms s'élevaient, comme une barrière d'impopularité, entre la France et la monarchie. Charles X, par ses fautes ou par les égarements de l'opinion, le Dauphin, par les infirmités de son intelligence, étaient devenus des rois impossibles : qu'ils cessassent d'être rois, et qu'ils laissassent aux amis de la monarchie le soin de sauver, s'il en était temps encore, sur la tête d'un enfant, les institutions monarchiques et la sécurité de l'Europe.

Les hommes d'État dont il s'agit n'avaient pas borné leurs prévisions à la solution qui aurait eu pour base l'avénement du duc de Bordeaux. Ils avaient pressenti que la révolution triomphante ne se tiendrait pas pour satisfaite d'un changement de règne, et qu'on ne l'arrêterait pas à moins d'un changement de dynastie. Leurs regards s'étaient naturellement portés sur le duc d'Orléans, comme seul capable de concilier, dans sa personne, les aspirations libérales du peuple français et les intérêts conservateurs de l'Europe. Entre un 1688 et la perspective d'un 1792, y avait-il à hésiter?

Une dynastie d'Orléans n'était pas, d'ailleurs, même aux yeux des cabinets, une conception neuve. Elle avait été, en 1815, présentée au congrès de Vienne, par l'empereur Alexandre lui-même, comme l'une des combinaisons propres à rasseoir la paix générale. On ne l'avait point admise alors. Mais maintenant la branche aînée venait de donner, une fois de plus, la preuve de son insuffisance. Elle était tombée sous la plus légitime des insurrections. Si la monarchie devait survivre à cette catastrophe par la royauté de la branche cadette; s'il était reconnu que le duc d'Orléans pût seul détrôner la dictature de l'Hôtel de Ville, l'Europe ne devait-elle pas, au moins par sa bienveillance, aider ce prince à refouler l'anarchie?

Ainsi se préparait, au sein de la diplomatie, et en dehors de toute action personnelle du roi futur, la reconnaissance par l'Europe de la nouvelle dynastie.

CHAPITRE X

DÉPART DE CHARLES X ET DE LA FAMILLE ROYALE.

Les commissaires envoyés à Rambouillet auprès de Charles X font connaître au lieutenant général l'insuccès de leur démarche. — Le Gouvernement décide qu'une armée de volontaires ira contraindre Charles X à s'éloigner. —Le corps expéditionnaire se rassemble aux Champs-Élysées ; le général Pajol est chargé de le commander.— Les commissaires retournent à Rambouillet.— Départ de l'expédition.— Elle arrive à Coignères, où le général Pajol établit son camp.— Les commissaires sont reçus par Charles X.— Ils le décident à partir.—L'armée des volontaires revient à Paris, un détachement va recevoir et ramène à Paris les diamants de la Couronne et les voitures de la Cour.— La famille royale arrive à Maintenon.—Le Roi se sépare d'une partie de son armée.—Départ pour Dreux; les habitants veulent s'opposer au passage de la famille royale.—Arrivée à Verneuil ; à Laigle ; au Merlerault.—A Argentan, Charles X apprend l'avènement de Louis-Philippe Ier.—Il consent à réduire son escorte aux seuls gardes du corps.— Dispositions hostiles des habitants de Condé-sur-Noireau; la vie du maréchal Marmont est menacée.—Vire ; Saint-Lô.— Un rassemblement formé à Carentan se propose d'enlever la famille royale.— Séjour à Valognes.— Charles X fait ses adieux à ses gardes du-corps.— Il écrit au roi d'Angleterre et à l'empereur d'Autriche.—Départ pour Cherbourg.— Dispositions prises pour le transport de la famille royale hors du territoire national.— Ordres donnés par le capitaine Dumont-Durville, commandant de l'escadrille.—La famille royale s'embarque sur le *Great-Britain*; l'escadrille jette l'ancre devant Cowes.— Le gouvernement anglais refuse de rendre à Charles X les honneurs royaux.—La famille royale s'établit à Lielleworth. - Ministres du 8 août ; MM. d'Haussez, de Montbel et Capelle parviennent à passer la frontière ; MM. de Peyronnet, de Chantelauze, de Guernon-Ranville et de Polignac sont arrêtés et enfermés à Vincennes.—Licenciement des gardes du corps et de la garde royale.

Le mardi, 3 août, avant six heures du matin, les commissaires, de retour de Rambouillet, se présentaient au Palais-Royal. Le duc d'Orléans avait travaillé une partie de la nuit; il reposait encore. Sur leur pressante prière, il les reçut à demi vêtu. Les commissaires lui firent connaître l'insuccès de leur démarche. « Le Roi, ajoutèrent-ils, paraît avoir conservé des projets hostiles, et il ne saurait y avoir de sécurité pour la capitale tant que l'armée royale n'en sera séparée que par deux étapes. Une manifestation vigoureuse de la volonté du Gouvernement pourra seule obliger Charles X à s'éloigner. C'est à vous, Monseigneur, à prendre dans ce but des mesures pénibles, mais nécessaires. » Le prince se montra fort ému de cette proposition. « Sans doute, répondit-il, il importe d'obtenir l'éloignement du Roi; mais comment voulez-vous que ce soit moi qui prenne contre lui des moyens de contrainte? » Cependant l'intérêt public invoqué par les commissaires ne lui permettait pas de se retrancher inactif derrière ses répugnances personnelles. Il convoqua ses ministres et le général Lafayette, pour examiner avec eux ce qu'il serait utile de faire.

Le Conseil n'était pas encore réuni, que déjà la nécessité d'agir promptement était devenue manifeste. Dans ces jours où Paris vivait sur la place publique, le résultat du voyage des commissaires n'avait pas tardé à être connu. Bientôt la rumeur avait grossi, et mille bruits alarmants s'étaient répandus. « Charles X, disaient les uns, refuse de quitter Rambouillet, d'où il prétend, avec ses anciens ministres, continuer de gouverner la France. »—« Il marche sur Paris avec son armée, disaient les autres, pour nous forcer à coups de canon à reconnaître son petit-fils. »—« Il a envoyé soulever la Vendée, ajoutait-on encore, et il attend ses cohortes de paysans pour recommencer la guerre. » Les têtes s'échauffaient. On sentait, au frémissement de la population, l'approche d'un de ces moments d'exaltation qui poussent irrésistiblement les masses en avant. Qu'arriverait-il si la guerre se rallumait? Vainqueur, le peuple de Paris serait sans pitié; vaincu, la France entière se lèverait pour le venger. Dans l'un comme dans l'autre cas, la famille royale était perdue.

Le Conseil arrêta qu'afin de rester, autant que possible, maître du mouvement, le Gouvernement en prendrait la direction. Il fut convenu, en outre, qu'on lui donnerait des proportions assez imposantes pour convaincre Charles X de l'inutilité de la résistance, et prévenir ainsi l'effusion du sang. Le général Lafayette reçut, en conséquence, l'ordre de faire prendre les armes à six mille gardes nationaux, et de les envoyer sur Rambouillet.

Le rappel fut aussitôt battu dans les douze légions, qui devaient fournir chacune cinq cents hommes, et le rendez-vous général fut indiqué aux Champs-Élysées.

L'agitation des trois journées s'était réveillée dans la capitale. Aux tambours de la garde nationale se joignaient des hommes du peuple, qui parcouraient la ville en criant: « A Rambouillet! à Rambouillet! » On vit même un élève de l'École Polytechnique se promener par les rues, debout dans un cabriolet, avec un tambour sur lequel il battait la *générale;* la foule applaudissait. Chacun s'armait de son mieux et courait au lieu de réunion. La gaieté expansive et bruyante du peuple de Paris transformait en une partie de plaisir une expédition qui pouvait aboutir à un combat meurtrier. De tous les points, et surtout des quartiers occupés par les classes ouvrières, on voyait se porter vers les Champs-Élysées des foules joyeuses aux aspects les plus divers. En quelques heures, le rassemblement couvrit toute l'étendue de l'immense promenade. Il présentait un pêle-mêle indescriptible, où tous les rangs, tous les âges, tous les costumes se rencontraient et se confondaient. Quelques uniformes de gardes nationaux et un petit nombre d'habits bourgeois y étaient noyés au milieu d'un océan de blouses, de vestes et d'épaules nues, diapré de mille débris de costumes militaires, trophées de la bataille. Celui-ci avait substitué à sa casquette le bonnet à poil d'un grenadier de la garde ou l'élégant shapska d'un lancier. Celui-là était affublé d'une cuirasse par-dessus sa souquenille en lambeaux. Cet autre portait en bandoulière un ceinturon d'où pendait un sabre démesuré. Quelques-uns étaient hérissés d'armes disparates, comme des brigands de mélodrame. D'autres n'avaient pour tout moyen d'attaque qu'un mauvais pistolet, un court briquet d'infanterie, ou même une baïonnette fixée au bout d'un bâton. C'était une de ces cohues moitié grotesques, moitié terribles, dont on retrouve l'image dans les gravures qui nous ont retracé les scènes de la Ligue.

Les commissaires, dont cette étrange armée devait appuyer les efforts, furent invités à retourner près de Charles X, et à insister fortement pour le déterminer à ne pas attendre l'agression. Ils prirent donc les devants. Quand ils traversèrent les Champs-Élysées, plus de dix mille volontaires y étaient déjà rassemblés, et d'autres continuaient à y affluer. L'élan était si général, que le Gouvernement envoya à toutes les mairies l'ordre de le calmer et de retenir la population. Certes, ce spectacle avait son éloquence; et nul, en ce moment, parmi les hommes qui ne se refusent pas à l'évidence, n'eût osé concevoir la pensée de ramener le duc le Bordeaux à Paris et de l'asseoir sur le trône. M. de Chateaubriand cependant n'hésita pas à en donner le conseil. Dans une entrevue qu'il eut au Palais-Royal avec le duc d'Orléans, il lui dit : « Charles X et M. le Dauphin ont abdiqué; Henri V est maintenant le roi; Monseigneur le duc d'Orléans est lieutenant général du royaume; qu'il soit régent pendant la minorité de Henri V, et tout est fini[1]. » La chose, en effet, eût été fort simple ainsi. Il n'y fallait qu'une condition : que la France s'en accommodât.

A cette armée improvisée, qui ne connaissait ni l'obéissance, ni la discipline, on donna pour commandant en chef le général Pajol, homme d'une grande énergie; on lui adjoignit le colonel Jacqueminot comme chef d'état-major. Des élèves de l'École Polytechnique se partagèrent, par bataillons ou compagnies, les volontaires groupés au hasard. Aucun militaire ne se faisait illusion sur le sort qui attendait cette multitude, si elle se trouvait, en rase campagne, en présence de quelques régiments de la garde royale; aussi le général Pajol avait-il pour instructions, en cas d'attaque, de se jeter dans les bois, où les troupes réglées perdraient leurs principaux avantages. Le général Lafayette passa en revue ces tumultueuses légions, et son cœur de vieux républicain s'épanouit à la vue de ce qu'il a appelé « la plus singulière et la plus intéressante armée qu'on pût voir[2]; » puis l'ordre de départ fut donné.

Alors la scène changea non de caractère, mais d'aspect. Un immense hourrah s'éleva, auquel succédèrent des chants et des clameurs entremêlés de coups de fusil, et la foule se déploya en colonne sur la route. Le peuple était dans ses jours de royauté; il n'entendait pas parcourir à pied les quinze lieues qui séparent Rambouillet de Paris. On mit en réquisition toutes les voitures qu'on put trouver : omnibus, fiacres, cabriolets, diligences, voitures bourgeoises, tapissières, et tous ces véhicules aux formes

---

[1] *Mémoires d'outre-tombe*, t. IX.
[2] *Mémoires, correspondance*, etc. t. VI.

variées qui desservaient alors les environs de Paris. Ces équipages, au nombre de sept à huit cents, portant à l'intérieur, sur les siéges, sur l'impériale, de véritables pyramides humaines, échangeant des lazzis, des quolibets et des éclats de rire, cheminaient péniblement traînés par leurs attelages surchargés. A mesure qu'on avançait, des volontaires détachés des villages voisins venaient se joindre au corps expéditionnaire. L'armée s'augmenta, en outre, de deux mille hommes qui arrivaient de Rouen pour se mettre à la disposition du Gouvernement, ainsi que du contingent d'Elbeuf et de ceux de quelques autres villes.

Cette marche désordonnée s'accomplit cependant avec une certaine rapidité. On était parti à midi, et à huit heures du soir, la tête de la colonne touchait à Coignères, à trois lieues de Rambouillet. Le général Pajol y établit son quartier général. L'artillerie, composée de six bouches à feu, fut placée à gauche de la route. Les volontaires, dont on estimait le nombre à près de vingt mille, bivouaquèrent à droite, dans les champs, et se répandirent dans les environs pour se procurer des vivres, les uns à prix d'argent, les autres par des moyens moins licites. Les voitures furent disposées autour du camp, de manière à en former l'enceinte.

Les commissaires étaient à cette heure arrivés à Rambouillet. Ils étaient trois seulement, car M. le colonel Jacqueminot était resté près du général Pajol, et M. le duc de Coigny n'avait pas accepté cette seconde mission, trop pénible pour ses affections. En touchant aux avant-postes, MM. le maréchal Maison, de Schonen et Odilon-Barrot firent demander un sauf-conduit au maréchal Marmont. Celui-ci, après en avoir référé au Roi, donna l'ordre qu'on les laissât passer et vint lui-même à leur rencontre. Pour leur permettre d'apprécier la force de l'armée royale, on mit une certaine affectation à leur faire traverser tout le camp. Près du château, ils passèrent devant les gardes du corps rangés à pied, à la tête de leurs chevaux, la bride au bras et le pistolet au poing. Les salles par lesquelles ils furent introduits étaient remplies d'officiers, dernier simulacre d'une puissance à laquelle il manquait désormais ce qui seul, dans les pays libres, fait les armées fidèles : la confiance de la nation. La plupart des régiments qui entouraient le Roi l'avaient rejoint depuis son départ de Saint-Cloud et n'avaient pas été mis en présence du peuple. Que de déceptions nouvelles n'eussent-ils pas causées à Charles X, s'il les eût soumis à cette épreuve! Les autres n'avaient été détournés d'une défection en masse que par les adjurations du général Bordesoulle et par un ordre de retraite précipitée. Quel fonds y avait-il à faire sur de telles troupes? A tout prendre, elles étaient plutôt un embarras qu'une force ; car on ne parvenait à les conserver qu'à la condition de leur interdire toutes communications extérieures. Comme d'actifs émissaires cherchaient incessamment à arriver jusqu'aux soldats, il fallait garder les soldats avec une infatigable vigilance. La surveillance s'exerçait même avec une rigueur qui eût été à peine égalée devant l'ennemi et qui donna lieu à un fait regrettable.

L'un des aides de camp de M. le général Lafayette, M. Poque-Beauvais, avait reçu, de son général et de la Commission municipale, la singulière mission de faire rentrer au trésor les diamants de la Couronne emportés par Charles X. Il devait s'en rendre maître « même par la force, » et on lui avait donné le droit de requérir à cet effet les autorités civiles et militaires. Il avait, pendant deux jours, parcouru les environs de Rambouillet et était parvenu à mettre sur pied quelques centaines de gardes nationaux, lorsque, dans la journée du 3 août, il se présenta comme parlementaire au camp royal. Le général Vincent est averti. Soupçonnant, non sans raison peut-être, qu'on se couvre d'un prétexte pour venir, jusque dans leurs lignes, tenter la fidélité de ses soldats, il se porte en avant, s'arrête à quelque distance de M. Poque, lui déclare qu'il ne lui reconnaît pas le caractère de parlementaire et lui ordonne de s'éloigner. Loin d'obéir, M. Poque insiste pour remplir son message. Après plusieurs sommations demeurées infructueuses : « Retirez-vous, lui crie encore le général, ou je commande le feu. » M. Poque se croise les bras et demeure immobile. Un feu de peloton répond à cette bravade, et le parlementaire, gravement blessé au pied, est emporté dans les communs du château, où le Roi le confie aux soins de son chirurgien.

La conviction générale des chefs de l'armée royale était qu'on déterminerait beaucoup plus facilement leurs soldats à embrasser la cause du peuple qu'à faire usage de leurs armes contre lui, et que les conduire au feu, c'eût été, pour la plupart, les conduire à la défection. Rien n'est donc moins fondé que le reproche qu'on a fait à Charles X de n'avoir pas saisi l'occasion de marcher sur Paris en vainqueur, après avoir balayé les masses insurrectionnelles qui étaient venues si insolemment le défier.

Les commissaires introduits près de Charles X le trouvèrent en proie à une grande agitation. Il se promenait d'un pas rapide dans son salon, et ne s'arrêta pas pour les recevoir. Le maréchal Marmont les lui ayant présentés : « Qu'ai-je à faire de ces Messieurs ? dit le Roi avec impatience ; ne peut-on du moins me laisser ici la tranquillité ? Le lieutenant général connaît mes intentions ;

je n'ai rien à y ajouter. »—« C'est le lieutenant général qui nous envoie, répondit le maréchal Maison. Soixante mille Parisiens se sont mis en marche sur Rambouillet; ils sont fort animés. Nous avons reçu l'ordre de venir nous mettre, comme sauvegarde, à la disposition de Votre Majesté. » — «Et que veulent de moi les Parisiens ? reprit vivement le Roi. Qui les pousse à me poursuivre ainsi ? Ne me laisseront-ils pas même la liberté de choisir l'heure et le lieu de ma retraite ? Est-ce ma vie qu'il leur faut ? Qu'ils viennent donc, et je leur prouverai que je sais mourir! »—« Je ne doute pas, Sire, dit alors M. Odilon Barrot, que vous ne soyez prêt à faire le sacrifice de votre vie. Mais au nom de ces serviteurs qui, les derniers, vous sont restés fidèles, et qui, par ce motif, doivent vous être plus chers, évitez une catastrophe dans laquelle ils périraient tous sans utilité. Vous avez renoncé à la couronne ; votre fils a abdiqué.... » — « Et mon petit-fils ! s'écria Charles X en l'interrompant, j'ai réservé ses droits ; je les défendrai jusqu'à la dernière goutte de mon sang. » —« Quels que soient les droits de votre petit-fils, quelles que soient vos espérances d'avenir pour lui, soyez bien convaincu, Sire, que, dans l'intérêt même de ces espérances, vous devez éviter que son nom soit souillé du sang français.»—«Que faut-il faire?» dit le Roi en s'adressant au duc de Raguse.—« Il faut, Sire, consommer votre sacrifice; il faut partir, et partir sur-le-champ,» répondit M. Odilon Barrot en lui prenant les mains et en les pressant avec une profonde émotion. Charles X, de son côté, était visiblement ébranlé. Il invita les commissaires à aller attendre sa décision.

En sortant du salon, les commissaires trouvèrent dans les antichambres la foule des officiers et les courtisans, déjà bien rares, impatients de connaître le résultat de cet entretien. On s'empressa autour d'eux; on les interrogea sur les dispositions du Roi. Le désir d'une solution pacifique était général et se manifestait hautement. Quelques minutes s'étaient à peine écoulées, que Charles X fit rappeler le maréchal Maison. « Monsieur le maréchal, lui dit-il avec solennité, vous êtes homme d'honneur, et je m'en rapporterai à votre parole. Êtes-vous certain que le nombre des insurgés en marche sur Rambouillet soit aussi considérable que vous me l'avez dit ? » Le maréchal, à l'appui de son évaluation, entra dans quelques détails sur les masses que les commissaires avaient rencontrées échelonnées depuis Paris jusqu'au delà de Saint-Cyr. Il ajouta que le Roi aurait occasion d'en juger par ses yeux avant la fin de la nuit. « Quoi ! dit le Roi, serons-nous donc attaqués cette nuit ? »—« Oui, Sire, si vous restez à Rambouillet. » Le Roi garda quelque temps le silence. On suivait sur son visage les traces du combat que se livraient en lui deux sentiments contraires. Enfin, faisant un douloureux effort : « Eh bien ! dit-il, je vais partir. »

Le chiffre auquel le maréchal Maison avait porté l'armée insurrectionnelle était exagéré de plus de moitié. Comment le maréchal, homme de guerre expérimenté, s'est-il trompé à ce point ? Son erreur venait-elle de ce qu'il avait confondu avec les volontaires la foule des curieux qui assistaient à leur départ ? Ou bien la commit-il sciemment pour arracher le Roi à une obstination qui menaçait de rendre plus grands encore les malheurs de la famille royale et ceux de la patrie ? Cette dernière hypothèse a été généralement admise. Mais il est une supposition qui est repoussée autant par le caractère du maréchal Maison que par sa situation à l'égard de Charles X, de qui il avait reçu le commandement de l'expédition de Morée et le bâton fleurdelisé : c'est qu'il l'ait trompé dans le seul but de rendre sa chute plus rapide et plus irréparable.

Le duc de Raguse ne prit le change ni sur le nombre des volontaires, ni sur le degré de résistance qu'ils étaient capables d'opposer à de bonnes troupes. Mais il appréciait sainement l'esprit de l'armée royale et la somme de fidélité qu'on en devait attendre. Il considérait, en outre, que les bois dont Rambouillet est environné ne permettraient de se servir de la cavalerie pour disperser les insurgés, qu'autant qu'on les aurait d'abord fait rejeter par l'infanterie en plaine découverte ; qu'il faudrait, en conséquence, dégarnir Rambouillet et exposer la famille royale à un coup de main. Prendre l'offensive eût donc été contraire à la prudence. La défensive n'offrait pas des conditions plus favorables. Tandis que les tirailleurs ennemis s'approcheraient dans toutes les directions, couverts par les bois, jusqu'à portée de leurs fusils, l'armée royale n'aurait pas même l'espace nécessaire pour se déployer, et elle serait condamnée à se laisser décimer dans l'inaction. Le maréchal était d'avis d'abandonner Rambouillet. Il conseilla au Roi de se retirer sur l'Eure, sauf à se porter ensuite derrière la Loire et à prendre alors de nouvelles dispositions. Mais Charles X n'avait pas l'âme assez vigoureusement trempée pour faire tête plus longtemps à l'adversité. Dès ce moment il était résigné à quitter la France. Il désigna Cherbourg pour son point d'embarquement, et donna l'ordre de tout préparer pour le départ, en faisant prévenir les commissaires qu'il irait coucher à Maintenon.

Cette décision fut aussitôt transmise au lieutenant général par les commissaires, sous la date du 3 août, dix heures du soir : « C'est avec bonheur, disait la lettre, que nous vous annonçons le succès de notre mission. Le Roi se détermine à partir avec toute sa famille….. » Le même courrier devait, en passant, annoncer au général Pajol le départ du Roi. Quand il arriva au camp, la *diane* venait d'être battue, et les Parisiens déjà sur pied se disposaient à marcher contre Rambouillet. Le contre-ordre leur causa un véritable désappointement ; mais il délivra d'un lourd souci le général Pajol.

Le départ du Roi se fit avec précipitation, sans désordre. Avec le projet d'un prochain embarquement, il devenait inutile de s'embarrasser de tous les équipages de luxe et des carrosses de gala, qui n'avaient d'emploi que dans les fêtes de la monarchie. On laissa donc à Rambouillet les chevaux et les voitures qui n'étaient pas indispensables au transport des personnes ou des bagages. On y laissa aussi, sous la garde des autorités municipales, le caisson contenant les diamants de la Couronne. Le convoi était ainsi notablement réduit. Trois régiments de cavalerie formaient l'avant-garde. Venaient ensuite, entourées des douze cents gardes du corps, la famille royale et sa suite ; puis le corps d'armée, sous le commandement du duc de Raguse, suivi, à quelque distance, par un régiment de dragons disposé en arrière-garde. Les commissaires restèrent en arrière, pour veiller à ce que rien ne vînt inquiéter la retraite. Ils firent occuper le château par la garde nationale de Rambouillet, et invitèrent le maire à y arborer le drapeau tricolore. « Il est tout prêt, » leur dit ce magistrat, qui l'avait fait préparer à l'avance et le substitua aussitôt au drapeau blanc.

A Épernon, le garde national à cheval qui s'était engagé à remettre les sauf-conduits aux colonels suisses rejoignit l'armée. Il s'adressa par erreur au général Vincent, qui le fit mener au maréchal Marmont. Celui-ci garda les sauf-conduits.

Le général Pajol, informé que les diamants de la Couronne étaient restés à Rambouillet, donna à l'un de ses aides de camp, M. Degousée, un détachement de trois à quatre cents hommes, pour aller les chercher. Cette petite expédition annonça son entrée dans la ville par des cris, des chants, des décharges de mousqueterie qui mirent en émoi toute la population ; mais aucun excès ne fut commis. La remise des diamants fut faite et constatée par procès-verbal authentique, puis le détachement partit pour de Paris, emmenant, en outre, les équipages royaux, parmi lesquels se trouvaient les huit voitures du sacre attelées chacune de huit magnifiques chevaux. La marche commença avec une espèce de régularité. Bientôt les volontaires, fatigués et incommodés par la chaleur, ne résistèrent pas à la tentation de voyager plus commodément dans les moelleuses voitures qu'ils avaient sous la main. Ils les envahirent et s'y entassèrent, à l'intérieur, sur les siéges, sur les chevaux, partout où un homme trouvait à s'asseoir ou à s'accrocher. Et ces ouvriers, couverts de vêtements souillés, firent gémir sous leurs ébats les coussins de soie, où naguère un maréchal de France n'eût pas été admis à prendre place. Le trajet dans les rues de Paris fut une véritable scène de carnaval. Ces figures hâlées, ces chevelures incultes, ces sarreaux de prolétaires dans des carrosses dorés conduits par la livrée de la Cour, excitaient les rires, les joyeux propos et les applaudissements de la foule, qui les escorta jusqu'au Palais-Royal. Au moment où la burlesque procession déboucha sur la place du Palais-Royal, Madame la duchesse d'Orléans était, avec sa famille, dans les appartements du premier étage donnant sur la cour. A la vue de ce peuple aux rudes visages, ne sachant si ses clameurs dénotaient la fureur ou la folie, la princesse éprouva un moment d'effroi. Elle fit retirer ses enfants des fenêtres, et elle-même, cachée derrière les plis des rideaux, attendit avec anxiété l'explication de ce tumulte. Mais le peuple n'avait que des intentions bienveillantes, et, comme l'avait dit l'un des ouvriers faisant partie de l'expédition, il n'avait voulu que fournir des voitures de cour à celui dont il allait faire un roi. Il laissa là les équipages et regagna ses faubourgs.

Le 4 août, à deux heures après minuit, Charles X arriva au château de Maintenon. La famille de Noailles avait fait à la hâte quelques préparatifs pour recevoir, dans cette demeure toute resplendissante encore des magnificences de Louis XIV, l'hôte auguste et malheureux qui venait lui demander asile. En descendant de voiture, le Roi était comme accablé. Sa tête était penchée sur sa poitrine. Il monta avec peine l'escalier du château. « Je ne veux pas être une cause de guerre civile et faire couler le sang français, dit-il au duc de Noailles; c'est pour cela que je m'éloigne. Mon vœu le plus cher était d'assurer le bonheur et la grandeur de la France. Tout mon regret est de ne l'avoir pu. Ce qui fait mon désespoir, c'est l'état dans lequel je laisse ce malheureux pays. Que va-t-il arriver? Le duc d'Orléans lui-même n'est pas certain, dans quinze jours, d'avoir encore sa tête sur ses épaules... »

Il serait difficile aux apologistes du duc d'Orléans de louer son patriotisme plus que ne le font ces quelques paroles tombées de la bouche de Charles X, recueillies et rapportées par M. le duc de Noailles.

A dix heures du matin, Charles X entendit la messe dans la chapelle du château, puis il se disposa à continuer son voyage. Il avait été convenu avec les commissaires qu'il ne conserverait pour escorte que ses gardes du corps à cheval, la compagnie de gendarmerie d'élite, les dragons de la garde, le 18ᵉ régiment de chasseurs à cheval et une batterie d'artillerie. Il fit lire aux autres régiments un ordre du jour où il les remerciait « de leur belle conduite, de leur dévouement à supporter les fatigues et les privations dont ils avaient été accablés dans ces circonstances douloureuses. » Le Roi, y était-il dit encore, « transmet pour la dernière fois ses ordres aux braves « troupes de la garde; c'est de se rendre à Paris, où elles « feront leur soumission au lieutenant général du « royaume, qui a pris toutes les mesures pour leur « sûreté et leur bien-être à l'avenir. »

A onze heures, la famille royale descendit dans la cour, où étaient réunis les officiers admis à recevoir ses tristes adieux. La Dauphine parut la première. Ses traits portaient l'empreinte d'une grande et solennelle douleur. La fille de Louis XVI s'avança vers les gardes et leur abandonna sa main qu'ils portèrent avec attendrissement à leurs lèvres. Les larmes inondaient son visage. « Ce n'est pas ma faute, mes amis, leur dit-elle; je ne suis pour rien dans ce qui s'est fait. » Madame la duchesse de Berri, en costume masculin, paraissait animée d'une certaine résolution, bien que des sanglots s'échappassent de temps à autre de sa poitrine. Elle conduisait par la main ses deux enfants étonnés et souriants. Le Dauphin monta à cheval sans qu'on pût saisir sur sa figure la trace d'une émotion. Le Roi sortit le dernier et reçut sur son passage de touchants témoignages d'affliction et de regret. La compagnie des gardes du corps à pied ou des *cent Suisses* lui remit son étendard. Les officiers se précipitèrent pour lui baiser la main. Sa physionomie était grave; l'altération de ses traits rendait plus imposante encore la dignité de son maintien. Il remercia ses hôtes de la sollicitude dont ils l'avaient entouré. « J'espère, leur dit-il en montant en voiture, que nous nous reverrons bientôt. » En quittant le château, la famille royale passa entre deux haies formées sur la route par les troupes congédiées, puis les régiments se dirigèrent vers les garnisons qui leur avaient été assignées.

Le Roi devait coucher à Dreux. Déjà l'on approchait de cette ville, lorsque M. le comte de Geslin, maréchal des logis du palais, qui avait pris les devants pour faire les logements, revint dire aux commissaires que les habitants refusaient l'entrée de leur ville à la famille royale. M. de Schonen et M. Odilon Barrot se détachèrent immédiatement et coururent à Dreux de toute la vitesse de leurs chevaux. Ils ceignirent leurs écharpes et se présentèrent à l'Hôtel de Ville, où ils trouvèrent la population assemblée et les têtes en fermentation. Après avoir fait reconnaître leur caractère, ils haranguèrent les habitants; ils s'adressèrent à leur générosité, leur dirent que Charles X, tombé du trône, était en marche pour l'exil; que la volonté du Gouvernement et le devoir des hommes de cœur étaient qu'il fût traité avec les égards et le respect dus à son infortune. Les commissaires obtinrent ainsi que la famille royale coucherait dans la ville; que, sur son passage, on roulerait autour de leurs hampes les drapeaux tricolores suspendus aux maisons; que la garde nationale voilerait ses cocardes et ferait le service de la place concurremment avec les gardes du corps.

Les sentiments hostiles manifestés par la population n'étaient pas tout à fait spontanés. La révolution, ardente et implacable, avait lancé sa propagande sur l'itinéraire de la famille royale, afin d'ajouter l'insulte au malheur et de lui disputer la consolation d'un dernier regard compatissant. On parlait des trésors qu'emportait le Roi. On réveillait les bruits injurieux qui avaient couru sur la naissance du duc de Bordeaux. On disait que permettre à la famille déchue de se retirer à l'étranger, c'était lui donner la liberté d'aller préparer contre la France une nouvelle invasion. On excitait le peuple à empêcher le départ et à se réserver une fois encore le terrible spectacle du jugement d'une tête couronnée. Le peuple avait prêté l'oreille à ces prédications. Mais le maréchal Maison contint les plus audacieux par la menace de livrer à un conseil de guerre quiconque tenterait de faire obstacle au voyage de la famille royale.

Comme il entrait à Dreux, le cortége eut à traverser des groupes dont l'attitude était loin d'être sympathique. Le général Vincent vint se placer à la portière du Roi. Il pensait que la vue d'un officier général se tenant respectueusement, tête nue, à côté du monarque, imposerait aux spectateurs mal intentionnés. Dans cette inspiration d'un cœur dévoué, le Dauphin ne vit qu'une infraction à l'étiquette. « Vincent ! Vincent ! s'écria-t-il vivement, c'est la place du lieutenant des gardes du corps. »

Au reste, durant tout ce long voyage, il ne fut rien changé aux prescriptions du cérémonial de la Cour. A Laigle, par exemple, on dut improviser, à l'aide de quelques planches, une table quadrangulaire pour le dîner, parce qu'il était contraire aux usages que le Roi s'assît à une table ronde, où la place d'honneur n'est pas suffisamment indiquée.

Pour éviter le renouvellement des scènes fâcheuses de Dreux, les commissaires adoptèrent le parti de précéder toujours la famille royale. Ils prenaient, chaque matin, les ordres du Roi, puis ils allaient tout disposer pour les stations et recommander aux populations le calme et la décence. Ils veillaient à tout ce qui intéressait la sûreté et la commodité des augustes voyageurs et payaient la dépense, le Gouvernement leur ayant fait tenir des fonds à cet effet. Avant de quitter Dreux, ils avaient fait au Roi de nouvelles observations sur la difficulté de nourrir et d'établir, chaque soir, une escorte trop considérable; Charles X avait consenti au renvoi du régiment de dragons et du 18ᵉ de chasseurs.

On avançait lentement et à petites journées. Les commissaires n'étaient pas sans inquiétude. L'esprit des populations rendait leur tâche très-pénible. Ils désiraient vivement abréger la durée du voyage. Le Gouvernement, d'ailleurs, leur recommandait de faire diligence. Mais leurs instances réitérées restaient sans succès près de Charles X. Il répondait qu'il voulait voyager en roi et non en fugitif; qu'il ne se laisserait pas ravir, par une précipitation injurieuse, les dernières heures qu'il lui était donné de passer sur le sol de la France. Ce motif, le seul qu'il alléguât, n'était pas le seul qui dictât ses refus. Charles X espérait encore qu'un soulèvement des populations royalistes de l'Ouest et du Midi lui permettrait de relever sa fortune écroulée, ou même qu'une contre-révolution rappellerait à Paris M. le duc de Bordeaux.

Chaque jour, avant de se remettre en route, le Roi entendait la messe. Il faisait à cheval la plus grande partie du trajet, mais ne manquait jamais de remonter en voiture à l'approche des villes. Les paysans se portaient sur son passage et regardaient en silence défiler le morne cortége. Le Roi, tout entier au deuil de ses pensées, croyait en lire le reflet sur toutes les physionomies. Si tous ces curieux gardaient, en sa présence, un mutisme glacial, s'il n'en était pas un qui ne portât au chapeau ou à la boutonnière des nœuds de ruban tricolore, il l'attribuait à la contrainte et aux manœuvres du Gouvernement. « Ce qui rend mon chagrin plus amer, disait-il, c'est la tristesse de ces braves gens. »

On coucha successivement à Verneuil, à Laigle, au Merlerault. A Laigle, pendant la nuit, quelques *patriotes* ombrageux grattèrent et firent disparaître les armoiries de France, peintes sur les panneaux de la voiture du Roi.

A Argentan, où il arriva le 8, Charles X accorda à son escorte une journée de repos. Il n'en repartit que le 10. Il apprit dans cette ville la proclamation du duc d'Orléans comme roi des Français, sous le nom de Louis-Philippe Ier. Charles X reçut ce nouveau coup avec l'apparence d'une résignation stoïque. Il y était préparé par les journaux, qu'il lisait assidûment. Cet événement, du reste, ne changeait rien à sa situation. Chassé de France par la révolution qui avait prononcé la déchéance de sa race, que lui importait d'y laisser un lieutenant général choisi par l'acclamation populaire, ou une royauté proclamée par la souveraineté nationale? Toute sa force pour contester ou pour briser un jour l'arrêt de la nation, était dans le droit qu'il tirait de ses aïeux et de son principe. Il gardait ses aïeux, il emportait son principe. Cet enfant, qu'il avait fait roi, était à ses yeux le gage assuré d'un prochain retour, soit que les monarchies de l'Europe ne permissent pas que la légitimité restât abattue par le fait révolutionnaire, soit que la France elle-même, après avoir vainement cherché l'ordre et le repos en dehors du droit traditionnel, revînt, guérie et repentante, les redemander à la légitimité.

Charles X resta donc calme en apprenant que la France lui avait donné un successeur. Quelques paroles, accompagnées d'un sourire amer, trahirent seules le secret de ses impressions. « Ce sont, dit-il, mes *Cent jours* qui commencent; mais ils ne dureront pas aussi longtemps que ceux de mon frère; je n'ai pas affaire à un Napoléon. » Le rapprochement manquait de vérité et d'équité. Il n'y avait rien, dans la révolution de 1830, qui rappelât les Cent jours. On n'y trouvait ni un conquérant ni un usurpateur, et le duc d'Orléans était innocent des événements qui avaient renversé le Roi. Le trône brisé, la royauté abattue, le duc d'Orléans était venu opérer la réconciliation de la révolution, non avec la dynastie, ce qui eût été impossible, mais avec la monarchie, ce qui sauvait la France. Cela même était une œuvre assez périlleuse pour qu'on lui sût quelque gré de l'avoir entreprise. Charles X n'avait-il pas dit que le duc d'Orléans n'était pas certain « de conserver quinze jours sa tête sur ses épaules. » C'est parce qu'il avait affronté ce danger, que le duc d'Orléans pouvait, en ce moment, protéger et préserver d'outrages les aînés de sa race, et que Charles X était conduit avec les honneurs royaux au port d'embarquement. Appartenait-il à Charles X d'accuser le duc d'Orléans pour avoir, en y jouant sa vie, détourné de la patrie et de la famille royale elle-même de plus grands malheurs? Il s'est trouvé, dans les rangs extrêmes du parti royaliste, des hommes qui ont fait un crime au duc d'Orléans d'avoir mis un frein aux excès de la révolution, parce que ces excès auraient, pensaient-ils, ramené la France à la légitimité. Mais Charles X n'a pas pu faire un aussi odieux calcul. Ses erreurs étaient de son esprit; elles n'ont pas donné le droit de douter de la pureté et de la grandeur de son patriotisme.

A Argentan, les commissaires firent encore près de Charles X une démarche pour qu'il réduisît son escorte à des proportions moins embarrassantes. Ils demandèrent expressément qu'il se séparât de l'artillerie et des gendarmes. Charles X s'y refusa. Les commissaires résolurent de passer outre, et le maréchal Maison ordonna au lieutenant qui commandait la batterie de rebrousser chemin et de rejoindre son corps. Cet officier répondit qu'il n'obéirait qu'à un ordre donné, au nom du Roi, par le maréchal commandant l'escorte. L'intervention du duc de Raguse mit fin à ce conflit, en obtenant de Charles X qu'il se rendît à de justes représentations.

Il n'en fut pas de même relativement à l'itinéraire que Charles X s'était tracé. Les commissaires avaient trouvé, à Argentan, M. Adam de la Pommeraye, député du Calvados, que le Gouvernement leur avait adjoint. M. de la Pommeraye jouissait, dans ces localités, d'une grande considération. Le Gouvernement, pensant que son influence serait utile à la sécurité de la famille royale, l'avait investi de pouvoirs fort étendus. Il lui était prescrit de faire en sorte que le Roi évitât de traverser le pays qui avait été le théâtre de la chouannerie, et où l'on craignait que la présence des augustes proscrits ne devînt une occasion de troubles. M. de la Pommeraye fut admis près du Roi, pendant une halte qui se fit pour déjeuner, à la sortie de Falaise. Il le pressa de donner la préférence à la route qui conduit à Cherbourg par Caen et Bayeux, sur celle qui se dirige par Vire et Saint-Lô, l'assurant qu'il y trouverait à la fois meilleur accueil et de plus grandes facilités. Tous ses efforts furent vains. Charles X ne voulut ni accélérer son voyage, ni en changer la direction, et l'on alla coucher à Condé-sur-Noireau.

A l'entrée de cette petite ville, les commissaires eurent encore à lutter contre le mauvais vouloir des habitants. Après de longs pourparlers, ceux-ci consentirent enfin à recevoir la famille royale dans leurs murs ; mais ils réservèrent que la garde nationale resterait l'arme au pied devant le Roi et ne lui rendrait pas les honneurs militaires.

On eut bientôt un plus grave sujet d'inquiétude. Le duc de Raguse avait été reconnu par quelques habitants. Cette découverte excita une extrême fermentation. Un attroupement, composé de gardes nationaux de Condé et de plusieurs communes environnantes, vint entourer la maison où le maréchal était descendu et annonça les intentions les plus violentes. Il n'était question de rien moins que de mettre le feu à la maison, et de faire subir au duc de Raguse le sort que les royalistes d'Avignon avaient, en 1815, infligé au maréchal Brune. Les exhortations des commissaires et l'énergie du maréchal Maison firent, à grand'peine, abandonner cette abominable pensée. Depuis ce jour, le duc de Raguse cessa de porter ses décorations et eut son logement dans la même maison que le Roi, sous la protection des gardes du corps. On fit aussi disparaître la livrée de la Cour, et l'on couvrit d'habits bourgeois les gens de service. Cette précaution avait été jugée nécessaire, au moment de pénétrer dans une contrée récemment ravagée par les incendies et où les paysans étaient fort exaspérés.

Le 11, on s'arrêta à Vire, et le lendemain à Saint-Lô, dont les habitants se livrèrent sans ménagement aux manifestations d'une haine brutale.

Le 13, les commissaires apprirent qu'il s'était formé, en avant de Carentan, un rassemblement considérable des populations et des gardes nationales du Cotentin, qui se proposaient d'enlever la famille royale et de la conduire sous bonne garde à Cherbourg. Ce rassemblement n'avait pas été déterminé seulement par les bruits absurdes mis en circulation. Il était surtout le résultat des manœuvres du général Hulot d'Osery, commandant la division. Ce général avait pour instructions de s'opposer, au besoin par la force, à ce que le Roi se jetât en Bretagne; un zèle intempérant l'avait poussé à soulever la contrée pour prévenir toute résistance de Charles X. Il avait même porté sur Carentan plusieurs régiments de ligne, tirés des garnisons voisines. On a prétendu qu'il n'avait fait qu'exécuter des ordres venus de Paris. De quelle autorité régulière ou irrégulière émanaient ces ordres? On ne l'a pas dit. Il est certain que ni le lieutenant général du royaume ni les ministres ne les avaient donnés, que les commissaires n'en avaient pas reçu avis, et que cette imprudente équipée leur causa de vives alarmes.

M. de la Pommeraye courut à Carentan. Il trouva là des gardes nationaux de Bayeux, de Valognes, de Cherbourg et de quelques autres communes. Ils étaient fort animés. On leur avait dit que Charles X avait le projet de s'enfermer dans la presqu'île du Cotentin, d'en faire garder l'isthme par une formidable artillerie, d'y réunir vingt mille Suisses, d'y appeler les Anglais et d'établir, sous leur protection, à Cherbourg, le siége du Gouvernement; que la vie des commissaires était menacée; que les gardes du corps insultaient et pillaient les habitants, et mille autres contes aussi ridicules. M. de la Pommeraye fit entendre au général Hulot des paroles justement sévères. Il assembla ensuite les volontaires et se porta près d'eux garant que Charles X et sa famille quitteraient la France, leur représenta combien il serait indigne d'eux de violenter le vieux Roi partant pour l'exil. Puis, après les avoir ramenés à de meilleurs sentiments, il leur annonça qu'il allait mettre en réquisition toutes les charrettes du pays pour les reconduire chez eux, et en détermina ainsi le plus grand nombre à rentrer dans leurs foyers. D'autres persistèrent à attendre; et lorsque le cortége parut, il fallut tout le dévouement des commissaires pour empêcher la foule de se jeter à sa rencontre. Durant cette crise, Charles X ne cessa de se montrer plein de confiance et de sérénité. « Je vous laisse, Messieurs, dit-il aux commissaires, achever la tâche que vous avez commencée ; je ne puis croire que mes enfants et moi nous soyons en péril au milieu des Français. »

Cet obstacle heureusement franchi, tout n'était pas fini encore. Quand on se présenta aux portes de Carentan, les habitants déclarèrent qu'ils les tiendraient fermées, si les gardes du corps ne prenaient la cocarde tricolore. Charles X, de son côté, refusa formellement de se soumettre à une telle exigence. Il y eut de longues et orageuses négociations, après lesquelles les commissaires obtinrent enfin que la famille royale poursuivrait tranquillement sa route sur Valognes.

Valognes était la dernière étape avant Cherbourg. Charles X voulut y séjourner le 14 et le 15, afin d'y prendre ses derniers arrangements et d'être prêt à s'embarquer sans s'arrêter à Cherbourg.

Le 14, les douze plus anciens gardes du corps de chaque compagnie, précédés de leurs officiers, furent admis près du Roi pour lui remettre leurs étendards. Ce fut une scène à la fois grande et touchante. Les gardes du corps se rangèrent en cercle, dans le salon où le Roi les attendait entouré de toute sa famille. Le Roi et son fils avaient quitté tous les insignes de leur rang. Le plus profond silence régnait dans la salle. Charles X paraissait commander avec peine à son émotion. Tout à coup des sanglots éclatent ; les rangs sont rompus ; les gardes du corps se précipitent vers la famille royale, s'emparent des mains du Roi, de celles des princes et des princesses, et y collent leurs lèvres avec les démonstrations d'une profonde douleur. Après quelques instants donnés à ce muet épanchement : « Allons, mes amis, dit le Roi, calmez-vous ; faudra-t-il que ce soit moi qui vous console? » Les gardes du corps reprirent leurs rangs, et les étendards furent successivement apportés au Roi. « Je reçois, dit Charles X, ces étendards que vous avez su conserver sans tache. J'espère qu'un jour mon petit-fils aura le bonheur de vous les rendre. »

Quelque froideur qu'il eût constamment montrée aux commissaires, Charles X avait cependant apprécié les peines qu'ils s'étaient données pour éloigner de lui tout déboire pendant ce voyage. Il leur en fit ses remercîments. M. Odilon Barrot répondit que ses collègues et lui seraient heureux de porter au Gouvernement un témoignage écrit du zèle avec lequel ils s'étaient acquittés de leur tâche. Charles X garda le silence; mais avant de se séparer d'eux, à Cherbourg, il leur remit une note signée de sa main, par laquelle il déclarait « qu'il n'avait eu qu'à se louer de leurs attentions et de leurs respects pour sa personne et pour sa famille. »

Le lendemain, le Roi fit ses adieux à son escorte par un ordre du jour dont on donna un exemplaire imprimé à chaque garde. On y lisait : « Sa Majesté s'est fait remettre
« les contrôles des compagnies de ses gardes du corps, de
« même que l'état de MM. les officiers généraux, supé-
« rieurs et autres, ainsi que des sous-officiers et soldats
« qui l'ont suivie. Leurs noms, conservés par M. le duc de
« Bordeaux, demeureront inscrits dans les archives de la
« famille royale, pour attester à jamais et les malheurs
« du Roi, et les consolations qu'il a trouvées dans un dé-
« vouement si désintéressé. »

Sur le désir du Roi, les commissaires avaient décidé que la famille royale serait accompagnée jusqu'à Cherbourg par un détachement de vingt-cinq hommes de chaque compagnie. Mais quand il fut question de désigner les favorisés, il s'éleva parmi ces loyaux serviteurs d'unanimes réclamations. Aucun ne voulait être exclu; tous avaient un droit égal à suivre, jusqu'à son dernier pas sur le sol de France, celui à qui ils avaient juré fidélité. Les commissaires ne résistèrent pas à un élan si honorable. Ils autorisèrent tous les gardes du corps à conduire le Roi à Cherbourg, sous la réserve qu'ils ne mettraient pas pied à terre dans cette ville, et qu'aussitôt après l'embarquement ils reviendraient sur leurs pas.

C'est aussi de Valognes que le Roi songea à se préparer un asile sur la terre étrangère. Il écrivit à cet effet deux lettres. La première était destinée au roi Guillaume IV d'Angleterre. Le général Auguste de Choiseul, qui en fut chargé, devait faire la traversée avec le Roi. La seconde, adressée à l'empereur d'Autriche, fut confiée au général Kentzinger, qui partit directement pour Vienne.

Ces occupations remplirent les deux journées que la famille royale passa à Valognes. Le 16, à dix heures du matin, on se remit en marche, et, à une heure, on était à Cherbourg. La garde nationale de cette ville était loin d'être bienveillante. Mais elle ne manifesta son hostilité que par des cris de *A bas la cocarde blanche! Vive la liberté!* Le Roi fut reçu, à l'entrée du port, par le 64e de ligne, qui lui fit le salut des armes, et qui, lorsque le cortége eut pénétré dans l'enceinte, garda la grille pour tenir la population éloignée.

Dès qu'il avait appris la résolution de Charles X de s'embarquer à Cherbourg, le lieutenant général du royaume avait ordonné au capitaine de vaisseau Dumont-Durville d'aller préparer des moyens de transport pour la famille royale. M. Durville avait frété, au Havre, deux magnifiques paquebots américains, le *Great-Britain* et le

Charles Carroll [1], qui étaient rendus le 7 août à Cherbourg. Il avait trouvé, dans ce dernier port, l'ordre de conduire la famille royale partout où elle le voudrait, à l'exception des Pays-Bas et des îles de Jersey et de Guernesey. Dans le cas où Charles X se serait refusé à désigner lui-même le lieu de sa destination, il devait être conduit à Portsmouth et y être débarqué. Il était recommandé à M. Durville de veiller, en toutes choses, au bien-être et à la sécurité des augustes exilés, et de les entourer des plus grands égards. Mais une fois qu'il aurait quitté les côtes de France, il lui était enjoint de résister à toute demande qui lui serait faite de s'en rapprocher.

M. Dumont-Durville devait monter avec la famille royale sur le *Great-Britain*. Afin d'être sûr de son équipage, il s'était fait adjoindre, pour second, un officier qui avait longtemps navigué avec lui, et sur lequel il savait pouvoir compter. Il avait eu, en outre, la pensée de faire monter à son bord cinquante marins français des équipages de ligne. Ce projet fut communiqué à Charles X, et Charles X déclara qu'il ne s'embarquerait pas s'il y était donné suite. M. Durville dut donc se borner à prendre le nombre de matelots des classes nécessaire à la manœuvre. Mais cette combinaison ne lui offrait plus une force suffisante pour être certain de faire respecter ses ordres, sur un bâtiment où se trouveraient de nombreux passagers [2] presque tous militaires. Qu'aurait-il à leur

---

[1] L'armateur à qui appartenaient ces deux navires était M. Patterson, dont la fille avait épousé le prince Jérôme Bonaparte. On sait que l'empereur ne voulut pas reconnaître ce mariage et le fit annuler.

[2] Charles X avait d'abord fixé à deux cents le nombre des personnes qui devaient l'accompagner ; mais il ne persista pas dans ce projet, et, au moment du départ sa suite ne s'élevait pas au chiffre de vingt personnes.

opposer si, en pleine mer, ils entreprenaient de faire diriger le navire vers l'un des points où il lui était interdit d'aborder? Dans cette prévision, M. Durville demanda au ministre et en obtint d'être escorté par deux petits bâtiments de guerre français, la flûte la *Seine*, de vingt-six canons, capitaine Thibaut, et le cutter le *Rôdeur*, de six canons, capitaine Quesnel. Il rédigea, en conséquence, les instructions auxquelles le capitaine Thibaut aurait à se conformer. Ces instructions portaient que les bâtiments de l'escorte se tiendraient au vent des paquebots, de manière à en surveiller tous les mouvements. Un pavillon rouge hissé en tête du *Great-Britain* était le signe convenu pour annoncer qu'il y avait résistance à l'autorité du capitaine. Dans ce cas, la *Seine* devait tirer quelques coups de canon à toute volée, c'est-à-dire en l'air, par forme d'avertissement. L'un des huniers venant à tomber tout à coup ferait connaître qu'il y avait révolte, et que le capitaine n'était plus maître à son bord; alors la *Seine* devait se rapprocher du *Great-Britain*, et le canonner sérieusement jusqu'à ce que tout y fût rentré dans l'ordre. Le capitaine Thibaut promit d'obéir ponctuellement à ces instructions; « et, ajouta-t-il, je ne plaisanterai pas, je vous coule à fond. »—« C'est ainsi que je l'entends, » répondit M. Dumont-Durville.

On voit quel était le caractère de ces instructions. M. Dumont-Durville, n'ayant aucune force militaire à son bord, ne voulut pas rester exposé à voir la famille royale débarquer malgré lui en Bretagne ou en Vendée. Il poussa ses prévisions jusqu'au cas le plus extrême, celui où il serait dépouillé de son commandement. Ce fait venant à s'accomplir, M. Durville, en marin déterminé, avait prescrit à son escorte de canonner son propre bâtiment jusqu'à ce que l'ordre y fût rétabli, dût-on le couler bas. Si l'on considère que ce capitaine s'attendait à embarquer deux cents officiers braves et dévoués au Roi, et qu'il était permis alors d'attribuer à Charles X l'intention de se jeter en Vendée, on ne trouvera rien d'excessif dans les mesures qu'il crut devoir prendre. Du reste, cet officier agissant en vertu du pouvoir absolu établi par les règlements maritimes, n'engageait que sa propre responsabilité, et le Gouvernement était étranger au détail de ses dispositions [1].

Il fut convenu, entre les commissaires et M. Dumont-Durville, qu'il ne serait pas parlé de l'escorte à Charles X, afin de ne pas ajouter une difficulté nouvelle à celles qu'il avait soulevées déjà. De Valognes, Charles X avait fait dire aux commissaires, à Cherbourg, qu'il voulait être conduit d'abord sur la côte d'Angleterre, dans la baie de Spithead, en rade de Portsmouth, et que là seulement il ferait connaître le but définitif de son voyage. Avant de faire choix du lieu de sa résidence, le Roi désirait savoir quel accueil lui serait fait par les puissances étrangères; et il avait résolu d'attendre à Cowes le retour de ses messagers. Les instructions de M. Dumont-Durville étaient précises. Si le Roi, en quittant le port, n'avait pas désigné le lieu de son débarquement, il devait être conduit et déposé à Portsmouth. Les commissaires prirent sur eux de ne pas maintenir ces ordres à la lettre, et consen-

[1] Ces faits, que M. Dumont-Durville a racontés lui-même, ont été étrangement travestis. Ainsi on lit dans un livre publié en 1852 par M. de Lourdoueix : « .... Par malheur, cette sollicitude reçoit un « démenti terrible par une autre recommandation faite au capitaine « de *(sic)* vaisseau le *Great-Britain*, qui devait escorter *(sic)* jus- « qu'en Angleterre la famille royale expulsée. *Cet officier reçut de* « *Louis-Philippe l'ordre de couler le vaisseau qui contenait les trois* « *générations de rois légitimes*, si ce vaisseau faisait une tentative « pour revenir vers les côtes de France. »

tirent à ce qui leur était demandé. Charles X avait en outre fait savoir que s'il y avait une seule cocarde tricolore sur son paquebot, il n'y monterait pas. A cet égard encore on lui donna satisfaction. M. Dumont-Durville quitta son uniforme et prit l'habit bourgeois. Il en fut de même du petit nombre d'officiers et de matelots qui s'embarquèrent sur le *Great-Britain*.

Quand le cortége royal eut franchi l'enceinte du port militaire, les gardes du corps se rangèrent en bataille sur le quai. Les voitures s'avancèrent jusqu'au point d'embarquement. Les augustes voyageurs n'avaient ainsi que quelques pas à faire pour passer de la voiture, où toute la famille royale était réunie, sur le bâtiment qui les attendait. Le Roi descendit le premier. Il portait un frac et un pantalon bleus, sans décorations. Sa figure était triste, mais sa démarche était pleine de noblesse et de dignité. Au moment de mettre le pied sur le pont qui communiquait du quai au navire, il salua les commissaires, et alla se placer à la porte du logement qui lui était destiné. Le duc de Bordeaux suivit son aïeul, porté dans les bras de M. de Damas. Puis vinrent successivement le Dauphin vêtu de noir, les vêtements en désordre, un ruban rouge à la boutonnière ; Madame la Dauphine, appuyée sur le bras de M. le général de Larochejacquelein ; Madame la duchesse de Berri, donnant le bras à M. de Charette ; Mademoiselle, conduite par Madame de Gontaut. Quelques officiers de la suite du Roi, entre autres M. le duc de Raguse, M. de Luxembourg, M. de Menars, prirent également place sur le *Great-Britain*. Les autres montèrent à bord du *Charles Carroll*.

Le Roi, debout sur le pont, reçut les adieux de ses gardes du corps, ainsi que des personnes de sa suite qu'il laissait en France. Puis il fit appeler les commissaires, les remercia de nouveau des soins dont ils l'avaient entouré et leur en remit, ainsi qu'il a été dit plus haut, un témoignage écrit.

Pour parer au dénûment dans lequel se trouvait la famille royale, Charles X avait envoyé à Paris M. le général Alexandre de Girardin, avec ordre signé de sa main de lui procurer la somme de six cent mille francs. M. de Girardin s'adressa au duc d'Orléans, qui lui fit immédiatement compter cette somme par le ministre des finances. « Je couvrirai le trésor public de cette avance, » écrivit le prince au ministre. Les six cent mille francs, en quadruples d'Espagne, furent portés à Cherbourg par M. Thomas, inspecteur des finances; Charles X les trouva dans sa cabine, où les commissaires les avaient fait déposer. Il offrit de leur en donner un reçu, avec un bon de pareille somme sur son homme d'affaires. Ils refusèrent. « Ce que je désire surtout, leur dit le Roi, c'est de n'être à la charge ni de la France, ni d'aucune puissance étrangère. » — « Sire, répondirent les commissaires, la France ne permettra pas qu'un prince qui a régné sur elle soit jamais à la charge de l'étranger. » Le Roi entretint ensuite les commissaires de quelques dispositions relatives à sa fortune personnelle. Sa parole était exempte d'aigreur; il ne fit entendre aucune plainte. Son sacrifice était accompli.

A trois heures, le *Great-Britain* s'éloigna du port, et bientôt la petite escadrille eut gagné la haute mer, cinglant à toutes voiles vers la côte d'Angleterre. La vue des deux petits bâtiments de guerre naviguant de conserve sous pavillon tricolore, surprit et inquiéta le Roi. Il parut craindre qu'on n'eût sur sa personne et sur sa famille des desseins contraires aux assurances qu'il avait reçues. Il interrogea à ce sujet M. Dumont-Durville, et ne cacha pas son mécontentement. Mais ses défiances ne tardèrent pas à se dissiper. La traversée se fit rapidement, et le lendemain, de grand matin, on était dans la rade de Spithead. Là, on fut retardé par l'absence d'un remorqueur, et ce fut seulement à onze heures du soir que le *Great-Britain* jeta l'ancre devant Cowes.

Aussitôt qu'on avait pu détacher une embarcation, M. de Choiseul était parti pour Londres, avec les dépêches du Roi. En attendant la réponse du gouvernement britannique, les princesses prirent un logement dans la ville. Charles X et le duc d'Angoulême restèrent sur le navire, où ils furent visités par le cardinal Latil et par M. d'Haussez, déjà réfugiés en Angleterre. Les royaux exilés partagèrent leur temps entre la réception des nombreux Anglais qu'une curiosité, souvent fort indiscrète, attirait sur le *Great-Britain*, et des conversations avec M. Dumont-Durville. Cet officier a écrit une relation détaillée de son voyage et de ses entretiens avec le Roi. On y trouve d'étranges assertions de Charles X et de M. d'Haussez relativement à une immense conspiration libérale, dont le duc d'Orléans aurait été le chef, et qui devait éclater le 17 septembre. La découverte de ce complot, disait le Roi, avait précipité la publication des Ordonnances. Le Roi revint à plusieurs reprises sur ce sujet. Vainement M. Durville lui donna l'assurance qu'il était dans l'erreur ; qu'il n'y avait aucune conspiration ; que ceux qui avaient renversé le trône ne songeaient nullement d'abord à y placer le duc d'Orléans. « Il y a plus, ajouta-t-il, le peuple, dans sa colère, ne faisait aucune distinction entre les membres de la famille de Votre Majesté. C'étaient les Bourbons en masse qu'il entendait proscrire ; et lorsque le duc d'Orléans se rendit à l'Hôtel de Ville, je craignis un moment qu'il ne fût mis en pièces. » Charles X n'en persista pas moins à croire à une conspiration, dont il avait prévenu l'explosion par les Ordonnances.

Il est d'autres paroles du Roi que l'histoire doit recueillir. Elles sont la preuve des fluctuations auxquelles était livré l'esprit de ce malheureux prince, formant et abandonnant tour à tour des projets, saisissant et rejetant l'espérance, aujourd'hui comptant sur ses alliés pour lui rendre une patrie, demain comprenant que la vue d'un uniforme étranger, poussé par lui à la frontière, suffirait pour interdire à jamais à sa race le sol de la France. « Soyez bien convaincu, disait-il à M. Durville en lui prenant les mains, que mon petit-fils ne reviendra jamais en France par l'aide des baïonnettes étrangères. Il sera rappelé par les Français eux-mêmes, ou bien il restera dans l'exil; c'est une chose dont je peux protester dans toute la sincérité de mon âme. » Oui, Charles X était sincère lorsqu'il s'exprimait ainsi. Il ne l'était pas moins, quelques jours auparavant, lorsqu'il prédisait la fin prochaine de « ses *Cent jours.* » Cela s'explique : à Argentan, il avait encore toutes les premières impressions du malheur, et toutes les illusions de l'espérance. A Cowes, il avait eu le temps déjà de s'acclimater à sa fortune. Il venait, en outre, de recevoir notification du refus fait par le gouvernement anglais de le recevoir en roi sur le sol britannique.

Le cabinet de Londres avait, en effet, répondu à la demande du Roi, qu'il pouvait débarquer en Angleterre, à la condition qu'il « se présenterait comme simple particulier, et renoncerait à exiger les honneurs de la royauté. « Charles X accepta ce nouveau déboire. Il prit immédiatement le nom de comte de Ponthieu; le Dauphin et la Dauphine prirent celui de comte et comtesse de Marne. Charles X fit alors connaître à M. Durville qu'il allait s'établir provisoirement dans le comté de Dorcet, sur la côte méridionale de l'Angleterre, au château de Lullworth, dans le voisinage de Veymouth. Les bagages de la famille royale furent transbordés sur deux bateaux à vapeur anglais. Le 22 août, à sept heures et demie du matin, le Roi, les princes et les princesses montèrent eux-mêmes sur l'un des deux bateaux ; une demi-heure après, le signal du départ fut donné, et les augustes exilés voguèrent vers leur nouvelle destination.

Pendant que la dynastie abordait ainsi la terre de l'exil, où ses fautes l'avaient conduite, quel était le sort des ministres que leurs conseils ou leur fatale condescendance avaient rendus sinon les auteurs, du moins les complices de sa perte ?

On sait déjà que M. d'Haussez était arrivé en Angleterre avant la famille royale. Il s'était procuré à Dieppe une barque de pêcheur qui, après une périlleuse traversée de treize heures, l'avait déposé à Osborn. M. de Montbel, marchant la nuit, se cachant le jour dans les blés, parvint à pénétrer dans Paris, et goûta deux jours de repos dans une maison de fous ; puis, sous le nom et le costume d'un artiste en voyage, cheminant tantôt à pied, tantôt en voiture, il réussit à gagner la Suisse. M. Capelle, déguisé en domestique, passa la frontière d'Allemagne. Les autres furent moins heureux. MM. de Peyronnet, de Chantelauze et de Guernon-Ranville, le premier seul, les deux derniers ensemble, s'étaient dirigés par Chartres sur Tours. Aucun d'eux ne put dépasser cette dernière ville. Malgré leurs travestissements, ils y furent arrêtés, reconnus et incarcérés. Ils furent ensuite transférés à Vincennes, et écroués au donjon du château, dans la nuit du 25 au 26 août. Ils y furent rejoints, à quelques heures de là, par M. de Polignac, amené du département de la Manche.

M. de Polignac avait tenté de s'embarquer à Granville pour Jersey, comme domestique de Madame Lepelletier de Saint-Fargeau. Mais il n'avait pu tromper la vigilance des habitants. Interrogé par l'autorité locale, il avoua son nom et fut envoyé, sous bonne escorte, à la prison de Saint-Lô. Durant le trajet, on eut grand'peine à le soustraire à la fureur des paysans, qui lui attribuaient les incendies de la Normandie. Dans sa prison, il reçut, sur sa demande, la visite des commissaires à leur retour de Cherbourg. Il leur témoigna son étonnement d'une arrestation qui ne lui paraissait nullement motivée, et les pria de la faire cesser. Il écrivit dans le même sens au président de la Chambre des pairs. Sa lettre, datée du 17 août, suffirait, à elle seule, à démontrer tout ce qu'il y avait de candeur dans la conduite de cet homme d'État, de naïveté dans ses égarements. M. de Polignac s'y plaint de ce que son arrestation ait eu lieu en violation des garanties dont il était couvert par la Charte, en qualité de pair de France. Il demande à se retirer dans une de ses propriétés, pour y vivre conformément à ses goûts, ou à passer à l'étranger. Si pourtant son arrestation devait être maintenue, il exprime le désir d'être conduit au fort de Ham, « ou dans quelque citadelle commode et spacieuse à la fois. » On lit encore dans cette lettre : « Où en serions-nous, tous tant que nous sommes, au milieu de ces changements continuels que présente le siècle où nous vivons, si les opinions politiques de ceux qui sont frappés par la tempête devenaient des délits ou des crimes aux yeux de ceux qui embrassent des opinions plus heureuses ! » Même après trois jours d'une horrible guerre civile, après une révolution qui avait soulevé la France entière, après le renversement du trône et l'exil de la dynastie, les Ordonnances de juillet et la violation de la Charte n'étaient, aux yeux de M. de Polignac, qu'une question d'opinion politique, et ne constituaient pas un délit! M. de Polignac était bien coupable ; mais un coupable si obstinément convaincu de son innocence n'est-il pas autant à plaindre qu'à blâmer ?

Le Gouvernement lui-même ne se sentait pas capable de protéger M. de Polignac contre la colère des paysans de la Normandie ou du peuple de Paris. C'était donc chose périlleuse de le faire venir de Saint-Lô à Vincennes. On le fit partir la nuit, déguisé, avec un passeport portant qu'il était chargé, par la municipalité de Saint-Lô, d'un message pour le Gouvernement. Il fit un détour afin d'éviter la traversée de Paris, et parvint ainsi à Vincennes sans accident.

Quand Charles X eut quitté le port de Cherbourg, les commissaires en rédigèrent un procès-verbal qui fut envoyé au Gouvernement. Tous les officiers supérieurs et tous les militaires qui avaient accompagné le Roi quittèrent la cocarde blanche. Les gardes du corps furent ramenés sur Saint-Lô, où devait s'opérer leur licenciement, prononcé par une ordonnance du Roi du 17 août. Mais avant de dissoudre ce corps, qui s'était si noblement conduit dans ces tristes circonstances, les commissaires lui adressèrent un ordre du jour, où il était rendu hautement justice au sentiment de réserve et de convenance avec lequel il avait rempli ce devoir d'honneur et de fidélité.

Charles X et sa famille étaient en Angleterre, les gardes du corps n'existaient plus ; la garde royale avait brisé ses cadres pour se fondre dans le reste de l'armée; la dernière cocarde blanche avait disparu du sol de la France; et dans cette contrée que venait de traverser le convoi funèbre d'une dynastie deux fois séculaire, il n'en restait plus, suivant l'expression du *Moniteur*, « d'autre trace que le souvenir du profond silence qui avait régné sur toute la route, et par lequel la population avait manifesté ses sentiments [1]. »

[1] *Moniteur universel*, 16 août 1830.

CHAPITRE XI

OUVERTURE DE LA SESSION DES CHAMBRES.

Accession spontanée et unanime des départements à la révolution de Juillet.— Événements de Lyon, de Nantes, de Bordeaux.— Dans tout le reste de la France, la révolution s'opère sans combats et sans excès.— Le lieutenant général du royaume ouvre la session des Chambres législatives.— Il se prononce solennellement pour le maintien de la Charte de 1814 avec les modifications nécessaires, et pour le respect des traités.—La majorité de la Chambre des députés décide, de son côté, qu'il sera procédé conformément à la Charte. —M. Bérard prépare une proposition tendant à appeler le duc d'Orléans à la Couronne, et à modifier la Charte suivant l'esprit de la révolution.—Démarches faites près des membres du Corps diplomatique pour assurer l'adhésion des puissances européennes au changement de règne.— Caractère de la monarchie de 1830 : le duc d'Orléans n'a pas été appelé au trône *quoique* Bourbon, mais *parce que* Bourbon.—La Chambre des députés reçoit l'acte d'abdication, et en ordonne le dépôt aux archives.—Le duc d'Orléans charge MM. le duc de Broglie et Guizot de modifier l'esprit de la proposition de M. Bérard et de la compléter.—La proposition est déposée.—La Chambre se déclare en permanence pour attendre le rapport de sa commission.— Proposition de M. Eusèbe Salverte pour la mise en accusation des ministres signataires des Ordonnances.—Arrivée du duc de Chartres à Paris.—Irritation des républicains.—Leurs projets contre la pairie. — Ils rédigent une adresse pour déclarer à la Chambre des députés qu'ils ne lui reconnaissent pas le droit de faire une constitution, et chargent une commission d'aller la lire à la barre ; la fermeté des députés fait avorter cette démonstration.—Rapport de M. Dupin aîné sur la proposition de M. Bérard.

Le moment est venu de jeter un regard sur la France, de suivre d'un rapide coup d'œil ce mouvement qui, en quelques jours, en quelques heures, se répandit de la capitale à toutes les extrémités du royaume. L'accession franche, spontanée, unanime de la France a seule, en effet, de l'insurrection de Paris fait une révolution nationale.

Le gouvernement de l'Hôtel de Ville resta étranger à ce qui se passa hors des murs de Paris. Il ne fit rien pour entraîner la province. Il n'envoya pas un agent, pas un commissaire. Il ne destitua pas un préfet. Il ne révoqua pas un fonctionnaire. Il n'adressa aucun appel, aucun avis aux populations départementales. Il n'y eut d'au-propagande que celle qui fut faite par les journaux, ou par les drapeaux tricolores arborés sur les malles-postes et sur les diligences. Chaque département, chaque ville, chaque bourgade fit, pour ainsi dire, dans son sein sa petite révolution ; et, en moins d'une semaine, il ne restait plus, de Dunkerque à Perpignan, de Brest à Strasbourg, un hameau qui ne se fût mis à l'unisson de la capitale.

M. de Polignac disait donc parfaitement vrai, lorsqu'il écrivit : « L'événement a prouvé que l'insurrection fut presque partout instantanée... Certes, je défie le génie le plus infernal de pouvoir, en un jour, fomenter et soulever une pareille tempête[1]. » De ce fait que la résistance s'est produite partout presque à la même heure, dans la même forme, avec la même énergie, et que l'abandon du Gouvernement a été universel, d'autres auraient conclu que les mesures qui avaient déterminé une telle explosion de l'opinion étaient ou bien coupables, ou au moins bien mal inspirées. M. de Polignac n'y a vu, comme Charles X, que la preuve d'une conspiration. Une conspiration qui embrassait tout le royaume ! qui avait pour complices la majorité des citoyens, et qui avait attendu, pour éclater, que le Gouvernement lui en donnât lui-même le signal !

[1] *Études politiques*, etc.

On a dit déjà qu'avant que Charles X eût quitté Saint-Cloud, toutes les populations des environs de Paris, sur un rayon de vingt lieues, s'étaient jetées dans l'insurrection. On a suivi, de Rambouillet à Cherbourg, la dynastie exilée, attendant en vain un cri de sympathie, un signe de regret sorti des masses de peuple qui venaient la contempler à son passage. A l'autre bout de la France, on a vu l'auguste fille de Louis XVI réduite à se soustraire par la fuite aux outrages contre lesquels ne la protégeaient ni son sexe, ni la sainteté du malheur. Par la Normandie et la Bourgogne, on peut juger la France.

A très-peu d'exceptions près, la révolution s'accomplit sans luttes, sans violences. A la nouvelle d'un mouvement à Paris, la garde nationale se réorganisait et prenait les armes. On arborait le drapeau tricolore. On remplaçait le maire et le conseil municipal par une commission provisoire. Dans les chefs-lieux, on gardait à vue ou l'on renvoyait les principaux fonctionnaires. On maintenait l'ordre, on respectait la propriété. On illuminait, on chantait la *Marseillaise*. On criait *Vive la Charte!* le premier jour; *Vive le duc d'Orléans!* le lendemain, et bientôt après *Vive Louis-Philippe!* et l'on applaudissait sans réserve à l'œuvre des députés. Partout, et ce fut le caractère distinctif de la révolution de 1830, partout la bourgeoisie éclairée et lettrée prit l'initiative, dirigea les esprits, exerça l'autorité. Les populations laborieuses furent, en général, admirables de modération.

La conduite de l'armée ne présenta pas moins d'uniformité. L'esprit des régiments était libéral. La Restauration, qui mettait tant d'espérances dans la fidélité de l'armée, n'avait pas su se l'attacher. Le Gouvernement de Charles X, en particulier, se l'était aliénée, en faisant entrer les pratiques de dévotion au nombre des devoirs réglementaires. Soldats et officiers subissaient impatiemment l'immixtion du prêtre dans la vie militaire. Il y avait, en outre, dans les régiments, une jalousie trop bien justifiée de la partie bourgeoise et plébéienne contre les faveurs dont les fils de familles nobles étaient l'objet. L'armée était mécontente. Pour la faire passer du mécontentement à l'hostilité, il ne fallait qu'un prétexte qui laissât sauf l'honneur militaire. Aussi la défection fut-elle générale. Dans la plupart de ses garnisons, comme si elle eût obéi à un mot d'ordre, l'armée se tint neutre ou passa du côté du peuple. Les troupes des camps de Lunéville et de Saint-Omer avaient été dirigées à marches forcées sur Paris ; elles se désorganisèrent en route. Le général Canuel, parti de Bourges avec deux régiments d'infanterie qu'il conduisait au général Donadieu, à Tours, y arriva seul avec son état-major.

Ce n'est pas à dire que la chute de la branche aînée n'ait laissé des regrets dans quelques parties de la France départementale ; mais ces regrets furent généralement muets et stériles. Sur un petit nombre de points seulement, et particulièrement à Lyon, à Nantes et à Bordeaux, il y eut quelques manifestations isolées, dont l'impuissance ne fit que mieux ressortir l'unanimité du sentiment national.

La ville de Lyon n'attendit pas de savoir que Paris était en insurrection, pour résister aux Ordonnances. Dès qu'on y eut connaissance du coup d'État, plusieurs des principaux fabricants fermèrent leurs ateliers ; en même temps, le rédacteur du journal de l'opposition, le *Précurseur*, déclara courageusement qu'il ne se soumettrait pas. Il continua, en effet, à faire paraître sa feuille, malgré les défenses de l'autorité.

Le 29 juillet au soir, eut lieu une première réunion des

chefs du parti libéral ; la population se répandit dans les rues, aux cris de *Vive la Charte!* Le lendemain, les libéraux envoyèrent une députation aux autorités, pour les inviter à rétablir la garde nationale et à lui confier, de moitié avec la troupe, la défense de la tranquillité publique et la garde de la ville. Déjà l'effervescence commençait à devenir inquiétante. Le préfet, M. le comte de Brosses, céda à demi, dans le but de gagner du temps ; il promit de s'occuper de la formation d'une garde urbaine. Mais l'autorité municipale répondit par un refus catégorique. L'agitation continuant, on arrêta quelques citoyens, auxquels on jugea bientôt prudent de rendre la liberté. Les chefs du mouvement se constituèrent alors en commission provisoire et établirent, dans une maison du quai de Retz, le siége de l'administration insurrectionnelle. Depuis la veille, la garnison avait été consignée ; des détachements avaient été enfermés dans les cours de la préfecture, de l'hôtel de ville et de quelques autres édifices. On n'osa pas laisser les soldats en contact avec le peuple. Deux bataillons d'infanterie et un escadron de cavalerie, qui avaient été rangés en bataille sur la place des Terreaux, furent ramenés dans leurs casernes.

Le 31, au point du jour, les rassemblements se formèrent plus compacts et plus animés encore que la veille. La commission provisoire avait nommé des officiers et formé quelques compagnies de garde nationale, qui s'étaient armées de fusils de chasse, de vieilles armes de guerre et même de bâtons. Elle demanda que cette garde fût admise à partager avec la troupe le service de l'hôtel de ville. Le préfet n'y voulut pas consentir et donna l'ordre de repousser la force par la force. On allait en venir aux mains. Un régiment de chasseurs est appelé pour faire évacuer la place des Terreaux. Ce régiment rencontre une barricade; il hésite, puis il refuse d'agir, et l'autorité reste à la merci de l'insurrection.

Dans la nuit, arriva la notification de la proclamation du lieutenant général du royaume et l'ordre au général Paultre de la Mothe, commandant la division, de faire prendre la cocarde tricolore. Le lendemain, le préfet publia un arrêté qui réorganisait la garde nationale. Après avoir encore éprouvé quelque résistance de la part de l'adjoint faisant les fonctions de maire, la commission provisoire s'installa à l'hôtel de ville, en qualité d'autorité municipale, et y arbora le drapeau tricolore. La révolution était accomplie, et il n'avait pas été versé une seule goutte de sang.

Il n'en fut pas de même à Nantes. Non que la glorieuse cité bretonne se soit souvenue de sa fidélité d'autrefois, et qu'elle ait jeté à travers le labyrinthe du Bocage quelques-unes de ces bandes prodigues de leur sang pour la cause du Roi. Il n'y eut point, en 1830, de Bretagne ou de Vendée militaire. On ne vit ni Stofflet, ni Larochejacquelein, ni Cathelineau, ni Cadoudal réveiller au cœur des paysans la vieille foi monarchique. Le cri de *Vive la Charte!* retentit sous les murs de l'antique château de la reine Anne, sans qu'un seul cri de *Vive le Roi!* lui répondît. Mais le général Despinois, qui commandait la ville, ayant tenté de faire résistance, des coups de fusil furent tirés ; quelques habitants et quelques soldats furent tués ou blessés. L'intervention d'une commission de citoyens recommandables prévint de plus grands malheurs. Le général Despinois comprit qu'il lui serait impossible, avec sa faible garnison, de tenir tête à la garde nationale, dont le général Demoustier avait pris le commandement. Il sortit de la ville avec sa petite troupe, et se porta vers la Vendée, dans l'intention d'y exciter un soulèvement. Une partie de ses soldats le quitta aux Herbiers et revint sur ses pas.

L'autre partie le suivit jusqu'à Bourbon-Vendée, où elle prit la cocarde tricolore. Seul désormais, le général Despinois gagna Rochefort. Il y fut outragé et ne parvint à sauver sa vie qu'en abandonnant sa voiture, qui fut brûlée sur la place publique.

Non loin de là, au même moment, un préfet subissait des traitements plus cruels encore, pour avoir essayé de maintenir l'autorité du Roi dans la ville que la reconnaissance royale avait surnommée la *ville du douze mars*[1]. M. le vicomte de Curzay, préfet de la Gironde, entreprit de défendre contre la contagion révolutionnaire le département confié à ses soins. Non content de comprimer l'émotion causée par les premières rumeurs apportées de Paris, il voulut soustraire à ses administrés la connaissance des événements, en empêchant les courriers de pénétrer dans la ville. Cette mesure provoqua une grande irritation. Une multitude furieuse se porta contre l'hôtel de la préfecture, en força les portes et s'introduisit jusque dans le cabinet du préfet. M. de Curzay crut vainement imposer à ses agresseurs par une contenance pleine de noblesse et de courage. Il fut injurié, frappé, grièvement blessé, dépouillé de ses vêtements et entraîné demi-nu et couvert de sang du côté de la Gironde, où l'on avait dessein de le précipiter. Dans le trajet, quelques généreux citoyens réussirent à tromper la surveillance de la populace et à lui dérober sa victime. Transporté à l'hôtel de ville, le malheureux fonctionnaire s'y vit de nouveau poursuivi par la foule. Il fallut percer un mur et lui ménager ainsi une sortie par les maisons voisines, pour le conduire dans un asile sûr où il arriva presque mourant.

---

[1] Bordeaux, la première entre toutes les villes de France, avait arboré le drapeau blanc le 12 mars 1814.

Après le départ du préfet, tout rentra dans un ordre relatif. Une commission provisoire prit la direction des affaires locales, et la *ville du douze mars* fêta, non moins chaleureusement que le reste de la France, le retour du drapeau tricolore et l'avénement de la branche cadette.

Sauf cet épisode, qui ne mit en relief que l'isolement où fut laissé le préfet, et une lutte de quelques heures qui s'engagea, à Toulouse, entre le peuple et la gendarmerie, il ne se fit pas, dans tout le midi de la France, un effort pour la cause des fatales Ordonnances; il ne se leva pas un homme pour protester en faveur de la légitimité. Partout, au contraire, on vit les représentants de l'autorité royale abdiquer et disparaître, emportés par l'élan irrésistible des populations.

La France entière était donc unie d'opinion, de cœur et d'intention avec ses députés lorsque s'ouvrit, sous l'autorité du lieutenant général, la session de 1830. C'était le 3 août, à une heure. La cérémonie eut lieu dans la salle des séances de la Chambre des députés. Elle fut simple. Deux cent quarante députés environ, presque tous appartenant à l'opinion libérale, et un petit nombre de pairs étaient présents. Pour la première fois, à une séance royale, ils ne portaient pas de costume officiel. Le trône était élevé sur une estrade et couvert de draperies de velours fleurdelisé, comme s'il attendait le Roi; seulement le drapeau qui flottait au-dessus de la couronne royale n'était plus le drapeau blanc. Trois pliants étaient disposés aux côtés du trône. Madame la duchesse d'Orléans, Madame Adélaïde et les jeunes princes et princesses occupaient une tribune. A la porte du palais, le lieutenant général fut reçu par les grandes députations, venues à sa rencontre. Son entrée dans la salle fit éclater d'immenses acclamations. Il prit place sur le pliant à droite du trône;

OUVERTURE DE LA SESSION DES CHAMBRES.

son fils aîné, M. le duc de Chartres, était absent; son second fils, M. le duc de Nemours, se tenait à sa gauche. Le duc d'Orléans salua avec émotion, puis s'adressant à l'assemblée tout entière : « Messieurs, dit-il, asseyez-vous. » Dans ces mots, on voyait se révéler l'esprit nouveau et disparaître le dernier vestige des traditions féodales. On n'en était plus aux temps des États généraux, alors que le grand-maître des cérémonies plaçait respectueusement les Ordres du clergé et de la noblesse, et se bornait à indiquer du bout de sa baguette, aux membres du tiers-état, les bancs qui leur étaient destinés. On n'en était plus même aux distinctions aristocratiques de la Restauration, alors que le Roi, après avoir invité lui-même les pairs à s'asseoir, faisait donner aux députés, par son chancelier, la permission de le faire à leur tour. Pour la première fois, le représentant suprême du pouvoir réunissait dans une même formule et sous un même niveau, les deux assemblées législatives.

Le lieutenant général, s'étant couvert, prononça le discours suivant :

« Messieurs les pairs, Messieurs les députés,

« Paris, troublé dans son repos par une déplorable vio-
« lation de la Charte et des lois, les défendait avec un
« courage héroïque.—Au milieu de cette lutte sanglante,
« aucune des garanties de l'ordre social n'existait plus :
« les personnes, les propriétés, les droits, tout ce qui est
« précieux et cher à des hommes, à des citoyens, courait
« les plus graves dangers.—Dans cette absence de tout
« pouvoir public, le vœu de mes concitoyens s'est tourné
« vers moi ; ils m'ont jugé digne de concourir avec eux
« au salut de la patrie ; ils m'ont invité à exercer les fonc-
« tions de lieutenant général du royaume.—Leur cause

« m'a paru juste, le péril immense, la nécessité impé-
« rieuse, mon devoir sacré. Je suis accouru au milieu de
« ce vaillant peuple, suivi de ma famille et portant ces
« couleurs qui, pour la seconde fois, ont marqué parmi
« nous le triomphe de la liberté.—Je suis accouru, fer-
« mement résolu à me dévouer à tout ce que les circon-
« stances exigeraient de moi, dans la situation où elles
« m'ont placé, pour rétablir l'empire des lois, sauver la
« liberté menacée et rendre impossible le retour de si
« grands maux, en assurant à jamais le pouvoir de cette
« Charte, dont le nom invoqué pendant le combat l'était
« encore après la victoire.—Dans l'accomplissement de
« cette noble tâche, c'est aux Chambres qu'il appartient
« de me guider.—Tous les droits doivent être solidement
« garantis; toutes les institutions nécessaires à leur plein
« et entier exercice doivent recevoir les développements
« dont elles ont besoin.—Attaché de cœur et de conviction
« aux principes d'un gouvernement libre, j'en accepte
« d'avance toutes les conséquences. Je crois devoir appe-
« ler dès aujourd'hui votre attention sur l'organisation
« des gardes nationales, l'application du jury aux délits
« de la presse, la formation des administrations départe-
« mentales et municipales, et, avant tout, sur cet arti-
« cle 14 de la Charte, qu'on a si odieusement interprété.
« —C'est dans ces sentiments, Messieurs, que je viens
« ouvrir cette session.—Le passé m'est douloureux; je
« déplore des infortunes que j'aurais voulu prévenir;
« mais au milieu de ce magnanime élan de la capitale et
« de toutes les cités françaises, à l'aspect de l'ordre re-
« naissant avec une merveilleuse promptitude, après une
« résistance pure de tout excès, un juste orgueil national
« émeut mon cœur, et j'entrevois avec confiance l'avenir
« de la patrie.—Oui, Messieurs, elle sera heureuse et libre

« cette France qui m'est si chère; elle montrera à l'Eu-
« rope qu'uniquement occupée de sa prospérité intérieure,
« elle chérit la paix aussi bien que les libertés et ne veut
« que le bonheur et le repos de ses voisins. — Messieurs
« les pairs et Messieurs les députés, aussitôt que les
« Chambres seront constituées, je ferai porter à leur con-
« naissance l'acte d'abdication de S. M. le roi Charles X;
« par le même acte, S. A. R. Louis-Antoine de France,
« Dauphin, renonce également à ses droits; cet acte a été
« remis entre mes mains, hier 2 août, à onze heures du
« soir. J'en ordonne ce matin le dépôt dans les archives
« de la Chambre des pairs, et je le fais insérer dans la
« partie officielle du *Moniteur.* »

De longs et chaleureux applaudissements de la salle et des tribunes répondirent à ces paroles et accompagnèrent le prince quand il se retira.

Ce discours, en effet, donnait complète satisfaction aux hommes sages et modérés, à ceux qui voulaient perfectionner et non détruire. Le duc d'Orléans s'expliquait de manière à prévenir toute méprise. Il était « résolu à *tout* ce que les circonstances exigeraient » de lui; mais il définissait avec précision la portée de cet engagement : rétablir l'empire des lois, sauver la liberté, assurer « à jamais, » en un mot, le pouvoir de la Charte. C'était donc la Charte qu'acceptait le duc d'Orléans; non une Charte improvisée au sortir du combat, suivant le caprice du moment, mais la Charte de 1814, celle qui avait été la base de la monarchie constitutionnelle en France; celle que la France connaissait et aimait; celle qu'elle venait de défendre et de venger. Il n'y avait, dans cette déclaration, ni restriction, ni réserve. Il n'y avait pas place pour un engagement clandestin envers qui que ce fût. Il n'y avait que la Charte, telle qu'elle sortirait du travail de révision accompli par le concours des trois pouvoirs constitutionnels.

Ce qui n'est pas moins remarquable dans ce discours, ce sont les assurances pacifiques qui y sont exprimées. Ces paroles avaient une double portée : elles étaient, pour l'Europe, une garantie que son repos ne serait pas menacé par la révolution française; elles étaient, pour la France, une protestation contre les folles déclamations de l'esprit de conquête et de propagande.

La Charte à l'intérieur, la paix au dehors : voilà le véritable programme du Gouvernement de Juillet. Après une telle manifestation de sa pensée, faite solennellement par le duc d'Orléans à une époque où il n'avait pas encore reçu la couronne et où la révolution était toute-puissante, on comprend que ce prince ait eu de nombreux et implacables ennemis; on ne comprend pas qu'il ait été accusé d'avoir trompé ou la révolution ou la France.

On a demandé pourquoi, en annonçant le dépôt de la double abdication, le duc d'Orléans n'avait pas fait mention de Henri V. A ce sujet, le parti légitimiste a abusé d'un droit que s'arrogent toujours les partis vaincus, celui de se montrer injustes. Le duc d'Orléans a fait tout ce qu'il pouvait faire. En présentant la double abdication, il lui donnait la consécration officielle ; et par le dépôt de cet acte dans les archives des deux Chambres, comme par son insertion au *Moniteur*, il rendait à Charles X, même après sa déchéance prononcée, l'une des prérogatives de la royauté. Aller au delà eût été courir follement au suicide.

Il est à noter, d'ailleurs, que la plupart de ceux qui ont le plus bruyamment incriminé le silence du duc d'Orléans dans cette circonstance, montrèrent eux-mêmes, pendant la crise révolutionnaire, une prudence qu'on aurait droit d'opposer à l'héroïsme de fidélité dont ils ont, plus tard, fait parade. Non-seulement ils n'étaient pas à la Chambre pour y proclamer, eux, le duc de Bordeaux, mais on ne les voyait, on ne les entendait nulle part, dans l'immense bourdonnement de la capitale. Leurs journaux étaient muets. Des milliers de placards couvraient les rues de Paris; chaque parti, chaque coterie avait les siens. Les uns proclamaient Lafayette, d'autres Napoléon II, d'autres le duc d'Orléans; ceux-ci voulaient le gouvernement des clubs ou les assemblées primaires et une convention; ceux-là une dictature, un gouvernement militaire ou une monarchie constitutionnelle. Parmi tous, on chercherait vainement un vœu, un seul, en faveur du duc de Bordeaux ou de la légitimité[1]. Quand une cause s'est ainsi abandonnée elle-même; quand cent quatre-vingts députés de la droite, les dignitaires et les familiers de la Cour, les instigateurs et les applaudisseurs du coup d'État, les plus fervents apôtres de la légitimité, quand le parti tout entier n'a pas cru pouvoir tenter un mot, un geste dans l'intérêt du petit-fils de Charles X, est-il fondé à reprocher au duc d'Orléans de n'avoir pas, à lui seul, porté cet enfant sur le trône?

Le 4 août, à l'ouverture de la séance, la Chambre se déclara en permanence, afin de procéder à la vérification des pouvoirs, et de se constituer sans désemparer. Ce travail fut terminé dans la journée du lendemain.

La Chambre avait alors à former son bureau définitif. Aux termes de l'article 43 de la Charte, elle devait élire cinq candidats, parmi lesquels le Roi choisissait le prési-

---

[1] Une des rues de Paris portait le nom de *rue du duc de Bordeaux*. L'inscription avait été maculée, et on y avait substitué celle de *rue de l'Enfant trouvé*.

dent. M. de Corcelles, invoquant la nécessité d'agir rapidement, proposa de nommer directement le président. « Et la Charte? la Charte? » répondirent aussitôt une foule de voix. En vain M. de Corcelles prétendit que le premier anneau de la Charte ayant été brisé, tout était à reconstruire; en vain M. Demarçay vint à son aide en s'appuyant sur le droit que la Chambre tenait des circonstances; M. Viennet, M. Charles Dupin, M. Villemain prirent la défense de la loi, qui était, disaient-ils, restée debout, et que la Chambre devait respecter; et il fut décidé à la presque unanimité qu'il serait procédé selon la Charte.

Les cinq candidats furent élus et présentés au chef de l'État. Le lieutenant général nomma M. Casimir Périer, qui avait obtenu le plus grand nombre de voix. Il exprima, en même temps, le désir que la Chambre fût mise, pour l'avenir, en possession du droit de choisir elle-même son président.

La Chambre constituée, qu'allait-elle faire? que pouvait-elle? qu'oserait-elle? Le premier besoin était celui d'un pouvoir stable et définitif. Sur quelle base ce pouvoir serait-il établi? Sur la Charte sans doute. Mais la Charte elle-même laissait à reprendre. L'abus qui en avait été fait avait révélé ses imperfections; elle devait être modifiée. Par qui et dans quelle mesure le serait-elle? Les députés et les pairs avaient-ils le droit d'y porter la main? Au point de vue de la stricte légalité, évidemment non. Les uns et les autres n'existaient comme pouvoir de l'État qu'en vertu de la Charte. Les députés avaient été élus pour lui prêter le serment que les pairs lui avaient prêté avant d'être admis à siéger. Fallait-il donc s'arrêter à cette considération, laisser tout en suspens, et appeler la nation à nommer des représentants spécialement investis du mandat d'améliorer la constitution? Les républicains le demandaient impérieusement, parce qu'ils y voyaient le moyen de changer radicalement les institutions. Ils étaient, en cela, d'accord avec les désirs secrets de M. de Lafayette, qui se reportait toujours avec tant de prédilection aux idées de 1790 et de 1791. Mais les députés n'étaient pas disposés à oublier que deux années seulement séparent 93 de 91. Ils considéraient d'ailleurs que le moment serait mal choisi pour écouter les scrupules plus ou moins sincères de quelques formalistes ; que la population de Paris ayant, sans autre mandat que celui qu'elle tenait des circonstances, renversé un Gouvernement, les représentants élus de la nation pouvaient s'autoriser de l'urgence pour en élever un autre, sauf à attendre, de l'adhésion du pays, un bill d'indemnité; que s'il est jamais permis aux hommes d'ordre d'invoquer le dangereux adage *salus populi suprema lex,* c'est quand la révolution s'est substituée aux pouvoirs réguliers, et quand apparaît le spectre hideux de l'anarchie.

L'impatience des esprits était si générale et si vive que M. de Lafayette, malgré toute la foi qu'il avait en sa popularité, se vit contraint de faire le sacrifice de sa chimère favorite. Il en a fait lui-même l'aveu en ces termes : « Lafayette tenait encore à son projet d'assemblées primaires, qui aurait borné les fonctions du lieutenant général à ses pouvoirs du moment, jusqu'à ce qu'une constitution eût été faite; mais il aurait fallu rompre en visière aux députés de la France et à l'immense majorité des citoyens, qui étaient pressés de savoir à quoi s'en tenir[1]. » Du reste, les libéraux avancés qui partageaient, quant à l'urgence, l'opinion générale, admettaient aussi

---

[1] *Mémoires,* etc., t. VI.

la nécessité de faire, dans la révision de la Charte, une part aux exigences de la démocratie ardente. Ils espéraient, par des concessions partielles, ôter tout prétexte à ses violences. Tel est l'esprit dans lequel fut préparée par M. Bérard une proposition tendant à appeler le duc d'Orléans à la couronne, en modifiant, sur plusieurs points essentiels, les stipulations de la Charte.

L'œuvre de M. Bérard était toute spontanée; elle lui fut inspirée surtout par le désir de suppléer à ce qu'il a appelé « l'apathie » du Gouvernement. « Il y a quatre jours, a-t-il écrit, que nous avons un lieutenant général; il y en a trois que des ministres ont été nommés; que s'est-il passé depuis cette époque? » Le temps n'avait pas été aussi complètement perdu que le pensait l'honorable député. M. le duc d'Orléans, sur qui allait peser, aux yeux de l'Europe, la responsabilité de la situation, avait employé ses efforts à détourner de la France toute chance d'une guerre de coalition. Des négociations officieuses, dont M. de Talleyrand était le principal agent, avaient été entamées avec les représentants à Paris des grandes monarchies. Elles avaient préparé au futur Gouvernement une prompte reconnaissance par ces cours. Déjà on était certain de rencontrer à Londres les dispositions les plus favorables. Bien que le duc de Wellington fût alors au pouvoir, il n'était pas à craindre que l'Angleterre, rassurée sur les traités, envoyât son armée et ses flottes, pour punir la France d'avoir imité ce que, depuis un siècle et demi, elle s'applaudissait d'avoir fait elle-même. D'ailleurs, l'enthousiasme avec lequel le peuple britannique avait appris les événements de Paris était pour le ministère un avertissement. Lord Stuart de Rothsay avait donc été chargé de dire au Palais-Royal que l'Angleterre ne se croirait tenue de prendre les armes, que dans le cas où la France lui en ferait une nécessité pour la défense des traités qui formaient la base de l'ordre européen.

Les choses n'avaient pu aller aussi rapidement, quant aux puissances du Nord. Les distances, à cette époque, ne se franchissaient pas, comme aujourd'hui, en quelques heures. Mais les ambassadeurs avaient été pressentis; ils avaient été invités à faire parvenir à leurs cours l'assurance des intentions pacifiques du Gouvernement français. Il leur avait été représenté que l'Europe avait tout à redouter, pour son repos, de la prolongation en France d'un état de choses provisoire; qu'un pouvoir définitif aurait seul la force nécessaire pour comprimer la démagogie et pour lutter efficacement contre les instincts expansifs de la révolution. Complétement éclairés sur les vues du nouveau pouvoir, les représentants des puissances avaient promis de s'employer pour ménager, près de leurs gouvernements respectifs, un accueil bienveillant aux envoyés du Palais-Royal. Ce point était capital. On en jugera ainsi si l'on se rappelle qu'après son retour de l'île d'Elbe, Napoléon ne put obtenir qu'un seul de ses plénipotentiaires fût admis à franchir la frontière de France. La question de paix ou de guerre était renfermée tout entière dans ces négociations si discrètement conduites.

Mais il y avait, parmi les députés, un certain nombre d'esprits prime-sautiers, qui n'admettaient pas que la France eût à s'inquiéter des dispositions de l'Europe. Pour eux, la création d'une dynastie royale était une affaire à régler en famille. Ce sont les mêmes hommes qui, partagés entre leur amour pour la révolution et la crainte de ses excès, auraient volontiers prostitué la loi à la révolution pour ne pas exposer la révolution à la tentation de la violer. M. Bérard était de ceux-là. Son projet, improvisé dans une nuit de fièvre, se ressentait des préoccupations qui l'avaient dicté. Il jetait l'injure à des vaincus; il faisait largesse aux mauvais instincts de la démocratie. Et ce qui, plus encore que des paroles de colère si déplacées sous la plume d'un législateur, donnait à cette proposition son cachet, c'est qu'elle affectait de ne conserver aucun lien entre la monarchie tombée et la monarchie relevée. La proposition de M. Bérard avait pour but de fonder une monarchie nouvelle, moyennant un pacte nouveau ; tandis que les hommes supérieurs à de mesquines passions croyaient faire assez pour la révolution en appelant une autre branche des Bourbons à régner en vertu de la Charte améliorée. Le duc d'Orléans, de son côté, n'oubliait pas qu'il était par sa naissance plus rapproché qu'aucun autre de ce trône où il aller monter. S'il recevait d'une révolution la couronne, qui aurait pu lui échoir par le plus naturel et le plus vulgaire des accidents, il n'y voyait pas une raison pour répudier un passé qui plaçait les origines de sa maison dans le berceau de la monarchie française. Ce qui le faisait roi, ce qui l'avait désigné au choix des hommes éclairés et aux suffrages populaires, c'étaient, avant tout, sa naissance et son nom. Sans doute, ce prince avait des qualités éminentes, des vertus auxquelles chacun rendait hommage, une intelligence à la hauteur de son siècle; mais ces avantages, s'il n'avait eu dans ses veines le sang de Henri IV et de saint Louis, n'auraient pas suffi pour lui attirer les suffrages d'un seul de ceux qui ont prétendu l'avoir porté au trône *quoique Bourbon*. En laissant de côté les subtilités de rhétorique pour se tenir dans la réalité du fait, il se réduit à ceci : la révolution de 1830 opéra la substitution violente et prématurée du premier Bourbon de la branche cadette au dernier Bourbon de la branche aînée. Il y eut changement de dynastie, non par la mort d'un roi, mais par la volonté de la nation, et ni le prince ni la France n'eurent le malheur de renier la plus vieille, la plus illustre, la plus glorieuse des races monarchiques de l'Europe.

Sous un autre rapport, le projet de M. Bérard présentait, en outre, un inconvénient radical. Tout en ayant la prétention de poser les conditions auxquelles le duc d'Orléans serait « immédiatement proclamé » roi des Français, il se bornait à faire une énumération vague et sommaire des modifications à apporter à la Charte. En sorte qu'il tendait à lier le Roi et la nation par des obligations qui, définies quant à leur esprit, restaient indéterminées quant à leur forme et à leur étendue. En matière civile, un pareil engagement s'appellerait un nid à procès. En matière de constitution politique, où l'on plaide le plus souvent à coups de fusil, il y avait sous chacune des clauses à rédiger un germe de guerre civile.

Dès que le duc d'Orléans eut reçu communication de ce projet, il fit prier l'auteur d'en différer la présentation à la Chambre. Sans contester aucune des garanties demandées en faveur des libertés publiques, le prince tenait pour nécessaire de les définir exactement et de les traduire sur-le-champ en articles de la Charte. Il désirait vivement aussi faire disparaître du préambule les considérations injurieuses pour Charles X échappées à la plume de M. Bérard. Il chargea, en conséquence, deux des principaux membres du parti libéral, M. le duc de Broglie et M. Guizot, de refaire, en l'amendant et en le complétant, le projet de M. Bérard.

Ce travail occupa deux jours entiers les deux honorables rédacteurs, le conseil des ministres et quelques personnages politiques, invités à y concourir. Mais si M. Bérard s'était jeté dans un extrême, MM. de Broglie et Guizot tombèrent dans l'extrême opposé. M. Bérard avait supprimé la filiation du duc d'Orléans, pour ne voir en lui que l'élu de la révolution, après l'expulsion de la branche aînée ; MM. de Broglie et Guizot supprimaient la révolution, pour ne voir dans le duc d'Orléans que l'héritier de la branche aînée, arrivant légitimement au trône par suite de l'abdication du Roi, de la renonciation du Dauphin et du départ de la famille royale.

La différence des points de vue auxquels se plaçaient, dans le préambule de la proposition, M. Bérard d'une part, MM. de Broglie et Guizot de l'autre, apparaît également dans la conclusion. Le projet primitif invitait la Chambre des députés à « *proclamer immédiatement* roi des Français le prince lieutenant général Philippe d'Orléans; » par le projet modifié, « la Chambre des députés déclare que l'*intérêt* universel et pressant du peuple français *appelle au trône* S. A. R. Louis-Philippe d'Orléans, duc d'Orléans, lieutenant général du royaume. »

M. Bérard n'était pas de l'école des hommes politiques. Les raisons qui militaient en faveur de ce qu'on a nommé une *quasi légitimité* échappaient à son intelligence. Il n'accepta pas la transformation qu'on avait fait subir à l'esprit de sa proposition. Il s'appropria, moyennant quelques retouches, le texte des nouveaux articles à insérer dans la Charte, mais il reprit, dans toute sa crudité native, son exposé des motifs; seulement, par une inconséquence bizarre, il substitua à la formule révolutionnaire de sa conclusion, la formule toute monarchique si habilement rédigée par M. le duc de Broglie.

Telles sont les phases par lesquelles avait passé le projet de M. Bérard, lorsqu'il en fut donné lecture à la Chambre, dans la séance du 6 août. La Chambre, alors, avait déjà nommé la commission de l'adresse. M. Augustin Périer émit l'avis que, cette commission devant être naturellement conduite à examiner les changements à introduire dans la Charte, le projet lui fût renvoyé. M. le général Demarçay, organe de l'extrême gauche, demanda le rejet du projet, sans examen, par la seule considération qu'il conservait la Charte et que la Charte consacrait des principes antipathiques au peuple français. Mais sur les observations de M. Villemain, la Chambre décida qu'il serait nommé une commission spéciale pour le projet; que cette commission se réunirait à celle de l'adresse et que toutes deux feraient en commun leur travail, qui serait à la fois une réponse au discours du lieutenant général et la base de la reconstitution politique du pays. La double commission fut composée de MM. Villemain, Pavée de Vandœuvre, Humblot-Conté, Kératry, Dupin aîné, Mathieu Dumas, Benjamin Constant, Jacques Lefebvre, Étienne, Bérard, Augustin Périer, Humann, B. Delessert, de Sade, Sébastiani, Bertin de Vaux, de Bondy, de Tracy. La commission fut invitée à s'occuper sans désemparer de son travail, et la Chambre s'ajourna à huit heures du soir, pour entendre le rapport.

La proposition de M. Bérard n'était pas la seule qui eût été faite dans cette séance. M. Eusèbe Salverte en avait déposé une autre ayant pour but de faire prononcer, contre les ministres signataires du Rapport au Roi et des Ordonnances du 25 juillet, une accusation de haute trahison. Ce député avait voulu, par cette précipitation, prendre date et s'assurer qu'il ne serait pas devancé. Mais comprenant qu'on avait alors à s'occuper d'affaires plus urgentes, il remit à huit jours le développement de sa proposition.

Pendant que la Chambre des députés prenait résolûment

l'initiative, la Chambre des pairs ne s'était pas dissimulé que les circonstances la condamnaient à s'effacer momentanément. Après avoir nommé, dans la séance du 4, une commission de l'adresse, elle s'était séparée sans ajournement fixe.

Quant au lieutenant général, en possession d'un pouvoir encore sans base légale; n'ayant que sa force morale pour faire contre-poids à la force matérielle disséminée aux mains d'une population toute frémissante de trois jours de combats; se heurtant d'un côté aux engagements démocratiques ou aux affinités révolutionnaires de M. de Lafayette, de l'autre aux discordes intestines d'un ministère formé d'éléments disparates, il préparait avec prudence les voies au Gouvernement dont la Chambre des députés allait poser les assises. Il ne négligeait aucune occasion de se mettre en contact avec la population de Paris, et de répondre, par l'abandon et la confiance, aux témoignages de sympathie dont elle l'entourait. Le 4 août, M. le duc de Chartres arriva à Paris, à la tête de son régiment. Le duc d'Orléans alla le recevoir à la barrière de Charenton, accompagné de M. le duc de Nemours, tous deux à cheval et suivis de plusieurs officiers généraux. Au retour, les princes, auxquels un grand nombre de jeunes gens de la bourgeoisie avaient voulu servir d'escorte, regagnèrent le Palais-Royal par les boulevards, la rue de la Paix et la place Vendôme. Partout ils virent accourir sur leurs pas la foule empressée et bienveillante. Un moment, le cheval du duc d'Orléans se trouva arrêté par la multitude, plus sincère que discrète dans ses démonstrations, et il ne put continuer sa route qu'après avoir répondu à bien des saluts et serré bien des mains.

La popularité croissante du duc d'Orléans déconcertait sans les décourager les meneurs de la démocratie. Le centre du mouvement de la cité et de la vie politique avait quitté l'Hôtel de Ville pour le Palais-Royal. Tous ces jeunes gens, dont chacun avait été une fraction de dictateur, tous ces innombrables aides de camp, depuis qu'ils n'exerçaient plus la toute-puissance sous le couvert du patriarche de la liberté, se demandaient avec déception ce qu'était devenue leur importance. La France allait-elle donc reprendre possession d'elle-même sans leur concours, sans leur autorisation? Ils n'étaient pas résignés à disparaître ainsi de la scène. Ils ne disposaient plus, il est vrai, de la révolution. La bourgeoisie, avide d'ordre et de tranquillité; les bons ouvriers, impatients de retrouver le travail, s'associaient de leurs vœux aux efforts du Gouvernement et de la Chambre des députés. Mais il restait l'émeute; et l'émeute, à la condition d'en bien choisir le prétexte, n'est-elle pas souveraine, quand il n'y a pas d'armée et qu'il y a à peine une autorité? Une émeute fut donc organisée. Depuis la scandaleuse promotion de 1827, la pairie avait perdu la faveur de l'opinion. L'hérédité, en outre, avait de tout temps éveillé les susceptibilités jalouses de la bourgeoisie. Se porter sur le Luxembourg, l'envahir, en chasser les législateurs héréditaires, démolir la salle des séances et proclamer, au nom du peuple, l'abolition de l'un des trois grands pouvoirs monarchiques : tel est le plan qui fut conçu à l'Hôtel de Ville, et qui devait être exécuté dans la journée du 5 août. Ce plan avait été communiqué à M. de Lafayette, et celui-ci, avec sa faiblesse habituelle, avait promis de le seconder. Cependant, cette fois encore, M. de Lafayette écouta de meilleurs conseils. Dans la nuit du 4 au 5, il fit appeler deux des chefs de la conspiration, et les adjura de n'y pas donner suite, leur déclarant qu'il s'était engagé sur l'honneur à en empêcher l'exécution.

Quelque colère qu'ait excitée chez les républicains cette défection, tenter l'entreprise avec la perspective de trouver contre soi le Gouvernement, la garde nationale et M. de Lafayette, eût été pousser trop loin la folie. Ils renoncèrent à faire un feu de joie des banquettes du Luxembourg. Mais, déçus de ce côté, ils se tournèrent d'un autre. Le mot d'ordre fut donné ; et le lendemain, 6 août, à trois heures, on vit se rassembler, sur la place de l'Odéon, une foule de jeunes gens, élèves des écoles, clercs, commis, bohêmes et bas peuple, parmi lesquels on distinguait quelques uniformes de l'École Polytechnique. Il s'agissait d'aller déclarer à la Chambre des députés qu'il ne lui appartenait pas de donner un Gouvernement à la France, et l'on exprimait hautement l'intention de jeter les députés à la Seine, s'ils ne s'empressaient de se soumettre. L'émeute avait, du reste, procédé avec un certain appareil. Un Comité, qui s'intitulait *Comité central des douze arrondissements de Paris*, avait rédigé une adresse, et une députation de vingt membres avait été nommée pour aller la lire à la barre de la Chambre. Voici cette adresse :

« Messieurs, la nation s'est affranchie de ses ennemis
« pour jouir de ses droits. Après ses généreux sacrifices
« et les preuves de raison qu'elle a données dans son écla-
« tante victoire, elle ne peut reconnaître comme *pouvoir*
« *constitutionnel* ni une Chambre élective nommée durant
« l'existence et sous l'influence de la royauté qu'elle a
« renversée, ni une Chambre aristocratique dont l'insti-
« tution est en opposition directe avec les sentiments et
« les principes qui lui ont mis les armes à la main.

« N'accordant, comme nécessité révolutionnaire, qu'un
« pouvoir de fait et très-provisoire à la Chambre des dé-
« putés actuelle, pour aviser sur-le-champ à toute mesure
« d'urgence, elle appelle de tous ses vœux l'élection libre

« et populaire d'autres mandataires qui représentent
« réellement les besoins du peuple ; les assemblées pri-
« maires seules peuvent amener ce résultat.

« S'il en était autrement, la nation frapperait de nul-
« lité tout ce qui tendrait à la gêner dans l'exercice de
« ses droits, conquis et scellés de son sang ; elle protes-
« terait de toutes ses forces contre cet attentat. En consé-
« quence, elle engage les députés actuels à ne perdre de
« vue ni les sacrifices faits, ni leurs résultats mérités, ni
« les conséquences possibles de toute usurpation de leur
« part sur la plus légitime de toutes les conquêtes.—Paris,
« le 6 août 1830. »

La nation ! Elle avait là, en vérité, d'étranges organes !
Les députés, du moins, avaient été nommés par quatre-vingt mille électeurs. Mais de qui cette tourbe réunie sur la place de l'Odéon avait-elle reçu mandat de parler ou d'agir ? De son audace et de son fusil.

Quand le rassemblement se mit en marche, il comptait deux à trois mille individus. La plupart eussent été fort incapables de rien comprendre aux subtilités de droit invoquées dans l'adresse. Mais ils savaient qu'ils allaient protester contre la pairie, et cela suffisait à leur intelligence. Ils arrivèrent au Palais-Bourbon à l'heure où les députés rentraient en séance, pour entendre le rapport sur la proposition de M. Bérard. Bientôt le palais est environné ; et de cette foule s'élèvent des clameurs confuses, et des anathèmes contre l'hérédité de la pairie.

L'inquiétude se répand dans l'assemblée. Où s'arrêtera l'audace de la foule qui en ce moment assiége les portes, et qui, tout à l'heure peut-être, violera l'enceinte législative ? La peur fait pâlir plus d'un visage ; mais le sentiment qui domine chez les députés, c'est l'indignation. Elle se manifeste en vives paroles.—« On veut violenter nos votes ! »—« Nous ne pouvons délibérer sous la menace ! »—« Il est de notre dignité de suspendre la séance tant que l'émeute restera à nos portes ! » —« Il serait honteux pour la Chambre de céder ; nous n'avons pas renversé un despotisme pour en subir un autre ! »—« On nous avait annoncé cela hier, et cela se réalise aujourd'hui, » s'écrie M. Augustin Périer, en interpellant d'un regard sévère M. de Lafayette. Le reproche portait juste, car M. de Lafayette, bien qu'il connût le projet de ces jeunes gens, n'avait pris aucune précaution militaire pour protéger la Chambre.—« Il faut nous retirer, » dit une voix.— « Non, répond M. Augustin Périer, j'ai reçu un mandat, et je veux le remplir. »

M. Girod (de l'Ain), M. Labbey de Pompières, M. Benjamin Constant, et quelques autres députés sortent successivement ; ils essaient vainement de rappeler l'émeute au respect des représentants du pays. M. Dury-Dufresne demande l'adresse, promettant de la lire à la tribune. Mais cela ne suffisait pas à la multitude, qui continuait à se presser aux portes, et redoublait ses vociférations. Enfin, M. de Lafayette intervient à son tour, non en chef de la démocratie, protégeant de son autorité la liberté des législateurs ; non avec la dignité de son double caractère de député et de commandant de la garde nationale, mais en suppliant. Il s'adresse à « ses amis, » à « ses chers amis. » Il invoque « la douloureuse affliction de son cœur. » Il leur dit que son honneur est entre leurs mains, et les conjure de ne pas le flétrir. « Mes amis, ajoute-t-il, que mon nom vous inspire quelque confiance ; j'ai consacré toute ma vie à m'en rendre digne ; si j'y suis parvenu, veuillez m'écouter, veuillez vous retirer. » Il leur donne alors l'assurance que leur vœu sera pris en considération ; que l'organisation de la pairie sera remaniée ;

il leur parle des pouvoirs « provisoires » de la Chambre des députés, et obtient à ces conditions qu'ils permettront à la Chambre de délibérer.

Il était près de neuf heures quand la Chambre des députés était rentrée en séance. Comme le matin, le fauteuil était occupé par M. Laffitte, vice-président. M. Casimir Périer, retenu par une indisposition, s'était excusé, par lettre, de ne pas se joindre à ses collègues, pour « consolider un pouvoir national dans les mains du prince citoyen que les acclamations et les nécessités publiques ont appelé à venir assurer le règne des lois et le maintien des droits de la nation. »

A la reprise de la séance, la Chambre reçut, avec une lettre d'envoi de M. Guizot, communication de l'acte d'abdication du Roi et du Dauphin. Le dépôt de cette pièce aux archives ayant été demandé, le parti de la révolution à outrance s'y opposa. « Ordonner ce dépôt, dit M. Mauguin, ce serait reconnaître implicitement que Charles X avait des droits à abdiquer, et qu'il a pu les abdiquer... La guerre a prononcé; elle a enlevé des droits qu'alors on réclamait avec des baïonnettes; elle les a enlevés justement... La victoire a déclaré la déchéance; l'acte d'abdication est nul. » Malgré cette argumentation qui, suivant la logique révolutionnaire, ne manquait pas de justesse, la Chambre rejeta une proposition d'ordre du jour et ordonna le dépôt. La Chambre vota ensuite, sur la proposition de M. Bavoux, des remercîments à la ville de Paris, avec invitation au Gouvernement de « s'occuper d'un monument digne de transmettre à la postérité la plus reculée » la mémoire du grand événement qui venait de s'accomplir.

Enfin, à dix heures, M. Dupin, rapporteur de la Commission, monta à la tribune et donna lecture de son rapport sur la proposition de M. Bérard.

La proposition avait été sérieusement amendée. La Commission n'allait pas, comme la rédaction de MM. de Broglie et Guizot, jusqu'à donner la double abdication pour cause du changement de dynastie; mais tout en proclamant la vacance du trône comme un *droit* né de la violation de la Charte, elle la constatait comme un *fait* résultant du départ de tous les membres de la branche aînée de la maison royale. De cette manière, la Commission faisait la part du droit de la nation, sans mettre à néant le droit monarchique. Son préambule était ainsi rédigé :

« La Chambre des députés, prenant en considération
« l'impérieuse nécessité qui résulte des événements des
« 26, 27, 28 et 29 juillet dernier et jours suivants et de la
« situation générale où la France s'est trouvée placée à la
« suite de la violation de la Charte constitutionnelle ;

« Considérant en outre que, par suite de cette violation
« et de la résistance héroïque des citoyens de Paris, le
« roi Charles X, S. A. R. Louis-Antoine, Dauphin, et tous
« les membres de la branche aînée de la maison royale,
« sortent en ce moment du territoire français ;

« Déclare que le trône est vacant en fait et en droit, et
« qu'il est indispensable d'y pourvoir. »

On serait tenté, en restreignant la question aux rapports de la France avec ses rois, de voir, dans ces nuances de rédaction, des futilités peu dignes de l'attention du législateur. Mais si l'on considère que l'attitude des puissances monarchiques à l'égard du nouveau gouvernement français dépendait de la manière dont serait présentée la substitution de la branche cadette à la branche aînée, on ne s'étonnera pas de l'importance qu'y attachaient le duc d'Orléans et les hommes d'État dont il recherchait les conseils.

Quant à la conclusion, la Commission adopta en son entier la formule de MM. de Broglie et Guizot, qui s'adaptait parfaitement à son préambule. En voici les termes :

« Moyennant l'acceptation de ces dispositions et propo-
« sitions, la Chambre des députés déclare enfin que l'in-
« térêt universel et pressant du peuple français appelle au
« trône S. A. R. Louis-Philippe d'Orléans, duc d'Orléans,
« lieutenant général du royaume, et ses descendants à
« perpétuité, de mâle en mâle, par ordre de primogéni-
« ture, à l'exclusion perpétuelle des femmes et de leur
« descendance.

« En conséquence, S. A. R. Louis-Philippe d'Orléans,
« duc d'Orléans, lieutenant général du royaume, sera
« invité à accepter et à jurer les clauses et engagements
« ci-dessus énoncés, l'observation de la Charte constitu-
« tionnelle et des modifications indiquées, et, après l'avoir
« fait devant les Chambres assemblées, à prendre le titre
« de Roi des Français. »

Ainsi la Révolution, justifiée par la violation de la Charte, avait rendu le trône vacant, et la France invitait à y monter, à des conditions librement consenties, le prince que sa naissance seule y eût porté, en cas d'extinction naturelle de la branche expulsée : voilà toute la pensée du projet.

La Commission avait aussi fait subir, aux nouveaux articles proposés pour la Charte, plusieurs changements destinés à en compléter ou à en limiter le sens. On les fera connaître plus loin.

Malgré l'heure avancée, quelques députés voulaient que la discussion s'ouvrît immédiatement, afin que le vote pût avoir lieu séance tenante. Mais la majorité décida que le rapport serait imprimé et distribué dans la nuit. La discussion fut renvoyée au lendemain, à dix heures du matin.

CHAPITRE XII

LOUIS-PHILIPPE Ier, ROI DES FRANÇAIS.

Discussion de la proposition de M. Bérard à la Chambre des députés.—Attitude du parti légitimiste : MM. de Conny, Hyde de Neuville, de Lézardières, Pas de Beaulieu, de Labourdonnaye, Berryer, de Martignac.—La Chambre adopte le préambule de la proposition, et supprime celui de la Charte.—Elle modifie ou supprime successivement plusieurs articles de la Charte.—Elle adopte une disposition qui confie la garde de la Charte au patriotisme et au courage des gardes nationales et des citoyens.—Elle renvoie à la session suivante la révision de l'article relatif à l'organisation de la pairie.—Elle maintient le principe de l'inamovibilité de la magistrature.— Adoption de la disposition qui appelle le duc d'Orléans à monter sur le trône.— La Chambre des députés se rend en masse au Palais-Royal pour faire connaître cette décision au duc d'Orléans.—Joie que cet événement fait éclater dans Paris.—La Chambre des pairs est saisie de la proposition par un message.— Discours de M. de Chateaubriand.— La Chambre des pairs adopte la proposition, et se rend au Palais-Royal.— Il est décidé que le nouveau roi prendra le nom de Louis-Philippe Ier.—Adhésion du prince de Condé à la révolution de Juillet.—Séance du 9 août à la Chambre des députés.— Le duc d'Orléans accepte la Charte modifiée et lui prête serment.—Il est proclamé Roi des Français, sous le nom de Louis-Philippe Ier.

Le 7 août, de grand matin, des rassemblements considérables se formèrent autour du Palais-Bourbon. Ils étaient composés, en majorité, de citoyens avides de connaître plus promptement les détails de la délibération qui allait fixer les destinées de la France. Mais il s'y trouvait aussi bon nombre de ces hommes, amoureux d'agitation, qui s'indignaient à la pensée de voir la France se replacer sous l'égide d'un gouvernement légal. Quelques étudiants furent même envoyés près de M. de Lafayette et des députés de la gauche, pour protester de nouveau contre ce qui allait se faire. Mais, cette fois, la garde nationale veillait en force à la sûreté de la Chambre.

Bien que la séance eût été indiquée pour dix heures, les députés avaient reçu, dans la nuit, des lettres qui les invitaient à se réunir à huit heures du matin. Le Gouvernement avait voulu abréger, autant que possible, les délais, afin de mettre un terme à l'anxiété que causait partout l'attente de ce grand événement.

En arrivant, les députés se forment par groupes, et s'entretiennent avec animation. Ils sont inquiets. Mille bruits circulent. On assure que des agents de désordre parcourent les faubourgs, pour les lancer en masse contre la Chambre. On s'exhorte réciproquement à éviter tout ce qui pourrait devenir un prétexte aux violences du dehors. Quelques légitimistes ont reparu au Palais-Bourbon; ils sont bien clairsemés. Des anciens amis de la Restauration, qui, au nombre de deux cents environ, occupaient les bancs du centre droit et de la droite, trente à peine sont venus, à son heure suprême, lui donner un dernier témoignage de fidélité; et ceux-là n'étaient pas les plus engagés dans la politique du coup d'État. Quant aux autres, le sentiment de leur impuissance, peut-être celui-ci de la faute commise, avait glacé leurs cœurs. Absents pendant le combat des rues: absents quand leur roi, partant pour l'exil, attendait de leur dévouement un retour de fortune; absents encore quand il ne leur restait plus qu'à déposer leur vote, comme un pieux hommage, sur le tombeau d'une dynastie : voilà comment ils soutenaient les imprudentes bravades qui avaient précédé les Ordonnances.

Deux cent cinquante députés étaient dans la salle, quand

le président ouvrit la délibération sur la proposition de M. Bérard.

M. de Conny monte à la tribune. Cœur chevaleresque, orateur emphatique, l'honorable député, l'un des approbateurs du système de M. de Polignac, venait élever la voix en faveur du principe de la légitimité, et invoquer la foi des serments. « La force, dit-il ne constitue aucun droit..... Rappelons-nous-le, Messieurs, la France est enchaînée par ses serments. Nulle puissance n'a le droit de nous en délier.... J'en atteste l'honneur national; ne donnons pas au monde le scandale d'un parjure.... »

« .... L'orateur a dit que la force ne constituait aucun droit, répond M. Benjamin Constant. Est-ce nous, est-ce le parti qui veut porter au trône un prince constitutionnel, qu'on doit accuser d'avoir recours à la force? Est-ce nous qui, pour faire prévaloir d'épouvantables principes, avons mitraillé dans les rues? Est-ce nous qui avons pris les armes pour détruire la Charte? Non, c'est pour la défendre que le peuple de Paris s'est armé.... D'autres invoquaient la force, quand nous invoquions le droit.... J'ai toujours cru que, dans un État libre, la transmission paisible du trône, écartant tous les concurrents, faisant taire toutes les ambitions, était une heureuse institution. Mais la soumission d'un peuple à une famille qui le traite selon son bon plaisir; le pouvoir absolu d'enchaîner les citoyens, de violer ce qu'ils ont de cher et de sacré; le pouvoir de mitrailler celui qui tenterait de résister; si c'est là une légitimité, je la déteste et la repousse....»

Évidemment le terrain était mal choisi pour les défenseurs de la légitimité. Placer la légitimité sous la protection de la Charte et des serments que la Charte imposait, était, dans les circonstances actuelles, une témérité et une maladresse.

M. Hyde de Neuville et M. de Lézardières furent mieux inspirés. Ils avaient d'ailleurs, sur M. de Conny, l'avantage de n'avoir pas à partager la responsabilité des Ordonnances. Aussi eurent-ils l'un et l'autre, à l'adresse des anciens ministres, des paroles bien dures. « Certes, dit M. Hyde de Neuville, je n'ai jamais trompé cette royale famille, que de faux amis, des insensés, des êtres bien perfides, bien coupables, viennent de précipiter dans l'abîme. »—« De grands crimes ont été commis, disait ensuite M. de Lézardières. Les indignes conseillers de la Couronne ont, le 25 juillet, légitimé peut-être les événements qui ont suivi cette journée.» Cet holocauste offert à la révolution, chacun des deux orateurs de la droite se retirait dans sa conscience, laissant passer les événements et faisant des vœux pour la France. « Je crois, avait dit M. Hyde de Neuville, qu'il peut y avoir péril à vouloir fonder tout l'avenir d'un grand peuple sur les impressions et les préventions du moment. Mais je n'ai pas reçu du ciel le pouvoir d'arrêter la foudre ; je ne puis rien contre un torrent qui déborde ; je n'opposerai donc à ces actes, que je ne puis seconder ni approuver, que mon silence et ma douleur....»—« Comme tous les bons Français, reprend M. de Lézardières, je paye un tribut de reconnaissance au prince lieutenant général et à l'intervention tutélaire qui a concouru à maintenir la tranquillité étonnante dont nous jouissons ; mais je ne puis aller plus loin ; je ne me crois pas autorisé à renverser les lois que j'ai juré d'observer....» Il ajoute : « L'expression consciencieuse d'une opinion ne peut jamais avoir aucun danger, au milieu d'un peuple dont la modération et la sagesse m'ont paru aussi admirables que son courage a été héroïque....»

« On conteste notre droit, s'écrie M. Eusèbe Salverte ;

et moi, je ne parlerai pas de votre droit ; je parlerai de vos devoirs. Ils sont grands ; ils sont immenses. La nation française attend de vous son salut. Ces devoirs sont la mesure de vos droits.... Quant à moi, je crois que mes pouvoirs se sont agrandis par les événements; et je prends sur ma tête la responsabilité de mes votes. »

M. Pas de Beaulieu succède à M. Salverte. « L'amour sacré de la patrie, dit-il au milieu de l'hilarité générale, m'inspire aussi la pensée que, dans la situation critique où se trouve la France, nul homme plus que le duc d'Orléans n'est en état de la sauver ; mais je vous le dis à regret, il ne m'est pas permis de prendre part aux délibérations qui vont avoir lieu, car je n'ai pas reçu un semblable mandat. »

M. Arthur de La Bourdonnaye se prononce dans le même sens : « Sans doute, il est nécessaire qu'un pouvoir fort et conservateur soit promptement créé ; et nous gémissons de ce que l'absence de ce pouvoir nous tienne dans une situation pleine de dangers. Mais je ne pense pas que ce sentiment nous donne le droit de consacrer la série d'illégalités qui vous est proposée.... Je déclare, et je ne crains pas d'être désavoué par mes honorables amis, que, si la discussion devait marcher ainsi, nous ne pourrions pas y prendre part....»

Vient alors M. Berryer. Comme tous les orateurs de la droite qui l'ont précédé, il « reconnaît qu'aujourd'hui tout homme de cœur doit être uniquement inspiré par l'amour du pays, par la nécessité de trouver des garanties quelconques de sécurité pour l'avenir. Aussi s'empresse-t-il de rendre hommage à la sagesse, à la prudence de la proposition qui a été faite, et à la modération du Rapport.»

Mais, ce tribut payé à des vérités trop évidentes pour que personne osât alors les contester, M. Berryer, dans une dissertation peu digne de son beau talent et de la grandeur du sujet; s'efforce d'établir une distinction entre les illégalités qu'il peut se permettre et celles devant lesquelles il doit reculer. Il veut bien concourir à modifier la Charte; il ne se croit pas le droit de voter sur la vacance du trône. Pour lui, l'illégalité était donc une question de plus ou de moins. M. Berryer cherchait une diversion; car il n'échappait pas à un jurisconsulte aussi habile que le seul fait de modifier la Charte sans le concours du Roi impliquait nécessairement la déchéance. Or, la déchéance acquise, le trône vacant, le premier besoin n'était-il pas d'y pourvoir. Telle fut la substance de la réponse que lui fit M. Villemain, en quelques paroles dont la parfaite convenance n'affaiblissait en rien l'irrésistible logique.

Enfin, et pour mettre dans tout son jour l'attitude des légitimistes en cette occasion, il convient de mentionner ici un incident qui se produisit après la clôture de la discussion générale. Un député de la gauche, M. de Podenas, ayant, par un ridicule abus de langage, représenté Charles X comme « l'héritier de la férocité de Charles IX, » M. de Martignac trouva de nobles accents pour défendre celui dont il avait été le conseiller et qu'il n'avait pu empêcher de courir à sa perte. Il fut ainsi conduit à exprimer sa pensée sur la situation, et il le fit en des termes qui n'avaient rien d'ambigu. « D'une part, dit-il, je sens au fond de mon âme quelque chose qui me fait connaître la nécessité de faire entendre ma voix en faveur d'une famille plongée dans le malheur, lorsque j'ai eu le droit de la défendre ici, quand elle était placée au plus haut degré de l'échelle sociale. D'un autre côté, je ne me dissimule pas tout ce qu'il y a d'impérieux, au delà de toute idée, de toute expression, dans la situation où nous sommes...

Mais, Messieurs, croyez-moi, cet homme n'était pas féroce; ce n'est pas son cœur qui a dicté les funestes ordonnances. Ce sont des conseillers perfides, des conseillers que je vous abandonne, contre lesquels je partage votre juste indignation, qui ont pu l'égarer... Je ne juge pas le mouvement qui l'a renversé; je ne m'étonne pas de la résistance, que je déclare moi-même héroïque, qui s'est levée dans Paris contre d'infâmes ordonnances, mais pourquoi insulter au malheur?... »

Voilà toute la part du parti légitimiste dans cette mémorable délibération, qui consomma la ruine de la branche aînée des Bourbons, et substitua, dans le droit public des Français, le principe de la souveraineté nationale au principe du droit divin. Comment s'expliquent, dans un parti qu'on ne saurait soupçonner de lâcheté, cette disparition du plus grand nombre, cette résignation passive des plus vaillants? Ces derniers ont allégué l'insuffisance de leur mandat. Mauvaise excuse, qui ne laisserait pas même sauf l'honneur du parti. Si la Chambre usurpait, ce n'était pas assez de gémir; ils devaient combattre l'usurpation. La véritable raison de leur conduite, M. Hyde de Neuville l'a donnée : « Ils n'avaient pas le pouvoir d'arrêter la foudre, » et ils laissèrent à d'autres le soin de conjurer la tempête qui déjà avait dispersé dans le sang les débris du trône. Soit! l'aveu a sa valeur. Contre la foudre, en effet, la force humaine ne peut rien. Le principe caduc frappé par elle succomba donc. Mais, du moins, la société resta debout sur ses bases. Et moins qu'à tous autres, peut-être, il eût été permis aux légitimistes d'oublier à qui ils le devaient, s'il n'était pas dans la nature des partis politiques de s'affranchir de la reconnaissance.

La discussion générale ayant été close, les deux premiers paragraphes du préambule furent adoptés dans les termes qui ont été rapportés plus haut, ainsi qu'un troisième paragraphe ainsi conçu :

« La Chambre des députés déclare secondement que,
« selon le vœu et dans l'intérêt du peuple français, le
« préambule de la Charte constitutionnelle est supprimé,
« comme blessant la dignité nationale, en paraissant oc-
« troyer aux Français des droits qui leur appartiennent
« essentiellement[1]. »

Cette déclaration rendait à la Charte son véritable caractère, celui d'un contrat librement consenti, et faisait disparaître les fictions d'*octroi* et de souveraineté royale, que Louis XVIII s'était complu à placer en tête de sa Constitution.

Immédiatement après le vote du préambule, la Chambre passa à l'examen des modifications proposées pour les articles. Il suffira d'indiquer les principales.

L'article 6, instituant la religion catholique, apostolique et romaine religion de l'État, fut supprimé sans opposition. Mais une discussion s'engagea sur l'article 7, que la Commission proposait de rédiger ainsi qu'il suit : « Les
« ministres de la religion catholique, apostolique et ro-
« maine, *professée par la majorité des Français*, et ceux
« des autres cultes chrétiens, reçoivent seuls des traite-
« ments sur le Trésor. »

La Commission avait un but sérieux, en introduisant dans cet article les mots soulignés. On sait l'attachement que portent à leur foi et à leur culte les populations de l'Ouest et du Midi. Les volontaires de la Bretagne et de la Vendée étaient catholiques avant d'être royalistes. Il était à craindre que les ennemis du Gouvernement nouveau,

---

[1] Voyez, note Q, à la fin du volume, le texte de la Charte de 1814 et celui de la Charte modifiée de 1830.

s'emparant de la suppression de l'article 6, ne parvinssent à inquiéter ces paysans sur la conservation de leurs prêtres et de leurs églises. Affirmer que la religion catholique est professée par la majorité des Français, ce serait, sans porter atteinte au principe de l'égalité des cultes, rassurer toutes les consciences et ôter au parti vaincu le moyen d'appeler le fanatisme au service de la politique. Ces considérations, développées par MM. Charles Dupin, Kératry et Madier de Montjau, prévalurent devant la Chambre sur les inconvénients que voyaient MM. Salverte et Benjamin Constant à énoncer, dans la loi fondamentale, un fait qui pouvait quelque jour cesser d'être vrai. La Chambre adopta l'article, après avoir, sur les observations de M. Viennet, retranché le mot *seuls* qui excluait du budget les ministres de tous les cultes non chrétiens.

L'article 8, qui consacrait la liberté de la presse, reçut une addition relative à la censure dans les termes suivants : « Les Français ont le droit de publier et de faire « imprimer leurs opinions en se conformant aux lois.— « La censure ne pourra être rétablie. »

L'article 14, dont on avait si malheureusement abusé, attribuait au Roi, on se le rappelle, le pouvoir de faire « les ordonnances nécessaires pour l'exécution des lois et « la sûreté de l'État. » La Commission proposait de supprimer les mots : *et la sûreté de l'État* et de les remplacer par ceux-ci : « sans pouvoir jamais suspendre les lois elles-« mêmes ni dispenser de leur exécution. » Certes, la restriction était surabondante ; elle fut admise cependant, et l'article fut complété, sur la proposition de M. Jacqueminot, par le paragraphe suivant : « Toutefois, aucune « troupe étrangère ne pourra être admise au service de « l'État qu'en vertu d'une loi. »

L'article 17 fut augmenté d'une disposition qui étendait

aux deux Chambres l'initiative des propositions de lois. La Chambre des députés et les colléges électoraux furent, en outre, investis du droit de nommer leurs présidents.

L'artcile 38 mettait pour condition à l'éligibilité l'âge de quarante ans et un cens de mille francs; l'article 40 exigeait des électeurs trente ans d'âge et une contribution directe de trois cents francs. La Commission proposait de réduire la limite d'âge à trente ans pour les députés et à vingt-cinq ans pour les électeurs, en renvoyant à une loi spéciale la fixation du cens et des autres conditions. M. Villemain demandait qu'on pût être député à vingt-cinq ans. M. de Berbis voulait qu'on maintînt le cens aux chiffres fixés par la Charte. Mais ces amendements furent faiblement appuyés, et la Chambre adopta la rédaction de la Commission.

La Chambre vota ensuite, sans incident digne d'être noté, les changements proposés aux articles 41, 43, 63, 73, ainsi que la suppression des articles 46, 47 et 56[1].

La nouvelle rédaction de l'article 74, qui remplaçait par un serment devant les Chambres réunies le serment du sacre, ne donna lieu à aucune observation.

Il en fut de même de l'article additionnel, qui confiait la Charte « au patriotisme et au courage des gardes nationales et des citoyens. » Quelle était l'utilité de cette dernière disposition ? Comment des législateurs éclairés ont-ils poussé l'imprudence jusqu'à inscrire, même indirectement, dans une Charte, le droit d'insurrection, en laissant chaque citoyen juge du moment où il aurait à y recourir ? L'insurrection peut être légitime ; mais en faire légalement la sauvegarde de la loi, est une de ces erreurs qui ne se commettent que le lendemain des ré-

[1] Voyez les textes, note Q, à la fin du volume.

volutions. L'article additionnel était, dans la pensée de
ses auteurs, un hommage rendu à la garde nationale et
au peuple de Paris, qui venaient de sauver la Charte.
Dix-huit ans plus tard, on verra ce même peuple et cette
même garde nationale se soulever encore, mais, cette
fois, dans un jour de folle ivresse, et pour briser de leurs
propres mains la Charte confiée à leur patriotisme et à
leur courage.

Un second article additionnel, proposé par M. Dupin
aîné et ordonnant la reprise de la cocarde tricolore, fut
voté d'acclamation.

L'examen des *dispositions particulières* ramena la
Chambre aux questions relatives à la pairie. Le premier
paragraphe proposait l'annulation de toutes les nominations de pairs faites sous le règne de Charles X. La promotion de 1827 avait été un véritable coup d'État contre
l'indépendance de la pairie. La révolution, en instituant
un pouvoir nouveau, ne pouvait, pour respecter un acte
abusif de son prédécesseur, laisser ce gouvernement aux
prises avec d'insurmontables difficultés. L'opinion de la
Chambre à ce sujet était bien arrêtée, et les efforts de
M. Berryer furent impuissants à la changer.

Par le second paragraphe, la Commission, afin de ne
pas heurter de front les préjugés dont la pairie était devenue l'objet, réservait à la session de 1831 l'examen
« de l'article 27 de la Charte qui donne au Roi la faculté
« illimitée de nommer des pairs. » Cette rédaction, en
bornant la révision au droit de nomination, eût sauvé
l'hérédité. Mais M. de Lafayette avait une opinion et surtout, on ne l'a pas oublié, des engagements contraires. Il
monta à la tribune, et prononça devant ses collègues un
discours qui s'adressait, d'une manière transparente, à
d'autres auditeurs. Il parla, comme toujours, surtout de

lui, de sa conduite, de ses « sentiments républicains ; » il se défendit de courtiser la popularité ; il confessa sa prédilection pour l'organisation américaine, et déclara que « l'aristocratie est un mauvais ingrédient dans les institutions politiques. » La conclusion de ces prémisses était un « vœu pour l'abolition de la pairie héréditaire. »

La question ainsi précisée par M. de Lafayette, il n'était plus permis de l'éluder. La Chambre était d'ailleurs, en majorité, peu favorable à l'hérédité. Elle le prouva en renvoyant à la session suivante la révision de l'article 27 tout entier. « L'hérédité de la Chambre des pairs a reçu une attaque dont elle ne peut pas se relever[1], » écrivit à ce sujet M. de Lafayette. Il disait vrai.

Si la Chambre laissa succomber la pairie, elle sauva du moins la magistrature. M. de Brigode et M. Mauguin avaient fait, chacun de leur côté, une proposition tendant à soumettre la magistrature à une institution nouvelle. Cette mesure comptait d'assez nombreux partisans parmi les députés de la gauche. Elle fut vivement soutenue. M. Mauguin se montra, dans cette discussion, ce qu'on l'a vu à l'Hôtel de Ville. Engagé dans une révolution, il ne croyait pas que cette révolution dût s'arrêter, avant d'avoir tout bouleversé, tout changé. « Je vous en conjure, disait-il, quand vous réorganisez, partez du principe que vous réorganisez partout. Il faut que la révolution, partie du sommet, redescende jusqu'à la base. » Le motif qu'invoquaient les adversaires de la magistrature ne laissait pas que d'être spécieux. « Nommés, disaient-ils, par le Gouvernement déchu en vue de l'aider dans l'accomplissement de ses projets, la plupart des

---

[1] *Résultats déjà obtenus par la révolution de* 1830, note insérée dans les *Mémoires*, etc., t. VI.

magistrats seraient, pour l'établissement nouveau, d'irréconciliables ennemis ; loin d'espérer d'eux un concours sincère, on n'en saurait attendre que de l'hostilité et des entraves. » Mais le principe de l'inamovibilité trouva, dans M. Villemain, dans M. Madier de Montjau, dans M. Dupin aîné, d'éloquents défenseurs. Sans nier qu'il y ait eu de mauvais choix faits dans des intentions condamnables, M. Dupin ne croyait pas qu'il en dût résulter tout le mal qu'on redoutait. « Dans le temple de la justice, dit-il, il y a quelque chose de magique, qui se communique à toutes les consciences. L'obligation d'opiner à haute voix, la vertu d'un collègue qui fait trembler le vice, voilà les éléments de la justice..... Nous allons fonder un gouvernement régulier. Maintenons ce qui existe et qui est organisé ; songeons qu'il faut marcher à l'avenir..... Comptez sur l'atmosphère qui environne les juges; et, s'il s'est trouvé des hommes assez lâches pour faire le mal parce qu'on le leur demandait, croyez que, dans un autre ordre de choses, ils sauront faire le bien. » La Chambre partagea cet avis, et la proposition fut repoussée à une grande majorité.

Cette discussion fut la dernière. Il ne restait plus à prononcer que sur la nomenclature des matières qui devaient, à bref délai, être réglées par des lois spéciales. Tous les paragraphes furent successivement votés sans opposition et presque sans observations.

Enfin, le président donna lecture de la conclusion, qui appelait au trône le duc d'Orléans, et ses descendants à perpétuité. « Cette proposition, disait le Rapport, a pour objet d'asseoir et de fonder un établissement nouveau; nouveau quant à la personne appelée, et surtout quant au mode de vocation. Ici, la loi constitutionnelle n'est pas un octroi du pouvoir qui croit se dessaisir; c'est tout le contraire : c'est une nation en pleine possession de ses droits qui dit, avec autant de dignité que d'indépendance, au noble prince auquel il s'agit de déférer la couronne : *A ces conditions, écrites dans la loi, voulez-vous régner sur nous ?* »

Toute la révolution se résumait dans ce paragraphe, comme elle allait se personnifier dans le prince qui y était désigné. C'était donc le terrain où l'on aurait pu s'attendre à voir se concentrer les efforts des légitimistes. Il n'en fut rien. La cause de la branche aînée était perdue. Ses amis, en prenant la parole, n'auraient fait que donner plus d'éclat à sa défaite ; ils gardèrent le silence. Seul, M. Fleury (de l'Orne) eut l'idée d'engager la Chambre à laisser subsister le provisoire jusqu'à ce que le pays eût nommé des députés investis du pouvoir spécial de trancher la question de dynastie. Personne ne l'appuya ; personne ne lui répondit. Le président mit le paragraphe aux voix. Les membres de la droite ne prirent pas part au vote ; et le paragraphe fut adopté à l'unanimité par le reste de la Chambre.

La Chambre vota alors au scrutin secret sur l'ensemble du projet. Le dépouillement donna les résultats suivants :

Votants.............. 252
Boules blanches....... 219
Boules noires......... 33

En moins de six heures, les représentants du pays avaient terminé cette importante délibération, qui corrigeait, sur plusieurs points essentiels, la loi fondamentale de la monarchie française. La discussion avait été rapide, précipitée même ; mais l'atmosphère était grosse d'orages, et il n'y avait de loisir ni pour les longs discours, ni pour les joûtes de tribune. La plupart des changements apportés à la Charte étaient, d'ailleurs, depuis longtemps reconnus utiles et réclamés par l'opinion ; ils étaient le résumé de quinze années d'expérience. L'œuvre de la Chambre n'était donc pas une improvisation. Malgré sa brièveté et malgré l'effervescence extérieure, la discussion fut libre, calme, grave et digne de son objet. Toutes les opinions purent se produire ; tous les regrets purent se faire entendre. La tribune n'a point été refusée aux défenseurs des droits du duc de Bordeaux ou aux apologistes de Charles X ; les apologistes et les défenseurs ont seuls fait défaut à la cause.

Pendant qu'on procédait au scrutin, la Chambre avait décidé qu'elle porterait en masse sa résolution au lieutenant général, et qu'il en serait envoyé une copie à la Chambre des pairs.

Il était quatre heures et demie quand la Chambre sortit du Palais-Bourbon, pour se rendre au Palais-Royal. Les députés marchaient par quatre, entre deux files de garde nationale, ayant en tête leur président, précédé des huissiers et suivi des membres du bureau. Le duc d'Orléans les reçut, entouré de toute sa famille. M. Laffitte lui lut à haute voix les modifications apportées à la Charte, ainsi que la résolution qui l'appelait au trône. Le prince écouta cette lecture avec une religieuse attention. Il était alors sous l'empire d'une émotion qu'il ne chercha pas à dissimuler, et qui devint plus sensible encore lorsqu'il répondit :

« Je reçois avec une profonde émotion la déclaration
« que vous me présentez ; je la regarde comme l'expres-
« sion de la volonté nationale, et elle me paraît conforme
« aux principes politiques que j'ai professés toute ma vie.

« Rempli des souvenirs qui m'avaient toujours fait
« désirer de n'être jamais destiné à monter sur le trône,

« exempt d'ambition et habitué à la vie paisible que je
« menais dans ma famille, je ne puis vous cacher tous
« les sentiments qui agitent mon cœur dans cette grande
« conjoncture; mais il en est un qui les domine tous :
« c'est l'amour de mon pays; je sens ce qu'il me prescrit,
« et je le ferai. »

En prononçant ces dernières paroles, le prince ouvrit ses bras à M. Laffitte, et le pressa affectueusement. L'enthousiasme était général. Les cris de *Vive le Roi! Vive la Reine! Vive la famille royale!* sortirent de toutes les poitrines, répétés en un long et sympathique écho par la foule accourue autour du palais. La joie était sur les visages, l'espérance dans les cœurs, et lorsque le prince parut sur son balcon, accompagné de M. Laffitte et de M. de Lafayette, il y fut salué par les acclamations de la multitude. Les cris redoublèrent d'allégresse et d'intensité, quand Madame la duchesse d'Orléans se montra à son tour, et présenta au peuple sa jeune famille. M. de Lafayette, frappé de ce que ce spectacle avait d'imposant, prit la main du prince, et, s'adressant à la foule : « Nous avons fait là de bonnes choses, dit-il; c'est le prince qu'il nous fallait; c'est la meilleure des républiques [1]. »

Le soir, par un accord spontané et universel, la ville de Paris fut illuminée. Les rues étaient pavoisées de drapeaux tricolores. De nombreux transparents dessinaient en lumière des devises et des emblèmes. On entendait de tous côtés des détonations d'artifices. Dans les rues, sur les places, le peuple formait des danses et des rondes.

---

[1] M. de Lafayette, dans la séance du 3 janvier 1834, a contesté devant la Chambre qu'il eût prononcé les mots de « Meilleure des républiques. » D'autres souvenirs, qui n'ont pas une moindre valeur, ne sont pas, en cela, d'accord avec les siens.

« Jamais, a-t-on écrit, illumination ne fut plus générale, » et jamais peuple ne fut plus unanime dans la manifestation de sa joie. Ceux que séparaient la veille des divisions, des rivalités d'opinion, se rapprochaient dans un même sentiment. Les haines politiques elles-mêmes semblèrent s'éteindre et firent silence. Et de cette immense population répandue tout entière dans la ville éblouissante de lumières, s'élevait en joyeuses clameurs le nom du prince appelé à cicatriser les plaies saignantes de la patrie.

A cette même heure, retentissait au Luxembourg la dernière voix qui dût, avant sa catastrophe suprême, protester en faveur du principe absolu de la légitimité. Cette voix était celle de M. de Chateaubriand. La Chambre des pairs, convoquée d'urgence, s'était réunie à neuf heures du soir pour délibérer sur la résolution que lui avait communiquée la Chambre des députés. Les pairs n'étaient pas insensibles à la situation d'infériorité dans laquelle les reléguait la manière de procéder de la Chambre élective. Mais leur patriotisme sut se mettre au-dessus d'une étroite susceptibilité. Les membres les plus considérables de la noble Chambre étaient convaincus que, si la décision des députés avait une valeur prépondérante aux yeux de la France, les cabinets de l'Europe attacheraient une importance toute particulière à la résolution de la pairie. Pouvoir essentiellement monarchique et conservateur, la pairie, en s'associant à la proclamation du duc d'Orléans, porterait aux vieilles monarchies et un témoignage éloquent des nécessités du présent, et une caution de l'avenir.

Les chefs du parti libéral à la Chambre des pairs employèrent donc tout leur crédit sur l'esprit de leurs collègues, pour les amener à n'écouter d'autres considérations que celles de l'intérêt public et à s'associer, par une adhésion solennelle, à la résolution des députés. Il importait surtout qu'aucune accusation injuste, aucune allégation inconsidérée ne vinssent donner des armes à la malveillance. M. de Chateaubriand, qui avait annoncé l'intention de prendre la parole, avait été personnellement l'objet d'une démarche pour l'engager à la circonspection. Mais ce n'était pas contre le successeur de Charles X que M. de Chateaubriand amassait sa colère. Son discours, d'une modération remarquable tant qu'il chercha à démontrer que la raison politique et l'intérêt de la France conseillaient également la transmission de la couronne sur la tête de M. le duc de Bordeaux, devint âpre et violent quand l'orateur fut conduit à porter un jugement sur la cause de la catastrophe où venait de s'abîmer la dynastie. Jamais paroles plus dures ne furent jetées à des hommes dont la position commandait au moins quelque retenue ; jamais plus hyperboliques éloges ne furent prodigués au peuple de Paris ; jamais aussi, faut-il ajouter, le sentiment d'une orgueilleuse personnalité ne se montra à découvert, dans un moment où il fût moins permis à un noble cœur d'obéir à de telles inspirations. On doit citer ce discours, parce qu'il fut le dernier acte politique d'une vie qui, malgré ses erreurs, occupera toujours une grande place dans l'histoire de l'esprit humain.

« D'affreux ministres, s'est écrié M. de Chateaubriand, ont souillé la Couronne, et ils ont soutenu la violation de la foi par le meurtre ; ils se sont joués des serments faits au ciel, des lois jurées à la terre...

« Jamais défense ne fut plus juste et plus héroïque que celle du peuple de Paris. Il ne s'est point soulevé contre la loi, mais pour la loi. Tant qu'on a respecté le pacte social, le peuple est demeuré paisible ; il a supporté sans se plaindre les insultes, les provocations, les menaces. Il devait son argent et son sang en échange de la Charte; il a prodigué l'un et l'autre. Mais lorsque, après avoir menti jusqu'à la dernière heure, on a tout à coup sonné la servitude; quand la conspiration de la bêtise et de l'hypocrisie a soudainement éclaté; quand une terreur de château, organisée par des eunuques, a cru pouvoir remplacer la terreur de la République et le joug de fer de l'Empire, alors ce peuple s'est armé de son intelligence et de son courage; il s'est trouvé que ces *boutiquiers* respiraient assez facilement la fumée de la poudre. Un siècle n'aurait pas autant mûri les destinées d'un peuple, que les trois derniers soleils qui viennent de briller sur la France: Un grand crime a eu lieu; il a produit l'énergique explosion d'un principe : devait-on, à cause de ce crime et du triomphe moral et politique qui en a été la suite, renverser l'ordre de choses établi? Examinons.

« Charles X et son fils sont déchus ou ont abdiqué, comme il vous plaira de l'entendre; mais le trône n'est pas vacant. Après eux venait un enfant : devait-on condamner son innocence?...

« Ce n'est ni par un dévouement sentimental, ni par un attendrissement de nourrice transmis de maillot en maillot, depuis le berceau de saint Louis jusqu'à celui du jeune Henri, que je plaide une cause où tout se tournerait de nouveau contre moi si elle triomphait. Je ne vise ni au roman, ni à la chevalerie, ni au martyre. Je ne crois pas au droit divin de la royauté, et je crois à la puissance des révolutions et des faits. Je n'invoque pas même la Charte; je prends mes idées plus haut; je les tire de la sphère philosophique, de l'époque où ma vie expire. Je propose le duc de Bordeaux, tout simplement comme une nécessité d'un meilleur aloi que celle dont on argumente...

« J'ai transporté le combat sur le terrain de mes adversaires. Je ne suis point allé bivouaquer dans le passé sous le vieux drapeau des morts, drapeau qui n'est pas sans gloire, mais qui pend le long de la hampe, parce qu'aucun souffle de vie ne le soulève. Quand je remuerais la poussière des trente-cinq Capets, je n'en tirerais pas un argument qu'on voulût seulement écouter.

« Inutile Cassandre, j'ai assez fatigué le trône et la pairie de mes avertissements dédaignés. Il ne me reste qu'à m'asseoir sur les débris d'un naufrage que j'ai tant de fois prédit. Je reconnais au malheur toutes les sortes de puissances, excepté celle de me délier de mes serments. Je dois aussi rendre ma vie uniforme; après tout ce que j'ai fait, dit et écrit pour les Bourbons, je serais le dernier des misérables si je les reniais au moment où, pour la troisième et dernière fois, ils s'acheminent vers l'exil.

« Je laisse la peur à ces généreux royalistes qui n'ont jamais sacrifié une obole ou une place à leur loyauté; à ces champions de l'autel et du trône qui naguère me traitaient de renégat, d'apostat et de révolutionnaire. Pieux libellistes, le renégat vous appelle ! Venez donc balbutier un mot, un seul mot avec lui pour l'infortuné maître qui vous combla de ses dons et que vous avez perdu. Provocateurs de coups d'État, prédicateurs du pouvoir constituant, où êtes-vous ? Vous vous cachez dans la boue, du fond de laquelle vous leviez vaillamment la tête pour calomnier les vrais serviteurs du Roi; votre silence d'aujourd'hui est digne de votre langage d'hier. Que tous ces preux, dont les exploits projetés ont fait chasser les descendants de Henri IV à coups de fourche, tremblent maintenant accroupis sous la cocarde tricolore, c'est tout naturel. Les nobles couleurs dont ils se parent protégeront leur personne, et ne couvriront point leur lâcheté.....

« Loin de moi la pensée de jeter des semences de division dans la France, et c'est pourquoi j'ai refusé à mon discours l'accent des passions. Si j'avais la conviction intime qu'un enfant doit être laissé dans les rangs obscurs et heureux de la vie pour assurer le repos de trente-trois millions d'hommes, j'aurais regardé comme un crime toute parole en contradiction avec le besoin des temps. Je n'ai pas cette conviction. Si j'avais le droit de disposer d'une couronne, je la mettrais volontiers aux pieds de M. le duc d'Orléans; mais je ne vois de vacant qu'un tombeau à Saint-Denis, et non pas un trône.

« Quelles que soient les destinées qui attendent M. le lieutenant général du royaume, je ne serai jamais son ennemi s'il fait le bonheur de ma patrie. Je ne demande à conserver que la liberté de ma conscience, et le droit d'aller mourir partout où je trouverai indépendance et repos. »

Que d'amertume, que d'emportement, que de fiel dans ce langage! Et comment oublier que ces injures, ces flétrissantes épithètes, cette insultante ironie tombaient sur des hommes dont quelques-uns portaient dans l'exil la peine de leurs fautes, et dont d'autres allaient, dans quelques jours, disputer leur tête à l'échafaud! Dans ce double épanchement d'une grande et sincère douleur et d'une vanité impitoyable, l'homme se révélait tout entier, avec la puissance magique et avec les immenses faiblesses de son génie. La Chambre paya au talent du noble orateur un juste tribut d'admiration, en ordonnant l'impression de son discours; mais elle ne s'associa ni à ses colères, ni à ses illusions, et reprit avec calme sa délibération.

Quelques-uns des pairs nommés par Charles X assistaient à la séance. Ils n'attendirent pas l'arrêt qui allait les frapper, et apportèrent à la tribune leur renonciation volontaire au titre et à la dignité dont la Chambre des députés les avait déclarés déchus. Toutefois, la Chambre des pairs ne jugea pas qu'il lui appartînt de sanctionner par un vote une mesure qui la décimait. Elle se borna donc à déclarer qu'elle ne pouvait « délibérer sur cette disposition, et qu'elle s'en rapportait entièrement sur ce sujet à la haute prudence du prince lieutenant général.» Sauf cette réserve, la noble Chambre, prenant en considération le caractère impérieux des circonstances, s'abstint de soumettre la déclaration à un examen de détail, et passa immédiatement au vote sur l'ensemble. Les voix furent ainsi réparties :

Nombre des votants	114
Pour l'adoption	89
Contre	10
Bulletins blancs	14
Bulletin nul	1

Une grande députation de vingt membres fut tirée au sort, pour porter au lieutenant général l'adhésion de la Chambre des pairs. La plupart des autres membres s'y joignirent, et le cortège se transporta au Palais-Royal, éclairé sur son passage par les illuminations qui resplendissaient aux façades des maisons.

Tout en se préparant à répondre au vœu de la France, le duc d'Orléans s'était occupé de mettre, autant que possible, sa famille à l'abri des vicissitudes de la nouvelle carrière dans laquelle il allait entrer. Suivant les traditions de l'ancienne monarchie, au moment où le Roi montait sur le trône, ses propriétés devenaient propriétés de l'État. Cet usage était une conséquence nécessaire des institutions féodales. Il était tout simple, par exemple, que, Henri IV devenant roi de France, le Béarn son patrimoine fût réuni à la France. Une telle loi eût été un anachronisme sous le régime de monarchie contractuelle inauguré en 1830; elle devait disparaître, et fut en effet abolie par la loi de 1832. Toutefois, le duc d'Orléans voulut, en père prévoyant, se mettre en garde contre l'application qu'on prétendrait lui en faire. Sa fortune se composait de deux parties bien distinctes : les biens d'apanage et les biens patrimoniaux. Les premiers appartenaient au domaine de l'État, et devaient faire retour à l'État. Les autres étaient placés sous le régime du droit commun, et le prince en fit, par acte authentique, donation à ses enfants. En cela il ne faisait, même au point de vue de la loi de dévolution, qu'user de son droit incontestable. Le comte d'Artois, avant de succéder à Louis XVIII, en avait agi de même, en faisant, par acte du 9 novembre 1819, donation de ses biens personnels à son second fils le duc de Berri. Le duc d'Angoulême avait pris des précautions analogues en prévision de son avénement. Mais le duc d'Orléans n'avait pas besoin d'invoquer ces précédents. La France, en lui offrant la couronne, lui avait fait ses conditions. Il était parfaitement libre, de son côté, de mettre pour condition à son acceptation que sa fortune privée passerait à ses enfants [1]. De quelque manière qu'on l'envisage, la donation du 7 août était donc chose licite, régulière, qui ne frustrait personne, et à laquelle la probité la plus ombrageuse ne saurait rien trouver à reprendre.

---

[1] La fortune du duc d'Orléans était considérable; mais on en a ridiculement exagéré l'estimation, surtout si l'on considère que la plupart des biens qui la composaient étaient d'un entretien dispendieux et d'un très-faible rapport. En somme, le revenu net annuel que représentait cette fortune, en y comprenant les rentes et capitaux, ne s'élevait pas à 1,300,000 fr. (Voyez, à ce sujet, le livre de M. de Montalivet sur la *liste civile* du roi Louis-Philippe.)

La journée du dimanche, 8 août, fut une journée de fête. La joie était partout et se communiquait à tous. Ceux même qui, quelques jours auparavant, se laissaient séduire aux promesses de la République, applaudissaient avec entraînement à l'alliance de la liberté avec l'ordre monarchique. Propriétaires, rentiers, industriels, négociants, ouvriers, tous se félicitaient de voir la fin de leurs incertitudes, et de sentir les destinées du pays confiées aux mains d'un prince éclairé et justement populaire.

Cependant, dans les régions officielles, on travaillait à compléter, dans ses accessoires, l'édifice si rapidement reconstruit. Jusqu'à ce moment, l'attention concentrée vers le but principal ne s'était pas portée sur les questions de forme. Quelques-unes avaient leur importance.

La qualification de Roi des Français, substituée à celle de Roi de France, faisait disparaître une des anomalies de la Charte. Au titre de Roi de France était attachée l'idée féodale de propriété de la monarchie, idée contre laquelle la révolution de 89 avait été une première et terrible protestation, et qui venait encore d'égarer Charles X. Au titre de Roi des Français s'attachait seulement l'idée de commandement, avec toute l'autorité, mais aussi avec tous les devoirs du commandement circonscrit par la loi. Sous ce rapport, la distinction entre le régime ancien et le régime nouveau était donc bien établie. Elle ne l'était pas encore assez, au gré de certains esprits, et on lisait sur les murs de Paris des placards invitant le duc d'Orléans à prendre le titre d'empereur des Français. « Ce titre est grand, y était-il dit ; il est populaire… Il rappelle notre gloire, et ouvre devant nous un nouvel avenir. »

Par un sentiment mieux justifié, les hommes politiques désiraient, au contraire, que la nation française, satisfaite des garanties assurées à ses libertés, évitât jusqu'à l'apparence d'une rupture avec le passé. La monarchie ne recommençait pas; elle continuait; il n'y avait donc pas plus de raison pour faire partir du duc d'Orléans une nouvelle série de rois, qu'il n'y en avait eu quand les Bourbons succédèrent aux Valois, ou même quand les Capétiens prirent la place des Carlovingiens. Ils s'appuyaient sur l'exemple de l'Angleterre, où Guillaume d'Orange, en recevant du peuple la couronne de Jacques II, prit le nom de Guillaume III. Ils auraient pu non moins justement invoquer l'exemple de la Suède, où le duc de Sudermanie, porté au trône après l'expulsion de la branche aînée des Wasa, régna sous le nom de Charles XIII. Ils étaient d'avis que le duc d'Orléans devînt le roi Philippe VII. Mais quelques crieurs publics ayant vendu dans les rues la déclaration de la Chambre des députés, qui appelait au trône « *S. M. Philippe VII,* » il s'en suivit un véritable scandale dans une partie de la bourgeoisie et parmi les députés de la gauche. La chose fut jugée si sérieuse, que le général Mathieu Dumas, malgré son état de cécité, se fit conduire près du duc de Chartres, et le supplia d'obtenir de son père qu'il fît choix d'un autre nom officiel. M. de Lafayette, M. Dupin aîné, et bien d'autres encore, insistèrent dans le même sens, et l'on adopta le nom de Louis-Philippe, qui, n'ayant pas de précédent dans la liste des rois de France, éludait la difficulté.

Il fut, en outre, décidé que la formule : *par la grâce de Dieu* cesserait d'être employée dans l'intitulé des actes royaux. Cette suppression était la conséquence de la substitution du droit conventionnel à l'allégation du droit divin, dans le principe de la monarchie.

La journée fut ainsi employée à régler tous les préliminaires du grand acte qui allait s'accomplir. Dans la soirée, le duc d'Orléans reçut, sous la forme la plus affectueuse, l'adhésion du dernier prince survivant de la branche royale de Condé. Sa lettre était ainsi conçue :

« Saint-Leu, 8 août 1830.

« J'aurais fait tous mes efforts, Monsieur, pour vous
« accompagner demain aux Chambres, si j'en avais eu la
« possibilité. Mais l'état de ma santé m'empêche absolu-
« ment de remplir mes intentions à cet égard. Agréez,
« Monsieur, avec votre amabilité accoutumée, tous mes
« regrets, comme l'assurance de l'amitié bien tendre et
« bien sincère que je vous ai vouée pour la vie.

« L.-H.-J. DE BOURBON. »

« *P. S.* Je vous écris, Monsieur, comme au lieutenant
« général du royaume. Demain, je serai de cœur avec
« vous et vous trouverez toujours en moi un sujet aussi
« fidèle que dévoué. »

Le lendemain, 9 août, le lieutenant général devait se rendre, à deux heures, au palais de la Chambre des députés, pour y recevoir la couronne. Dès sept heures, la foule avait commencé à s'accumuler autour du palais. La garde nationale, où l'on ne remarquait encore que de rares uniformes, faisait seule le service. Les dispositions de la salle étaient d'une grande simplicité. Sur l'estrade, un fauteuil surmonté d'un dais en velours rouge, avec des faisceaux de drapeaux tricolores; en avant, trois pliants, une table et des banquettes pour les ministres. La tribune du Corps diplomatique n'était occupée que par des agents inférieurs, les chefs de mission ne pouvant s'associer par leur présence aux actes d'un gouvernement qui n'était pas reconnu par leurs cours. A leur entrée dans la tribune qui leur était réservée, Madame la duchesse d'Orléans, Madame Adélaïde, les jeunes princes et princesses, reçurent le plus sympathique et le plus chaleureux accueil. Bientôt après arrive le lieutenant général, précédé des grandes députations et suivi des ducs de Chartres et de Nemours, des ministres et d'un brillant état-major. Le prince, aux cris répétés de *Vive le duc d'Orléans!* se place devant le pliant du milieu, ses fils à ses côtés. Derrière le trône vide se rangent quatre maréchaux de France, MM. Mortier duc de Trévise, Macdonald duc de Tarente, Oudinot duc de Reggio, et comte Molitor, portant sur des coussins les insignes de la royauté : la couronne, le sceptre, le glaive et la main de justice. Le lieutenant général s'assied, se couvre et engage les membres des deux Chambres à s'asseoir; puis s'adressant au président de la Chambre des députés, il l'invite à donner lecture de la déclaration de cette Chambre. M. Casimir Périer lit, en effet, cette déclaration et la remet au prince. M. Pasquier lit à son tour l'adhésion de la Chambre des pairs, qu'il dépose également entre les mains du prince. Alors, et au milieu du plus religieux silence, le lieutenant général s'exprime ainsi :

« Messieurs les pairs, Messieurs les députés,

« J'ai lu avec une grande attention la déclaration de la
« Chambre des députés et l'acte d'adhésion de la Chambre
« des pairs. J'en ai pesé et médité toutes les expressions.

« J'accepte sans restriction ni réserve les clauses et
« engagements que renferme cette déclaration, et le titre
« de Roi des Français qu'elle me confère, et je suis prêt à
« en jurer l'observation. »

A ces dernières paroles, des cris de *Vive le Roi!* éclatent de toutes parts. Une vive émotion règne dans l'assemblée. Le prince se lève, se découvre. Au même moment, par un mouvement unanime, dans la salle, dans les tribunes, tout le monde est debout, et le lieutenant général prononce d'une voix ferme le serment dans la forme suivante :

« En présence de Dieu, je jure d'observer fidèlement la
« Charte constitutionnelle avec les modifications expri-
« mées dans la déclaration, de ne gouverner que par les
« lois et selon les lois, de rendre bonne et exacte justice à
« chacun selon son droit, et d'agir en toutes choses dans
« la seule vue de l'intérêt, du bonheur et de la gloire du
« peuple français. »

Les maréchaux s'approchent du prince et lui présentent les insignes royaux; puis le prince signe les actes dont il a été donné lecture. Pendant ce temps, l'assemblée s'abandonnait aux transports d'un inexprimable enthousiasme. Les cris de *Vive le Roi! Vive la Reine! Vive la famille royale!* se succédaient sans interruption. Dans les tribunes, les hommes élevaient leurs chapeaux, les femmes agitaient leurs mouchoirs. La Reine, dont l'émotion était extrême, répondait en s'inclinant aux acclamations et aux vœux dont elle était l'objet.

Les signatures données, le pliant du milieu est enlevé. S. M. Louis-Philippe Ier, roi des Français, s'assied sur le trône dont la vacance vient de cesser, et adresse aux deux Chambres ces paroles :

« Messieurs les pairs, Messieurs les députés,

« Je viens de consommer un grand acte; je sens pro-
« fondément toute l'étendue des devoirs qu'il m'impose;
« j'ai la conscience que je les remplirai. C'est avec pleine
« conviction que j'ai accepté le pacte d'alliance qui m'était
« proposé.

« J'aurais vivement désiré ne jamais occuper le trône,
« auquel le vœu national vient de m'appeler; mais la
« France, attaquée dans ses libertés, voyait l'ordre public

« en péril; la violation de la Charte avait tout ébranlé; il
« fallait rétablir l'action des lois, et c'était aux Chambres
« qu'il appartenait d'y pourvoir. Vous l'avez fait, Mes-
« sieurs; les sages modifications que nous venons de faire
« à la Charte garantissent la sécurité de l'avenir, et la
« France, je l'espère, sera heureuse au-dedans, respectée
« au-dehors, et la paix de l'Europe de plus en plus affer-
« mie. »

Au moment où le Roi va quitter la salle, les pairs et les députés se précipitent en foule sur son passage; les plus rapprochés s'emparent de ses mains, qu'ils pressent avec transport, et le Roi est reconduit jusqu'à la porte du palais, où il remonte à cheval.

Cette cérémonie, si simple et si grande à la fois, avait produit sur tous ceux qui en avaient été témoins une indicible impression. Quoi de plus imposant et de plus touchant, en effet, que de voir une grande nation disposer librement et volontairement du pouvoir suprême, en faveur d'un prince appelé par elle à l'honneur de la commander? Quoi de plus auguste que ce contrat réellement débattu, réellement accepté, réellement signé, entre un peuple stipulant pour ses libertés et un Roi affirmant les obligations et les garanties de sa couronne?

Mais en perdant son caractère mystique et divin, pour rentrer dans les conditions d'une institution purement humaine, la monarchie restait-elle, comme on l'a dit, livrée aux caprices et aux inconstances du peuple? Est-il vrai que le peuple français, qui avait eu aujourd'hui le droit de faire un roi, aurait, au même titre, demain, le droit d'en faire un autre, et que le principe de la souveraineté nationale soit incompatible avec la monarchie héréditaire?

Nullement.

L'hérédité avait, dans la monarchie de 1830, les mêmes garanties que dans la monarchie de 1814. Cette garantie, c'était la foi jurée. Le 9 août 1830, la nation française s'est engagée explicitement à respecter la transmission de la couronne dans la famille du roi Louis-Philippe, « à perpétuité, de mâle en mâle, par ordre de primogéniture, » comme elle s'était engagée implicitement, par la Charte du 14 juin 1814, à la respecter dans la maison de Bourbon. Pour avoir été transporté de la descendance de Charles X à la descendance de Louis-Philippe, le principe d'hérédité n'a pas été détruit, pas plus que, pour avoir été transporté, dans des circonstances identiques, de la descendance de Jacques II à celle de Guillaume III, il ne cessa d'être une des lois fondamentales de la monarchie britannique ? Est-ce que le peuple anglais a jamais élevé, depuis, la prétention d'élire ses rois ou de changer l'ordre de succession ?

La monarchie de 1830, établie d'un consentement réciproque entre la nation et le Roi, était légitime, constitutionnelle et héréditaire. Elle ne faisait pas remonter jusqu'à Dieu son origine ; mais elle avait pour base un contrat solennel et synallagmatique, c'est-à-dire le plus sacré et le plus indissoluble des engagements.

CHAPITRE XIII

ETAT DES PARTIS APRÈS L'AVENEMENT.

Le parti libéral se partage en deux grandes divisions, destinées à devenir le *Parti du mouvement* et le *Parti de la résistance*. — Formation du premier ministère.—M. Dupont (de l'Eure); M. Laffitte; M. le baron Bignon. — M. le comte Molé; M. Guizot; M. le duc de Broglie; M. le baron Louis; M. le général comte Gérard ; M. le général Sébastiani. — Union de MM. de Lafayette, Odilon Barrot et Dupont (de l'Eure).—Agitation des classes ouvrières. —Création de la garde municipale.— Tactique du parti ultrà-légitimiste ; ses avances au parti républicain.— Mort du prince de Condé ; son testament; circonstances qui ont marqué ses derniers jours.—L'enquête établit que sa mort a été le résultat d'un suicide.

La France avait un gouvernement ; et ce gouvernement, acclamé par l'immense majorité comme donnant satisfaction aux vœux du pays, accepté par d'autres comme une sauvegarde de l'ordre social, subi par quelques-uns comme marquant une halte nécessaire dans le développement des idées démocratiques, reposait sur l'assentiment libre et général de la population. Pendant quelques jours, aucun nuage ne vint troubler la joie publique. On se réjouissait à la fois et des libertés reconquises, et des périls conjurés. On eût pu croire que tout souvenir des anciennes divisions avait disparu, avec ce vieux roi qui quittait en ce moment le sol de la France. Mais ce n'était là qu'une de ces trèves qui succèdent aux grandes crises politiques.

En réalité, sous ces apparences d'accord presque unanime, il existait de grandes divergences dans la manière d'envisager les événements, et surtout les conséquences que ces événements devaient produire.

Pour le Roi, pour les hommes qui comprenaient les conditions d'un gouvernement régulier, la révolution avait dit son dernier mot et posé ses dernières limites dans la Charte modifiée. Rendre à la nation le calme et la paix intérieure, sous l'égide de ses institutions élargies; donner la sécurité aux intérêts industriels et financiers, qui avaient pris, sous la Restauration, un si large développement; rassurer l'Europe sans la craindre, mais aussi sans la défier; affermir en France la liberté, de manière à en faire un objet d'émulation pour les peuples, sans en faire un épouvantail pour les rois : telle était la tâche imposée au nouveau pouvoir. Son œuvre était de contenir la révolution pour la rendre féconde, de lui résister pour la sauver.

Une fraction considérable de l'opinion monarchique voyait les choses tout autrement. Dans sa pensée, loin que la révolution dût être close, elle ne faisait que commencer. Elle avait désormais à étendre ses conquêtes en France, et à rayonner, comme un foyer de liberté, sur tous les peuples de l'Europe. Les efforts du Gouvernement ne devaient donc pas tendre à la limiter ou à entraver sa marche, mais seulement à la diriger.

Cet antagonisme qu'on vit poindre dès les premiers jours, parmi les acteurs et les partisans les plus sincères de la révolution, ne tarda pas à les séparer en deux grands partis qui furent désignés, d'après leurs doctrines, sous les noms de *Parti du mouvement* et de *Parti de la résistance*. Toutefois, ils ne se révélèrent d'abord que comme deux nuances de la grande opinion nationale, qui se groupait autour des institutions libérales. Prêts à se diviser sur les moyens et sur la mesure, tous, du moins, voulaient, avec une même sincérité, assurer à la France le bénéfice des résultats acquis. Pour les obtenir, hommes du *mouvement* et hommes de la *résistance* avaient marché ensemble. Ensemble ils avaient, pendant quinze ans, lutté contre la politique de la Restauration. Ensemble ils avaient protesté contre les Ordonnances, formé la Commission municipale, composé le ministère provisoire, prononcé la déchéance, révisé et amendé la Charte, proclamé la nouvelle dynastie. Leur place était donc, à titre égal, marquée dans le premier ministère.

Mais, en réunissant dans son conseil les principaux chefs de l'opinion libérale, le Roi ne s'était pas mépris sur la somme et le genre de concours qu'il pouvait attendre de chacun d'eux. Ses choix furent faits de manière à concilier, autant que possible, les exigences du sentiment populaire avec les prescriptions d'une sage politique. Les ordonnances portant nomination des ministres furent signées le 11 août. La première, sous le contre-seing de M. Guizot, commissaire provisoire au département de l'intérieur, nommait M. Dupont (de l'Eure) ministre secrétaire d'État au département de la justice. Toutes les autres étaient contre-signées par M. Dupont, et appelaient : au ministère de la guerre, M. le général comte Gérard ; au ministère de l'instruction publique et des cultes, avec la présidence du conseil d'État, M. le duc de Broglie ; à l'intérieur, M. Guizot ; aux finances, M. le baron Louis ; aux affaires étrangères, M. le comte Molé ; à la marine, M. le général comte Sébastiani. Avaient, en outre, entrée au conseil, comme ministres sans portefeuille, MM. Jacques Laffitte, Casimir Périer, Dupin aîné et le baron Bignon.

Trois hommes du *mouvement*, ayant tous trois, à des titres divers, une incontestable importance, figuraient dans cette liste.

M. Dupont (de l'Eure), caractère âpre et cassant, d'une austérité morose et pleine de morgue, esprit ombrageux, rude de formes et de langage, était de ceux qui auraient volontiers fait de la monarchie constitutionnelle un marche-pied pour la république. En des jours où le personnel de l'administration était à remanier, M. Dupont, par ses tendances extrêmes, eût été, partout ailleurs qu'au département de la justice, un danger pour le système de modération que le Roi avait à cœur de faire prévaloir. Mais, enlacé dans les prescriptions du principe de l'inamovibilité, il lui était interdit de porter la désorganisation au sein de la magistrature assise. Les tribunaux soumis à son autorité échappaient ainsi à son ascendant.

M. Laffitte, esprit aimable, léger, conciliant, aux mœurs élégantes et aux convictions mobiles, monarchiste avec le Roi, républicain avec M. de Lafayette, aristocrate raffiné au milieu du luxe de son hôtel, démocrate près de M. Dupont, était par-dessus tout courtisan de la popularité. Assez amoureux du pouvoir pour être facile sur les conditions; sincèrement attaché au prince, qui l'avait, depuis longues années, admis dans sa familiarité; agréable à tous par sa tolérance et par son aménité, il était un précieux entremetteur pour atténuer les dissentiments et prévenir l'éclat des dissensions. Une seule chose était invariable chez M. Laffitte : son inaptitude à la pratique des affaires du Gouvernement. Son rôle dans l'ancienne opposition et pendant les journées de Juillet en faisait un ministre nécessaire, jusqu'à ce que son insuffisance constatée en eût fait un ministre impossible.

Sorti d'une autre nuance que M. Laffitte, M. Bignon

représentait, au pouvoir, l'opinion qui prétendait accommoder la démocratie aux traditions impériales. Il était le grand diplomate de la gauche, comme M. Mauguin en était le grand stratégiste et M. le général Lamarque la grande épée. Du reste, plus ingénieux dans ses livres et dans ses discours qu'heureux dans ses missions, il devait surtout son renom au legs que lui avait fait l'Empereur pour qu'il écrivît l'histoire de la diplomatie impériale. Une évocation de nos brûlants souvenirs de guerre et de conquêtes, jetée du haut de la tribune, par un ancien ministre de l'Empire, à travers les premières négociations du Gouvernement avec l'Europe, aurait pu créer de graves embarras. Ces embarras n'étaient plus à craindre de la part de M. Bignon, dès qu'il faisait partie du cabinet où il aurait pour principale mission de se taire.

A côté de ces noms, satisfaction donnée à la démocratie impatiente, se trouvaient, pour leur faire contrepoids, d'autres noms qui devaient inspirer aux opinions plus calmes et à l'Europe une entière confiance. La présence de M. Molé à la direction des relations extérieures était, à elle seule, une révélation de la pensée du Roi. Homme politique dans la plus large acception du mot, jouissant à la Chambre des pairs d'une notable influence, en possession d'une de ces grandes positions sociales auxquelles se rattachent toujours la considération et le respect, M. Molé était heureusement placé pour servir de caution à la révolution de Juillet près des puissances étrangères, en même temps que, par sa fermeté froide et un peu hautaine, et par un sentiment ombrageux de la dignité nationale, il était, aux yeux de la France, un gardien vigilant de son honneur. Bien qu'issu d'une race antique et illustre, M. Molé appartenait, par les commencements de sa carrière et peut-être par ses affections, à l'époque impériale.

Mais tandis que M. Bignon en rappelait surtout le côté plébéien et fanfaron, M. Molé en représentait les doctrines de forte et puissante organisation du pouvoir.

En plaçant au ministère de l'intérieur M. Guizot, le Roi prenait ses sûretés quant à l'esprit qui présiderait à la réforme du personnel administratif. M. Guizot, qui avait conquis, dans sa chaire de professeur, par la puissance de sa parole et par l'élévation de son libéralisme, une brillante et juste renommée, était, à côté de M. Royer-Collard, un des chefs de la secte doctrinaire. Il n'acceptait pas qu'en se soulevant contre l'oppression, la France eût rompu avec son passé. Il voulait la liberté; mais pour qu'elle fût féconde et durable, il la voulait dans les limites où elle grandit et ennoblit une nation, sans être un péril pour l'ordre social.

M. le duc de Broglie apportait au Gouvernement les mêmes idées, avec l'appui d'un grand nom et la recommandation de l'estime publique.

M. le baron Louis n'était pas moins fortement porté à la politique de résistance. Profondément versé dans toutes les questions de finances et de crédit, il savait que l'industrie, le commerce, la fortune publique se développent et multiplient par la confiance et la sécurité, et que l'agitation prolongée des esprits ne leur est pas moins funeste que l'agitation de la rue. Le baron Louis n'était pas seulement un financier savant et expérimenté, il était encore un homme d'État de haut mérite et l'heureux possesseur de l'une des plus belles fortunes patrimoniales du royaume. Après le violent ébranlement que venait de subir la société, et dont il était impossible d'apprécier justement l'étendue, il y avait, de sa part, plus que du courage, il y avait du dévouement à prendre la responsabilité des finances de l'État.

ÉTAT DES PARTIS APRÈS L'AVÉNEMENT.

De tous les membres du cabinet, le général Gérard était celui qui se trouvait le moins à la hauteur de sa tâche. Habile et glorieux officier, il ne l'eût cédé à nul autre sur le champ de bataille; mais il ne s'agissait pas de conduire une armée à l'ennemi, il s'agissait de la réorganiser, on pourrait dire de la créer. Le licenciement de la garde royale avait produit un vide considérable dans nos forces militaires. L'indiscipline avait envahi la plupart des autres régiments, qui avaient chassé bon nombre de leurs officiers accusés d'attachement à la Restauration. Il fallait rétablir l'autorité du commandement, compléter les cadres et les corps, faire rentrer sous le joug de l'obéissance passive des soldats qu'on était forcé de glorifier pour l'avoir secoué quelques jours auparavant. Un tel labeur demandait une main ferme, une volonté tenace, et le général Gérard était plus porté au laisser-aller qu'à une énergie persévérante. En politique, son libéralisme n'avait aucune affinité démocratique, et son concours dans le conseil était assuré aux efforts des hommes de modération.

M. Sébastiani occupait à la marine une position d'attente. Ami particulier du prince, intimement initié à sa pensée, il était réservé à la seconder dans des conditions plus favorables au développement des ressources d'une belle intelligence et d'un esprit fécond et délié.

Enfin deux ministres sans portefeuille complétaient, dans le conseil, la part de la *résistance:* M. Casimir Périer, dont l'heure pour un plus grand rôle n'était pas venue, et M. Dupin, jurisconsulte éminent, d'humeur incommode, ayant l'orgueil de son mérite, mais agréable à la bourgeoisie, dont il partageait en plus d'un point les petites passions et les préjugés.

Le Roi s'était réservé la présidence du conseil. Il était bien évident, en effet, qu'en dehors de la haute influence du Roi, un pareil ministère ne survivrait pas à son premier essai de délibération. On a vu, dans d'autres circonstances, des hommes de principes différents s'unir dans des ministères de coalition; mais la coalition suppose un but circonscrit que veulent également atteindre tous ceux qui en font partie. Ici, la question n'était pas restreinte à un point particulier sur lequel tout le monde se fût préalablement entendu. Elle s'étendait à l'ensemble de la politique à adopter par le Gouvernement, et les divers ministres avaient, à cet égard, les vues les plus inconciliables. Ils ne formaient pas une coalition, mais une agglomération d'individualités antipathiques, qu'il n'était possible de maintenir dans une apparente union qu'à la condition de ne leur laisser, pour ainsi dire, aucun point de contact.

Cette combinaison avait cela d'habile que, n'excluant des avenues du pouvoir aucune des nuances de l'opinion nationale, elle donnait, dans le Gouvernement, assez de place aux exagérés pour leur laisser beaucoup espérer, pas assez pour leur livrer la conduite des affaires. L'important était qu'elle pût durer jusqu'au jour où, une majorité s'étant dessinée dans les Chambres, il y aurait lieu de former un ministère parlementaire. Pourvoir au présent et réserver l'avenir, telle devait être la seule mission d'un ministère improvisé au sortir des barricades.

Du reste, le parti du mouvement, tenu en minorité dans le conseil, en fut dédommagé par la confirmation de M. de Lafayette dans le commandement général des gardes nationales de France. La popularité du général Lafayette, la part qu'il avait prise aux derniers événements faisaient une nécessité d'assurer son concours à la royauté naissante. Mais rien ne saurait justifier la concentration, aux mains d'un seul homme, d'un si immense pouvoir. Le général Lafayette se trouvait investi d'une espèce de grand'connétablie à la fois civile et militaire, qui lui donnait autorité absolue sur une armée de plus de deux millions d'hommes, couvrant toute la surface de la France et comprenant toutes les forces vives de la nation. Sans avoir personnellement entrée au conseil, M. de Lafayette y avait, en M. Dupont, un confident fidèle et presque aveuglément obéissant, toujours prêt à opposer l'offre de sa démission à toute résolution qui contrariait les vues du vieux général.

Sous l'influence de M. de Lafayette, M. Odilon Barrot, l'un de ses aides de camp et de ses clients les plus assidus, fut porté à la préfecture de la Seine. M. Odilon Barrot, jeune alors, débutait dans la carrière publique. Il n'appartenait pas encore à la Chambre des députés; mais il avait acquis, par le talent oratoire dont il avait fait preuve au barreau ou dans les banquets politiques, une certaine célébrité. Il entrait en fonctions plein d'inexpérience, possédé d'une tendresse instinctive pour cette jeunesse turbulente où il avait ses amis, et déjà acquis à cette opposition déclamatoire qui devait être pour lui la source de si grandes fautes et de si amers regrets. Bien que relevant du ministre de l'intérieur, M. Odilon Barrot ne reconnaissait, en réalité, d'autre chef que M. de Lafayette, dont il suivait en toutes choses les inspirations.

Le ministre de la justice, le commandant des gardes nationales et le préfet de la Seine constituaient ainsi un triumvirat parfaitement uni, sorte de gouvernement extra-constitutionnel, se donnant, avec une entière bonne foi, la patriotique mission de surveiller et de dominer le Gouvernement légal.

Aux difficultés que devait présenter la marche d'une administration ainsi composée s'ajoutaient celles qui naissaient du désordre général des idées. Le peuple était

encore dans la rue. Il l'occupait comme son domaine.
Les uns par désœuvrement, d'autres par amour de l'agitation, tous excités par un malaise trop réel, faisaien
de la place publique le siége d'un pouvoir tumultueux,
qui tenait en échec les pouvoirs réguliers. On avait proclamé la souveraineté du peuple; ils en tiraient la conséquence qu'il appartenait à toute fraction des populations
ouvrières de dicter ses ordres souverains. Il semblait que
le Gouvernement de la France fût devenu le hochet de
quelques écoliers suivis de quelques milliers d'ouvriers
en état de chômage. Le peuple, se prenant à la lettre pour
le créateur de la loi, ne tenait plus compte des lois existantes. Il s'était naturellement affranchi avant tout de
celles qui touchaient le plus directement à ses intérêts.
Les barrières avaient été brûlées; l'octroi n'était plus
payé. La ville de Paris était ainsi privée de ses revenus,
au moment même où elle s'imposait de lourds sacrifices
pour offrir du travail aux bras inoccupés. Ce n'était pas
assez de moins payer, les ouvriers voulaient encore travailler moins de temps et gagner davantage. La question
brûlante du salaire était le thème habituellement choisi
par les orateurs des clubs en plein vent, où les prolétaires se portaient en foule. On pérorait contre la concurrence ruineuse que les machines faisaient à la main
d'œuvre, et l'on s'encourageait hautement à la destruction
des métiers et des presses mécaniques. Puis les divers
corps de métiers se réunissaient par bandes, auxquelles
se joignaient tous les vagabonds qu'elles rencontraient
sur leur passage; et la *Manifestation*, chantant la *Marseillaise* et la *Parisienne*, se transportait au Palais-Royal,
à l'Hôtel de Ville, chez M. de Lafayette ou à quelque
ministère. Les uns demandaient le bris des machines;
d'autres réclamaient l'expulsion des ouvriers étrangers

qu'attire toujours en si grand nombre l'industrie parisienne. Ce système économique était à la portée de toutes les intelligences. Opérer la disette des bras et supprimer les moyens mécaniques, afin de faire renchérir le salaire, quoi de plus simple et de plus séduisant? Quant au danger de faire fermer la fabrique ou fuir le consommateur, on n'en prenait nul souci.

Les partis, de leur côté, s'emparaient de ces désordres pour s'en rejeter réciproquement la responsabilité. Tandis que les feuilles légitimistes les représentaient comme la conséquence inévitable des principes proclamés, les journaux libéraux accusaient ouvertement les légitimistes de soudoyer de misérables agents pour semer le trouble dans la capitale. « On sait, disait le *National*, que dans des maisons du faubourg Saint-Germain ont lieu des conciliabules nocturnes, où les hommes de Coblentz et de 1815 complotent la guerre civile en attendant la guerre étrangère [1]. »

De toutes les professions, les ouvriers d'imprimerie qui, les premiers, s'étaient mis au service de la révolution, se montraient les plus animés. Ils quittèrent en masse les ateliers, et, pendant deux jours, quelques-uns des principaux journaux de Paris se trouvèrent dans l'impossibilité de paraître. La manie de ces promenades séditieuses devint si générale qu'on vit jusqu'aux charbonniers se rendre processionnellement, drapeau en tête, à la préfecture de la Seine, pour y déposer une protestation contre la visite qu'on leur avait fait faire à Saint-Cloud, le jour de la Saint-Henri.

M. Odilon Barrot fit, à cette occasion, son premier acte comme préfet de la Seine. Il publia une proclamation,

---

[1] Numéro du 17 août.

non pour imposer aux perturbateurs par un langage sévère, mais pour se faire pardonner, à force d'humilité et de promesses, sa subite élévation. « Mes concitoyens,
« disait-il, depuis que la confiance du Roi m'a pris dans
« vos rangs pour m'élever à la première magistrature de
« ce département, à laquelle je n'avais d'autres titres que
« ceux que vos propres suffrages m'avaient donnés, j'ai
« dû étudier les devoirs qui me sont imposés. Le pre-
« mier de ces devoirs, le plus sacré pour moi, est de réa-
« liser, au sein de l'ordre et de la paix, toutes les amélio-
« rations que notre glorieuse révolution promet à la
« France.... Que tous les citoyens de Paris, pauvres ou
« riches, soient bien convaincus que, pour arriver jusqu'à
« leurs magistrats, pour obtenir justice, il leur suffit de
« la demander régulièrement; que nous nous porterons
« les organes et au besoin les défenseurs de toutes les
« réclamations légitimes.....»

M. Odilon Barrot était de l'école de M. de Lafayette.

Un arrêté du préfet de police, M. Girod (de l'Ain), bien que moins obséquieux dans la forme, était conçu à peu près dans le même esprit. Heureusement pour sa dignité, le Gouvernement trouva dans le Roi un interprète mieux inspiré. Dans une proclamation, publiée sous le contre-seing du ministre de la justice, le Roi s'exprimait ainsi :
« Français, vous avez sauvé vos libertés ; vous m'avez
« appelé à vous gouverner selon les lois. Votre tâche est
« glorieusement accomplie ; la mienne commence. C'est
« à moi à faire respecter l'ordre légal que vous avez con-
« quis. Je ne puis permettre à personne de s'en affranchir,
« car j'y suis soumis moi-même. Il faut que l'adminis-
« tration reprenne partout son cours.... Je demande à
« tous les bons citoyens d'entourer leurs magistrats et de
« les aider à maintenir, au profit de tous, l'ordre et la

« liberté.... Pour moi, je ne manquerai ni dans l'avenir
« à mes promesses, ni dans le présent à mes devoirs [1]....»

La mesure la plus urgente pour rendre quelque tranquillité à la capitale, était le rétablissement d'un corps de police armé. La gendarmerie avait disparu. L'uniforme d'un gendarme n'aurait pu se montrer impunément dans les rues. Il était en butte à cette haine aveugle dont les masses ne manquent jamais de poursuivre ceux qui sont chargés de les surveiller et de les contenir. Une ordonnance du Roi [2] prononça donc la suppression de ce corps et y suppléa par la création de la garde municipale. Sous un autre nom, c'était la même institution, ayant le même but, les mêmes devoirs, et où entrèrent, pour la plus grande partie, les anciens gendarmes. Les révolutions peuvent changer les formes de gouvernement; elles ne changent rien aux besoins des sociétés. Partout où il y a des malfaiteurs et des brouillons, il faut une force capable de leur imposer. Un nom différent, une modification dans la coupe ou dans la couleur de l'habit, quelques galons de plus ou de moins, gendarmerie, garde municipale ou garde républicaine, c'est toujours l'armée de l'ordre, plus nécessaire encore le lendemain que la veille des grandes commotions populaires.

L'ordre public avait, ailleurs que dans les rangs du peuple, d'autres ennemis non moins redoutables et qui échappaient à l'action de la police. Les vaincus du 29 juillet, qui, jusqu'au 9 août, s'étaient prudemment tenus à l'écart, reprirent position dès qu'ils retrouvèrent la sécurité sous la protection de la Charte sauvée contre eux. Ils craignaient surtout que le calme rendu aux esprits ne vînt

---

[1] 15 août 1830.
[2] 19 août.

ajouter aux chances de durée du Gouvernement; et l'on vit les mêmes hommes qui avaient poussé la Restauration aux ordonnances du 25 juillet mettre tout en œuvre pour faire tomber la royauté nouvelle à la merci d'une démocratie populacière. Ils se firent les prôneurs des doctrines les plus excessives, aussi ardents apôtres de toutes les extravagances de la démagogie qu'ils l'étaient, quelques jours auparavant, de l'autocratie de droit divin. Dans cette voie, des alliés leur étaient naturellement indiqués. Ils devaient les chercher à l'extrémité du parti démocratique, c'est-à-dire parmi ceux qui avaient fait à leur principe, à leurs doctrines, à leur dynastie, la guerre la plus implacable, et qui les avaient poursuivis eux-mêmes de leurs dénigrements et de leurs injures. La *Gazette de France* fit ouvertement appel aux républicains et les convia de s'unir à elle, dans un même travail de renversement. « Ceux qui adhèrent à la légitimité par sentiment ou par principe, leur disait-elle [1], et ceux qui ont foi dans la souveraineté du peuple, tout en se proposant un but différent, doivent être d'accord sur la nullité radicale de tout ce qui a été fait : ce n'est la conséquence ni d'un principe vivant par lui-même, ni d'une volonté générale librement et manifestement exprimée. »

Que la monarchie de juillet ne fût pas la conséquence du droit divin, cela était évident. Mais qu'elle ne répondît pas à la volonté générale, il y avait plus que de la hardiesse à le dire, alors que, d'un élan spontané, la France entière envoyait au nouveau roi des adresses et des députations, et saluait avec bonheur l'avénement de la liberté. Certes, personne n'en doutait, si Louis-Philippe avait jugé utile d'ouvrir un scrutin et d'y convoquer tous les Fran-

---

[1] 10 août.

çais, les millions de voix ne lui auraient pas manqué. Mais à quoi bon cette vaine formalité d'un dénombrement par oui et par non, quand l'adhésion du pays avait été instantanée, éclatante, solennelle? A quoi bon des bulletins, quand la ratification de la France arrivait au pied du trône en une immense acclamation? « On commande au scrutin, a dit un jurisconsulte, on ne commande pas à l'enthousiasme. » C'est justement parce qu'un scrutin peut être faussé par la fraude, par la peur ou par la pression du pouvoir, et que sa sincérité est toujours contestable, que les ennemis du Gouvernement voulaient le soumettre à un scrutin. Ils y auraient trouvé le double avantage d'augmenter l'agitation du pays et de rapetisser le pouvoir, en plaçant son origine non plus dans la partie éclairée, mais dans les couches inférieures de la nation.

Le plan de conduite des partisans fanatiques de la légitimité de droit divin fut exposé avec une incroyable naïveté par la *Quotidienne :* « La position la plus convenable pour quiconque a quelque noble idée de la liberté humaine, disait ce journal [1], c'est d'oser demander aux révolutions la conséquence des principes qui les produisent. Ceci pousse à des abîmes peut-être, mais aussi ramène forcément à l'ordre moral, le seul qui constitue, en définitive, la société... Lorsqu'on aura vu les pouvoirs, les partis et les factions, guidés seulement par l'instinct d'une force brutale, se débattre et se renverser dans une immense arène, sans qu'aucun principe de droit puisse jamais jaillir d'un tel choc, les peuples fatigués seront bien obligés de convenir que l'équité, c'est-à-dire la légitimité, a sa source en quelque lieu plus haut. »

Que ces paroles impies fussent échappées au premier

---

[1] 18 août.

mouvement de la colère, le lendemain d'une défaite, on les couvrirait d'un indulgent oubli. Mais l'effet suivit la menace. Après avoir perdu la Restauration par peur de la liberté, le parti ultra-légitimiste osa entreprendre de la relever, en jetant, par l'abus de la liberté, la France dans « des abîmes. »—« Pousser au désordre parce qu'on est vaincu, disait un journal alors monarchiste, est, de tous les actes de mauvais citoyen, le plus coupable qu'on puisse commettre [1]. »

Ainsi commençait à se dessiner la double opposition contre laquelle le Gouvernement allait avoir à lutter. Faible et peu nombreuse d'abord, elle ne tarda pas à se grossir des mécontentements qu'éveille toujours un changement considérable dans l'organisation administrative. D'une part, l'opinion publique et l'intérêt du service exigeaient le renvoi des fonctionnaires qui s'étaient compromis dans la politique du Gouvernement déchu. D'autre part, quelque grand que fût le nombre des places à donner, il était loin d'égaler le nombre de ceux qui croyaient y avoir droit, et il se révéla à ce sujet les prétentions les plus immodérées. Non-seulement on voulait des places, mais chacun voulait une place à sa convenance et à la hauteur des mérites qu'il s'attribuait. On trouverait, dans les dossiers du personnel à cette époque, le secret de bien des rancunes irréconciliables. Il est à croire, pour n'en citer qu'un exemple, que M. Armand Carrel ne serait pas devenu républicain, si, au lieu de le nommer à la préfecture du Cantal, position qu'il refusa, on lui eût donné, comme il le demandait, la préfecture de la Seine-Inférieure ou un siège au conseil d'État. Bien qu'il fût plus remarquable comme homme de cœur que comme intelli-

[1] *National* du 24 août.

gence politique, M. Carrel prétendait entrer dans la carrière par le point d'arrivée. Il resta donc à la tête du *National*, et l'on sait dans quelle voie d'opposition passionnée il jeta ce journal.

Aux préoccupations si graves que causaient au Roi les affaires publiques, vint s'ajouter un événement de famille non moins étrange que douloureux. Le 27 août au matin, Louis-Henri Joseph, duc de Bourbon, dernier prince de la maison de Condé, fut trouvé mort dans sa chambre, au château de Saint-Leu qu'il habitait alors. Son corps était suspendu au bouton de l'espagnolette de la fenêtre, au moyen d'un double anneau formé par deux foulards, et descendait si bas que les pieds effleuraient le sol. On crut d'abord à un assassinat; les premières investigations de la justice furent dirigées dans ce sens. Mais les informations d'une enquête sévère ne purent recueillir aucun indice d'un crime et la conclusion fut qu'il y avait eu suicide.

Le prince avait alors soixante-quatorze ans. Frappé dans ses plus chères affections par la mort cruelle de son fils, il vivait depuis longtemps loin de la Cour, où il ne paraissait que pour remplir les devoirs de son rang. Epris, pendant son dernier séjour en Angleterre, d'une jeune fille du nom de Sophie Dawes, il l'avait enlevée aux dissipations de la galanterie pour la placer dans sa plus étroite intimité. Puis il l'avait mariée à l'un de ses aides de camp, le baron de Feuchères, afin de jeter un voile décent sur les désordres de son intérieur. Cette femme, pleine de séductions et d'artifices, exerçait sur son cœur et sur son esprit un empire qu'elle s'efforçait, dans les derniers temps, de faire tourner au profit de sa fortune.

Le prince de Condé n'avait, pour héritiers naturels, que des collatéraux éloignés dans la ligne maternelle. Il avait, en 1828, manifesté l'intention d'instituer son légataire universel son filleul, le jeune duc d'Aumale, quatrième fils du duc d'Orléans, auquel il portait une vive affection. Le Roi Charles X, désirant que ses biens ne sortissent pas de la maison de Bourbon, l'avait encouragé dans ce projet. Le prince aurait voulu le réaliser par le moyen d'une adoption, qui eût transmis son nom en même temps que sa fortune. Les actes nécessaires à cet effet furent rédigés au mois de juin 1829, et le prince lui-même les fit examiner par trois savants jurisconsultes, MM. Tripier, Gairal et Dupin. Toutefois la multiplicité des formalités à remplir, par suite de l'impossibilité de se conformer à la lettre des articles 345 et 346 du code civil, effraya la mollesse du duc de Bourbon, et il en revint à l'idée d'un testament pur et simple.

Que la baronne de Feuchères, jalouse d'unir ses intérêts à ceux de la famille d'Orléans, se soit associée à cette combinaison, et qu'elle ait employé son crédit pour en hâter la réalisation, il n'y a pas lieu de s'en étonner ni d'en tirer aucune induction. Le testament rédigé, sous les yeux du prince, par M. le baron de Surval, intendant et administrateur général de ses domaines, fut signé de la main de S. A. R., le 29 août 1829. Il instituait le duc d'Aumale son légataire universel, à la réserve d'un legs d'une valeur de douze à quinze millions fait à la baronne de Feuchères, et de diverses pensions assurées à d'anciens serviteurs.

Après la mort du prince, ce testament servit de prétexte à d'infâmes imputations. Des avocats, des journalistes, des pamphlétaires osèrent donner à entendre que le prince de Condé avait péri parce qu'on craignait qu'il ne revînt sur ses dispositions testamentaires; et que si la coupable avait échappé au châtiment, c'est qu'elle était couverte par une haute protection. Il est triste d'avoir à signaler de si honteux excès; mais on ne saurait les passer sous silence sans altérer la physionomie des temps et des événements.

Le prince de Condé avait paru d'abord accepter sans peine la révolution de Juillet. Dès le lendemain de la victoire du peuple, il s'était empressé d'envoyer dix mille francs pour les blessés des barricades, et le 8 août, il avait écrit au duc d'Orléans, pour le reconnaître comme Roi des Français, la lettre qu'on a lue plus haut. Mais son esprit, affaibli par l'âge et par les irrégularités de sa vie, avait reçu de cette catastrophe un profond ébranlement, qui se manifesta bientôt par la bizarrerie de ses actes et de ses paroles. Il se croyait menacé de toutes parts et entouré d'ennemis. On l'avait vu un jour expérimenter les moyens de se défendre, dans son château, contre une attaque qu'il redoutait. Le trouble de ses facultés intellectuelles fut augmenté encore par les remontrances et les reproches dont le poursuivaient impitoyablement les amis de la famille déchue. On lui représentait que sa place était près de Charles X ; qu'un Condé devait être aux côtés de son Roi frappé par la fortune ; qu'il souillait son blason en se soumettant à la révolution ; qu'il devait à son nom d'effacer, par une démarche éclatante, l'adhésion donnée à la sédition victorieuse ; qu'il avait, d'ailleurs, tout à craindre de ceux dont le départ de Charles X avait trompé la vengeance.

Au milieu de ces obsessions et de ces perplexités, il s'était opéré, dans l'humeur du prince, une transformation remarquée par tous ses serviteurs. Malgré son vif attachement pour la baronne de Feuchères, ses rapports avec elle étaient devenus orageux. Ceux qui l'entouraient de plus près se défiaient de ses intentions. Pendant une chasse où il portait un fusil, il avait voulu éloigner son valet de chambre qui l'accompagnait ; celui-ci était resté près de

lui, malgré ses ordres, pour le surveiller. Un billet tracé de la main du prince, puis déchiré on ne sait par qui, et dont les fragments ont été recueillis après sa mort, montre quelle direction avaient prise alors ses idées. Il était ainsi conçu : « Saint-Leu et ses dépendances appartiennent à
« votre roi Philippe. Ne pillés ni ne brulés le chateau ni
« le village; ne faites de mal à personne, ni à mes amis
« ni à mes gens. On vous a égarés sur mon compte. Je
« n'ai plus qu'à mourir en souhaitant bonheur et prospé-
« rité au peuple français et à ma patrie.

« L.-J.-Henri, duc de Bourbon, prince de Condé.

« P. S. Je demande à être enterré à Vincennes, près
« de mon malheureux fils. »

Enfin, le prince avait ordonné les préparatifs pour aller passer une saison aux eaux de Bourbonne; mais en même temps il avait fait réunir, par M. de Surval, la somme énorme de onze cent mille francs, et avait tout fait disposer, dans le plus grand secret, pour une fuite, dont il n'a révélé ni le motif ni le but.

Cependant, la reine Marie-Amélie étant venue, le 20 août, le visiter à Saint-Leu, il se montra plus calme, jusqu'au jour où les habitants du village lui apportèrent, comme de coutume, leurs souhaits pour la Saint-Louis. En apercevant leurs armes et leurs uniformes de gardes nationaux, il crut qu'on venait l'arrêter, et s'abandonna à la terreur la plus puérile. Cette hallucination fut de courte durée, et le prince assista ensuite, avec une apparence de gaîté, aux réjouissances dont sa fête était l'occasion. Ni dans cette journée ni dans la suivante il ne survint aucun incident extraordinaire. Seulement, le 26 au soir, en se rendant à sa chambre à coucher, le prince fit à ses gens, rangés sur son passage, un signe affectueux et triste, qui semblait être un adieu. Cette circonstance les frappa d'autant plus, qu'elle s'écartait complétement des habitudes du prince. Le lendemain, le duc de Bourbon était mort.

Que s'est-il passé dans cette nuit fatale? Un crime a-t-il été commis? ou bien le prince, obsédé par de cruelles pensées, succombant à des tourments que sa raison ne pouvait plus ni détourner ni surmonter; placé, on le lui disait, entre l'exil et le déshonneur, sans avoir la lâcheté du déshonneur ni le courage de l'exil, a-t-il cherché dans la mort un refuge contre les fantômes de son imagination? Les portes de son appartement étaient fermées intérieurement, et il fallut en briser une pour y pénétrer. Toutefois, après avoir constaté que la porte communiquant avec l'aile habitée par Madame de Feuchères était fermée par un verrou, on reconnut qu'il était possible, du dehors, au moyen d'un ruban, de faire entrer le verrou dans sa gache. Mais, dans la chambre à coucher du prince, à l'exception d'une chaise renversée près du cadavre, tout était dans l'ordre le plus parfait. Des gens qui occupaient une chambre au-dessous, d'autres qui avaient veillé une grande partie de la nuit dans une pièce voisine, les surveillants de nuit qui avaient fait leurs rondes accoutumées, n'avaient pas entendu le plus léger bruit. Le corps ne portait aucune trace de violence. Les vêtements eux-mêmes ne présentaient ni désordre ni souillures. On ne découvrit, en un mot, aucun indice de la lutte qu'eût nécessairement essayée l'homme le plus débile, dans le cas d'un attentat dirigé contre sa vie.

Au contraire, suivant le rapport des docteurs Marjolin, Marc et Pasquier qui procédèrent à l'autopsie, tout concourait à démontrer que la mort était le résultat d'un suicide par strangulation. La face était violacée. La langue sortait entre les dents. Le corps ne présentait d'autre lésion que de légères ecchymoses au bas des jambes, le prince s'étant heurté, sans doute, dans les convulsions de l'agonie, soit contre les parties saillantes de la ferrure de la fenêtre, soit contre la chaise sur laquelle il avait dû monter pour se suspendre. Enfin le ramollissement prononcé de la pulpe cérébrale expliquait, par l'altération des facultés mentales, cette funeste résolution. L'instruction judiciaire fut donc conduite à conclure qu'il n'y avait pas lieu d'ordonner des poursuites criminelles.

Soit que l'autorité ecclésiastique ne jugeât pas suffisamment fondée la présomption de suicide, soit qu'elle acceptât l'excuse de la folie, les restes mortels du prince furent admis aux prières de l'Église, et, après des funérailles conformes au rang du défunt, furent déposés dans les caveaux de Saint-Denis.

Cette mort, dont les haines politiques s'efforcèrent de faire remonter jusqu'au trône la responsabilité, agita, pendant quelques jours, les couches les plus élevées de l'opinion. Quant à la nation, elle n'y prit d'autre intérêt que celui qui s'attache toujours à un drame privé dont la victime a du sang royal dans les veines. Plus tard, à l'occasion d'une contestation civile élevée par la famille de Rohan contre la validité du testament, la calomnie osa relever la tête jusque dans le sanctuaire de la justice. Là, à l'abri de la tolérance dont nos tribunaux couvrent les écarts de l'avocat, il fut dit des choses qui prouvèrent qu'un discours habile peut être une action condamnable. Les journaux légitimistes et républicains y ajoutèrent le venin des commentaires et des réticences ; mais le pays resta indifférent à ces scandales, dont il serait indigne de l'histoire de s'occuper plus longuement.

FIN DU TOME PREMIER.

NOTES, DOCUMENTS
ET
PIÈCES JUSTIFICATIVES

NOTES, DOCUMENTS

ET

PIÈCES JUSTIFICATIVES

NOTE A (page 21).

Société Aide-toi le Ciel t'aidera.

Cette société avait été fondée, en 1827, par une réunion considérable de pairs, de députés, d'écrivains et de citoyens notables. Son but était de suppléer au silence auquel la presse était condamnée par la censure, que le ministère Villèle avait établie afin de rester maître des élections. Son comité directeur fut, dans l'origine, composé de MM. Guizot, Damiron, Desclozeaux, Desloges, Dubois (de la Loire-Inférieure), T. Duchâtel, Duvergier de Hauranne, Joubert, Lerminier, Marchais, Ch. Paravey, Ch. de Rémusat, Ch. Renouard, Sautelet et Vitet. La société s'occupait de la publication et de la distribution d'écrits manuscrits, lithographiés ou imprimés, à la rédaction desquels concouraient les écrivains politiques les plus considérables de l'opposition. Bientôt, par ses efforts, des associations correspondantes furent établies dans les chefs-lieux de département et d'arrondissement; elle eut des agents volontaires et zélés dans toutes les villes et même dans les bourgs un peu importants; puis elle établit des *comités de consultations* chargés d'éclairer les électeurs sur leurs droits, de les diriger dans leurs réclamations, de soutenir ou de provoquer les demandes en inscription ou radiation sur les listes électorales, de donner enfin, en toute circonstance, conseils, appui et concours aux électeurs de l'opposition.

C'est en grande partie à son activité et à son influence que furent dues les élections qui renversèrent le ministère de Villèle, et d'où sortirent les députés qui, deux ans plus tard, votèrent l'Adresse des Deux cent vingt-un.

Cependant peu à peu le caractère de la société s'était modifié. Elle avait admis dans son sein des hommes plus ardents et plus entreprenants, une partie des débris des anciennes sociétés secrètes ; ceux-ci avaient apporté à son organisation leur expérience, et imprimaient à son action plus de vigueur et plus de puissance. Elle s'occupa alors activement à propager l'idée du refus de l'impôt, et de la résistance légale aux empiétements du pouvoir royal.

Son mot d'ordre pour les élections de 1830 était : « Réélection, sans discussion et sans examen, des deux cent vingt-un votants de l'Adresse. »

Son comité, au moment de la révolution de 1830, était ainsi composé : MM. Guizot, Odilon Barrot, J. Bastide, J. Bernard, Berville, Cadet-Gassicourt, Godefroi Cavaignac, Chevallon, de Corcelles, de Crusy, Lamy, Lanjuinais, Marchais, E. Salverte, Taschereau, Ch. Thomas.

NOTE B (page 21).

Hampden.

John Hampden, gentilhomme du comté de Buckingham, en Angleterre, refusa, en 1637, de payer une taxe de vingt shellings, qui formait le montant de sa quote-part dans une contribution levée par ordre de Charles Ier, sous le nom de *contribution de mer*. Hampden alléguait, entre autres raisons de son refus, que cet impôt n'ayant pas été approuvé par le parlement était illégal. Des poursuites furent dirigées contre lui, et il perdit son procès. Mais cette affaire avait eu un immense retentissement ; elle avait tenu l'Angleterre attentive pendant plusieurs mois, et le jugement de la Cour de justice n'avait pu si bien dissimuler l'illégalité de l'impôt, qu'elle n'apparût à tous les yeux. C'en était assez pour secouer l'apathie dans laquelle était alors plongé le peuple anglais, et l'on peut considérer cette circonstance comme le point de départ des événements qui aboutirent à la révolution de 1688. — Hampden était cousin de Cromwell. Il prit part à la guerre contre Charles Ier, et fut tué, en 1643, à la tête d'un régiment de troupes parlementaires.

NOTE C (page 22).

Associations pour le refus de l'impôt.

La première de ces associations fut organisée en Bretagne, sous le nom d'*Association bretonne*. Voici quels étaient ses statuts.

« Nous soussignés, habitants de l'un et l'autre sexe dans les cinq départements de l'ancienne province de Bretagne,

« Considérant qu'une poignée de brouillons politiques menacent d'essayer l'audacieux projet de renverser les bases des garanties constitutionnelles consacrées par la Charte ;

« Considérant que si la Bretagne a pu trouver dans ces garanties la compensation de celles que lui assurait son contrat d'union à la France, il est de son devoir et de son intérêt de conserver le reste de ses libertés et de ses franchises ;

« Considérant que la résistance par la force serait une affreuse extrémité ; qu'elle serait sans motif lorsque les voies restent ouvertes à la résistance légale, et que le moyen le plus certain de faire préférer le recours à l'autorité est d'assurer aux opprimés une solidarité fraternelle ;

« Déclarons sous les liens de l'honneur et du droit :

« 1° Souscrire individuellement pour la somme de dix francs, et, subsidiairement, ceux des soussignés inscrits sur les listes électorales, pour le dixième du montant des contributions qui leur sont attribuées par lesdites listes ;

« 2° Cette souscription formera un fonds commun à la Bretagne, destiné à indemniser les souscripteurs des frais qui pourraient rester à leur charge, par suite du refus d'acquitter des contributions publiques illégalement imposées, soit sans le concours libre, régulier et constitutionnel du roi et des deux Chambres constituées en conformité de la Charte et des lois actuelles, soit avec le concours de Chambres formées par un système électoral qui n'aurait pas été voté dans les mêmes formes constitutionnelles ;

« 3° Advenant le cas de la proposition soit d'un changement inconstitutionnel dans le système électoral, soit de l'établissement illégal de l'impôt, deux mandataires de chaque arrondissement se réuniront à Pontivy, et dès qu'ils seront réunis au nombre de vingt, ils pourront nommer, parmi les souscripteurs, trois procurateurs généraux et un sous-procurateur dans chacun des cinq départements ;

« 4° La mission des procurateurs généraux est de recueillir les souscriptions, de satisfaire aux indemnités en conformité de l'article 2 ; d'exercer, sur la réquisition de tout souscripteur inquiété pour une contribution illégale, toutes les poursuites légales contre les exacteurs ; enfin de porter plainte civile et accusation contre les auteurs, fauteurs et complices de l'assiette et perception de l'impôt illégal. »

D'autres associations furent créées sous les noms de *Normande, Bourguignonne,* etc. Le gouvernement ne prit aucune mesure directe contre ces sociétés, mais il poursuivit les journaux qui avaient publié leurs statuts. Les tribunaux, écartant les chefs d'attaque à l'autorité du roi et de provocation à la désobéissance aux lois, condamnèrent les journaux sur le chef d'excitation à la haine et au mépris du gouvernement, attendu *qu'attribuer aux ministres des projets contraires à la loi, c'était les outrager.*

Ainsi, tout en condamnant les journaux, les tribunaux sanctionnaient d'avance la légalité du moyen de résistance que la presse s'efforçait de propager.

NOTE D (page 35).

Coup d'État du 5 septembre 1816.

Après sa rentrée, en 1815, Louis XVIII, par une ordonnance en date du 13 juillet, avait prononcé la dissolution de la Chambre des représentants, et convoqué les électeurs pour l'élection d'une Chambre des députés. Cette ordonnance déterminait, pour cette fois seulement, en l'absence d'une loi électorale, le mode et les conditions de l'élection, ajoutant que le pouvoir législatif une fois constitué réviserait, en cette matière, les prescriptions de la Charte. Mais la Chambre élue, dans la première ferveur de son zèle royaliste, ne tarda pas à se montrer animée d'un esprit de réaction dont l'extravagance effraya Louis XVIII lui-même. On eut alors l'étrange spectacle du roi, de ses ministres et de ses amis faisant à la Chambre une opposition libérale, contre le royalisme outré de la majorité, dirigée par le comte d'Artois. Louis XVIII comprit qu'une révision, par une pareille Chambre, des articles de la Charte relatifs aux élections, pourrait compromettre de nouveau l'existence de la monarchie. Il résolut de mettre à profit l'intervalle entre les deux premières sessions pour prévenir ce danger. Renonçant à toute pensée de modifier la Charte, et sans tenir compte du mandat qu'avaient reçu, à cet effet, les députés, il rendit, le 5 septembre 1816, une ordonnance par laquelle la Chambre était dissoute, et les colléges électoraux convoqués conformément à la Charte pour le 4 octobre suivant.

Cette mesure, à laquelle la France applaudit, fut donc dirigée contre le parti ultra-royaliste. Elle eut pour but de préserver la Charte des mutilations dont elle était menacée. Louis XVIII s'en expliquait ainsi, en ouvrant, le 4 novembre suivant, la session des Chambres : « Je ne souffrirai jamais qu'il soit porté atteinte à la loi « fondamentale, mon ordonnance du 5 septembre le dit assez. »
Il est à remarquer d'ailleurs que, dans la mesure adoptée par Louis XVIII, il n'y avait pas la plus légère apparence d'un recours à l'article 14. L'ordonnance du 13 juillet avait annoncé que la Charte serait révisée avec le *concours des Chambres législatives*. L'ordonnance du 5 septembre se borna à rapporter les dispositions de la précédente et à dissoudre la Chambre des députés. Elle se renfermait dans les pouvoirs réguliers de la Couronne. Louis XVIII l'avait rendue pour se réfugier dans la Charte contre la tyrannie des prétendus amis de la monarchie, et, suivant sa propre expression, pour se « mettre hors de pair. »

C'est donc à tort qu'on a appelé l'ordonnance du 5 septembre un coup d'État ; elle ne fut qu'un coup d'autorité; et l'allusion de M. de Chantelauze manquait complétement de justesse.

NOTE E (page 109).

Signature des Ordonnances de Juillet.

« On n'en finirait point, dit M. de Polignac, s'il fallait réfuter les récits tragi-comiques que les journaux, et même plusieurs auteurs sérieux, ont insérés dans leurs écrits au sujet de l'examen dont les Ordonnances du 25 juillet furent l'objet, et relativement à ce qui se passa dans la séance royale dans laquelle elles furent signées. Je ne citerai ici que l'ouvrage de M. Louis Blanc, *Histoire de dix ans*, parce qu'il paraît être le plus répandu de tous. Ce qu'on lit dans le premier volume, pages 185, 186 et 187, est faux d'un bout à l'autre. L'auteur termine la page 187 en mettant dans la bouche d'un desministres, à l'occasion d'un portrait supposé du comte Strafford, un propos injurieux et cruel que tout Français eût rougi d'adresser à Charles X. Or, j'étais assis près du Roi pendant la séance, je ne l'ai pas quitté un instant, je suis sorti le dernier de la salle du Conseil, et je déclare ici n'avoir pas entendu une seule des paroles que l'auteur rapporte avec tant d'assurance. *Ab uno disce omnes.* Au reste, l'ouvrage en question est plein d'erreurs semblables, volontaires ou involontaires, peu importe. » (*Etudes historiques, politiques et morales*, par le prince Polignac, page 315.)

NOTE F (page 120).

Protestation des Journalistes (26 Juillet 1830).

« On a souvent annoncé, depuis six mois, que les lois seraient violées, qu'un coup d'État serait frappé. Le bon sens public se refusait à le croire. Le ministère repoussait cette supposition comme une calomnie. Cependant le *Moniteur* a publié enfin ces mémorables Ordonnances, qui sont la plus éclatante violation des lois. Le régime légal est donc interrompu ; celui de la force est commencé.

« Dans la situation où nous sommes placés, l'obéissance cesse d'être un devoir. Les citoyens appelés les premiers à obéir sont les écrivains des journaux : ils doivent donner les premiers l'exemple de la résistance à l'autorité, qui s'est dépouillée du caractère de la loi.

« Les raisons sur lesquelles ils s'appuient sont telles, qu'il suffit de les énoncer.

« Les matières que règlent les Ordonnances publiées aujourd'hui, sont de celles sur lesquelles l'autorité royale ne peut, d'après la Charte, prononcer toute seule. La Charte (art. 8) dit que les Français, en matière de presse, seront tenus de se conformer *aux lois* ; elle ne dit pas aux *ordonnances*. La Charte (art. 35) dit que l'organisation des colléges électoraux sera réglée par les lois ; elle ne dit pas par les ordonnances.

« La Couronne avait elle-même, jusqu'ici, reconnu ces articles; elle n'avait point songé à s'armer contre eux, soit d'un prétendu pouvoir constituant, soit du pouvoir faussement attribué à l'article 14.

« Toutes les fois, en effet, que des circonstances, prétendues graves, lui ont paru exiger une modification, soit au régime de la presse, soit au régime électoral, elle a eu recours aux deux Chambres. Lorsqu'il a fallu modifier la Charte pour établir la septennualité et le renouvellement intégral, elle a eu recours, non à elle-même, comme auteur de cette Charte, mais aux Chambres.

« La royauté a donc reconnu, pratiqué elle-même ces articles 8 et 35, et ne s'est arrogé, à leur égard, ni une autorité constituante, ni une autorité dictatoriale, qui n'existent nulle part.

« Les tribunaux, qui ont droit d'interprétation, ont solennellement reconnu ces mêmes principes. La cour royale de Paris et plusieurs autres ont condamné les publicateurs de l'Association bretonne, comme auteurs d'outrages envers le gouvernement. Elle a considéré comme un outrage la supposition que le gouvernement pût employer l'autorité des ordonnances là où l'autorité de la loi peut seule être admise.

« Ainsi le texte formel de la Charte, la pratique suivie jusqu'ici par la Couronne, les décisions des tribunaux, établissent qu'en matière de presse et d'organisation électorale, les lois, c'est-à-dire le roi et les Chambres, peuvent seuls statuer.

« Aujourd'hui donc le gouvernement a violé la légalité. Nous sommes dispensés d'obéir. Nous essayons de publier nos feuilles sans demander l'autorisation qui nous est imposée. Nous ferons nos efforts pour qu'aujourd'hui, au moins, elles puissent arriver à toute la France.

« Voilà ce que notre devoir de citoyens nous impose, et nous le remplissons.

« Nous n'avons pas à tracer ses devoirs à la Chambre illégalement dissoute ; mais nous pouvons la supplier, au nom de la France, de s'appuyer sur son droit évident, et de résister autant qu'il sera en elle à la violation des lois. Ce droit est aussi certain que celui sur lequel nous nous appuyons. La Charte dit, article 50, que le Roi peut dissoudre la Chambre des députés ; mais il faut pour cela qu'elle ait été réunie, constituée en Chambre, qu'elle ait soutenu enfin un système capable de provoquer sa dissolution. Mais, avant la réunion, la constitution de la Chambre, il n'y a que des élections faites. Or, nulle part la Charte ne dit que le Roi peut casser les élections. Les ordonnances publiées aujourd'hui ne font que casser des élections : elles sont donc illégales, car elles font une chose que la Charte n'autorise pas.

« Les députés élus, convoqués pour le 3 août, sont donc bien et dûment élus et convoqués. Leur droit est le même aujourd'hui qu'hier. La France les supplie de ne pas l'oublier. Tout ce qu'ils pourront pour faire prévaloir ce droit, ils le doivent.

« Le gouvernement a perdu aujourd'hui le caractère de légalité qui commande l'obéissance. Nous lui résistons pour ce qui nous concerne, c'est à la France à juger jusqu'où doit s'étendre sa propre résistance.

« Ont signé les gérants et rédacteurs des journaux actuellement présents à Paris: MM. Charles de Rémusat, du *Globe;* Gauja, gérant du *National*; Thiers, Mignet, Carrel, Chambolle, Peysse, Albert Stapfer, Rolle, Dubochet, rédacteurs du *National;* Leroux, gérant du *Globe*; de Guizard, rédacteur du *Globe;* Sarrans jeune, gérant du *Courrier des Électeurs;* B. Dejean, rédacteur du *Globe;* Guyet, Moussette, rédacteurs du *Courrier des Électeurs;* Auguste Fabre, rédacteur en chef de la *Tribune des Départements;* Aûnée, rédacteur du *Constitutionnel;* Cauchois-Lemaire, rédacteur du *Constitutionnel;* Senty, du *Temps;* Haussman, du *Temps;* Avenel, du *Courrier français;* Dussard, du *Temps;* Levasseur, rédacteur de la *Révolution;* Evariste Dumoulin, du *Constitutionnel;* Alexis de Jussieu, rédacteur du *Courrier français;* Châtelain, gérant du *Courrier français;* Plagnol, rédacteur en chef de la *Révolution;* Fazy, rédacteur de la *Révolution;* Buzoni, Barbaroux, rédacteurs du *Temps;* Chalas, rédacteur du *Temps;* A. Billiard, rédacteur du *Temps;* Ader, de la *Tribune des Départements*; F. Larreguy, rédacteur du journal *le Commerce*; J.-F. Dupont, avocat, rédacteur du *Courrier français;* V. de Lapelouze, l'un des gérants du *Courrier français;* Bohain, Roqueplan, du *Figaro*; Coste, gérant du *Temps*; J.-J. Baude, rédacteur du *Temps;* Bert, gérant du *Commerce;* Léon Pillet, gérant du *Journal de Paris;* Vaillant, gérant du *Sylphe*. »

NOTE G (page 152).

Protestation des Députés.

« Les soussignés, régulièrement élus à la députation en vertu de l'ordonnance de convocation du 17 mai dernier, et conformément à la Charte constitutionnelle et aux lois sur les élections du 5 février 1817, 19 juin 1820, 2 mai 1827 et 2 juillet 1828, se trouvant actuellement à Paris, se regardent comme absolument obligés par leur devoir et leur honneur de protester contre les mesures que les conseillers de la Couronne ont fait naguère prévaloir pour le renversement du système légal des élections et la ruine de la liberté de la presse.

« Lesdites mesures, contenues dans les Ordonnances du 25 juillet, sont, aux yeux des soussignés, directement contraires aux droits constitutionnels de la Chambre des pairs, aux droits publics des Français, aux attributions et aux arrêts des tribunaux, et propres à eter l'État dans une confusion qui compromet également la paix du présent et la sécurité de l'avenir.

« En conséquence, les soussignés, inviolablement fidèles à leur serment, protestent d'un commun accord, non-seulement contre lesdites mesures, mais contre les actes qui en pourraient être la conséquence.

« Et attendu, d'une part, que la Chambre des députés n'ayant pas été constituée, n'a pu être légalement dissoute ; d'autre part, que la tentative de former une autre Chambre des députés, d'après un mode nouveau et arbitraire, est en contradiction formelle avec la Charte constitutionnelle et les droits acquis des électeurs, les soussignés déclarent qu'ils se considèrent toujours comme légalement élus à la députation par les colléges d'arrondissement et de département dont ils ont obtenu les suffrages, et comme ne pouvant être remplacés qu'en vertu d'élections faites selon les principes et les formes voulues par les lois.

« Et si les soussignés n'exercent pas effectivement les droits et ne s'acquittent pas de tous les devoirs qu'ils tiennent de leur élection légale, c'est qu'ils en sont empêchés par une violence matérielle.

« Beaucoup de députés sont attendus à Paris, demain ou après-demain. Au nombre des députés qui l'ont déjà signée se trouvent :

« MM. Labbey de Pompières, Sébastiani, Méchin, Casimir Périer, Guizot, Audry de Puyraveau, André Gallot, Gaëtan de Larochefoucauld, Manguin, Bernard, Voisin de Gartempe, Froidefond de Bellisle, Villemain, Firmin Didot, Daunou, Persil, Viennet, Villemot, de la Riboissière, comte de Bondy, Duris Dufresne, Girod (de l'Ain), Laisné de Villevesque, Benjamin Delessert, Jacques Odier, Benjamin Constant, Dupin aîné, Charles Dupin, Marschal, Nau de Champlouis, comte de Lobau, baron Louis, Milleret, comte d'Estourmel, comte de Montguyon, Levaillant, Tronchon, le général Gérard, J. Laffitte, Garcias, Dugas-Montbel, Camille Périer, Vassal, Alexandre de Laborde, Jacques Lefebvre, Mathieu Dumas, Eusèbe Salverte, de Corcelles, de Schonen, Hernoux, Chardel, Bavoux,

Hely d'Oissel, E. d'Harcourt, Baillot, général Lafayette, George Lafayette, Jouvencel, Bertin de Vaux, comte de Lameth, Bérard, Duchaffaut, A. de Saint-Aignan, Kératry, Ternaux. »

NOTE H (page 186).

Constitution de la Commission municipale.

La formation de la Commission municipale fut annoncée par une proclamation, qui porte le cachet du trouble au milieu duquel tout se faisait alors. En effet, on y a laissé subsister les noms de tous les membres originairement élus, en y ajoutant ceux des membres appelés à remplacer MM. Odier, Laffitte et Gérard, ce qui a porté à huit, au lieu de cinq, le nombre des membres de la Commission. Cette proclamation fut publiée sous le titre de : *Moniteur universel* (n°s 210 et 211—29 et 30 juillet), dans les termes suivants :

« *Gouvernement provisoire.* — Les députés présents à Paris ont dû se réunir pour remédier aux graves dangers qui menaçaient la sûreté des personnes et des propriétés.

« Une commission a été nommée pour veiller aux intérêts de tous dans l'absence de toute organisation régulière. MM. Audry de Puyraveau, comte Gérard, Jacques Laffitte, comte Lobau, Mauguin, Odier, Casimir Périer, de Schonen, composent cette commission.

« Le général Lafayette est commandant en chef de la garde nationale.

« La garde nationale est maîtresse de Paris sur tous les points. »

Mais le *Moniteur* du lendemain, 31 juillet, déclarait que la note précédente « ne venait pas de la Commission, » et en publiait une nouvelle, où le titre de *Gouvernement provisoire* avait disparu. Voici cette dernière note :

« *Commission municipale.* — La cause de la liberté a triomphé pour jamais ; les citoyens de Paris l'ont reconquise par leur courage, comme leurs pères l'avaient fondée, il y a quarante-un ans. Le détail des belles actions qui ont signalé la journée d'hier est en ce moment impossible ; aujourd'hui on ne peut citer que quelques résultats.

« Après une attaque fort chaude, les Tuileries sont tombées au pouvoir des citoyens ; elles n'ont point été pillées ; le Louvre, les mairies, les casernes, la ville entière, sont occupés par la garde nationale. L'étendard tricolore flotte sur tous les édifices.

« Une Commission municipale, chargée de veiller à tout ce qui concerne les intérêts de la capitale, siége à l'Hôtel de Ville.

« Les députés se sont réunis plusieurs fois ; aujourd'hui même ils siégent à la salle ordinaire de leurs séances.

« M. le baron Louis est nommé commissaire provisoire au ministère des finances.

« M. le comte Alexandre de Laborde est préfet provisoire de la Seine.

« M. Bavoux préfet provisoire de police.

« M. Chardel est directeur général provisoire des postes.

« Demain la capitale sera organisée.

« La Commission municipale est composée de MM. Jacques Laffitte, Casimir Périer, comte de Lobau, de Schonen, Audry de Puyraveau, Mauguin. »

NOTE I (page 209).

MM. de Sémonville, d'Argout et de Vitrolles à l'Hôtel de Ville (29 juillet 1830).

On a raconté bien diversement ce qui s'est passé à l'Hôtel de Ville en cette circonstance. On a dit et répété que les propositions du Roi y auraient été reçues avec dédain ou même avec indignation. On a attribué tantôt à M. de Schonen, tantôt à M. Mauguin ou même à M. de Lafayette, cette réponse, devenue historique comme celle de Cambronne à Waterloo : « Il est trop tard. » On a prétendu que M. Audry de Puyraveau aurait ouvert les fenêtres et menacé de *faire monter le peuple* si l'on parlait d'accommodement. Il importe, pour l'honneur de la Commission municipale et pour l'honneur de la révolution de juillet elle-même, de bien constater que toutes ces assertions sont également contraires à la vérité. M. de Schonen seul laissa échapper quelques paroles plus vives que ne le comportait le caractère dont il était revêtu ; mais ni la fameuse phrase *Il est trop tard*, ni les menaces prêtées à M. Audry de Puyraveau n'ont été prononcées. Les membres de la Commission municipale ne s'écartèrent pas à ce point de la modération. Ils pensaient, d'ailleurs, ainsi qu'ils l'ont déclaré plus tard dans leur *Rapport au Roi*, que la prudence leur commandait « de ménager encore un parti à qui le désespoir pouvait révéler ses forces, » et se bornèrent à renvoyer à la réunion des députés les commissaires de Saint-Cloud.

NOTE J (page 229).

Lettres du duc d'Orléans au colonel de Rumigny, son aide de camp (juillet 1830).

Paris, ce mardi, 6 juillet 1830.

Je vous fais mon compliment bien sincère sur ce que vous n'êtes pas élu, et je viens d'en faire autant à Atthalin qui est dans le même cas, avec cette différence pourtant que les élections du grand collége de Colmar sont en sens inverse de celles d'Amiens. J'espère qu'Atthalin me reviendra bientôt, mais je lui mande de ne pas se presser, puisque avec l'inéligible d'Houdetot, je suis bien pourvu, et rien ne presse. — J'espère donc que quand vous aures rempli vos fonctions de grand électeur, c'est-à-dire, d'électeur du grand collége, vous feres votre tournée pour moi, dans mes nouvelles possessions de Bretagne pour laquelle Oudard me dit qu'il vient de vous écrire quatre pages. — Si vous voules d'autres renseignements, vous me l'écrires. — Je pense que vous viendres me rejoindre à Eu où je me rendrai aussitôt après avoir rempli le devoir (peu important mais indispensable) de suivre le Roi à l'ouverture de la Chambre, le 3 août. — Chartres y sera aussi, mais j'ai demandé hier et obtenu l'agrément du Roi pour qu'il aille dans quelques jours à Joigny, faire une visite à son régiment, et *housarder* un peu, ce qui est toujours bon pour former la jeunesse. — Au mois de septembre, nous irons à Randan. — Le prince de Salerne est parti hier à minuit et aujourd'hui je vais m'établir à Neuilly, où je suis très-pressé de ramener ma femme, que le départ des siens a jetée dans la tristesse.

Paris, 11 juillet 1830. Dimanche.

C'est en attendant l'heure de partir pour le *Te Deum* auquel nous allons assister pour remercier le Tout-Puissant de la victoire d'Alger, que je vous écris, pour vous dire d'abord que j'ai reçu votre dernière lettre de Laval et que j'ai recommandé qu'on vous expédie de suite un étui contenant les cartes de la Bretagne que vous me demandes. — J'espère que vous me feres bonne besogne dans cette tournée, et que vous ne vous presseres pas, quoique pour me trouver à Eu vous n'aures pas de temps à perdre, puisque je compte partir le 4 ou le 5 d'août, et y passer le mois pour revenir ici passer huit ou dix jours, et m'en aller ensuite à Randan pour un autre mois, ce qui nous menera probablement au 15 d'octobre ou environ, car vous saves que ma sœur est toujours pressée de partir pour Randan, mais qu'elle l'est peu de le quitter. — Au reste, je partage ce désir, pour avancer mes Bucoliques auxquelles je me serais attelé de nouveau dès aujourd'hui sans le *Te Deum.* J'espère que ce sera pour demain.

D'Houdetot vient de me dire qu'une affaire grave, dont la conclusion importait à son avenir, le portait à me demander de ne pas aller à Eu, et j'y ai consenti bien vite, conjecturant ce dont il s'agit, et d'autant plus que Berthois est déjà de retour, et qu'Atthalin le sera avant la fin du mois. — Ainsi je ne vois pas que ceci doive vous empêcher d'aller en Bretagne, ni rien changer à vos projets. — S'il survenait du nouveau, et que je crusse avoir besoin de vous, je vous le manderais. — Berthois est enchanté de votre habitation de Laval.

Je reviens du *Te Deum* à 5 h. 3/4, je pars pour Neuilly, et je vous embrasse de tout mon cœur.

Neuilly, dimanche, 25 juillet 1830.

C'est au moment de partir pour Saint-Leu où mes princesses auront la satisfaction d'assister au début du comte de Lowenhielm dans le rôle de Tony, que je vous remercie de la lettre que j'ai reçue de vous hier au sein de mon conseil. J'ai soulagé M. Badouix que j'avais un peu serré, en lui apprenant que son paquet était arrivé à Laval le 20, et que vous series à Nantes. Croyez-moi, vive la chaleur! vous vous en trouveres bien en route, *quoi qu'on die*, mais je vois que vous n'arriveres à Eu que tard. Au reste, nous serons charmés d'y voir aussi votre chère moitié, si cela vous convient de l'y amener. J'espère bien entamer un peu le mois de septembre à Eu, mais c'est chatouilleux, pour ne pas arriver trop tard à Randan. Cela dépendra aussi du temps, car mon objet serait de prolonger les bains de mer, dont les enfants ont un vrai besoin, Nemours surtout, qui, par suite d'un nouvel arrangement universitaire de la distribution des prix remise au 30 août au lieu du 15, va se trouver retenu tout seul à

Paris jusqu'au 18, en tête à tête avec Larnac. *Il caso è triste*, mais sans remède. Cela dérange tous les papas et toutes les mamans de Paris, et je ne conçois pas à qui cela peut convenir.

Toutes nos santés sont trop bonnes. Voilà une lettre de Chartres pour vous. Je crains qu'il ne danse un peu trop, mais cela va bien à Joigny.

Attha. n'est pas arrivé, et ne vient que tout à la fin du mois, mais j'espère l'avoir pour Eu, ce que je présume que Berthois désire vivement, car il porte le collier depuis le départ de d'Houdetot sur les ailes de l'amour, c'est-à-dire depuis quinze jours, et je vais le mener à Dreux, en tiers avec Fontaine. Ce pauvre Jules est souffrant. Je vous embrasse, et il me tarde de savoir comment vous trouvez mes possessions bretonnes.

NOTE K (page 274).

Proclamations républicaines des 30 et 31 juillet.

Voici quelques-unes des proclamations anonymes qui étaient alors répandues par milliers dans les faubourgs de Paris.

« Plus de Bourbons !

« Le parti de l'étranger est vaincu ; mais tant que la présence d'un seul Bourbon souillera notre patrie, l'étranger aura en lui un espion et un complice ; il n'y a plus de traité possible entre eux et nous.

« Voilà quarante ans que nous combattons pour nous débarrasser de cette race méprisable et odieuse ; hier nous leur avons arraché la couronne de la tête à la pointe de nos baïonnettes ; c'est le peuple qui a tout fait ; il faut que désormais le gouvernement soit pour le peuple, non pour les prêtres, les aristocrates, l'étranger. Nous avons payé de notre sang notre drapeau tricolore. Nous voulons le conserver, nous voulons que nos officiers municipaux, que nos officiers de garde nationale soient élus par nous ; nous ne voulons plus de droits réunis, nous ne voulons plus de monopole.... Nous ne voulons plus de Bourbons, car tout est là, grandeur, repos, prospérité publique, liberté. »

« Braves citoyens,

« Vous avez vaincu ; d'autres aujourd'hui s'arrogent la victoire ;

la Chambre des députés s'abaisse à supplier le duc d'Orléans d'accepter la lieutenance générale du royaume, et à lui exprimer le vœu de conserver la cocarde aux trois couleurs.

« Nommée sous une loi tout aristocratique, la Chambre n'a plus le droit de manifester notre volonté.

« Vous avez conquis la liberté : c'est à vos ennemis à supplier, à vous d'ordonner.

« La cocarde tricolore est la couleur populaire ; qui oserait vous l'enlever ? Votre sang a rougi la cocarde blanche, et ce sang est trop pur pour déteindre jamais.

« Citoyens, c'est à la France entière à faire son choix ; mais c'est à la population parisienne à lui conserver ses droits, à les défendre contre l'empiétement de l'ambition et d'un despotisme hypocrite.

« Vous tous qui avez versé votre sang, courez à l'Hôtel de Ville, et que le nom de Lafayette sorte de vos bouches comme il est écrit dans vos cœurs.

« Lafayette, c'est la liberté à son aurore, c'est la tyrannie abaissée, c'est notre glorieuse révolution tout entière.

« Lafayette président provisoire, et la liberté, ce matin compromise, ce soir sera sauvée. »

« Au peuple.

« Nous sommes aujourd'hui ce que nous étions hier.

« Vous avez conquis la liberté par votre courage et au prix de votre sang. On veut profiter de la lassitude qu'on vous suppose après de si glorieux travaux, pour vous imposer un autre gouvernement, sans consulter ni vos vœux ni ceux de la France.

« On vous montre un Bourbon comme lieutenant général, et autour de lui des ministres qui n'ont pas la confiance du peuple. C'est un moyen de vous ramener dans six mois Charles X, l'auteur des massacres qui viennent d'ensanglanter Paris. Et dans tous les cas, n'aurez-vous donc conquis qu'un homme par trois journées de carnage ? Ce sont des garanties qu'il nous faut, mais des garanties qui assurent à jamais notre mémorable conquête.

« Ne songeons en ce moment qu'à affermir notre triomphe ; respectons le droit du peuple de constituer le gouvernement qui lui convient.

« Que tous les citoyens assurent aujourd'hui la liberté qu'ils viennent de conquérir, en remettant par acclamation la présidence à Lafayette. »

Adresse présentée au général Lafayette et à la Commission du Gouvernement provisoire (31 juillet).

« La nation seule a vaincu ; à elle doit revenir le fruit de la victoire. Une constitution librement votée par les citoyens, et qui garantisse les droits et les intérêts nationaux, tel a été le but de nos efforts ; telle doit être notre récompense.

« Déjà la Commission centrale ou Gouvernement provisoire a voulu proclamer les principes écrits dans le cœur de tous les citoyens :

« Plus de priviléges héréditaires ;

« Plus de religion dominante ;

« Le concours médiat et immédiat de tous les Français à l'élection de leurs représentants ;

« Établissement et conservation de la garde nationale avec nomination de ses officiers par les citoyens ;

« Liberté entière de la presse ;

« Jury pour la presse en matière politique ;

« Responsabilité réelle des dépositaires du pouvoir ;

« Formation élective des administrations départementales et municipales.

« Voilà les principes que les Français veulent aujourd'hui consacrer d'une manière stable. Ces principes sont aussi ceux que la Chambre des représentants de 1815 avait déclarés sous le feu des batteries ennemies, et légués à un avenir qui nous appartient actuellement.

« La Commission municipale, qui représente un gouvernement provisoire, doit rester en permanence jusqu'à ce que la constitution qui assure le règne de nos droits soit arrêtée et jurée par tous les Français. Le peuple ne déposera les armes qu'après que sa conquête lui aura été assurée. »

NOTE L (page 287).

Sur le retour du duc d'Orléans du Raincy à Neuilly
(30 *juillet* 1830).

On lit dans *l'Histoire de dix ans*, par M. L. Blanc, qu'après la conférence de M. Thiers avec les princesses à Neuilly, « on convint

« que le duc serait prévenu, et M. de Montesquiou lui fut envoyé.
« Il était alors au Raincy, où il s'était réfugié. A la nouvelle des
« événements qui se préparaient, il monta en voiture ; M. de Mon-
« tesquiou à cheval le précédait. Bientôt le bruit des roues semble
« s'arrêter. M. de Montesquiou tourne la tête : la voiture du prince
« regagnait le Raincy de toute la vitesse des chevaux. Effet naturel
« des incertitudes dont le duc d'Orléans était tourmenté ! »

M. de Lamartine, dans son *Histoire de la Restauration*, M. A. de
Vaulabelle, dans *l'Histoire des deux Restaurations*, et d'autres écrivains encore ont reproduit les mêmes faits.

Ces faits sont complétement inexacts. Ce n'est pas M. de Montesquiou qui fut envoyé au Raincy ; c'est M. Oudart. Pour revenir à
Neuilly, le duc d'Orléans monta dans la petite voiture qui avait
amené M. Oudart, et dans laquelle celui-ci prit place à ses côtés.
M. de Berthois, qui avait suivi le duc au Raincy, et qui y était resté
avec lui pendant les trois heures environ qu'il y avait passées, les
accompagnait à cheval. Quant au brusque retour de la voiture du
duc vers le Raincy, c'est tout simplement une fable.

NOTE M (page 292).

Sur la lettre du duc d'Orléans à Charles X
(31 *juillet* 1830).

M. le duc de Valmy, dans son livre intitulé : *De la Force du droit
et du Droit de la force*, raconte, au sujet de cette lettre, ce qui
suit :

« Le récit qu'on va lire est le résumé fidèle des confidences que
nous avons reçues des auteurs ou des témoins du drame secret que
nous allons rappeler.

« C'est dans la nuit du 31 juillet, vers une heure après minuit,
que M. le duc d'Orléans fit appeler au Palais-Royal un personnage
investi de toute la confiance du roi Charles X, et momentanément
retiré au palais du Luxembourg ; c'est dans un cabinet où le lieutenant général du royaume avait fait jeter un matelas pour prendre
quelque repos que les explications ont été échangées. L'entrevue
fut longue, elle dura plusieurs heures. L'avenir de la monarchie y
fut examiné ; la responsabilité de la maison d'Orléans, les éventua-

lités d'un couronnement, tout fut prévu et discuté ; et, en dernière analyse, M. le duc d'Orléans exprima ses résolutions dans une lettre qu'il adressa au roi Charles X, et qu'il confia au personnage qu'il avait fait appeler. Celui-ci, de retour au palais du Luxembourg, remit la lettre à un serviteur fidèle, et le chargea de la porter secrètement à Trianon, où le Roi s'était retiré en quittant Saint-Cloud, avec recommandation expresse d'anéantir cette dépêche à tout prix en cas d'arrestation pendant le trajet. La lettre portait pour suscription : *au Roi*, plus bas : *le duc d'Orléans.*

« Au moment d'emporter ce précieux document à travers les lignes ennemies, le fidèle serviteur voulut se munir d'une copie, afin de la transmettre au Roi si les circonstances l'obligeaient à faire disparaître l'original. Cette précaution était justifiée par les circonstances.

« Cependant la chambre où il se trouvait était dénuée de tout : une plume fichée dans un vieil encrier de verre formait le mobilier du bureau ; le papier manquait absolument. Toutefois la Providence, qui se plaît souvent à montrer son intervention dans ces grandes péripéties, avait permis qu'un ancien traité des ordres du Saint-Esprit et de Saint-Michel se trouvât là pour recevoir la copie des explications de la maison d'Orléans, et la rendre plus sacrée. Le feuillet le plus blanc de ce livre, celui qui portait la table des matières, en fut arraché, et la copie de la lettre du lieutenant général du royaume y fut écrite dans un moment où la révolution était déjà maîtresse du Palais-Royal. Ce feuillet, gardé pendant quinze ans dans une boîte de fer-blanc, par celui qui l'a écrit, nous a été confié en 1845, dans l'espoir que nous en ferions l'usage le plus loyal et le plus profitable.

« Voici donc la copie authentique de la lettre du duc d'Orléans au roi Charles X. Le public jugera si nous avons répondu à la confiance qu'on nous avait témoignée :

« M. de *** dira à Votre Majesté comment l'on m'a amené ici par
« force. J'ignore jusqu'à quel point ces gens-ci pourront user de
« violence à mon égard ; mais (s'il arrivait [1]) si dans cet affreux
« désordre il arrivait que l'on m'imposât un titre auquel je n'ai
« jamais aspiré, que Votre Majesté soit (convaincue) bien persuadée
« que je n'envierais toute espèce de pouvoir que TEMPORAIREMENT,
« et dans le seul intérêt de NOTRE MAISON.

---

[1] Les mots enfermés entre parenthèses sont rayés, mais restés lisibles dans le manuscrit.

« J'en prends ici l'engagement formel envers Votre Majesté. Ma
« famille partage mes sentiments à cet égard. »
   « Palais-Royal, 31 juillet 1830.
                              « *Signé* (fidelle sujet). »
   « Nous savons positivement ce qu'est devenu l'original de cette
lettre : le moment n'est pas arrivé de le dire. »
   M. le duc de Valmy a poussé le scrupule jusqu'à joindre à
son récit le *fac-simile*, *recto* et *verso*, du feuillet réservé, comme il
le dit, par la Providence, pour cette grande révélation. On y lit,
à côté de la copie de la lettre, cinq lignes d'une *table des titres* imprimée, savoir : *promotion du 8 février 1694, page 1. — Promotion
de l'année 1695...* etc.
   Tout cela établit parfaitement, ce dont personne n'aurait douté, la
bonne foi de M. de Valmy. Mais il est permis de regretter que
M. de Valmy ait donné pour *authentique* la copie qu'il livrait au
public. L'affirmation directe d'un individu quel qu'il fût, à plus forte
raison l'affirmation indirecte d'un inconnu, n'a jamais été admise
comme suffisante pour établir l'authenticité d'une copie dont on ne
peut présenter l'original. On serait donc en droit de se borner à y
opposer une dénégation, et à soutenir, comme nous avons des motifs
irrécusables de le tenir pour certain, que la copie est fausse.
   Quelques mots cependant.
   On sait déjà que la lettre remise par le duc d'Orléans à M. de
Mortemart n'est sortie des mains de ce dernier que pour être rendue
à son auteur. Si M. de Valmy avait jugé utile, comme cela semblait
naturel, d'interroger M. le duc de Mortemart, il n'aurait pas conservé le plus léger doute à ce sujet. Il n'y a donc rien de vrai dans
toute cette ridicule histoire du *fidèle* serviteur, emportant ce document à travers des *lignes ennemies*, brisant le cachet d'une lettre
confiée à son honneur, ne trouvant pas, dans le Luxembourg, un
morceau de papier pour copier ces huit lignes, et enfin, divulguant, ce
fidèle serviteur ! le secret surpris par ce honteux abus de confiance.
   Comment, en outre, M. de Valmy n'a-t-il pas remarqué que si le
duc d'Orléans n'avait pas cru devoir signer sa lettre, il se serait
bien plus gardé encore de lui donner pour suscription les mots :
au Roi, le duc d'Orléans?
   Quant à l'original, il fut rendu par M. de Mortemart au duc
d'Orléans, dans la matinée du 31 juillet. Si c'est là ce que *savait
positivement* M. de Valmy, il serait difficile d'expliquer pourquoi il
en a fait un mystère.
   M. de Valmy a été évidemment dupe d'une imposture. La fable

qu'il a trop facilement accueillie ne manque pas seulement de vraisemblance ; elle offense le bon sens.

Elle n'est pas, du reste, la seule qui ait été imaginée au sujet de cette lettre. Certes, il ne viendra à l'idée de personne de chercher des renseignements pour l'histoire dans le curieux roman que M. Alexandre Dumas a appelé ses *Mémoires*. Il a paru néanmoins piquant de rapprocher le récit du trop spirituel romancier de celui de l'écrivain légitimiste. Le voici (la scène se passe au Palais-Royal, au moment où le duc d'Orléans se dispose à écrire la lettre) :

« Tandis que Oudard cherchait les objets demandés, le Roi déchirait une page blanche dans une espèce de registre qui se trouvait à portée de sa main. C'était un registre qui avait rapport aux chevaliers de l'Ordre. Puis, *selon son habitude et pour économiser le papier*, il fit le brouillon de sa lettre sur la feuille déchirée au registre. C'est sans doute à cette économie que nous devons de pouvoir donner au public une copie de cette lettre très-importante, très-curieuse et surtout très-authentique. En effet, la lettre écrite, le duc d'Orléans froissa le brouillon dans ses mains, et jeta derrière lui ce brouillon, qui roula jusque dans un coin de la cheminée, où il fut retrouvé le lendemain. Par qui? Je ne puis pas le dire. Ce que je sais, c'est que j'ai copié sur ce brouillon même ce que l'on va lire tout à l'heure. Quant à la lettre, M. de Mortemart la plia, la mit dans sa cravate blanche, et sortit pour la porter au Roi. C'est cette lettre qu'adjura depuis Charles X avec tant d'amertume, quand il apprit que Louis-Philippe avait accepté la couronne.

« Voici le brouillon avec son orthographe et ses ratures, nous ne changeons pas une lettre au texte, *tout entier de Son Altesse Royale*.... »

Or, le *brouillon* sur lequel M. Dumas assure avoir fait sa copie est exactement identique avec la *copie* dont M. de Valmy a donné le *fac-simile*. On y trouve la même *table des titres*, avec les mêmes chiffres, la même disposition de l'écriture, les mêmes ratures, les mêmes fautes d'orthographe et jusqu'à la même signature. N'était-il pas tout simple, en effet, que le duc d'Orléans signât les brouillons de ses lettres, puis les laissât traîner sur le parquet à la disposition du premier venu qui voudrait s'en emparer ?

Il n'échappera pas au lecteur que les ratures jouent en tout ceci un rôle important. Elles donnent au récit un certain cachet d'exactitude. Aussi M. de Valmy les a calquées; M. Dumas les a soulignées. Seulement, M. de Valmy a oublié de nous dire si ces ratures

ET PIÈCES JUSTIFICATIVES.   503

proviennent des erreurs de copie de son *fidèle* serviteur, ou si elles existaient dans le billet même destiné au Roi. M. Dumas, lui, prétend les avoir copiées sur le brouillon, ce qui est plus admissible.

Un seul mot mettra toutes les versions d'accord : il n'y a pas une ombre de vérité dans tout cela. Personne n'a vu ni la lettre ni le brouillon, et, nous le répétons, la lettre publiée est fausse.

NOTE N (page 304).

Déclaration des Députés (31 *juillet* 1830).

« Français,

« La France est libre. Le pouvoir absolu levait son drapeau ; l'héroïque population de Paris l'a abattu. Paris attaqué a fait triompher par les armes la cause sacrée qui venait de triompher en vain dans les élections. Un pouvoir usurpateur de nos droits, perturbateur de notre repos, menaçait à la fois la liberté et l'ordre ; nous rentrons en possession de l'ordre et de la liberté. Plus de crainte pour les droits acquis ; plus de barrière entre nous et les droits qui nous manquent encore.

« Un gouvernement qui, sans délai, nous garantisse ces biens, est aujourd'hui le premier besoin de la patrie. Français, ceux de vos députés qui se trouvent déjà à Paris se sont réunis ; et, en attendant l'intervention régulière des Chambres, ils ont invité un Français, qui n'a jamais combattu que pour la France, M. le duc d'Orléans, à exercer les fonctions de lieutenant général du royaume. C'est à leurs yeux le plus sûr moyen d'accomplir promptement par la paix le succès de la plus légitime défense.

« Le duc d'Orléans est dévoué à la cause nationale et constitutionnelle. Il en a toujours défendu les intérêts et professé les principes. Il respectera nos droits, car il tiendra de nous les siens. Nous nous assurerons par des lois toutes les garanties nécessaires pour rendre la liberté forte et durable :

« Le rétablissement de la garde nationale, avec l'intervention des gardes nationaux dans le choix des officiers ;

« L'intervention des citoyens dans la formation des administrations départementales et municipales ;

« Le jury pour les délits de presse ;

« La responsabilité légalement organisée des ministres et des agents secondaires de l'administration ;

« L'état des militaires légalement assuré ;

« La réélection des députés promus à des fonctions publiques.

« Nous donnerons enfin à nos institutions, de concert avec le chef de l'État, les développements dont elles ont besoin.

« Français, le duc d'Orléans lui-même a déjà parlé, et son langage est celui qui convient à un pays libre. « Les Chambres vont se réu-
« nir, vous dit-il ; elles aviseront aux moyens d'assurer le régime
« des lois, et le maintien des droits de la nation.

« La Charte sera désormais une vérité ! »

Ont signé : MM. Milleret (Moselle), Laisné de Villévesque (Loiret), de Laborde (Seine), Ternaux (Vienne), Béraud (Allier), Bernard (Ille-et-Vilaine), Tribert (Deux-Sèvres), Baillot (Seine-et-Marne), Benjamin Constant (Bas-Rhin), Levêque de Pouilly (Aisne), Benjamin Delessert (Maine-et-Loire), Agier (Deux-Sèvres), Firmin Didot (Eure-et-Loir), Gaëtan de la Rochefoucauld-Liancourt (Cher), Hennessy (Charente), Alexandre de la Rochefoucauld (Oise), le général Tirlet (Marne), Lepelletier-d'Aulnay (Nièvre), Augustin Périer (Isère), Hély-d'Oissel (Seine-Inférieure), Destourmel (Nord), de Montguyon (Oise), Dugas-Montbel (Rhône), Auguste Saint-Aignan (Vendée), Kératry (Vendée), Duchaffaut (Vendée), Hartmann (Haut-Rhin), Eugène d'Harcourt (Seine-et-Marne), Odier (Seine), Viennet (Hérault), Sébastiani (Aisne), Lucas Jobert (Marne), Girod de l'Ain (Indre-et-Loire), Vatimesnil (Nord), Jars (Rhône), Cormenin (Loiret), Paixhans (Moselle), J. Lefebvre (Seine), Duvergier de Hauranne (Seine-Inférieure), Lecarlier (Aisne), Camille Périer (Sarthe), de Bondy (Indre), Méchin (Aisne), Louis Bazile (Côte-d'Or), Nau de Champlouis (Vosges), Agier-Bouchotte (Moselle), La Pommeraie (Calvados), Mathieu Dumas (Seine), Dumeylet (Eure), César Bacot (Indre-et-Loire), de Drée (Saône-et-Loire), Salverte (Seine), Cunin-Gridaine (Ardennes), Jacqueminot (Vosges), Vassal (Seine), Dupont (Eure), Corcelles (Seine), Jacques Laffitte (Basses-Pyrénées), Tronchon (Oise), Daunou (Finistère), Martin Laffitte (Seine-Inférieure), André Gallot (Charente), Audry de Puyraveau (Charente), Bignon (Eure), Duris-Dufresne (Indre), Charles Lameth (Seine-et-Oise), Kœchlin (Haut-Rhin), général Clausel (Ardennes), Labbey de Pompières (Aisne), Alexandre Périer (Loiret), Gattier (Eure), Martin (Seine-Inférieure) Legendre (Eure), Prévot-Leygonie (Dordogne), Louis Blaise (Ille-et-Vilaine), Perin (Dordogne), Bérard (Seine-et-Oise), d'Arroz (Meuse), Jouvencel (Seine-et-Oise), Villemain (Eure), Dupin aîné (Nièvre), baron Dupin (Seine), Caumartin (Somme), Persil (Gers), Morin (Drôme), Etienne (Meuse), Garcias (Pyrénées-Orientales), Bessières (Dordogne), Demimuy-Moreau (Meuse), Pavée de Vandœuvre (Aube), Bertin de Vaux (Seine-et Oise), général Minot (Seine-et-Oise), Marschal (Meurthe), général Baillot (Manche), Béraud (Charente-Inférieure). »

---

note O (page 308).

Le général *Dubourg.*

Deux citations achèveront de faire connaître le prétendu général Dubourg. Elles prouveront aux plus incrédules ce qu'était en réalité ce personnage, auquel les historiens de la révolution de Juillet, presque sans exception, ont attribué trop légèrement une véritable importance historique.

Voici la première de ces citations. C'est une lettre écrite au duc d'Orléans par Dubourg, le 3 août 1830, c'est-à-dire quatre jours après la scène qui vient d'être rapportée.

« A Son Altesse Royale le lieutenant général du royaume.

« Paris, 3 août 1830.

« Altesse Royale,

« Prévoyant que l'on chercherait à se servir de mon nom pour exciter, sinon des troubles, du moins des inquiétudes sérieuses, j'envoyai, dimanche, le commandant Guibert, pour savoir quand Votre Altesse Royale voudrait me recevoir. Il ne put parvenir jusqu'à vous. Voici à peu près ce que j'aurais eu l'honneur de dire à Votre Altesse Royale :

« Monseigneur, le peuple en armes m'avait spontanément déféré une autorité que je viens de déposer entre les mains du général en chef, Lafayette, renonciation que j'ai faite très-certainement à contre-cœur, mais uniquement par patriotisme, et parce que je m'apercevais que ma popularité subite faisait ombrage. C'est parce que les citoyens m'avaient vu au premier rang là où était le danger, qu'ils m'apportèrent les insignes du commandement, et me prièrent avec instance de m'en revêtir ; on ne saurait nier que j'ai contribué à délivrer la patrie d'un pouvoir devenu odieux, infâme même.

« Aujourd'hui je viens me soumettre à l'autorité du lieutenant général du royaume. Loin d'être anarchiste, je souhaite ardemment le bonheur de la France, sous un régime légal et constitutionnel, et Votre Altesse Royale est digne de commander un peuple libre. Je regrette que Votre Altesse Royale se soit méprise sur le sens des paroles que j'ai eu l'honneur de lui adresser à l'Hôtel de Ville. Je croyais, et telle était mon intention, lui exprimer respect et confiance.

« Je désire servir mon pays et le Gouvernement : la meilleure preuve que je puisse donner de mes bons sentiments, c'est de demander au lieutenant général du royaume un emploi civil ou militaire qui ne soit pas au-dessous de ma réputation et de celle surtout que j'ai acquise dans ces derniers jours de gloire. Ma parole est sacrée, et mes sentiments d'honneur sont bien connus : je suis le premier officier qui ait refusé de servir sous Bourmont. En 1815, je donnai ma démission de commandant du Pas-de-Calais pour ne pas servir sous les ordres de ce traître ; je ne sache pas que cet exemple ait trouvé beaucoup d'imitateurs.

« Ce serait avec un véritable chagrin, Monseigneur, que je verrais les jaloux et les envieux ternir aux yeux de Votre Altesse Royale la pureté et la loyauté de mon caractère.

« J'offre à Monseigneur le lieutenant général du royaume les expressions de tout mon respect.

« Tels sont les sentiments qu'aurait exprimés à Votre Altesse Royale son très-humble et très-obéissant serviteur,

« Dubourg. »

C'est ainsi que la rudesse républicaine du prétendu général avait bientôt fait place à la phrase emmiellée du solliciteur. Il n'est pas besoin d'ajouter que cette lettre resta sans réponse et que le signataire n'obtint pas l'emploi civil ou militaire « en rapport avec sa réputation et sa gloire, » qu'il demandait « comme preuve de ses bons sentiments. » Aussi fut-il bientôt de ceux qui gémirent le plus profondément sur ce qu'il a été de mode, dans un certain monde, d'appeler les hontes du gouvernement de Juillet, ainsi qu'on va le voir par la seconde citation.

Celle-ci est empruntée aux *Mémoires d'outre-tombe*. M. de Chateaubriand a raconté comment, en 1815, à Arnouville, il aurait été condamné à jeûner « sans un officier du nom de Dubourg, dénichant « de Gand, comme lui, qui alla à la picorée, et rapporta la moitié « d'un mouton. » Le 29 juillet 1830, le noble vicomte fut rencontré, sur le quai de l'École, et reconnu par son compagnon de Gand, « lequel, dit-il, allait pendant le retour du roi à Paris prendre les « villes ouvertes au nom de Louis XVIII. » Depuis, M. de Chateaubriand n'avait plus entendu parler de M. Dubourg, lorsque, le 9 janvier 1841, il reçut de lui une lettre où on lisait : « Combien j'ai désiré « vous voir depuis notre rencontre sur le quai du Louvre ! Combien « de fois j'ai désiré verser dans votre sein les chagrins qui déchirent « mon âme ! Qu'on est malheureux d'aimer avec passion son pays, « son honneur, son bonheur, sa gloire, quand l'on vit à une telle « époque !.....

« Avais-je tort en 1830 de ne pas vouloir me soumettre à ce que « l'on faisait ? Je voyais clairement l'avenir odieux que l'on « préparait à la France ; j'expliquais comment le mal seul pourrait « surgir d'arrangements politiques aussi frauduleux ; mais personne « ne me comprenait. »

Le 5 juillet de cette même année 1841, M. Dubourg écrivait encore à M. de Chateaubriand pour lui envoyer le brouillon d'une note qu'il adressait, en 1828, à MM. de Martignac et de Caux, pour les engager à le faire entrer au conseil des ministres.

On voit qu'il n'était pas inutile, pour l'honneur de la révolution, de réduire à ses véritables proportions ce ridicule intrigant.

NOTE P (page 341).

Nomination du lieutenant général par Charles X.

Il ne saurait entrer dans la pensée de l'auteur de signaler toutes les erreurs volontaires ou involontaires qui ont été écrites ou répandues sur les événements qu'il a entrepris de raconter. Le travail serait trop long, car il n'est aucune époque de notre histoire sur laquelle la vérité ait été plus déplorablement et plus obstinément travestie. Il peut être bon cependant de donner un exemple de la manière dont, avec un peu d'habileté, beaucoup de passion et des renseignements inexacts ou mal contrôlés, on arrive à défigurer l'histoire et à en faire une arme au profit des haines de partis. On choisira cet exemple dans un livre qui a été publié en 1834 ; et dont la plupart des historiens de la révolution de Juillet, MM. Louis Blanc, Lamartine, Vaulabelle, etc., ont accepté et reproduit avec une regrettable confiance les assertions erronées.

Voici comment M. B. Sarrans, dans son livre intitulé : *Louis Philippe et la contre-révolution de* 1830, rapporte (tome II, page 106), les circonstances de la nomination du lieutenant général par le roi Charles X.

Après avoir raconté que le dimanche 1er août, à neuf heures du matin, un certain nombre d'amis du duc d'Orléans s'étaient réunis au Palais-Royal, M. Sarrans ajoute :

« Cependant les intimes à divers degrés avaient été entraînés dans le cabinet du prince, pour y recevoir une grande confidence. Ils donnèrent leur parole d'honneur de garder le secret, après quoi on leur révéla mystérieusement que le grand veneur de Charles X, avait apporté à M. le duc d'Orléans sa nomination *de par le Roi* à la lieutenance générale du royaume, nomination déjà arrêtée par les quarante-quatre députés, qui n'en avaient pas plus le droit que Charles X. Sur ce, grand émoi dans le Conseil. Deux nominations pour une ; de la légitime ou de la révolutionnaire, quelle était la bonne ? cette question jeta les esprits dans une cruelle perplexité. Il y avait là des gens qui songeaient aux éventualités de l'avenir. Enfin, on se taisait ; lorsque le duc d'Orléans prenant la parole :
« C'est une perfidie, dit-il ; je connais la famille ; ils veulent faire
« naître des doutes sur ma franchise, et laisser croire que je suis
« d'accord avec eux. » Les conseillers, opinant du bonnet, allaient décider qu'on n'aurait garde de parler du message royal, quand M. Laffitte exprima l'opinion contraire. Il ne voulut point voir de perfidie dans la démarche de Charles X. « Jacques II, dit-il, ne
« vivant à Saint-Germain que de l'argent de Louis XIV, se croyait
« toujours roi d'Angleterre ; il venait même quelquefois à
« Paris, guérir des écrouelles en sa qualité de roi de France. Pour-
« quoi voulez-vous que Charles X, qui n'est qu'à quelques lieues
« des Tuileries, ne se croie pas encore sur le trône? La perfidie sup-
« pose de l'adresse. Or, si Saint-Cloud avait l'intention que vous lui
« supposez, on eût arrangé les dates, et les deux nominations
« seraient du 30, tandis que le pauvre roi vous écrit à la date de ce
« matin, 1er août ; hier vous avez juré à l'Hôtel de Ville ; tout est
« dit, il faut envoyer la lettre au *Moniteur*. »

« Lorsque M. Laffitte parlait ainsi, il ignorait sans doute ce qui s'était passé dans la nuit du samedi, 31 juillet, au dimanche 1er août. Il importe de fixer ici l'opinion sur une circonstance peu connue, et qui est cependant de nature à caractériser les premiers actes du gouvernement de 1830.

« Ce fut le samedi 31 juillet que la Chambre fit l'adresse dans laquelle elle appelait le duc d'Orléans à la lieutenance générale du royaume. La nouvelle en parvint à minuit à la cour de Charles X, qui rendit aussitôt l'ordonnance qui investissait également le duc d'Orléans de la lieutenance générale. Cette ordonnance arriva au Palais-Royal à sept heures du matin, et ce ne fut qu'après la réception de ce document que parut, *sans date*, la proclamation du lieutenant général, qui figure dans le *Moniteur* du 2 août, sous la rubrique du 1ᵉʳ. Cette postériorité était sans doute un moyen qu'on se réservait en prévision d'une éventualité à laquelle les légitimistes se sont rattachés depuis.

« Le lendemain arriva une nouvelle dépêche de Rambouillet. C'était la confirmation de l'ordonnance de la veille, avec les additions nécessitées par le développement des circonstances. Charles X et le Dauphin abdiquaient en faveur de Henri V. Le duc d'Orléans affecta quelque indignation en recevant cette seconde ordonnance. Son Altesse se disait surtout très-offensée de la fierté et de l'irrévérence avec lesquelles l'envoyé de Charles X, M. de Latour-Foissac, s'était exprimé sur les imprescriptibles droits de Henri V. Louis-Philippe prit pourtant, à cet égard, deux mesures qui se ressentaient peu de la colère et du mépris qu'il éprouvait. Il fit solennellement déposer l'acte d'abdication dans les archives de la Chambre des pairs, après en avoir accusé réception à la branche aînée. Cet accusé de réception donna lieu, assure-t-on, à une observation remarquable. Le lieutenant général ayant dit à un de ses conseillers intimes qu'il allait écrire à Charles X : « Faites attention à cette première
« démarche, lui dit ce conseiller intime, votre avenir en dépend ;
« si par votre lettre, vous cherchez à vous rattacher le moins du
« monde aux Bourbons déchus, la couronne vous échappe ; car
« votre parenté avec eux n'est déjà qu'un trop grand obstacle à
« vaincre. » S. A. parut convaincue de la force de ce raisonnement, et le conseiller intime fut chargé de rédiger la réponse que le prince écrivit de sa propre main et signa. Comme le duc et le conseiller étaient seuls alors dans le cabinet, le conseiller voulait aller remettre la dépêche à un aide de camp qui l'attendait dans une autre pièce ; mais S. A. s'y opposa ; elle sortit elle-même, et une demi-heure après, M. Berthois partit pour Rambouillet. — Que dit-on, que remit-on à cet officier ? Je l'ignore ; mais ce que je sais, c'est que la missive portée à Charles X était fort courte et si affectueuse, qu'elle attendrit le vieux roi, tandis que la lettre rédigée par le conseiller intime était, au contraire, assez longue et très-peu favorable aux prétentions des abdiquants. »

Il est inutile de s'arrêter à faire ressortir l'intention de ce récit, et à faire remarquer avec quel soin les dates sont précisées, les détails sont agencés pour concourir à l'effet général. Bornons-nous donc à signaler les erreurs de faits qui se trouvent dans ces quelques lignes.

Première erreur. — Ce n'est pas le samedi 31 juillet, mais dans la séance du vendredi 30, que la Chambre des députés vota *l'adresse par laquelle elle appelait le duc d'Orléans à la lieutenance générale du royaume.* Il eût suffi pour s'en assurer de jeter un coup d'œil sur le procès-verbal.

Deuxième erreur. — Quand cette décision fut prise par la Chambre, le 30, à quatre heures, la famille royale était encore à Saint-Cloud, qu'elle ne quitta que dans la nuit. Il est donc impossible de supposer que le Roi n'ait été informé d'un aussi grave événement que le lendemain 31, *à minuit,* c'est-à-dire après son arrivée à Rambouillet.

Troisième erreur. — Ce n'est pas dans la nuit du 31 au 1ᵉʳ que fut écrite la nomination du lieutenant général par le Roi. Charles X, arrivé à Rambouillet le 31, à dix heures du soir, se retira immédiatement dans son appartement. La nomination ne fut écrite que le 1ᵉʳ août, après avoir été l'objet d'une sérieuse discussion, et à une heure assez avancée de la journée.

Quatrième erreur. — Ce n'est pas le 1ᵉʳ août, *à sept heures du matin,* mais dans la nuit du 1ᵉʳ au 2 août, à une heure après minuit, que la lettre de Charles X fut apportée au Palais-Royal par le général de Girardin, grand veneur.

Cinquième erreur. — M. Laffitte, en parlant d'une pièce émanée de Charles X, le 1ᵉʳ août, n'aurait pas pu dire : *Si Saint-Cloud avait eu l'intention que vous lui supposez,* etc., attendu que Charles X avait quitté Saint-Cloud dans la nuit du 30 au 31. Cette confusion était si manifeste, que M. de Vaulabelle, tout en s'emparant de cette anecdote dans son *Histoire des deux Restaurations,* a redressé l'inadvertance de M. Sarrans, et y a substitué la phrase suivante : « Si à Rambouillet on avait eu l'intention que vous supposez, etc. »

Sixième erreur. — Le duc d'Orléans n'a pu faire connaître le 1ᵉʳ août, *à neuf heures du matin, à ses intimes,* une nomination qui ne lui fut apportée que seize heures plus tard, et toute l'anecdote échafaudée sur cette confusion de dates tombe d'elle-même.

Septième erreur. — Il n'est pas vrai que la proclamation du duc d'Orléans ait été insérée au *Moniteur* du 2 août *sous la rubrique du 1ᵉʳ.* Il suffit d'ouvrir le *Moniteur,* pour s'assurer que cette pièce est insérée sous la rubrique générale *Partie officielle*, sans aucune date ni avant ni après.

Huitième erreur. — Il est si peu permis de dire que cette *postériorité* fut *un moyen qu'on se réservait en prévision d'une éventualité* quelconque, que dans ce même numéro et dans la même page du *Moniteur*, se trouve le procès-verbal de la séance de la Chambre des députés du 31 juillet, où il est dit : « M. le Président est invité à lire la *proclamation rédigée ce matin* (31 juillet) par le prince....... La réunion décide que cette proclamation sera *imprimée à dix mille exemplaires.* » C'eût été, on en conviendra, une singulière fraude que celle qui aurait eu pour but d'attribuer la date du 1er août à une pièce remise officiellement à la Chambre des députés le 31 juillet, imprimée le même jour à dix mille exemplaires et affichée le même jour encore sur tous les murs de Paris. Au reste, s'il fallait une preuve de plus qu'on n'a voulu tromper personne sur la date de l'acceptation par le duc d'Orléans de la lieutenance générale, on la trouverait dans le *Moniteur* du 1er août, où on lit *(partie officielle)*, sous la rubrique du 31 juillet : « *Le duc d'Orléans, lieutenant général du royaume*, s'est rendu à l'Hôtel de Ville, etc. »

Neuvième erreur. — « Son Altesse ne put pas être *très-offensée de l'irrévérence* avec laquelle M. de Latour-Foissac s'était exprimé sur les droits de Henri V., » et cela, par une excellente raison : c'est que le duc d'Orléans ne reçut pas M. de Latour-Foissac, et que la double abdication lui fut remise par M. de Mortemart.

Dixième erreur. — Il est contraire à toute vérité que le vieux roi ait été ATTENDRI par la lettre que lui remit M. de Berthois. Nous tenons de M. de Berthois lui-même que le Roi resta muet et comme accablé sous le poids de son malheur, dont, sans doute, il comprit alors toute l'étendue.

C'en est assez ; les plus indulgents reconnaîtront qu'il serait difficile de commettre plus d'erreurs en moins de mots, et surtout qu'on ne saurait se tromper d'une manière plus fâcheuse pour l'impartialité et pour la justice de l'histoire.

NOTE Q (page 436).

Charte constitutionnelle (14 juin 1814).

« Louis, par la grâce de Dieu, roi de France et de Navarre,
« A tous ceux qui ces présentes verront, salut,
«La divine Providence, en nous rappelant dans nos États après une longue absence, nous a imposé de grandes obligations. La paix était le premier besoin de nos sujets ; nous nous en sommes occupé sans relâche ; et cette paix, si nécessaire à la France comme au reste de l'Europe, est signée. Une Charte constitutionnelle était sollicitée par l'état actuel du royaume ; nous l'avons promise et nous la publions. Nous avons considéré que, bien que l'autorité tout entière résidât, en France, dans la personne du Roi, nos prédécesseurs n'avaient point hésité à en modifier l'exercice, suivant la différence des temps ; que c'est ainsi que les communes ont dû leur affranchissement à Louis le Gros, la confirmation et l'extension de leurs droits à saint Louis et à Philippe le Bel ; que l'ordre judiciaire a été établi et développé par les lois de Louis XI, de Henri II et de Charles IX ; enfin, que Louis XIV a réglé presque toutes les parties de l'administration publique par différentes ordonnances dont rien encore n'avait surpassé la sagesse.

« Nous avons dû, à l'exemple des rois nos prédécesseurs, apprécier les effets des progrès toujours croissants des lumières, les rapports nouveaux que ces progrès ont introduits dans la société, la direction imprimée aux esprits depuis un demi-siècle, et les graves altérations qui en sont résultées. Nous avons reconnu que le vœu de nos sujets pour une Charte constitutionnelle était l'expression d'un besoin bien réel ; mais, en cédant à ce vœu, nous avons pris toutes les précautions pour que cette Charte fût digne de nous et du peuple auquel nous sommes fiers de commander. Des hommes sages, pris dans les premiers corps de l'État, se sont réunis à des commissaires de notre Conseil, pour travailler à cet important ouvrage.

« En même temps que nous reconnaissions qu'une Constitution libre et monarchique devait remplir l'attente de l'Europe éclairée, nous avons dû nous souvenir aussi que notre premier devoir envers nos peuples était de conserver, pour leur propre intérêt, les droits et les prérogatives de notre Couronne. Nous avons espéré qu'instruits par 'expérience, ils seraient convaincus que l'autorité suprême peut seule donner aux institutions qu'elle établit, la force, la permanence et la majesté dont elle est elle-même revêtue ; qu'ainsi, lorsque la sagesse des lois s'accorde librement avec le vœu des peuples, une Charte constitutionnelle peut être de longue durée; mais que, quand la violence arrache des concessions à la faiblesse du gouvernement, la liberté publique n'est pas moins en danger que le trône même.

Nous avons enfin cherché les principes de la Charte constitutionnelle dans le caractère français, et dans les monuments vénérables des siècles passés. Ainsi, nous avons vu dans le renouvellement de la pairie une institution vraiment nationale, et qui doit lier tous les souvenirs à toutes les espérances, en réunissant les temps anciens et les temps modernes. Nous avons remplacé par la Chambre des députés ces anciennes assemblées des champs de Mars et de Mai, et ces chambres du tiers état, qui ont si souvent donné tout à la fois des preuves de zèle pour les intérêts du peuple, de fidélité et de respect pour l'autorité des rois. En cherchant ainsi à renouer la chaîne des temps, que de funestes écarts avaient interrompue, nous avons effacé de notre souvenir, comme nous voudrions qu'on pût effacer de l'histoire, tous les maux qui ont affligé la patrie durant notre absence. Heureux de nous retrouver au sein de la grande famille, nous n'avons su répondre à l'amour dont nous recevons tant de témoignages qu'en prononçant des paroles de paix et de conciliation. Le vœu le plus cher à notre cœur, c'est que tous les Français vivent en frères, et que jamais aucun souvenir amer ne trouble la sécurité qui doit suivre l'acte solennel que nous leur accordons aujourd'hui.

Sûr de nos intentions, fort de notre conscience, nous nous engageons devant l'assemblée qui nous écoute à être fidèle à cette Charte constitutionnelle, nous réservant d'en jurer le maintien, avec une nouvelle solennité, devant les autels de celui qui pèse dans la même balance les rois et les nations.

A ces causes,

Nous avons volontairement, et par libre exercice de notre autorité royale, accordé et accordons, fait concession et octroi à nos sujets, tant pour nous que pour nos successeurs, et à toujours, de la Charte constitutionnelle qui suit :

Droit public des Français.

Art. 1.—Les Français sont égaux devant la loi, quels que soient d'ailleurs leurs titres et leur rang.

2.—Ils contribuent indistinctement, dans la proportion de leur fortune, aux charges de l'État.

3. — Ils sont tous également admissibles aux emplois civils et militaires.
4. — Leur liberté individuelle est également garantie, personne ne pouvant être poursuivi ni arrêté que dans les cas prévus par la loi, et dans la forme qu'elle prescrit.
5. — Chacun professe sa religion avec une liberté égale, et obtient pour son culte la même protection.
6. — Cependant la religion catholique, apostolique et romaine est la religion de l'État.
7. — Les ministres de la religion catholique, apostolique et romaine et ceux des autres cultes chrétiens, reçoivent seuls des traitements du Trésor royal.
8. — Les Français ont le droit de publier et de faire imprimer leurs opinions, en se conformant aux lois qui doivent réprimer les abus de cette liberté.
9. — Toutes les propriétés sont inviolables sans aucune exception de celles qu'on appelle nationales, la loi ne mettant aucune différence entre elles.
10. — L'Etat peut exiger le sacrifice d'une propriété pour cause d'intérêt public légalement constaté, mais avec une indemnité préalable.
11. — Toutes recherches des opinions et votes émis jusqu'à la Restauration sont interdites. Le même oubli est commandé aux tribunaux et aux citoyens.
12. — La conscription est abolie. Le mode de recrutement de l'armée de terre et de mer est déterminé par une loi.
13. — La personne du Roi est inviolable et sacrée. Les ministres sont responsables. Au Roi seul appartient la puissance exécutive.
14. — Le Roi est le chef suprême de l'État; il commande les forces de terre et de mer, déclare la guerre, fait les traités de paix, d'alliance et de commerce, nomme à tous les emplois d'administration publique, et fait les règlements et ordonnances nécessaires pour l'exécution des lois et la sûreté de l'État.
15. — La puissance législative s'exerce collectivement par le Roi, la Chambre des pairs et la Chambre des députés des départements.
16. — Le Roi propose la loi.
17. — La proposition de la loi est portée, au gré du Roi, à la Chambre des pairs ou à celle des députés, excepté la loi de l'impôt, qui doit être adressée d'abord à la Chambre des députés.

18.—Toute loi doit être discutée et votée librement par la majorité de chacune des deux Chambres.
19.—Les Chambres ont la faculté de supplier le Roi de proposer une loi sur quelque objet que ce soit, et d'indiquer ce qu'il leur paraît convenable que la loi contienne.
20.—Cette demande pourra être faite par chacune des deux Chambres, mais après avoir été discutée en comité secret : elle ne sera envoyée à l'autre Chambre, par celle qui l'aura proposée, qu'après un délai de dix jours.
21.—Si la proposition est adoptée par l'autre Chambre, elle sera mise sous les yeux du Roi ; si elle est rejetée, elle ne pourra être représentée dans la même session.
22.—Le Roi seul sanctionne et promulgue les lois.
23.—La liste civile est fixée pour toute la durée du règne, par la première législature assemblée depuis l'avénement du Roi.

De la Chambre des pairs.

24.—La Chambre des pairs est une portion essentielle de la puissance législative.
25.—Elle est convoquée par le Roi en même temps que la Chambre des députés des départements. La session de l'une commence et finit en même temps que celle de l'autre.
26.—Toute assemblée de la Chambre des pairs qui serait tenue hors du temps de la session de la Chambre des députés, ou qui ne serait pas ordonnée par le Roi, est illicite, et nulle de plein droit.
27.—La nomination des pairs de France appartient au Roi; leur nombre est illimité ; il peut en varier les dignités, les nommer à vie ou les rendre héréditaires, selon sa volonté.
28.—Les pairs ont entrée dans la Chambre à vingt-cinq ans, et voix délibérative à trente ans seulement.
29.—La Chambre des pairs est présidée par le Chancelier de France et, en son absence, par un pair nommé par le Roi.
30.—Les membres de la famille royale et les princes du sang sont pairs par le droit de leur naissance. Ils siégent immédiatement après le président, mais ils n'ont voix délibérative qu'à vingt-cinq ans.
31.—Les princes ne peuvent prendre séance à la Chambre que de l'ordre du Roi, exprimé pour chaque session par un message, à peine de nullité de tout ce qui aurait été fait en leur présence.

32.—Toutes les délibérations de la Chambre des pairs sont secrètes.
33.—La Chambre des pairs connaît des crimes de haute trahison, et des attentats à la sûreté de l'État, qui seront définis par la loi.
34.—Aucun pair ne peut être arrêté que de l'autorité de la Chambre, et jugé que par elle, en matière criminelle.

De la Chambre des députés des départements.

35.—La Chambre des députés sera composée des députés élus par des colléges électoraux, dont l'organisation sera déterminée par les lois.
36.—Chaque département aura le même nombre de députés qu'il a eu jusqu'à présent.
37.—Les députés seront élus pour cinq ans, et de manière que la Chambre soit renouvelée, chaque année, par cinquième.
38.—Aucun député ne peut être admis dans la Chambre s'il n'est âgé de quarante ans, et s'il ne paye une contribution directe de mille francs.
39.—Si néanmoins il ne se trouvait pas dans le département cinquante personnes de l'âge indiqué, payant au moins mille francs de contribution directe, leur nombre sera complété par les plus imposés au-dessous de mille francs, et ceux-ci pourront être élus concurremment avec les premiers.
40.—Les électeurs qui concourent à la nomination des députés ne peuvent avoir droit de suffrage s'ils ne payent pas une contribution directe de trois cents francs, et s'ils ont moins de trente ans.
41.—Les présidents des colléges électoraux seront nommés par le Roi et de droit membres du collége.
42.— La moitié au moins des députés sera choisie parmi les éligibles qui ont leur domicile politique dans le département.
43.—Le président de la Chambre des députés est nommé par le Roi, sur une liste de cinq membres présentés par la Chambre.
44.—Les séances de la Chambre sont publiques ; mais la demande de cinq membres suffit pour qu'elle se forme en comité secret.
45.—La Chambre se partage en bureaux pour discuter les projets qui lui ont été présentés de la part du Roi.
46.—Aucun amendement ne peut être fait à une loi, s'il n'a été

proposé ou consenti par le Roi, et s'il n'a été renvoyé ou discuté dans les bureaux.

47.—La Chambre des députés reçoit toutes les propositions d'impôts; ce n'est qu'après que ces propositions ont été admises qu'elles peuvent être portées à la Chambre des pairs.

48.—Aucun impôt ne peut être établi ni perçu s'il n'a été consenti par les deux Chambres et sanctionné par le Roi.

49.—L'impôt foncier n'est consenti que pour un an. Les impositions indirectes peuvent l'être pour plusieurs années.

50.—Le Roi convoque chaque année les deux Chambres : il les proroge et peut dissoudre celle des députés des départements ; mais dans ce cas, il doit en convoquer une nouvelle dans le délai de trois mois.

51.—Aucune contrainte par corps ne peut être exercée contre un membre de la Chambre, durant la session, et dans les six semaines qui l'auront précédée ou suivie.

52.—Aucun membre de la Chambre ne peut, pendant la durée de la session, être poursuivi ni arrêté en matière criminelle, sauf le cas de flagrant délit, qu'après que la Chambre a permis sa poursuite.

53.—Toute pétition à l'une ou à l'autre des Chambres ne peut être faite et présentée que par écrit. La loi interdit d'en apporter en personne et à la barre.

Des Ministres.

54.—Les ministres peuvent être membres de la Chambre des pairs ou de la Chambre des députés. Ils ont en outre leur entrée dans l'une ou l'autre Chambre, et doivent être entendus quand ils le demandent.

55.—La Chambre des députés a le droit d'accuser les ministres, et de les traduire devant la Chambre des pairs, qui seule a celui de les juger.

56.—Ils ne peuvent être accusés que pour fait de trahison ou de concussion. Des lois particulières spécifieront cette nature de délits et en détermineront la poursuite.

De l'ordre judiciaire.

57.—Toute justice émane du Roi. Elle s'administre en son nom, par des juges qu'il nomme et qu'il institue.

58.—Les juges nommés par le Roi sont inamovibles.

59.—Les cours et tribunaux ordinaires actuellement existants sont maintenus. Il n'y sera rien changé qu'en vertu d'une loi.

60.—L'institution actuelle des juges de commerce est conservée.
61.—La justice de paix est également conservée. Les juges de paix, quoique nommés par le Roi, ne sont point inamovibles.
62.—Nul ne pourra être distrait de ses juges naturels.
63.—Il ne pourra en conséquence être créé de commissions et tribunaux extraordinaires. Ne sont pas comprises sous cette dénomination les juridictions prévôtales, si leur rétablissement est jugé nécessaire.
64.—Les débats seront publics en matière criminelle, à moins que cette publicité ne soit dangereuse pour l'ordre et les mœurs ; et, dans ce cas, le tribunal le déclare par un jugement.
65.—L'institution des jurés est conservée. Les changements qu'une plus longue expérience ferait juger nécessaires ne peuvent être effectués que par une loi.
66.—La peine de la confiscation des biens est abolie, et ne pourra être rétablie.
67.—Le Roi a droit de faire grâce, et celui de commuer les peines.
68.—Le code civil et les lois actuellement existantes qui ne sont pas contraires à la présente Charte restent en vigueur jusqu'à ce qu'il y soit légalement dérogé.

Des droits particuliers garantis par l'État.

69.—Les militaires en activité de service, les officiers et soldats en retraite, les veuves, les officiers et soldats pensionnés, conserveront leurs grades, honneurs et pensions.
70.—La dette publique est garantie. Toute espèce d'engagement pris par l'État avec ses créanciers est inviolable.
71.—La noblesse ancienne reprend ses titres. La nouvelle conserve les siens. Le Roi fait des nobles à volonté ; mais il ne leur accorde que des rangs et des honneurs, sans aucune exemption des charges et des devoirs de la société.
72.—La Légion d'honneur est maintenue. Le Roi déterminera les règlements intérieurs et la décoration.
73.—Les colonies seront régies par des lois et des règlements particuliers.
74.—Le Roi et ses successeurs jureront, dans la solennité de leur sacre, d'observer fidèlement la présente Charte constitutionnelle.

Articles transitoires.

75.—Les députés des départements de France, qui siégeaient au

Corps législatif lors du dernier ajournement, continueront de siéger à la Chambre des députés jusqu'à remplacement.
76.—Le premier renouvellement d'un cinquième de la Chambre des députés aura lieu au plus tard en l'année 1846, suivant l'ordre établi entre les séries.

Charte constitutionnelle (14 août 1830).

Louis-Philippe, Roi des Français, à tous présents et à venir, salut :

Nous avons ordonné et ordonnons que la Charte constitutionnelle de 1814, telle qu'elle a été amendée par les deux Chambres le 7 août 1830, et acceptée par nous le 9, sera de nouveau publiée dans les termes suivants :

Droit public des Français.

Art. 1.—Les Français sont égaux devant la loi, quels que soient d'ailleurs leurs titres et leur rang.
2.—Ils contribuent indistinctement, dans la proportion de leur fortune, aux charges de l'État.
3.—Ils sont tous également admissibles aux emplois civils et militaires.
4.—Leur liberté individuelle est également garantie, personne ne pouvant être poursuivi ni arrêté que dans les cas prévus par la loi, et dans la forme qu'elle prescrit.
5.—Chacun professe sa religion avec une égale liberté, et obtient pour son culte la même protection.
6.—Les ministres de la religion catholique, apostolique et romaine, professée par la majorité des Français, et ceux des autres cultes chrétiens, reçoivent des traitements du Trésor public.
7.—Les Français ont le droit de publier et de faire imprimer leurs opinions en se conformant aux lois. La censure ne pourra jamais être rétablie.
8.—Toutes les propriétés sont inviolables, sans aucune exception de celles qu'on appelle *nationales*, la loi ne mettant aucune différence entre elles.
 .—L'État peut exiger le sacrifice d'une propriété pour cause

d'intérêt public légalement constaté, mais avec indemnité préalable.

10. — Toutes recherches des opinions et votes émis jusqu'à la Restauration sont interdites. Le même oubli est commandé aux tribunaux et aux citoyens.

11. — La conscription est abolie. Le mode de recrutement de l'armée de terre et de mer est déterminé par une loi.

Formes du gouvernement du Roi.

12. — La personne du Roi est inviolable et sacrée. Ses ministres sont responsables. Au Roi seul appartient la puissance exécutive.

13. — Le Roi est le chef suprême de l'État ; il commande les forces de terre et de mer, déclare la guerre, fait les traités de paix, d'alliance et de commerce, nomme à tous les emplois d'administration publique, et fait les règlements et ordonnances nécessaires pour l'exécution des lois, sans pouvoir jamais ni suspendre les lois elles-mêmes, ni dispenser de leur exécution. Toutefois, aucune troupe étrangère ne pourra être admise au service de l'État qu'en vertu d'une loi.

14. — La puissance législative s'exerce collectivement par le Roi, la Chambre des pairs et la Chambre des députés.

15. — La proposition des lois appartient au Roi, à la Chambre des pairs et à la Chambre des députés. Néanmoins, toute loi d'impôt doit être d'abord votée par la Chambre des députés.

16. — Toute loi doit être discutée et votée librement par la majorité de chacune des deux Chambres.

17. — Si une proposition de loi a été rejetée par l'un des trois pouvoirs, elle ne pourra être représentée dans la même session.

18. — Le Roi seul sanctionne et promulgue les lois.

19. — La liste civile est fixée, pour toute la durée du règne, par la première législature assemblée depuis l'avénement du Roi.

De la Chambre des pairs.

20. — La Chambre des pairs est une portion essentielle de la puissance législative.

21. — Elle est convoquée par le Roi en même temps que la Chambre des députés des départements. La session de l'une commence et finit en même temps que celle de l'autre.

22. — Toute assemblée de la Chambre des pairs qui serait tenue hors du temps de la session de la Chambre des députés est illi-

cite et nulle de plein droit, sauf le seul cas où elle est réunie en cour de justice, et alors elle ne peut exercer que des fonctions judiciaires.

23.[1]—La nomination des membres de la Chambre des pairs appartient au Roi, qui ne peut les choisir que parmi les notabilités suivantes :

Le président de la Chambre des députés et autres assemblées législatives ;

Les députés qui auront fait partie de trois législatures ou qui auront six ans d'exercice ;

Les maréchaux et amiraux de France ;

Les lieutenants généraux et vice-amiraux des armées de terre et de mer, après deux ans de grade ;

Les ministres à départements ;

Les ambassadeurs, après trois ans, et les ministres plénipotentiaires, après six ans de fonctions ;

Les conseillers d'État, après dix ans de service ordinaire ;

Les préfets de département et les préfets maritimes, après dix ans de fonctions ;

Les gouverneurs coloniaux, après cinq ans de fonctions ;

Les membres des conseils généraux électifs, après trois élections à la présidence ;

Les maires des villes de trente mille âmes et au-dessus, après deux élections au moins comme membres du corps municipal, et après cinq ans de fonctions de maire ;

Les présidents de la Cour de cassation et de la Cour des comptes ;

Les procureurs généraux près ces deux Cours, après cinq ans de fonctions en cette qualité ;

Les conseillers de la Cour de cassation et les conseillers maîtres de la Cour des comptes, après cinq ans ; les avocats généraux près la Cour de cassation, après dix ans d'exercice ;

Les premiers présidents des Cours royales, après cinq ans de magistrature dans ces Cours ;

Les procureurs généraux près les mêmes Cours, après dix ans de fonctions ;

Les présidents des tribunaux de commerce dans les villes de trente mille âmes et au-dessus, après quatre nominations à ces fonctions ;

---

[1] Ce texte a été substitué à l'article 27 de la Charte, par la loi du 29 décembre 1831, conformément à l'article 68 ci-dessous.

Les membres titulaires des quatre académies de l'Institut ;

Les citoyens à qui, par une loi et à raison d'éminents services, aura été nominativement décernée une récompense nationale ;

Les propriétaires, les chefs de manufacture et de maison de commerce et de banque, payant trois mille francs de contributions directes, soit à raison de leurs propriétés foncières, depuis trois ans, soit à raison de leurs patentes, depuis cinq ans, lorsqu'ils auront été pendant six ans membres d'un conseil général ou d'une chambre de commerce ;

Les propriétaires, les manufacturiers, commerçants ou banquiers, payant trois mille francs d'impositions, qui auront été nommés députés, ou juges des tribunaux de commerce, pourront aussi être admis à la pairie, sans autre condition ;

Le titulaire qui aura successivement exercé plusieurs des fonctions ci-dessus pourra cumuler ses services dans toutes pour compléter le temps exigé dans celle où le service devrait être le plus long.

Seront dispensés du temps d'exercice exigé par les paragraphes 5, 7, 8, 9, 10, 14, 15, 16 et 17 ci-dessus, les citoyens qui ont été nommés, dans l'année qui a suivi le 30 juillet 1830, aux fonctions énoncées dans ces paragraphes.

Seront également dispensés, jusqu'au 1er janvier 1837, du temps d'exercice exigé par les paragraphes 3, 11, 12, 18 et 21 ci-dessus, les personnes nommées ou maintenues, depuis le 30 juillet 1830, aux fonctions énoncées dans ces cinq paragraphes.

Ces conditions d'admissibilité à la pairie pourront être modifiées par une loi.

Les ordonnances de nomination de pairs seront individuelles. Ces ordonnances mentionneront les services et indiqueront les titres sur lesquels la nomination sera fondée.

Le nombre des pairs est illimité.

Leur dignité est conférée à vie et n'est pas transmissible par droit d'hérédité.

Ils prennent rang entre eux par ordre de nomination.

A l'avenir, aucun traitement, aucune pension, aucune dotation, ne pourront être attachés à la dignité de pair.

24.—Les pairs ont entrée dans la Chambre à vingt-cinq ans, et voix délibérative à trente ans seulement.

25.—La Chambre des pairs est présidée par le chancelier de France, et en son absence par un pair nommé par le Roi.

26.—Les princes du sang sont pairs par le droit de leur naissance. Ils siégent immédiatement après le président.

27.—Les séances de la Chambre des pairs sont publiques, comme celles de la Chambre des députés.
28.—La Chambre des pairs connaît des crimes de haute trahison et des attentats à la sûreté de l'État, qui seront définis par la loi.
29.—Aucun pair ne peut être arrêté que de l'autorité de la Chambre, et jugé que par elle en matière criminelle.

De la Chambre des députés.

30.—La Chambre des députés sera composée des députés élus par les colléges électoraux, dont l'organisation sera déterminée par des lois.
31.—Les députés seront élus pour cinq ans.
32.—Aucun député ne peut être admis dans la Chambre, s'il n'est âgé de trente ans, et s'il ne réunit les autres conditions déterminées par la loi.
33.—Si néanmoins il ne se trouvait pas dans le département cinquante personnes de l'âge indiqué, payant le cens d'éligibilité déterminé par la loi, leur nombre sera complété par les plus imposés au-dessous du taux de ce cens, et ceux-ci pourront être élus concurremment avec les premiers.
34.—Nul n'est électeur s'il a moins de vingt-cinq ans, et s'il ne réunit les autres conditions déterminées par la loi.
35.—Les présidents des colléges électoraux seront nommés par les électeurs.
36.—La moitié au moins des députés sera choisie parmi les éligibles qui ont leur domicile politique dans le département.
37.—Le président de la Chambre des députés est élu par elle à l'ouverture de chaque session.
38.—Les séances de la Chambre sont publiques, mais la demande de cinq membres suffit pour qu'elle se forme en comité secret.
39.—La Chambre se partage en bureaux pour discuter les projets qui lui ont été présentés de la part du Roi.
40.—Aucun impôt ne peut être établi ni perçu, s'il n'a été consenti par les deux Chambres et sanctionné par le Roi.
41.—L'impôt foncier n'est consenti que pour un an. Les impositions indirectes peuvent l'être pour plusieurs années.
42.—Le Roi convoque, chaque année, les deux Chambres ; il les proroge et peut dissoudre celle des députés des départements; mais dans ce cas il doit en convoquer une nouvelle dans le délai de trois mois.
43.—Aucune contrainte par corps ne peut être exercée contre un

membre de la Chambre durant la session, et dans les six semaines qui l'auront précédée ou suivie.

44.—Aucun membre de la Chambre ne peut, pendant la durée de la session, être poursuivi ni arrêté en matière criminelle, sauf le cas de flagrant délit, qu'après que la Chambre a permis sa poursuite.

45.—Toute pétition à l'une ou à l'autre des Chambres ne peut être faite et présentée que par écrit. La loi interdit d'en apporter en personne et à la barre.

Des ministres.

46.—Les ministres peuvent être membres de la Chambre des pairs ou de la Chambre des députés. Ils ont en outre leur entrée dans l'une et l'autre Chambre, et doivent être entendus quand ils le demandent.

47.—La Chambre des députés a le droit d'accuser les ministres et de les traduire devant la Chambre des pairs, qui, seule, a celui de les juger.

De l'ordre judiciaire.

48.— Toute justice émane du Roi; elle s'administre en son nom par des juges qu'il nomme et qu'il institue.

49.—Les juges nommés par le Roi sont inamovibles.

50.—Les cours et tribunaux ordinaires actuellement existants sont maintenus. Il n'y sera rien changé qu'en vertu d'une loi.

51.—L'institution actuelle des juges de commerce est conservée.

52.—La justice de paix est également conservée. Les juges de paix, quoique nommés par le Roi, ne sont point inamovibles.

53.—Nul ne peut être distrait de ses juges naturels.

54.—Il ne pourra, en conséquence, être créé de commissions et tribunaux extraordinaires, à quelque titre et sous quelque dénomination que ce puisse être.

55.—Les débats seront publics en matière criminelle, à moins que cette publicité ne soit dangereuse pour l'ordre et les mœurs; et, dans ce cas, le tribunal le déclare par un jugement.

56.—L'institution des jurés est conservée. Les changements qu'une plus longue expérience ferait juger nécessaires ne peuvent être effectués que par une loi.

57.—La peine de la confiscation des biens est abolie, et ne pourra être rétablie.

58.—Le Roi a le droit de faire grâce et celui de commuer les peines.

59.—Le code civil et les lois actuellement existantes qui ne sont pas contraires à la présente Charte restent en vigueur jusqu'à ce qu'il y soit légalement dérogé.

Droits particuliers garantis par l'Etat.

60.—Les militaires en activité de service, les officiers et soldats en retraite, les veuves, les officiers et soldats pensionnés, conserveront leurs grades, honneurs et pensions.

61.—La dette publique est garantie. Toute espèce d'engagement pris par l'État avec ses créanciers est inviolable.

62.—La noblesse ancienne reprend ses titres; la nouvelle conserve les siens. Le Roi fait des nobles à volonté; mais il ne leur accorde que des rangs et des honneurs, sans aucune exemption des charges et des devoirs de la société.

63.—La Légion d'honneur est maintenue. Le Roi déterminera les règlements intérieurs et la décoration.

64.—Les colonies seront régies par des lois particulières.

65.—Le Roi et ses successeurs jureront, à leur avénement, en présence des Chambres réunies, d'observer fidèlement la Charte constitutionnelle.

66.—La présente Charte et tous les droits qu'elle consacre demeurent confiés au patriotisme et au courage des gardes nationales et de tous les citoyens français.

67.—La France reprend ses couleurs. A l'avenir, il ne sera plus porté d'autre cocarde que la cocarde tricolore.

Dispositions particulières.

68.—Toutes les nominations et créations nouvelles de pairs faites sous le règne du roi Charles X sont déclarées nulles et non avenues.

L'article 23 de la Charte sera soumis à un nouvel examen dans la session de 1831.

69.—Il sera pourvu successivement, par des lois séparées et dans le plus court délai possible, aux objets suivants :

1º L'application du jury aux délits de la presse et aux délits politiques ;

2º La responsabilité des ministres et des autres agents du pouvoir ;

3º La réélection des députés promus à des fonctions publiques salariées ;

4º Le vote annuel du contingent de l'armée ;

5º L'organisation de la garde nationale, avec intervention des gardes nationaux dans le choix de leurs officiers ;

6º Des dispositions qui assurent d'une manière légale l'état des officiers de tout grade de terre et de mer ;

7º Des institutions départementales et municipales fondées sur un système électif ;

8º L'instruction publique et la liberté de l'enseignement ;

9º L'abolition du double vote et la fixation des conditions électorales et d'éligibilité.

70.—Toutes les lois et ordonnances, en ce qu'elles ont de contraire aux dispositions adoptées pour la réforme de la Charte, sont dès à présent et demeurent annulées et abrogées.

FIN DES NOTES, DOCUMENTS ET PIÈCES JUSTIFICATIVES.

TABLE DES MATIÈRES

	Pages.
Chapitre Ier.— Introduction. — Coup d'œil sur les dernières années de la Restauration.	1
Chap. II.— Suite de l'Introduction.—Expédition d'Alger	45
Chap. III.— Ordonnances du 25 juillet 1830	87
Chap. IV.— Insurrection de Paris	123
Chap. V.— Révolution de Juillet	161
Chap. VI.— Chute du ministère Polignac	189
Chap. VII.— Gouvernement de l'Hôtel de Ville	223
Chap. VIII.— Le duc d'Orléans lieutenant général du royaume.	277
Chap. IX.— Abdication du Roi et du Dauphin	321
Chap. X.— Départ de Charles X et de la famille royale.	361
Chap. XI.— Ouverture de la session des Chambres	399
Chap. XII.— Louis-Philippe Ier, roi des Français.	429
Chap. XIII.— État des partis après l'avénement.	459
Note A.— Société Aide-toi le Ciel t'aidera	483
Note B.— Hampden	484
Note C.— Associations pour le refus de l'impôt	485
Note D.— Coup d'État du 5 septembre 1816	486
Note E.— Signature des Ordonnances de Juillet	487
Note F.— Protestation des Journalistes (26 juillet 1830)	488
Note G.— Protestation des Députés	490
Note H.— Constitution de la Commission municipale	492

TABLE DES MATIÈRES.

Pages.

Note I.—MM. de Sémonville, d'Argout et de Vitrolles à l'Hôtel de Ville (29 juillet 1830). 493

Note J.—Lettres du duc d'Orléans au colonel de Rumigny, son aide de camp (juillet 1830). 494

Note K.—Proclamations républicaines des 30 et 31 juillet. . 496

Note L.—Sur le retour du duc d'Orléans du Raincy à Neuilly (30 juillet 1830). 498

Note M.—Sur la lettre du duc d'Orléans à Charles X (31 juillet 1830) 499

Note N.—Déclaration des Députés (31 juillet 1830). 503

Note O.—Le *général* Dubourg. 505

Note P.—Nomination du lieutenant général par Charles X. . 507

Note Q.—Charte constitutionnelle (14 juin 1814) 512

— Charte constitutionnelle (14 août 1830) 519

FIN DE LA TABLE DU TOME PREMIER.

Paris.—Imprimé chez Bonaventure et Ducessois 55, quai des Augustins

www.ingramcontent.com/pod-product-compliance
Lightning Source LLC
Chambersburg PA
CBHW071202240426
43669CB00038B/1571